中国农村金融发展报告 2018—2019

REPORT OF CHINA RURAL FINANCE DEVELOPMENT 2018-2019

张承惠　潘光伟　朱进元 ◎ 主编

本研究项目得到清华大学五道口金融学院、大连商品交易所、中国农村金融杂志社的资金支持

图书在版编目（CIP）数据

中国农村金融发展报告.2018—2019/张承惠，潘光伟，朱进元主编.—北京：中国发展出版社，2019.11
ISBN 978-7-5177-1065-3

Ⅰ.①中… Ⅱ.①张… ②潘… ③朱… Ⅲ.①农村金融—研究报告—中国—2018—2019 Ⅳ.①F832.35

中国版本图书馆 CIP 数据核字（2019）第 246530 号

书　　　名：	中国农村金融发展报告.2018—2019
主　　　编：	张承惠　潘光伟　朱进元
联 系 地 址：	北京市西城区裕民东路3号9层　100029
标 准 书 号：	ISBN 978-7-5177-1065-3
经　销　者：	各地新华书店
印　刷　者：	河北鑫兆源印刷有限公司
开　　　本：	787mm×1000mm　1/16
印　　　张：	21.75
字　　　数：	370 千字
版　　　次：	2020 年 3 月第 1 版
印　　　次：	2020 年 3 月第 1 次印刷
定　　　价：	80.00 元

联系电话：（010）68990642　68990692
购书热线：（010）68990682　68990686
网络订购：http：//zgfzcbs.tmall.com//
网购电话：（010）68990639　88333349
本社网址：http：//www.develpress.com.cn
电子邮件：fazhanreader@163.com

版权所有·翻印必究

本社图书若有缺页、倒页，请向发行部调换

本书编委会名单

顾问：

李 伟　全国政协人口资源环境委员会主任、研究员

编委会主任：

张承惠　国务院发展研究中心金融研究所原所长、研究员、博士生导师

潘光伟　中国银行业协会专职副会长

朱进元　中国银行保险报党委书记、社长；中国农村金融杂志社党委书记、社长

编委会副主任：

吴振宇　国务院发展研究中心金融研究所所长、研究员

李正强　大连商品交易所党委书记、理事长

宋洪远　农业部农村经济研究中心主任、研究员

杜晓山　中国社科院农村发展研究所研究员，原党委书记、副所长；中国小额信贷
　　　　联盟理事长

石义斌　中国农村金融杂志社副总编辑

张 芳　中国银行业协会副秘书长

郑醒尘　国务院发展研究中心金融研究所证券研究室主任、研究员、协调人

编委会成员：

孙　飞　国务院发展研究中心金融研究所证券研究室副主任、协调人

朱俊生　国务院发展研究中心金融研究所保险研究室副主任、教授

白澄宇　商务部中国国际经济技术交流中心处长、中国小额信贷联盟常务副理事长

马九杰　中国人民大学中国农村经济与金融研究所常务副所长、博士生导师

谢志军　国家开发银行扶贫金融事业部综合业务局局长

王兆阳　中国农业银行三农政策与业务创新部总经理

杨　波　中国邮政储蓄银行三农金融事业部总监

胡迎春　中国农业发展银行农村金融发展研究院副院长

李振华　蚂蚁金服研究院执行院长

刘小萃　《中华合作时报·农村金融》主编

周　霖　中国太平洋财产保险股份有限公司大连分公司，法律合规部总经理

PREFACE 序 一

党的十八大以来,以习近平同志为核心的党中央将实施乡村振兴战略作为新时代"三农"工作的总抓手,并以前所未有的力度推进脱贫攻坚,"三农"短板得以补升,"三农"基础不断夯实,贫困地区面貌发生了历史性变化,千百年来困扰中华民族的绝对贫困问题即将于2020年消除。实施乡村振兴、推进脱贫攻坚,离不开要素的合理配置。大力发展综合性、有特色、普惠性的农村金融体系,将金融资源从农村向城市的单向流动转变为城乡之间的双向流动,引导更多的信贷资金和社会资金投向农村,有效满足农业农村发展的融资需求和贫困人口的金融扶持,是巩固提升农业农村发展的一项基础性制度安排。

当前,我国农业农村发展持续向好的形势进一步巩固,为农村金融发展提供了广阔空间和良好条件,同时也对农村金融服务组织体系、金融产品和服务方式创新提出了更高要求。尤其是在农村经济发展方式深刻转变、金融科技创新加快的背景下,农村金融服务"三农"的领域更加拓展、形式更加丰富、基础条件更加改善。金融机构深度拓展农村市场,激发农村经济发展潜力,不仅顺应了这一趋势,也是应对城市金融服务竞争加剧、市场分化态势,推进金融供给侧结构性改革的必然要求。近年来,各类金融机构适应新形势、新要求,在开拓农村市场、发展普惠金融方面进行了广泛的探索。比如,各全国性主要银行金融机构成立了普惠金融业务部门,保险行业围绕更好服务农村市场也做了大量的工作,证券和商品期货交易市场也为农村金融提供了直接融资、风险管理的创新产品。

由于金融服务的特殊性，发展农村普惠金融不会一帆风顺，总是存在不少特殊困难和突出问题，对此要有清醒的认识。下一步，还要密切关注农村金融发展的新特点、新挑战，继续在夯实工作基础、拓展服务广度和深度、提升服务水平上下功夫。我感到，有三个方面的重要变化需要更为关注。

一是金融科技为农村金融服务创新提供重要支撑。金融科技在客户信息汇集及分析方面具有独特优势，有助于降低金融服务信息不对称带来的风险，有利于扩大农村金融服务供给，提升服务能力。同时，移动通讯及人工智能等技术有助于金融机构减少对物理网点的依赖，促进金融服务以较低成本向农村基层延伸。这将对农村金融市场结构调整产生重大影响。大型金融机构由于在运用金融科技方面具有相对优势，必然会加大力度推动金融业务重心下沉；中小型金融机构则需要创新产品和服务模式，增强新的发展动力和活力。

二是农村产业发展融合化趋势对金融产品和服务提出新要求。随着农业农村经济转型升级和城乡一体化深入发展，农村产业的要素相互关联程度逐步增强，向着规模化、集约化、综合化方向发展，农业新型业态不断涌现，农村一二三产业交叉融合、协同发展加速推进，极大增强了农村活力。这就要求农村金融机构从农村产业融合发展的内在机制出发，设计有针对性的产品和服务。例如结合农资供应，农业生产，农产品加工、运输、销售等环节的流程特点，完善授信机制，降低对抵押担保的依赖性，等等。

三是整体推进农村金融协同服务"三农"趋势显现。农村金融涉及银行、保险、证券等不同行业，加强各行业协同、为"三农"提供一揽子综合服务，有利于发挥各自业务优势，从整体上改善风险管理，提高服务效能，实现多方合作共赢。例如期货公司提供农产品价格风险管理服务，可降低农业信贷业务的信用风险等。值得注意的是，近年来，农村合作经济组织正在向融合化、组织化方向发展。例如全国正在推行的供销合作、生产合作、信用合作三位一体的模式，形成了省、市、县、镇多级管理体系，各类农村农业服务组织积极参与，为金融机构协同服务"三农"提供了重要平台。

作为金融战线的一名老兵，我欣喜地看到近年来农村金融在坚持服务"三农"、加快改革创新方面不断取得新的进展。同时，农村金融服务领域也还存在诸多需要深入研究解决的新老问题，有的在一定程度上已有成功的实践，有的还没有真正破题，都需要从理论和实践的结合上进行深入研究。国务院发展研究中心金融研究所长期跟踪研究中国农村金融改革发展，持续组织编著年度《中国农村金融发展报告》，这是一项十分有意义的工作。2019年的报告在专题研究的基础上，还增加了农村金融服务创新的案例，颇有特色，相信对农村金融的研究者和从业人员都会有所帮助。

全国政协人口资源环境委员会主任
中国发展研究基金会理事长、研究员
2020年1月

张承惠研究员及其团队选取2018年作为考察节点，就中国农村金融发展问题完成了一份三篇二十章的研究报告。报告内容丰富，不仅对乡村振兴背景下我国农村金融服务面临的新需求进行了深入分析，而且对各类金融机构如何将更多金融资源配置到农村经济社会发展的重点领域和薄弱环节的创新探索进行了经验总结。本人并无资格对这样一篇优秀报告置喙，但报告对农村普惠金融的理论研究，所提供的金融服务创新实践案例，也引发了自己同为金融研究者的兴趣。我想，至少有几个问题的探讨或许是不可回避的吧？

一、农村金融改革具有现实指导意义

改革开放以来，农村经济社会结构发生了巨大变化，随之使得农村金融服务需求也发生了重大变化，如何在坚持金融服务实体经济，坚持市场主导、政策引导的基础上深化农村金融改革就变得异常重要和极具现实意义。十几年来，无论是每年年初发布的"中央1号文件"，还是十六大以来的党的报告，中央都把农业、农村的优先发展放在第一位。十九大报告更是从全局和战略的高度，明确提出要坚持农业农村优先发展。这是党中央着眼于"两个一百年"奋斗目标导向和农业农村"短腿""短板"的问题导向所作出的战略安排，它表明在全面建设社会主义现代化国家的新征程中，要始终坚持把解决"三农"问题作为全党工作的重中之重，真正摆上优先位置。

要贯彻农村、农业优先发展的指导思想，除了要对工农城乡关系做进一步的调整理顺之外，还需要在要素配置层面上予以优先满足。比如在资源条件上，要做到优先保障；在公共服务上，要给予优先安排。具体到金融部门，要促进农业、农村优先发展，那么现有的农村金融服务能否支撑和促进中央提出的乡村振兴战略的实施？农村金融资源的配置效率能否助推城乡一体化加快发展的步伐？这都需要认真加以评估。所以，必须要对当前农村金融的现状、未来发展蓝图、存在的问题和解决问题的方式建立全面、客观的认识。

近年来，随着工业化和城镇化的深入推进，农业在国内生产总值中的份额不断下降。但是这种份额的下降，并不影响和改变农业作为国民经济基础产业的地位。虽然有大量农民进城务工，但实际上更多的农民仍然生活在乡村，这个基本国情没有太大的变化。从金融角度来看，城乡金融服务"一条腿长、一条腿短"的问题依然存在。农村金融仍然是"短腿"和"短板"。

在当前全面建成小康社会、加快农业农村现代化的经济高质量发展阶段，如何通过实施乡村发展战略，加快城乡融合来达到农村现代化和国家现代化同步，显然离不开金融这个"现代经济的核心"，特别是作为农村经济支撑的农村金融，在这个过程中应该发挥重要作用。

二、当前农村金融服务需求发生重大变化

尽管当前我国仍然处在社会主义初级阶段，但与改革开放之前相比，我们可以发现农村经济社会结构已然发生了重大变化。与这一重大变化相适应的，是农村金融服务的需求也发生了极大变化。

第一，农村产业持续变迁，多元化农村产业融合主体快速发展，使得根据需求主体来分层提供金融服务已经变成主流模式。

第二，农业逐渐现代化与适度规模经营的蔚然成风，使得农村金融的客户由过去单一农户，变成了新型农业经营主体。而单一的农户也可以通过利益联接机制，与新型农业经营主体一起成为更加成熟的农村金融客户。

第三，城镇化的推进，农民向市民的转型，要求金融机构提供的金融服务必须成为涵盖经营、消费、理财在内的综合性金融服务。

第四，互联网电子商务和大数据等金融科技手段的迅速发展，更使得以移动互联为基础的金融服务，突破和替代了过去以信贷为主的存款、贷款、汇款等传统的"老三样"服务。

这些都是由农村经济社会结构变化所带来的农村金融服务需求的变化。必须正视这些变化，否则整个农村金融的资源配置，以及农村金融组织架构的布局，就不能同农村金融服务需求有效对接。

三、农村金融改革要坚持市场导向

近年来，我国农村基础金融服务的覆盖面和便利化程度确实有了较大幅度的提升，但是现有农村金融服务体系还比较脆弱，农村资金供求矛盾仍比较突出，农村金融机构所提供的同质化服务无法满足新型经营主体多元化、差异化的金融服务需求。解决这些问题，需要牢牢把握金融服务实体经济的本质要求，坚持市场主导、政策引导。让市场处于主导地位，起主导作用；让政策发挥引导作用，构建激励相容的政策体系和金融生态，健全有效竞争的农村金融体系和监管体系，促进农村金融创新和监管水平的提高。如何立足特殊体制背景，以农村金融改革作为研究的逻辑起点，推动农村金融的组织架构、金融产品、服务模式等方面的制度创新，是在实践层面上值得认真考虑的问题。

改革开放已然走过41年的历程，而41年前的改革恰好也是从农村开始起步的。当前，改革再出发，我们同样可以从农村开始整体金融体系的进一步改革。作为中国金融体系的重要组成部分，农村金融体系是不可或缺的。2002年2月，国务院召开全国金融工作会议，成立深化农村金融和农村信用社改革专题工作小组，从完善农村金融服务体系，改进农村金融服务的现实需要出发，重点针对产权制度和管理体制两大问题开始推动农村金融尤其是农村信用社改革。当年的改革始终强调应坚持市场导向、坚持为"三农"服务的方向，坚持因地制宜分类指导，坚持责、权、利相结合的原则，即使在今天看来，这些改革思路和原则仍然也是适用的。在当年改革的推动下，农村金融服务的广度和深度有了比较显著的提升，尤其是农村金融机构的健康程度有了很大的改善。然而，当前比较突出的问题与当年指出的许多问题还有很多相似之处。比方说，农村金融机构的市场化程度不足，仍具有计划经济色彩，不合理的行政干预、优惠政策补贴依然存在；依赖优惠政策导致内生激励缺失，缺乏财务可持续性，公司治理结构存在问题，监管存在空白等问题依然存在。如何解决这些问题，需要我们撰写一篇大文章。

四、必须解决农村金融服务定价问题

农村金融服务的定价关系到资金价格是放开还是管制。金融部门遭受诟病和"吐槽"较多的问题是金融资源配置效率不高。金融资源配置效率低是金融体制改革中的一个大"短板"，而农村金融资源配置效率更是"短板"中的"短板"。要弥补这个"短板"，就要更好地发挥价格工具的作用，让价格工具发挥配置资源的决定性作用。现在的问题在于金融服务的定价常常受到行政手段的直接干预，尤其在农村。众所周知，粮食很重要，农业很重要，因为这是国家安全最重要的基础，但人们往往也认为越重要的东西越应当享有优惠，所以，农村金融机构给"三农"的贷款利率往往被定得比较低。但事实是，农村小额贷款的笔数较多，成本很高，但是从统计数据来看，违约率并不低。在这种情况下，如果贷款利率不能遵照市场规则，而是采用行政手段去定价，农村金融机构显然就不能利用价格去覆盖风险溢价，结果就很难保持财务质量并且持续存活下去。所以，农村金融改革要想成功，必须创造农户和农村金融机构双赢的局面。如果没有财务健全的农村金融机构，农村金融必定萎缩，倘若如此，怎能支持农业、农村经济的发展？只有给农村金融机构创造可持续的发展环境，才能够实现促进农业经济良性循环的目标。在农村金融改革的过程中，一定要确保农村金融机构的利差能够弥补其成本和风险。换言之，农村金融机构的贷款利率必须能够反映贷款的风险水平，这样才能保持农村金融机构的财务可持续性，使其能够加大对农业、农村、农户的支持力度。这不仅是个普通的定价问题，而是关系到未来能不能搞好农村金融、支持农业发展的大问题。

五、合理解决非正规金融的规范问题

近两年，金融机构"去杠杆"中的很大一部分内容是将原先不受监管、没有牌照的金融机构和业务纳入监管体系，通过市场准入拿到牌照，而属于非法集资性质的则坚决要求其退出市场。这个方向无疑是正确的，只是有一个问题需要正视：农村金融服务体系是多层次的，既应该有政策性金融、商业性金融，也应该有其他金融；既有正规金融，也应该有为农村金融提供服务的其他非正规金融。这才是一个完整的体系。

具体来说，农村金融服务体系不但要有像农发行这样的政策性金融机构，也要有农行、邮储银行、农村信用社这样的商业性金融；同时也要实事求是地认识包括民间借贷在内的非正规金融对农村金融服务的贡献及其不足。因此，规范和引导包括民间借贷在内的非正规农村金融，实际上也是很重要的一项工作。这有利于探索新的农村金融组织形式和金融产品。从现实情况看，近几年涌现出的小贷公司、融资性担保公司、资金互助社、融资租赁等，在某种意义上都是对正规金融的有效补充。但由于目前的监管规则比较模糊，人们对这类机构的认识往往还停留在对机构属性做一些无谓的争论上，结果使这些机构被排除在政策支持之外。更糟糕的是，这类机构往往被认为是金融风险的来源和隐患。这种误解可能在某种程度上人为地加剧了农村金融服务竞争性供给不足，因此需要做进一步的探讨。

中国人民银行原行长助理
清华大学五道口金融学院院长、研究员、
博士生导师
2020 年 1 月

序 三

重农固本是安民之基、治国之要。"三农"问题事关全面建成小康社会和现代化建设全局,也是扩大内需和实现经济高质量发展的重要支撑。党的十八大以来,以习近平同志为核心的党中央坚持把解决好"三农"问题作为全党工作的重中之重。"三农"政策稳步出台,农业供给侧结构性改革积极推进,农村全面改革不断深化。党的十九大提出实施乡村振兴战略,连续出台系列扶持政策支持"三农"发展,为全面深化农村改革、扎实推进农业现代化和新农村建设、确保农业增产农民增收提供了重要的支撑和保障。

"三农"的发展需要金融的有力支持。随着乡村振兴战略的逐步实施,农业发展和农村建设对金融服务的需求不断增加,农村金融正迎来跨越式发展的新机遇。2019年12月,习总书记主持召开中共中央政治局会议,特别强调要坚决打好三大攻坚战,全面做好"六稳"工作,确保实现脱贫攻坚任务,推动农业高质量发展。中央经济工作会议进一步强调,要加快农业供给侧结构性改革,带动农民增收和乡村振兴。国务院印发《关于促进乡村产业振兴的指导意见》,力争用5~10年时间,农村一二三产业融合发展增加值占县域生产总值的比重实现较大幅度提高。这都为农村金融的发展营造了良好的外部环境。

在党和国家各项惠农政策的指导下,银行业金融机构深入贯彻国家关于"三农"发展、乡村振兴、普惠金融、精准扶贫等重大战略,聚焦"三农"发展呈现的新特点、新趋势,不断增加农村地区金融供给,在支持"三农"发展中取得了显著成效。据统计,截至2019年6月末,全国涉农贷款余额34.24万亿元,其中,农户贷款余额9.86万亿元。普惠型涉农贷款余额6.1万亿元,占全部涉农贷款的17.8%。全国扶贫小额信贷累计发放3834.15亿元,余额2287.57亿元,累计支持建档立卡贫困户960.14万户,余额户数566.62万户。扶贫开发项目贷款余额4247.04亿元。全国334个深度贫困县各项贷款余额17365.89亿元,增速7.92%。产业精准扶贫贷款余额1.24万亿元,带动建档立卡贫困人口805万人(次)脱贫发展。目前,全国乡镇银行业金融机构覆盖率95.65%,行政村基础金融服务覆盖率99.20%,银行卡助农取款服务点已达82.3万个,让金融服务触角延伸到农民的家门口,基本打通农村金融服务的"最后一公里"。

在创新金融产品和服务模式方面,银行业金融机构综合考虑涉农企业经营特点、资金运营周期等因素,不断丰富和完善金融产品,因地制宜地创新适合乡村融合发展所需的融资、结算、理财等各类产品。结合客户所在行业特点和资金需求差异,通过"龙头企业+农户"的方式,将小农户纳入现代农业生产体系,依托核心企业提高小农户和新型农业经营主体的融资可得性,增加农村金融供给,达到金融服务"普之城乡,惠之于民"的目的。值得关注的是,随着近年来金融科技的迅猛发展,银行业金融机构积极推动金融科技在农村金融领域的应用推广,借助金融科技赋能,优化服务流程和方式,提升服务效率,运用大数据、区块链等技术,提高涉农信贷风险的识别、监控、预警和处置水平,推动农村数字普惠金融发展,有效提升了农村金融服务效率和风险控制能力。同时,银行业金融机构积极发展农村绿色金融,加大力度支持产业转型、农业提质增效,为助力农村环境建设,支持美丽乡村建设贡献了力量。

《中国农村金融发展报告2018—2019》是"中国农村金融发展研究"课题组连续五年来组织有关部门、机构和业界同仁凝聚心血完成的系列年度报告。报告在广泛调查研究的基础上,充分收集整理了各类农村金融机构提供的信息、案例和数据,回顾了2018年中国农村金融发展现状,分析了农村金融发展存在的问题,提出了相关政策建议。报告从理论和实践两个层面,系统展示了农村金融的最新研究成果和改革创新的最新进展,以及未来发展趋势,为社会各界了解我国农村金融发展的新情况、新变化提供了很好的平台。我相信本报告能够为政府部门、金融机构、研究机构以及农村金融领域的相关人士提供参考和借鉴，在新时代的改革大潮中传递出农村金融的声音。

农村是一片大有作为的广阔天地，在中国特色社会主义新时代将迎来更加难得的发展机遇。做好农村金融服务既是一项前景光明、意义重大的事业，也是一项长期而艰巨的任务，我希望社会各界能携起手来，推动农村金融的政策制定者、监管者、实践者、学术研究者集思广益，共同努力，真抓实干，为助力农村金融服务乡村振兴战略，全面建成小康社会，实现第一个百年奋斗目标做出新的更大的贡献！

是为序。

潘光伟

中国银行业协会党委书记、专职副会长

2019 年 12 月

PREFACE 前言

《中国农村金融发展报告2018—2019》是我们组织编写的第五本有关农村金融服务的年度报告。

在过去一年中,我国农村金融领域发生了很大变化。这种变化突出表现在以下几个方面。

一是随着政策导向力度增强和金融机构竞争的激化,大中型金融机构纷纷下沉经营重心,着力挖掘农村金融市场,努力创新产品,寻求新的增长点。二是在科技推动下,农村普惠金融领域得到长足发展。通过互联网、大数据、人工智能等现代科技的帮助,金融机构客户识别和风险管控能力显著提升,在相当程度上提高了农民信用贷款的覆盖面。同时借助供应链金融,一些原来很难得到金融服务的群体(如卡车司机)的资金可得性和便利性状况得到改善。三是随着乡村振兴战略的逐步实施,脱贫攻坚、质量兴农、乡村绿色发展、农村人居环境治理等成为农业农村发展和乡村振兴的突出亮点,对农村金融服务提出了新需求。四是在农村金融服务需求监管加严、理财净值化转型的背景下,部分农村中小商业银行负债端承受压力进一步加大。同时受经济下行压力影响,信贷风险明显上升。特别是大中型银行业务重心向农村市场下沉,它们利用规模、品牌、资金优势,吸引优质客户,这使得实力弱小的农村金融机构的传统市场面临新的竞争压力。在机遇和挑战面前,无论是持牌金融机构还是类金融机构、农村供销合作组织、科技公司,都做出了积极的应对,在金融服务模式、金融产品等方面做出了很多创新。本书按照过去几年来坚持的方针,力求从多个维度反映农村金融服务的新情况和新变化，使读者能够及时了解中国农村金融服务的新动向和新趋势，并为学者、政府相关部门、政策咨询机构观察农村金融领域提供素材。

本书作者来自中央和地方相关政府部门、行业协会、银行、证券期货、科技公司、研究机构、媒体等，既有多年从事农村金融问题研究的专家学者，也有工作于农村金融服务一线的金融机构从业人员，还有长期关注农村金融发展状况的资深记者。相信他们的学养、经验和亲身感受，会给读者带来有益的知识和启迪。

本书的结构如下：

第一篇（第1~7章），研究综述。重点介绍了农业农村经济发展状况和有关经济政策，分析了农村金融新形势与金融服务新需求，以及农村普惠金融的新进展和金融机构支持"三农"、小微和脱贫攻坚战的做法，介绍了农村金融科技创新的发展状况。

第二篇（第8~14章），分行业介绍了政策性银行和商业银行、期货交易所、保险等专业领域的农村普惠金融服务创新探索。

第三篇（第15~20章）是重点案例，分别介绍了2018~2019年一些有特色或带有创新性的案例，例如农业农村部建设的新型农业经营主体信息直报系统、贵州搭建的农业保险综合信息服务平台、蚂蚁金服服务于农村的最新实践、狮桥集团利用融资租赁工具服务于普惠金融等。

本书由张承惠负责总体框架设计、组织编写，郑醒尘同志统稿。各章分工和主要执笔人情况如下：

第1章：习银生（农业农村部经济研究中心宏观经济研究室主任、研究员）

第2章：杜晓山（中国社会科学院农村发展研究所研究员，中国小额信贷联盟理事长）

　　　　孙同全（中国社会科学院农村发展研究所研究员，农村金融研究室主任）

　　　　邵　云（中国社会科学院大学农村发展系）

第3章：马九杰（中国人民大学中国农村经济与金融研究所常务副所长、博

士生导师）

第4章：杨青楠（中国银行业协会农金部主任）

第5章：郑醒尘（国务院发展研究中心金融所证券研究室主任）

第6章：朱俊生（国务院发展研究中心金融研究所保险研究室副主任）

第7章：孙　飞（国务院发展研究中心金融所证券研究室副主任）

第8章：王　普（国家开发银行扶贫金融事业部综合业务局扶贫规划处副处长）

第9章：李　静（中国农业发展银行农村金融发展研究院处长）

第10章：曹杰存（农发行三农政策与业务创新部副总经理）

张群涛（农发行三农政策与业务创新部处长）

谢　青（农发行三农政策与业务创新部资深专员）

赵　攀（农发行三农政策与业务创新部副处长）

第11章：杨　波（中国邮储银行三农金融事业部总监）

第12章：赵　亮（大连商品交易所研究中心资深研究员）

庄晓飞（大连商品交易所产业拓展部高级经理）

第13章：刘　红（郑州商品交易所研究所北京分部部长）

孔令文（郑州商品交易所研究所北京分部研究员）

第14章：李志愿（中原农业保险股份有限公司研究中心处长助理）

第15章：农业农村部计划财务司农村金融保险课题组

第16章：李　博（《中华合作时报·农村金融》总监、记者）

王　勇（中华合作时报社新闻中心副主任）

杨　志（中合商业保理（天津）有限公司金融市场部总经理）

第17章：白澄宇（中国小额信贷联盟常务副理事长）

第18章：李振华（蚂蚁金服研究院执行院长）

宫　靖（高级专家）

第19章：陈佩玺（桂林国民村镇银行信贷管理部副总经理）

第20章：狮桥集团课题组

时间飞逝，不觉中《中国农村金融发展报告》已经走过五个年头了。在此期间，本书得到了国务院发展中心原主任李伟同志、中国人民银行原副行长吴晓灵同志一如既往的支持。杜晓山、白澄宇、孙同全、马久杰、李博等同志，还有国家开发银行、中国农业银行、中国农业发展银行等金融机构伴随我们一路走来。借此机会，我向他们表示深深的感谢。我要感谢的还有，中国人民银行原行长助理、五道口金融学院张晓慧院长、中国银行业协会潘光伟常务副会长和协会农金部的杨青楠主任、农业农村部经济研究中心、参与写作的金融机构和科技公司，以及我的同事郑醒尘、朱俊生、孙飞、薄岩等。没有他们的支持，这本书很难坚持五年之久。清华大学五道口金融学院、大连商品交易所、中国农村金融杂志社为本书的写作出版和调研活动提供了资金支持，在此一并表示诚挚的感谢。

国务院发展研究中心金融研究所研究员、博士生导师

2020年1月15日

目 录

序一 / 李 伟 1
序二 / 张晓慧 5
序三 / 潘光伟 11
前言 / 张承惠 15

第一篇 研究综述

第1章
农村经济形势与金融服务新要求
一、2018年中国农业发展状况 / 3
二、2018年中国农村发展状况 / 12
三、2018年中国农业农村经济政策 / 19
四、农村金融服务新需求 / 28

第2章
农村普惠金融新进展
一、农村普惠金融研究的理论进展 / 32
二、农村普惠金融政策新进展 / 37
三、农村普惠金融发展面临的挑战与对策 / 41

第3章
乡村振兴投融资体制改革与金融服务创新
一、乡村振兴的国内国际背景、金融需求与构建多元化投入格局的必然性 / 50
二、政府财政投入与农业农村发展支持政策工具金融化创新 / 57
三、城乡要素公平交换、乡村自然资源的市场定价与乡村振兴投融资创新 / 72

第 4 章
银行业金融机构的农村普惠金融服务进展
一、"三农"、小微企业和脱贫攻坚金融服务进展情况 / 77
二、农村普惠金融服务面临的挑战 / 82
三、推进农村普惠金融发展的建议 / 84

第 5 章
农村金融机构面临的形势任务及对策思路
一、当前中小农村金融机构面临的形势分析 / 88
二、国际经验教训 / 91
三、相关启示 / 93
四、顺应新形势的发展思路 / 94

第 6 章
完善我国农业保险高质量发展的政策体系
一、近年来我国农业保险发展状况 / 99
二、我国农业保险高质量发展政策支持体系存在的问题 / 103
三、促进我国农业保险服务创新的政策建议 / 112

第 7 章
我国农村金融服务科技创新的现状、问题与建议
一、农村金融服务的科技创新现状 / 120
二、影响农村金融服务科技创新的主要问题 / 128
三、推动农村金融服务科技创新的政策建议 / 131

第二篇　金融机构的创新探索

第 8 章
国家开发银行助力脱贫攻坚的实践与创新
一、2018 年主要工作做法与成效 / 136
二、助力普惠金融,加强民生业务投资 / 142

第 9 章
中国农业发展银行的创新探索
一、聚焦重点领域服务乡村振兴战略 / 146
二、加大力度创新金融服务 / 152
三、多渠道筹措支农资金 / 155
四、统筹推进体制机制改革 / 157
五、2019 年改革创新发展展望 / 159

第 10 章
中国农业银行金融扶贫和服务"三农"的实践探索
一、扎实推进金融扶贫工作,助力打赢脱贫攻坚战 / 161
二、以服务乡村振兴为统领,加强"三农"重点领域金融服务 / 165
三、运用现代金融科技,创新新时期农村金融服务方式 / 169
四、落实普惠金融重点放在乡村的要求,大力提升农村普惠金融服务水平 / 172
五、加大改革创新力度,提升服务"三农"能力 / 175

第 11 章
中国邮政储蓄银行助力乡村振兴的实践与创新
一、2018~2019 年助力乡村振兴的工作成效 / 179
二、助力乡村振兴的主要做法 / 180

第 12 章
农产品期货市场发展及"农民收入保障计划"的实践与创新
一、2018 年中国农产品期货与期权市场运行平稳有序 / 187
二、"农民收入保障计划"试点的实践和创新 / 194
三、"农民收入保障计划"试点的模式创新 / 196
三、"农民收入保障计划"实践中遇到的主要问题 / 200
四、下一步工作思路与建议 / 201

第 13 章
我国农产品期货市场发展及服务农业的实践创新

一、2018 年我国农产品期货期权市场整体运行情况 / 203

二、期货期权市场服务农业的实践模式及典型案例 / 214

三、经验总结 / 223

四、进一步加强期货市场服务"三农"的建议 / 225

第 14 章
农业保险服务乡村振兴创新与发展

一、农业保险服务乡村振兴的实践与创新 / 229

二、农业保险精准扶贫的创新与探索 / 236

三、当前农业保险高质量发展必须解决的问题 / 239

四、农业保险高质量发展模式创新与探索 / 241

第三篇　重点案例

第 15 章
农业农村部新型农业经营主体信息直报系统促进金融支农

一、建设直报系统的背景和初衷 / 249

二、解决问题的原理和思路 / 250

三、付诸实践的具体做法 / 251

四、政策实施效果 / 253

五、下一步发展思路 / 255

第 16 章
供销社系统的农村金融服务创新

一、全国供销合作总社成立金融服务部指导系统金融业务发展 / 257

二、因地制宜，发展多种农村金融服务模式 / 259

三、供应链金融在供销合作社系统的探索 / 262

四、重庆市供销合作总社推进"三社"融合发展案例 / 272

第 17 章
贵州农业保险综合信息服务平台的创新与实践

一、贵州农业保险综合信息平台设立背景 / 278

二、农业保险综合信息平台建设及运营情况 / 280

三、贵州省农业保险综合信息服务平台面临的问题及建议 / 283

第 18 章
蚂蚁金服农村金融最新实践：抓住县域经济数据化"牛鼻子"有效扩大农村金融供给

一、关键数据断裂是当前农村金融开展中的突出问题 / 287

二、蚂蚁金服的农村数字普惠金融实践 / 288

三、网商银行农村数字普惠金融实践的社会价值 / 290

四、对蚂蚁金服农村数字普惠金融模式的研究结论 / 291

五、对发展农村数字普惠金融的相关建议 / 293

第 19 章
桂林国民村镇银行践行普惠金融模式探索

一、村镇银行概述 / 295

二、桂林国民村镇银行践行普惠金融，打造支农支小精品银行 / 298

三、桂林国民村镇银行践行普惠金融面临的困难和挑战 / 305

四、桂林国民村镇银行对未来的展望 / 307

第 20 章
践行普惠金融　服务实体经济

一、行业发展背景 / 309

二、狮桥发展思路及举措 / 311

三、发展成绩 / 313

四、政策建议 / 314

参考文献 / 317

第一篇 研究综述

第1章
农村经济形势与金融服务新要求

  党的十九大提出了实施乡村振兴战略的重大决策部署。2018年，中共中央、国务院以1号文件发布了《关于实施乡村振兴战略的意见》，明确提出要按照产业兴旺、生态宜居、乡风文明、治理有效、生活富裕的总要求，统筹推进农村经济建设、政治建设、文化建设、社会建设、生态文明建设和党的建设，加快推进乡村治理体系和治理能力现代化，到2035年基本实现农业农村现代化，2050年全面实现乡村全面振兴，农业强、农村美、农民富，标志着我国农业农村发展进入了乡村振兴的新阶段。实施乡村振兴战略，需要新增大量资金投入，对农村金融服务提出了新的要求。中央明确指出，要健全投入保障制度，创新投融资机制，加快形成财政优先保障、金融重点倾斜、社会积极参与的多元投入格局，确保投入力度不断增强、总量持续增加。2018年9月中央发布了《乡村振兴战略规划（2018—2022年）》，明确要优先保障资金投入，加大金融支农力度，健全适合农业农村特点的农村金融体系，把更多金融资源配置到农村经济社会发展的重点领域和薄弱环节，更好满足乡村振兴多样化金融需求，并从健全金融支农组织体系，创新金融支农产品和服务，完善金融支农激励政策等三个方面提出了具体要求。

  本章首先分析了2018年我国农业和农村发展形势，然后阐述了2018年国家采取的相关支农强农惠农政策措施，最后对乡村振兴背景下我国农村金融服务面临的新需求进行了重点分析。

一、2018年中国农业发展状况

2018年是实施乡村振兴战略的开局之年,党中央、国务院坚持农业农村优先发展,以实施乡村振兴战略为总抓手,以推进农业供给侧结构性改革为主线,加快转变农业生产方式,推进农业农村改革创新,加快农业农村现代化步伐,为农业农村发展创造了良好的政策环境。全年第一产业增加值64734亿元,比上年增长3.5%,占国内生产总值的7.2%,比上年下降0.4个百分点。农业生产保持稳定,结构持续调优,发展质量不断提高,农业农村发展稳中有进,乡村振兴开局良好,为经济社会发展大局提供了有力支撑,为应对风险挑战增添了底气,起到了"压舱石"的作用。

(一)农产品生产保持稳定

2018年,国家继续高度重视农产品生产,加大对农业的投入,农业科技进步作用进一步凸显,农业生产保持了稳步发展态势。

1. 粮食生产连续第7年获得丰收

2018年,全国粮食播种面积进一步调减,但单产水平继续提高,粮食总产量再获丰收。全年粮食播种面积11703.82万公顷,比上年减少0.81%;粮食平均单产每公顷5621.17千克,提高0.25%,再创历史新高。粮食总产量6.58亿吨,比上年略减0.56%,但仍为历史第4高产年份,连续第7年产量超过6亿吨。其中,夏粮13878万吨,减2.10%;早稻2859万吨,减4.29%;秋粮49052万吨,增0.11%。全年谷物产量61003.58万吨,减0.81%。其中,稻谷21212.90万吨,减0.26%;小麦13144.05万吨,减2.15%;玉米25717.39万吨,减0.73%。全年豆类产量1920.27万吨,比上年增4.27%;薯类产量2865.37万吨,增2.39%。

2. 经济作物保持稳定发展态势

2018年,全国经济作物大多增产。全年棉花产量610.28万吨,比上年增7.96%;油料3433.39万吨,减1.20%;糖料11937.41万吨,增4.91%;蔬菜70346.72万吨,增1.67%;水果(含园林水果和瓜果)25688.35万吨,增1.77%;

茶叶261.04万吨，增6.10%。

3. 畜牧业生产总体保持稳定

2018年，受非洲猪瘟疫情等因素影响，国内生猪生产略有下降，其余畜产品生产大多保持增长态势。全年肉类总产量8624.63万吨，比上年减少0.3%。其中，猪肉5403.74万吨，减0.9%；牛肉644.06万吨，增1.5%；羊肉475.07万吨，增0.9%；禽肉产量1993.66万吨，增0.6%；禽蛋3128.28万吨，增1.0%；奶类产量3176.79万吨，增0.9%。从经营状况看，畜禽养殖处于全面持续盈利状态。2018年，全国平均出栏一头商品肥猪盈利30元，同比减少140元左右；平均每只产蛋鸡全年养殖收益27.3元，同比增加24.2元，处于近年较高水平；平均出栏一只肉鸡盈利3.2元，同比增加1.9元，养殖效益明显回升；平均出栏一头450公斤的肉牛盈利2180元，同比增加123元；出栏一只45公斤绵羊盈利279元，同比增加10元；出栏一只30公斤山羊盈利409元，同比增加103元。

4. 渔业生产稳中有增

2018年，全国水产品总产量6457.66万吨，同比增长0.19%。其中，水产养殖产量4991.06万吨，同比增1.73%，捕捞产量1466.60万吨，同比降4.73%，养殖产品与捕捞产品的产量比例为77.3∶22.7；海水产品产量3301.43万吨，同比降0.61%，淡水产品产量3156.23万吨，同比增1.04%，海水产品与淡水产品的产量比例为51.1∶48.9。远洋渔业产量225.75万吨，同比增8.21%，占水产品总产量的3.50%。

（二）农业生产结构持续调优

2018年，我国进一步深化农业供给侧结构性改革，充分发挥市场机制在资源配置中的决定性作用，引导农业优化区域布局，调整生产结构，农产品结构持续优化。

1. 种植结构持续调优

2018年，种植业以"减水稻、控玉米、扩大豆"为重点，持续推进种植结构调整。首先，供给不断优化。继续巩固"镰刀弯"等非优势区玉米调减成果，适当调减南方低质低效双季稻和东北寒地井灌稻面积。全年籽粒玉米面积比上年减少27万公顷，水稻面积调减56万公顷。市场紧缺的大豆面积增加15.5万公顷。其次，特色产业调强。积极发展优质稻谷、强筋弱筋小麦、优质食用大豆、高品质棉花、高产高糖甘蔗等。因地制宜发展青贮玉米等优质饲草，促进农牧结合。加快发展道地中药材、食用菌、茶叶、水果、杂粮杂豆等特色作物。最后，生态种植加快。轮作休耕制度试点规模超过 200 万公顷，比上年增加 120 万公顷。华北和新疆塔里木河地下水超采区调减小麦 13.4 万公顷，西南西北调减条锈病菌源区小麦 4.7 万公顷。

2. 畜牧业生产结构不断优化

2018 年，畜禽养殖规模化率达到 60.5%，同比上升 2 个百分点。其中，生猪、蛋鸡、肉鸡、肉羊、肉牛、奶牛养殖规模化率分别达到 49.1%、76.2%、80.7%、38%、26%、61.4%。规模以上生猪屠宰企业屠宰量 2.43 亿头，同比增长 9.3%。生猪、奶牛等生产效率不断提升。成年母牛平均奶单产达到 7.17 吨，同比提高 0.37 吨；育肥猪和肉牛平均出栏体重分别达到 124.11 公斤和 523.9 公斤，同比分别提高 2.3 公斤和 32.2 公斤。产业化龙头企业发展壮大，奶业 20 强市场占有率超过 50%，656 家年产 10 万吨以上饲料厂产量占比达到 49.7%。

3. 渔业转型升级成效显著

海洋捕捞渔船船数和功率数"双控"深入推进，减船转产工作顺利实施。限额捕捞试点全面推进，浙江浙北渔场梭子蟹、山东莱州湾海蜇、辽宁普兰店对虾、福建漳厦海域笼壶作业、广东珠江口蓝蛤限额捕捞试点全面启动。大型智能养殖装备试验示范不断推进，世界最大的全潜式大型网箱、亚洲第一大深远海智能网箱"深蓝1号"在山东成功建造并下水。国家级稻渔综合种养示范区创建顺利开展，全国 17 个省份申报创建示范区 45 个，涌现出稻鱼、稻蟹、稻虾、稻鳖等 7 大类 24 种典型技术模式。全国稻渔综合种养面积增加 400 多万亩，增幅超过 15%，总面积达 3200 多万亩，带动农民增收超过 550 亿元。

（三）农业绿色发展成效逐步显现

2018 年，农业继续以绿色发展为引领，农业投入品减量取得初步成效，农业污染防治得到加强，农业废弃物资源化利用逐步开展，农业资源养护不断加强，农业绿色发展成效正在逐步显现。

1. 农业节水灌溉不断提速

党的十八大以来，国家推进 2450 个小农水重点县建设，全面实施灌区田间终端设施配套、"五小水利"工程、山丘区集雨节灌、河塘清淤整治等工程建设，初步形成了大中小微并举的农田水利工程体系，打通农田灌溉"最后一公里"。各地因地制宜抓节水。东北地区推进节水增粮，发展高效节水灌溉；西北地区合理控制灌溉规模，大力推广滴灌、喷灌等高效节水技术；华北压采地下水，发展低压管灌、喷灌和水肥一体化；南方地区以渠道防渗为主，经济作物种植区因地制宜推广高效节水灌溉技术，提高化肥、农药利用效率。2018年，全国新增高效节水灌溉面积2000多万亩。截至2018年，高效节水灌溉面积超过3亿亩，节水灌溉工程面积达5.3亿亩。2018年灌溉水有效利用系数达到0.542，比上年提高0.006，农业灌溉用水总量实现了零增长。

2. 农业资源养护继续加强

继续开展耕地质量保护与提升，通过示范集成了一批土壤改良、地力培肥、治理修复技术模式，土壤退化、盐渍化、酸化和连作障碍等治理探索稳步推进。加大东北黑土地保护利用力度，通过集成推广秸秆还田、有机肥施用、肥沃耕层构建、土壤侵蚀治理、深松深耕等技术模式，推动了黑土地用养结合的保护性利用。进一步扩大耕地轮作休耕试点规模和范围，有效促进了地力水平提高。加强草原保护和修复，草原生态环境进一步改善。2018年，全国草原综合植被盖度达到55.7%，比上年提高0.4个百分点。全国重点天然草原平均牲畜超载率为10.2%，比上年下降1.1个百分点。全国268个牧区半牧区县（旗、市）天然草原平均牲畜超载率为12.6%，比上年下降1.5个百分点。截至2018年底，全国主要草原牧区都已实行禁牧休牧措施，草原禁牧休牧轮牧草原面积达到24.3亿亩，占全国草原面积的41.2%。水生生物资源养护与水域生态环境修复继续加强，2018年新出台实施了黄河禁渔期制度，进一步完善了海洋伏季休渔制度，渔业资源养护效果更加明显，渔场生态环境继续改善。

3. 农业投入品减量成效逐步显现

2018年，国家深入推进"到2020年化肥使用量零增长行动"，继续实施果菜茶有机肥替代化肥行动，在300个县开展化肥减量增效示范，加快推广新型高效肥料、施肥技术，提高施肥效率，促进减量增效。2018年化肥施用量（折纯）比上年减少3.51%，连续第3年下降。深入推进"到2020年农药使用量零增长行动"，在果菜茶优势产区选择150个县开展全程绿色防控试点，在600个县开展统防统治和绿色防控融合示范，提高防治效果，实现农药减量增效。2018年全国主要农作物病虫害绿色防控覆盖率同比提高 2.2 个百分点，主要粮食作物专业化统防统治率同比提高 1.4 个百分点。2018 年农药使用量比上年下降 1.2%，连续第 4 年下降。

4. 养殖污染防治继续得到加强

国家开展畜禽粪污资源化利用整县治理，支持规模养殖场和第三方建设粪污处理设施，集成推广畜禽粪污资源化利用技术，畜禽粪污综合利用率不断提高。2018 年，全国畜禽粪无综合利用率达到 70%。水产健康养殖示范创建继续深入开展，创建部级渔业健康养殖示范县 10 个，创建水产健康养殖示范场 1259 个。

5. 农业废弃物资源化利用继续开展

2018 年，国家继续开展秸秆综合利用试点，大力推进秸秆肥料化、饲料化、燃料化、基料化、原料化，2016 年以来已累计建成 241 个试点县。2018 年，全国新增秸秆还田面积 2600 万亩，秸秆还田总面积达到 7.69 亿亩，秸秆综合利用率达到 83%。2018 年，国家在西北地区 100 个用膜大县开展地膜回收行动，推进回收利用体系建设，防治"白色污染"，示范县农膜回收率近 80%。

（四）现代农业加快发展

2018 年，我国农业投入保持较快增长，农业物质装备水平持续提升，农业科技对现代农业的支撑引领作用继续增强，现代农业经营体系加快构建，规模化经营不断发展，为现代农业快速发展提供了有力的保障。

1. 农业投资继续保持较快增速

据国家统计局数据，2018 年，全社会第一产业固定资产投资（不含农户）22413 亿元，比上年增长 12.9%，比全社会固定资产投资增速快 7 个百分点；第一产业固定资产投资占全社会固定资产投资的比重 3.5%，比上年提高 0.2 个百分点，农业吸引投资的能力进一步提高。

2. 农业科技支撑能力持续提升

随着绿色兴农、质量兴农对农业发展的导向作用日益明显，对农业科技的需求也更加凸显。农业科技创新取得新进展，科技资源配置不断优化，协同创新逐步推进，农业技术推广与高素质农民培育也在稳步开展。2018 年，农业科技进步贡献率达到 58.3%，比上年提高 0.8 个百分点，全年培育高素质职业农民 100 余万人，农业科技对农业农村发展的支撑引领能力进一步提升。

3. 农业物质装备水平进一步提升

2018年,国家加大资金投入和资金整合力度,进一步加强农田建设。全年全国共投入建设资金约1300亿元,新增高标准农田约8200多万亩,新增高效节水灌溉面积2000多万亩。到2018年,全国农田有效灌溉面积达6800万公顷,居世界首位。农业机械化发展迈出新步伐,农机装备能力继续提升,农机化作业水平稳步提高,社会化服务能力显著增强。2018年,全国农机总动力达到10亿千瓦,较上年同口径增幅超过3%,大中型拖拉机、联合收割机保有量增幅超过4%,插秧机、谷物烘干机保有量增长都在9%左右,自动驾驶拖拉机、植保无人飞机等智能农机装备方兴未艾。农业生产全程全面机械化快速推进,全国主要农作物耕种收综合机械化率达到68%,比上年提高1个百分点。小麦生产基本实现全程机械化,水稻、玉米生产综合机械化率超过80%。主要经济作物机械化水平取得实质性提升,油菜收获、花生种植及收获机械化率均超过40%,同比均提高3个百分点以上,棉花机采、甘蔗机收及果菜茶机械化也快速发展。全国农机作业服务组织达到18.7万个,其中农机合作社7万个,全年"三夏""三秋"等重要农时农机服务面积累计超过60亿亩次。

4. 现代农业经营体系加快构建

2018年,国家继续出台扶持措施,鼓励新型农业经营主体发展,加快构建现代农业经营体系。截至2018年底,全国纳入农业农村部门家庭农场名录的家庭农场近60万家,家庭农场经营土地的面积在登记名录中总面积1.6亿亩,全国家庭农场年销售农产品总值1946.2亿元。农民合作社逐步由数量增长向质量提升转型,2018年,全国新登记注册农民合作社15.6万家,截至2018年底,全国依法登记的农民合作社达到217.3万家,辐射带动全国近一半农户。多种形式的适度规模经营进一步发展。截至2018年底,全国家庭承包耕地流转面积5.39亿亩,比上年增长5.3%。50亩以上规模经营农户数量达到413.8万户。全国从事农业生产托管的服务组织数量达到37万个,托管面积3.64亿亩,比上年增加50.05%。服务对象数4630.17万个(户),比上年增长23.33%。

(五)农业提质增效取得新进展

实施乡村振兴战略对农业提出了高质量发展的要求,农业农村部将2018年定为农业质量年，大力推进质量兴农、绿色兴农、品牌强农，农业发展进入了高质量引领的新时期。

1. 农产品质量安全水平持续向好

2018年，农业农村部继续开展农药、"瘦肉精"、兽用抗生素等7个专项整治行动，推进农产品质量安全依法监管，加强风险监测评估，强化风险防控。全国主要农产品监测总体合格率为97.5%（按照2017年同口径统计，抽检总体合格率为98.2%，同比上升0.3个百分点）。其中，蔬菜、水果、茶叶、畜禽产品和水产品抽检合格率分别为97.2%、96.0%、97.2%、98.6%和97.1%，畜产品"瘦肉精"抽检合格率为99.7%，生鲜乳抽检合格率99.9%，生鲜乳中三聚氰胺等违禁添加物抽检合格率连续10年保持100%。生鲜乳中乳蛋白含量平均值3.25%，脂肪含量平均值3.84%，均达到奶业发达国家水平。全年未发生重大农产品质量安全事件，农产品质量安全形势整体呈现稳中向好态势。

2. 农业标准化继续加强

2018年，国家新制定农兽药残留限量标准1200项及农业国家、行业标准214项，新批准发布281个农产品地理标志登记保护产品。截至2018年底，全国"三品一标"获证单位总数为58422家，产品总数121743个。其中，绿色食品、有机农产品和农产品地理标志总数37778个，比上年底增长18.1%，2018年向社会提供绿色优质农产品总量超过3亿吨。

3. 农业品牌化发展趋势明显

2018年，农业农村部实施农业品牌提升行动，发布了关于加快推进品牌强农的意见，着力培育一批叫得响、过得硬、有影响力的农产品区域公用品牌、企业品牌、农产品品牌。加快建立农业品牌目录制度，全面加强农业品牌监管，构建农业品牌保护体系。各地创新品牌营销方式，加强农业品牌宣传推介，加强市场潜力大、具有出口竞争优势的农业品牌建设，打造国际知名农业品牌，一大批名特优农产品品牌正在不断涌现，农业品牌化越来越成为提高农产品效益和竞争力的大势所趋。

（六）农产品市场保持繁荣稳定

2018年，我国农业生产再获丰收，农产品市场供应充足，价格保持基本稳定，农产品国际贸易继续增长。

1. 农产品价格总体基本稳定

2018年，全国农产品生产者价格①总水平同比略降0.9%。其中，种植业产品生产者价格同比上涨1.2%，林业产品下跌1.1%，饲养动物及其产品下降4.4%，渔业产品上涨2.6%。种植业产品中，谷物上涨2.3%，豆类下降1.8%，薯类上涨1.7%，棉花、油料、糖料分别下跌21.%、0.9%、1.2%，蔬菜、水果分别上涨3.6%、1.1%。饲养动物及其产品中，生猪下跌14.4%，活牛、活羊、活家禽、禽蛋、生奶分别上涨4.9%、14.7%、7.7%、17.6%、1.3%。农村居民消费价格比上年上涨2.1%，涨幅与城市持平。农村商品零售价格比上年上涨2.1%，涨幅高于上年0.8个百分点。实现乡村社会消费品零售额55350亿元，比上年增长10.1%，高于城镇增速1.3个百分点。

2. 农产品进出口继续增长

2018年，我国农产品进出口贸易总额2177.1亿美元，比上年增长8.1%。其中，出口额804.5亿美元，增长6.5%；进口额1372.6亿美元，增长9.1%。农产品贸易逆差568.1亿美元，比上年增加12.9%。谷物出口增加，进口减少。全年谷物出口量为255.3万吨，同比增加57.9%；进口量为2050.2万吨，减少19.9%；净进口1794.9万吨，减少25.2%。食用油籽进口量为9448.9万吨，比上年减少7.4%；食用植物油进口量808.7万吨，增长8.9%；棉花进口量162.7万吨，增长19.4%；食糖进口量279.6万吨，增长22.1%；蔬菜出口额152.4亿美元，减少1.8%；进口额8.3亿美元，增长50.0%；贸易顺差144.1亿美元，减少3.7%。水果出口额71.6亿美元，增长1.2%；进口额84.2亿美元，增长34.5%；由上年的贸易顺差转为贸易逆差12.6亿美元。畜产品出口额68.6亿美元，增长7.9%；进口额285.2亿美元，增长11.3%；贸易逆差216.6亿美元，增长12.5%。水产品出口额224.4亿美元，增长6.1%；进口额148.9亿美元，增长31.3%；贸易顺差75.5亿美元，减少23.0%。

（七）农村三产融合发展水平继续提高

2018年，国家继续加强政策扶持，促进农村一二三产业融合发展，乡村产业形

---

① 农产品生产者价格是指农业生产者首次直接出售其生产的农产品时实际获得的价格。

态不断丰富，产业融合发展水平继续提高，农产品加工业和产业化经营发展势头良好。

1. 农产品加工业高质量发展势头良好

2018年，规模以上农产品加工业实现主营业务收入149188亿元，同比增长4.0%。企业效益总体提升，利润总额保持增长。2018年，规模以上农产品加工业实现利润10090亿元，同比增长5.3%；主营业务利润率6.8%，同比提高0.1个百分点；百元主营业务收入的成本80.5元，同比下降0.7元。精深加工快速发展，焙烤食品、方便食品、肉制品、肉禽罐头、鱼糜制品、水产品罐头、保健品制造、糖果巧克力制造、中药制造等精深加工业主营业务收入增速均达到5%以上，比全行业增速高1个百分点以上。智能化改造步伐加快，农产品加工行业国家智能制造试点示范项目数量已达21个。全产业链发展趋势明显，约60%的农产品加工企业通过自建原料基地方式进入种植业或养殖业；近40%开展了电子商务等新型流通业务；85%以上的肉类加工上市企业进行了全产业链布局。

2. 农业产业化经营发展水平进一步提升

2018年，我国各类农业产业化经营组织数量继续增加，规模不断扩大、实力稳步增强、质量明显提升。截至2018年底，经县级以上农业产业化主管部门认定的龙头企业达到8.97万家，同比增加2.63%，其中省级以上龙头企业近1.8万家。省级以上龙头企业固定资产总额同比增加5.67%。年销售收入过100亿元的达到72家，销售收入占比超过三成，产业集聚度进一步提高。龙头企业科技投入大幅增加。截至2018年底，省级以上重点龙头企业科技研发投入同比增长超过15%，近三成的龙头企业科技研发投入占年销售收入的比重超过1%，超过四成的龙头企业建有专门研发机构，1/8的龙头企业获得国家高新技术企业称号。利益联结机制进一步完善，龙头企业带动农户的能力进一步提高。企农契约型合作模式蓬勃发展，已有1亿农户与农业产业化龙头企业签订订单，签约农户经营收入超过未签约农户50%以上。农业产业化联合体发展较快，全国已有10个省份认定省级农业产业化示范联合体近1000个。

3. 乡村产业形态不断丰富

在产业融合发展中，各地依托乡村资源，发掘新功能新价值，培育新产业新业态，休闲观光农业、创意农业、智慧农业、电商农业、农耕体验、文化传承等新型业态不断涌现。据农业农村部数据，截至 2018 年底，超过四成的省级以上重点龙头企业通过互联网渠道开展农产品销售，互联网销售收入同比增加 15.64%；1/6 以上的龙头企业发展休闲农业等。2018 年，全国休闲农业和乡村旅游接待游客 30 亿人次、营业收入超过 8000 亿元。乡村服务业创新发展，2018 年农村生产性服务业营业收入超过 2000 亿元。农村网络销售额突破 1.3 万亿元，其中农产品网络销售额达 3000 亿元。

4. 农村创业创新日趋活跃

近年来，国家出台了一系列支持返乡入乡人员的创新创业政策，吸引农民工、大中专毕业生、退役军人、科技人员等到乡村创新创业，成效逐步显现。截至 2018 年，各类返乡入乡创新创业人员累计达 780 万人，"田秀才""土专家""乡创客"等本乡创新创业人员达 3100 多万人。创业创新领域不断拓宽，由种养向纵向延伸、横向拓展，创办的实体 87% 在乡镇以下，80% 以上发展产业融合项目。层次不断提升，返乡入乡人员 50% 以上利用信息技术创新创业，近 90% 是联合创业。载体不断增多，认定农村创新创业园区和实训孵化基地 1096 个，益农信息社覆盖 1/3 以上的行政村。

二、2018 年中国农村发展状况

2018 年，中央进一步加大政策实施力度，集中力量打赢脱贫攻坚战，加强农村基础设施建设，提升农村公共服务水平，大力改善农村民生，农村居民的生产生活条件和生活水平进一步得到提高。

（一）脱贫攻坚成效显著

2018 年，我国进一步扎实推进脱贫攻坚战，取得显著成效。

1. 农村贫困人口继续减少

2018 年，农村贫困人口减少 1386 万人。截至 2018 年末，全国农村贫困人口减少到 1660 万人，2012 年以来累计减少 8239 万人，平均每年减贫 1300 多万人；贫困发生率 1.7%，比上年下降 1.4 个百分点，比 2012 年下降 8.5 个百分点。全国各省农村贫困发生率普遍下降至6%以下，其中23个省份农村贫困发生率降至3%以下。

2. 贫困县贫困村脱贫摘帽加快

2018年，全国共有283个贫困县实现脱贫摘帽。截至2018年，已有436个县完成摘帽，超过贫困县数量的一半。

3. 贫困地区农村居民收入增幅高于全国农村平均水平

2018年，贫困地区农村居民人均可支配收入10371元，比上年增加994元，名义增长10.6%，实际增长8.3%，增速高于全国农村增速1.7个百分点。其中，集中连片特困地区农村居民人均可支配收入10260元，深度贫困地区农村居民人均可支配收入9668元，均比上年增长10.7%，比全国农村增速快1.9个百分点。党的十八大以来，贫困地区农村居民收入年均名义增长12.1%，实际增长10.0%，增速比全国农村平均水平高2.3个百分点。2018年，贫困地区农村居民人均可支配收入相当于全国农村平均水平的71.0%，比上年提高1.1个百分点，比2012年提高8.9个百分点，与全国农村平均水平的差距进一步缩小。

（二）农村基础设施条件进一步改善

2018年，国家进一步加大对农村基础设施的投入力度，农村水利、电力、道路交通、人居环境等各方面都有了长足进步。

1. 农村水利建设取得新进展

2018年，灌区续建配套和农业节水取得新成效。全年国家安排建设221处大型灌区和新疆南疆24处重点中型灌区续建配套与节水改造，安排建设大型灌排泵站更新改造项目33处，新增高效节水灌溉面积2158万亩，新增、恢复灌溉面积347万亩，改善灌溉面积2568万亩，新增粮食生产能力11亿公斤，新增年节水能力11.5亿立方米。农村饮水安全得到进一步巩固提升。2018年全国完成投资523亿元，巩固提升工程受益人口7800多万，农村自来水普及率达到81%，农村集中供水率达到86%。到2018年底建成1100多万处供水工程，服务人口9.4亿人。

2. 农村供电条件持续改善

2016年初实施新一轮农村电网改造升级工程以来，农村电力基础设施条件显著改善。农村中低压变电站、线路等规模比2015年增长超过20%，老旧设备得到更换，供电能力得到提升。2018年，国家电网供区农村供电可靠率99.79%，综合电压合格率 99.75%，户均配变容量 2.5 千伏安，户均停电时间 18.46 小时，比 2015 年减少 4.44 小时。南方电网供区农村供电可靠率 99.78%，综合电压合格率 98.87%，户均配变容量 2.1 千伏安，农户平均停电时间 19.68 小时，比 2015 年减少 14.5 小时。农村用电条件得到显著改善，城乡电力差距明显缩小。

3. 农村道路交通建设成效显著

2018 年，全国新建改建农村公路 31.8 万公里，创历史新高，新增通硬化路乡镇 86 个，建制村 6348 个。截至 2018 年底，农村公路总里程已达 404 万公里，其中县道 55 万公里、乡道 117 万公里、村道 232 万公里。农村公路通畅水平进一步提升，有力支撑乡村振兴发展，建成资源路、旅游路、产业路 9284 公里，减少约 5.5 万公里等外公路。年末全年全国具备条件的乡镇和建制村通硬化路率达到 99.98% 和 99.97%，建制村通客车率超过 97.1%。农村公路安全水平进一步提升，全年改造加宽窄路基路面农村公路超过 4.5 万公里，实施农村公路安全生命防护工程超过 23 万公里，改造危桥约 7000 座。农民群众出行安全更有保障，农村交通条件进一步改善，农民群众出行更加便捷，获得感、幸福感进一步提升。

4. 农村人居环境治理取得初步成效

2018 年，国家在全国范围内集中组织开展以"三清一改"，即清理农村生活垃圾、村内塘沟、畜禽养殖粪污等农业生产废弃物，改变影响农村人居环境的不良习惯等为主要内容的村庄清洁行动。据不完全统计，全国 80% 以上的村庄已经开展了清洁行动，累计清理农村生活垃圾 4000 多万吨，清理村沟村塘淤泥 3000 多万吨，清除村内残垣断壁 400 多万处，一大批村庄村容村貌得到明显改善。目前全国已有 80% 以上行政村的农村生活垃圾得到有效处理，有 11 个省区市通过了农村生活垃圾治理整省验收；近 30% 的农户生活污水得到处理，污水乱排乱放现象明显减少。农村"厕所革命"进一步推进。2018 年，全国完成农村改厕 1000 多万户，农村改厕率超过一半，其中六成以上改成了无害化卫生厕所，受到农民群众的普遍欢迎。

（三）农村公共服务水平继续提升

2018 年，国家财政投入进一步向农村公共服务倾斜，农村教育、文化、医疗卫生等事业都取得了长足发展，农村公共服务水平进一步提高。

1. 农村教育发展水平继续提高

农村学校办学条件持续改善。2018年，中央继续实施农村义务教育薄弱学校改造计划，全国新建改扩建校舍2.21亿平方米，购置价值999.7亿元的设施设备，全国99.8%的义务教育学校办学条件达到20条底线要求。继续实施农村义务教育学生营养改善计划，覆盖全国29个省（区、市）1642个县、13.8万所学校、3700万农村学生，农村学生营养健康状况得到显著改善，身体素质得到明显提升。城乡义务教育均衡发展加快推进。2018年，共有338个县（市、区）通过国家义务教育发展基本均衡督导评估，全国累计数量达到2717个，占全国总数的92.7%，实现了县域内城乡义务教育学校建设标准统一、教师编制标准统一、生均公用经费基准定额统一、基本装备配置标准统一。当年有5个省（区）整体通过国家督导评估认定，整体通过国家督导评估认定的省份已达到16个。农村学前教育资源得到有效扩充。目前，全国约87%左右的乡镇建有中心幼儿园。幼儿园数量和在园规模大幅增长，2010~2018年，农村地区幼儿园总数增加了61.6%，在园规模增加了26.6%。乡村教师职业环境进一步优化。2018年，农村义务教育阶段教师特设岗位计划招聘9万人，"银龄讲学计划"首批招募1800名优秀退休教师。全面落实乡村教师生活补助政策，2018年，中央财政安排奖补资金45.1亿元，惠及8万多所学校127万名教师。

2. 农村文化事业较快发展

2018年，农村文化公共服务水平进一步提升。文化信息资源共享工程基本实现所有乡镇、行政村全覆盖。截至2018年底，全国有乡镇综合文化站33858个，共建成农家书屋58.7万个，累计配送图书达11.6亿册。其中，开展数字化建设的农家书屋达12.5万家，提供数字阅读内容近百万种。2018年，县及县以下文化单位文化事业费503.37亿元，占全国文化事业费的54.2%，比重比上年提高了0.7个百分点。"文化下乡"等活动进一步开展，农村文化产品不断丰富。2018年，全国艺术表演团体赴农村演出178.82万场，赴农村演出场次占总演出场次的57.2%；农村观众7.79亿人次，占国内观众的56.6%。文化部门开展"戏曲进乡村"活动，为国家级贫困地区12984个乡镇配送了77094场文艺演出。举办第七届中国农民歌会，持续开展面向革命老区、边疆地区、民族地区、贫困地区的"春雨工程""阳光工程""圆梦工程"文化志愿服务活动。中宣部开展新时代文明实践中心试点，组织

12 个试点省（市）的 50 个试点县（市、区）整合文化馆、文化活动广场等阵地资源，运用志愿服务等形式，广泛开展群众乐于参与、便于参与的文化活动。

3. 农村医疗卫生条件进一步改善

2018 年，全国人均基本公共卫生服务经费补助标准 57.6 元，比上年提高 5 元。国家基本公共卫生服务项目从 12 类扩大到 14 类，农村住院分娩率 99.9%，农村孕产妇死亡率 19.9/100000，比上年降低 1.2/100000。农村医疗卫生服务体系继续完善。2018 年底，全国有县级医院 15474 所、县级妇幼保健机构 1907 所、县级疾病预防控制中心 2090 所、县级卫生监督所 1822 所，四类县级卫生机构共有卫生人员 303.9 万人；有 36461 个乡镇卫生院，床位 133.4 万张，卫生人员 139.1 万人，每千农村人口乡镇卫生院床位 1.39 张，比上年增加 0.04 张，每千农村人口乡镇卫生院人员达 1.45 人，比上年增加 0.03 人；有 622001 个村卫生室，村卫生室人员达 144.1 万人，平均每村村卫生室人员 2.32 人。县级医院技术装备水平进一步提高，ICU 病房、透析设备等集成技术力量都已具备，120 急救服务已经由城市延伸到农村地区，农村居民获得优质医疗服务更为便利。全国已有 1640 家三级医院与 3758 家县医院建立对口支援关系。

（四）农村社会保障体系进一步完善

2018 年，随着新型城镇化和城乡融合发展的逐步推进，我国农村社会保障城乡一体化取得新进展，农村社会保障范围进一步扩大，保障标准和保障水平继续提高，城乡一体的社会保障体系不断完善。

1. 社会保障城乡一体化取得新进展

城乡统筹的最低生活保障制度加快构建。各地相继调整城乡居民最低生活保障标准，不断缩小城乡低保标准差距，越来越多的地方实现了城乡低保标准的"并轨"。城乡居民基本医疗保险制度整合进一步加快，全国已有 24 个省区市完成城乡居民医保制度整合工作，城乡统一的居民医保制度即将在全国范围实现。

2. 农村社会保障覆盖范围继续扩大

截至 2018 年底，全国参加城乡居民基本养老保险人数达到 52392 万人，比上年末增加 1137 万人。其中领取待遇人数达到 15898 万人；60 周岁以上享受城乡居民基本养老保险待遇的贫困老人 2195 万人，实际享受代缴保费的贫困人员 2741 万人；

参加工伤保险和失业保险的农民工人数分别达到 8085 万和 4853 万；5559.6 万人纳入被征地农民社会保障范围。2018 年城乡居民基本养老保险基金收入 3870 亿元，基金支出 2938 亿元，年末基金累计结存 7274 亿元。截至 2018 年底，全国有 1902.5 万户、3519.7 万人享受农村居民最低生活保障，454.7 万人享受农村特困人员救助供养。2018 年，新型农村合作医疗参保人数 13038 万人，参合率稳定在 98% 以上。

3. 农村社会保障标准和保障水平进一步提高

2018 年，城乡居民基本养老保险基础养老金最低标准由每人每月 70 元提高到 88 元。全国城乡居民基本养老保险年人均缴费水平约 300 元，实际月人均待遇水平 150 元，比上年增长 20.5%。其中，基础养老金约为 134 元，增长 21%。2018 年，新农合人均补助标准从 450 元提高到 490 元。2018 年，全国农村低保平均标准每人每年 4833 元，同比增长 12.9%，比 2012 年增长 133%。低保制度与扶贫政策逐步衔接，全国有 1813 万建档立卡人员纳入农村低保或特困人员救助供养。

（五）农村居民收入与生活水平继续提高

随着农业供给侧结构性改革继续深化，农村一二三产业融合水平不断提高，新型城镇化进一步深入，农村经济发展新动能逐步涌现。2018 年，我国农民收入继续保持较快增长势头，农村居民消费水平持续提高。

1. 农民收入增速继续快于城镇居民收入增速

2018 年，全国农村居民人均可支配收入 14617 元，同比名义增长 8.8%，扣除价格因素影响，实际增长 6.6%。名义增速比上年加快 0.2 个百分点，实际增速比上年回落 0.7 个百分点。同期，城镇居民人均可支配收入实际增长 5.6%，农民收入实际增速比城镇居民可支配收入增速快 1.0 个百分点，农民收入增速连续 9 年超过城镇居民。2018 年，我国国内生产总值（GDP）增长 6.6%，农民收入实际增速与 GDP 增速持平。

2. 收入结构更趋多元化

首先，工资性收入仍为农民收入的主要增长来源。2018 年，全国农村居民人均工资性收入 5996 元，增长 9.1%，增速比上年回落 0.4 个百分点，占人均可支配收入的比重 41.0%，比上年提高 0.1 个百分点，对农民增收的贡献率为 42.0%，比上年下降2.6个百分点,但仍为农民增收的主要来源。工资性收入增长较快,得益于农民工规模持续扩大,工资水平持续提高。2018年,全国农民工总量达到28836万人,比上年增长0.6%。人均月收入3721元,增长6.8%,增速比上年提高0.4个百分点。其次,经营净收入增速继续加快。2018年,全国农村居民人均经营净收入5358元,增长6.6%,增速比上年加快0.6个百分点,占人均可支配收入的比重为36.7%。人均经营净收入对农村居民增收的贡献率为27.9%,比上年提高1.1个百分点。主要得益于二三产经营净收入加快增长,增速达到14.2%,比上年加快3.0个百分点。再次,财产净收入增速进一步加快。2018年,全国农村居民人均财产净收入342元,增长12.9%,增速比上年加快1.5个百分点,占人均可支配收入的比重为2.3%。人均财产净收入对农村居民增收的贡献率为3.3%,比上年提高0.4个百分点。主要是转让承包土地经营权租金净收入和出租房屋净收入增长较快,分别增长13.6%和19.4%。最后,转移净收入增速加快。2018年,全国农村居民人均转移净收入2920元,增长12.2%,增速比上年加快0.4个百分点,占人均可支配收入的比重为20.0%,比上年提高0.6个百分点。人均转移净收入对农村居民增收的贡献率为26.8%,比上年提高1.1个百分点。主要是各地继续加大精准扶贫和社会救助力度,人均社会救济和补助收入增长39.6%;城乡居民医保并轨继续推进,人均报销医疗费增长26.1%。

3. 农村居民消费增速加快

2018年,农村居民人均消费支出12124元,名义增长10.7%,增速比上年快2.6个百分点,实际增长8.4%,增速比上年加快1.6个百分点。农村居民消费支出名义增速和实际增速分别快于城镇居民3.9和3.8个百分点。其中,医疗保健支出、生活用品及服务支出、居住、交通通信和教育文化娱乐支出增速较快。2018年,农村居民人均食品烟酒支出3646元,增长6.7%。农村居民食品烟酒支出占全部消费支出的比重(恩格尔系数)为30.1%,比上年下降1.1个百分点;衣着支出648元,增长5.9%;居住支出2661元,增长13.0%;生活用品及服务支出720元,增长13.6%;交通通信支出1690元,增长12.0%;教育文化娱乐支出1302元,增长11.1%;医疗保健支出1240元,增长17.1%;其他用品及服务支出218元,增长8.7%。

三、2018 年中国农业农村经济政策

2018 年是实施乡村振兴战略的开局之年,中央坚持农业农村优先发展,农业农村经济政策以实施乡村振兴战略为总抓手,以农业供给侧结构性改革为主线,加大农业农村投入,全年国家财政用于农林水的支出首次突破 2 万亿元,达到 20786 亿元,比上年增长 9.9%。在发展现代农业,增加农民收入,改善农村民生等方面采取了一系列重大政策措施,主要体现在以下方面。

(一)打好精准脱贫攻坚战

1. 加大脱贫攻坚资金保障力度

2018 年,中央财政专项扶贫资金投入达 1061 亿元,省级和市县级财政专项扶贫资金超过 2000 亿元,贫困县财政涉农资金实际整合 3200 亿元,扶贫小额信贷新增 1000 多亿元、累计发放 5300 多亿元。财政和金融扶贫政策支持力度明显加大,为脱贫攻坚提高了坚实的资金保障。

2. 扎实推进深度贫困地区攻坚

2018 年,新增中央财政专项扶贫资金 120 亿元用于"三区三州"。各相关省份在"三区三州"内确定了 135 个深度贫困县,在"三区三州"外确定了 199 个深度贫困县。各地各部门加大支持力度,着力解决产业就业、基础设施、公共服务等突出问题。各部门出台了一系列政策文件,倾斜支持力度大幅提升。

3. 深化细化东西部扶贫协作和定点扶贫

实施东西部扶贫协作、中央单位定点扶贫考核,进一步压实帮扶责任。东西部省市签订扶贫协作协议书、中央单位签订定点扶贫责任书。2018 年,东部地区 9 省市共拨付财政援助资金 177 亿元,动员社会帮扶资金 48 亿元,互派挂职干部和专业技术人员 2.85 万名,帮助贫困人口实现就业 144 万人,都比上年大幅增加。中央单位直接投入资金 55.6 亿元,引进帮扶资金 115.2 亿元,培训基层干部和技术人员 49 万名。民营企业、社会组织、公民个人参与扶贫的热情高涨,社会动员更加积极有效。

4. 推进精准扶贫举措落实落地

贫困地区特色种养、电商、光伏、乡村旅游等产业扶贫模式成效显现。易地扶贫搬迁扎实推进，已累计完成约 870 万贫困人口的搬迁建设任务。就业扶贫新增 360 万贫困劳动力就业，扶贫车间达到 3 万多个，带动 77 万贫困人口实现就地就近就业。健康扶贫工程深入实施，累计救治 1200 多万贫困人口。教育扶贫迈出新步伐，贫困地区薄弱学校基本办学条件不断改善，控辍保学力度明显加大，少数民族儿童"学前学会普通话"试点取得积极进展。生态扶贫深入开展，累计选聘生态护林员 50 万人。

5. 着力改善贫困地区生产生活环境

2018 年，贫困地区基础设施建设加快推进，解决了 50 个乡镇、3386 个建制村通硬化路，新建改建贫困地区农村公路 20.8 万公里。投资 832 个贫困县水利建设 1050 亿元，加快贫困地区水利基础设施建设，解决 436 万贫困人口饮水安全问题。贫困地区电网改造升级完成 4.3 万个贫困村通光纤，部署建设 4G 基站新覆盖 3600 个贫困村，贫困村宽带覆盖率超过 94%。向贫困地区选派科技人员 18000 多名，为"三区三州"培训创业带头人 1200 多名，实现科技特派员对近 5 万个贫困村科技服务和创业带动全覆盖。

（二）加强农业综合生产能力建设

1. 落实永久基本农田特殊保护制度

2018 年，国土资源部印发《关于全面实行永久基本农田特殊保护的通知》，明确以守住永久基本农田控制线为目标，以建立健全"划、建、管、补、护"长效机制为重点，巩固永久基本农田划定成果，完善保护措施，提高监管水平，确保到 2020 年，全国永久基本农田保护面积不少于 15.46 亿亩，基本形成保护有力、建设有效、管理有序的永久基本农田特殊保护格局。

2. 建设高标准农田

2018 年，国家改革农田建设管理体制，全面整合农田建设资金，统筹安排近 1000 亿元农田建设类财政资金，主要用于高标准农田建设，把高标准农田建设纳入国务院督查范围，研究制定高标准农田建设绩效考核办法，建立奖优罚劣的激励约束机制，全年新增高标准农田面积 8000 万亩以上。

3. 加强耕地质量保护

针对南方土壤酸化、北方土壤盐渍化及设施蔬菜土壤连作障碍等突出问题，统筹安排5亿元资金，开展耕地质量保护提升技术示范500万亩。在内蒙古、辽宁、吉林、黑龙江4省（区）新增一批黑土地保护重点县开展整建制试点，全国试点面积扩大到880万亩。进一步扩大耕地轮作休耕试点规模和范围，安排补助资金58.4亿元，比上年增加1倍多，试点面积达到2900万亩，比上年增加1700万亩。新增了黑龙江寒地井灌稻区、长江流域稻谷小麦低质低效区、黄淮海玉米大豆轮作区、新疆塔里木河流域地下水超采区4个试点区域，试点省份增加到15个。

（三）实施质量兴农战略

1. 发布质量兴农战略规划

2018年，农业农村部会同发展改革委等六部委发布了《质量兴农战略规划（2018—2022年）》，明确到2022年，要基本建立质量兴农制度框架，初步实现产品质量高、产业效益高、生产效率高、经营者素质高、国际竞争力强，推动农业高质量发展取得显著成效。到2035年，质量兴农制度体系更加完善，现代农业产业体系、生产体系、经营体系全面建立，农业质量效益和竞争力大幅提升，农业高质量发展取得决定性进展。

2. 开展产业兴村强县示范行动

2018年，农业农村部、财政部发布《关于深入推进农村一二三产业融合发展开展产业兴村强县示范行动的通知》，启动支持建设一批乡土经济活跃、乡村产业特色明显的农业产业强镇，树立一批可复制、可借鉴的农村产业融合示范样板，中央财政通过以奖代补方式对开展示范的农业产业强镇予以适当支持，通过培育乡土经济、乡村产业，规范壮大产业生产经营市场主体，创新农民利益联结共享机制，推动一批农业大县向农业强县迈进。

3. 推进农业全程标准化

加快建立与农业高质量发展相适应的农业标准及技术规范，健全完善农业全产业链标准体系。引进转化国际先进农业标准，推进"一带一路"农业标准互认协同，加快与国外先进标准全面接轨。建立生产记录台账制度，实施农产品质量全程控制生产基地创建工程，在"菜篮子"大县、畜牧大县和现代农业产业园全面推行

4. 培育提升农业品牌

2018年，农业农村部实施农业品牌提升行动，发布了关于加快推进品牌强农的意见，着力培育一批叫得响、过得硬、有影响力的农产品区域公用品牌、企业品牌、农产品品牌。加快建立农业品牌目录制度，全面加强农业品牌监管，构建农业品牌保护体系。

5. 保障农产品质量安全

国家把保障农产品质量安全作为质量兴农的底线。聚焦突出问题开展专项整治，2018年，共出动执法人员168万人次，检查农资企业93.6万个，查处案件3878件，为农民挽回经济损失1.25亿元。进一步加强农产品质量安全监测，改进监测方法，扩大监测范围，监测指标由2017年94项增加到2018年122项。健全省、市、县、乡、村五级农产品质量安全监管体系，充实基层监管机构条件和手段，切实提高执法监管能力。建设国家农产品质量安全追溯管理信息平台，推动建立食用农产品合格证制度，继续开展国家农产品质量安全县创建。深入推进农产品质量安全风险评估，建立农产品质量安全风险预警机制。

（四）推进乡村绿色发展

1. 统筹山水林田湖草系统治理

国家实施重要生态系统保护和修复工程，健全耕地草原森林河流湖泊休养生息制度。划定江河湖海限捕、禁捕区域，健全水生生态保护修复制度。实行水资源消耗总量和强度双控行动。开展河湖水系连通和农村河塘清淤整治，全面推行河长制、湖长制，继续推进农业水价综合改革。大规模开展国土绿化行动，2018年，国家林业和草原局印发《关于积极推进大规模国土绿化行动的意见》，全年完成造林1.09亿亩，森林抚育1.3亿亩。稳步推进三北及长江流域等防护林体系建设工程，三北防护林体系建设工程完成营造林任务890.95万亩，长江、珠江、沿海、太行山重点防护林体系建设工程共完成营造林581万亩。推进荒漠化、石漠化、水土流失综合治理，2018年完成沙化土地治理249万公顷、石漠化综合治理26.26万公顷，建设了53个全国防沙治沙综合示范区。完善天然林保护制度，2018年，中央财政安排资金367.36亿元，支持天然林资源保护，全国新纳入天然林保护政策覆盖范围的天然商品林面积近2亿亩。加强草原保护和修复，实行退耕还林还草和退牧还草，继续实施草原生态保护补助奖励政策。2018年，安排退耕还林还草建设任务1238.7万亩。截至2018年底，全国主要草原牧区都已实行禁牧休牧措施。加强湿地保护修复，2018年，中央预算内投资3亿元，实施湿地保护与恢复项目12个；中央财政安排湿地保护补助16亿元，实施湿地保护恢复补助项目336个，湿地生态效益补偿22处，退耕还湿30万亩。

2. 实施农业绿色发展行动

2018年，国家继续开展150个果菜茶有机肥替代化肥示范县建设，集成推广一批典型生产技术和生产运营模式。在300个畜牧大县开展畜禽粪污资源化利用整县治理，支持规模养殖场和第三方建设粪污处理设施，集成推广畜禽粪污资源化利用技术。在东北、华北地区150个县开展秸秆综合利用。在内蒙古、甘肃、新疆等省（区）选择100个县开展废旧地膜全回收整建制示范和地膜"零残留"试点试验，配套推广地膜减量增效技术和绿色生产模式。在长江流域332个水生生物保护区逐步实行禁捕，组织实施长江江豚、中华白海豚等物种拯救行动计划，强化珍稀濒危物种及栖息生境保护修复。

3. 加强耕地土壤污染治理修复

2018年，国家在江苏、河南、湖南3省6县开展耕地土壤环境类别划分试点，探索耕地土壤环境质量分类方法。研究制定轻中度污染耕地安全利用与治理修复推荐技术名录，涵盖农艺调控类、土壤改良类和生物修复类等技术模式，为各地落实安全利用提供技术支持。在湖南长株潭地区实施耕地重金属污染修复及种植结构调整试点，探索可借鉴、可复制、可推广的治理模式。

4. 开展农业面源污染综合治理示范和生态循环农业示范

2018年，国家在洞庭湖、鄱阳湖、太湖等重点流域，新建25个综合示范区，加大源头控制，实施农田面源污染综合防控、畜禽养殖污染治理、水产养殖污染防治、农业废弃物循环利用4类工程，为全面实施农业面源污染治理提供示范样板和经验。建设了13个现代生态农业基地，遴选了100个以沼气为纽带的循环农业示范样板，凝练形成了6大生态农业模式和23项重点技术，推进"主体小循环、园区中循环、县域大循环"。

（五）促进农村一二三产业融合发展

1. 实施农村一二三产业融合发展推进行动

2018年，农业农村部发布《关于实施农村一二三产业融合发展推进行动的通知》，启动实施农村一二三产业融合发展推进行动。通过落实国家关于推进农村产业融合发展、支持返乡下乡人员创业创新、进一步促进农产品加工业发展、发展休闲农业和乡村的决策部署，积极推动财税、保险、投资、科技、人才和用地用电等措施落地见效，促进产业兴村强县和信息进村入户，扶持一批带动力强、影响力大、能让更多农民分享全产业链增值收益的融合发展主体。通过集成和要素集聚，打造一批具有引领和示范带动作用的农村产业融合发展先导区和示范园；培育一批产业深度融合的现代农业产业园、科技园、创业园、农产品精深加工示范基地和农产品加工园区；推介一批农产品加工业发展典型和中央厨房、副产物综合利用模式、休闲农业与乡村示范县、精品线路和景点、美丽休闲乡村、农村创业创新典型县、优秀带头人和企业家典型，充分发挥其辐射带动和示范引领作用。

2. 促进农产品加工业高质量发展

2018年，农业农村部等15部门发布了《关于促进农产品精深加工高质量发展若干政策措施的通知》，从优化产业结构、加快布局调整、积极培育精深加工企业、提升技术装备水平、加强人才培养、加大财政支持力度、强化金融服务、落实用地政策、建立工作机制9个方面提出了扶持政策，并提高政策的指向性、精准性和可操作性，以促进农产品精深加工增品种、提质量、创品牌，加快转型升级发展，提高质量效益和竞争力。

3. 促进农产品及加工副产物综合利用

2018年，农业农村部公布了第二批110个全国农产品及加工副产物综合利用典型模式，引导各地农产品加工企业优化生产工艺，改进技术装备，建立低碳、低耗、循环、高效的绿色加工体系。

（六）进一步深化农村改革

1. 全面完成农村土地承包经营权确权登记颁证

截至2018年年底，全国共有2838个县（市、区）和开发区开展了农村承包地确权登记颁证工作，涉及 2 亿多农户，基本理清了全国农村承包地权属，完善签订了承包合同，确权给农户承包地面积 14.8 亿亩。按一户一簿原则，为确权农户建立了土地承包经营权登记簿，登记了农民家庭的成员、所承包地块的面积、四至，完整记载农户的承包经营权利。按一户一证原则，为确权农户颁发了土地承包经营权证书。解决约 54 万起土地承包纠纷，化解了大量久拖未决历史遗留问题。按一户一档原则，为每个承包户建立了包括确权申请、身份信息、确认权属、实地勘界、界限图表、登记和权证审核发放等文件材料的档案。建成国家级承包地确权数据库，初步建成国家级农村土地承包经营权信息应用平台并上线测试，为建立健全土地承包经营权登记制度奠定了基础。

2. 农村土地制度改革取得明显成效

土地征收制度改革试点稳妥推进，在缩小征地范围、规范征收程序、完善多元保障机制、建立土地增值收益分配机制等方面进行了积极探索。截至 2018 年底，33 个试点县（市、区）按新办法实施征地 1521 宗、19 万亩。农村集体经营性建设用地入市改革试点积极推进，建立了比较完整的制度体系，推进集体经营性建设用地与国有土地同等入市、同权同价。截至 2018 年底，集体经营性建设用地已入市地块 11183 宗，面积 10.6 万亩，总价款约 290 亿元，收取调节金 30.4 亿元，办理集体经营性建设用地抵押贷款 330 宗、79 亿元。农村宅基地制度改革试点扎实推进，围绕保障农户住有所居、建立宅基地有偿使用和退出机制、下放宅基地审批权限、完善宅基地管理制度等进行了积极探索。截至 2018 年底，各试点地区共腾退出零星、闲置的宅基地约 18 万户、11.8 万亩，办理农房抵押贷款 7.4 万宗、161 亿元。

3. 农村集体产权制度改革深入推进

全面部署农村集体资产清产核资。2018 年，已有 24 个省、265 个地市、2782 个县成立清产核资工作机构，165.3 万个组、37.7 万个村、5891 个乡镇完成清产核资工作。扩大农村集体产权制度改革试点。确定在 3 个省、50 个地市、150 个县开展整建制试点，2018 年中央试点单位已涉及 1000 多个县，约占全国总数的 1/3。到 2018 年底，已有超过 15 万个村完成股份合作制改革，共确认集体成员 3 亿多人。2018 年，农业农村部与中国人民银行、国家市场监管总局联合印发《关于开展农村集体经济组织登记赋码工作的通知》，建立了农村集体经济组织注册登记制度。北京、上海 80% 以上的农村集体经济组织完成登记赋码工作。

4. 进一步深化农产品价格形成机制和收储制度改革

继续合理调整稻谷、小麦最低收购价水平。2018年，早籼稻、中晚籼稻、粳稻最低收购价每斤分别为1.20元、1.26元、1.30元，比上年分别下调0.1元、0.1元、0.2元。同时，中央财政安排主产区稻谷补贴，弥补农民价格下跌损失。2018年小麦最低收购价每斤比上年下调0.03元，为每斤1.15元。继续在东北地区深化玉米大豆市场定价、价补分离改革，统筹玉米大豆生产者补贴，为鼓励发展大豆生产，大豆每亩补贴标准高于玉米。继续实行新疆棉花目标价格政策，目标价格水平保持在每吨18600元，补贴方式进一步完善。

5. 林业和草原体制改革全面深化

国家林草局启动了新一轮集体林业综合改革试验区工作，印发了《关于进一步放活集体林经营权的意见》。截至2018年底，各类新型林业经营主体25.78万个，林权抵押贷款余额1270亿元。国有林场改革任务基本完成，29个省份完成省级自验收或试点国家验收，95%的国有林场已完成改革任务。草原改革有序推进。截至2018年底，全国16个省区开展草原确权承包登记整体试点，探索建立健全信息化规范化的草原确权承包管理模式和运行机制。全国已承包的草原面积为43.08亿亩，占可利用草原面积的88.21%。其中，承包到户的草原面积31.99亿亩，占比74.3%；承包到联户的草原面积10.34亿亩，占比24%。

（七）提高农村民生保障水平

1. 推动农村基础设施提档升级

2018年，国家进一步加大投入力度，加强农村基础设施建设。全年全国完成投资523亿元，用于加快推进农村饮水安全巩固提升工程建设，全年完成投资和受益人口均创历年之最。国家安排大中型灌区续建配套与节水改造项目投资106亿元，安排大型灌排泵站更新改造项目投资计划8.87亿元。安排832个贫困县中央财政农田水利建设资金约89亿元，用于开展田间渠系配套、"五小水利"工程和高效节水灌溉等小型农田水利工程建设，改善贫困地区灌溉面积3600多万亩。2018年，中央安排资金1149亿元，支持全国农村公路建设，比上年增长20%。农村电网改造升级资金支持力度逐年加大，2018年中央安排投资405亿元，其中预算内投资安排120亿元，重点支持"三区三州"深度贫困地区，国家级贫困县、集中连片特困地区及革命老区农网改造升级。

2. 改善农村人居环境

2018年,中共中央办公厅、国务院办公厅发布了《关于印发〈农村人居环境整治三年行动方案〉的通知》,明确提出要加快补齐农村人居环境突出短板。中央农办、农业农村部会同有关部门对学习推广浙江"千村示范、万村整治"工程经验、推进农村"厕所革命"、农村生活污水治理、村庄清洁行动等进行专项部署。中央农办、农业农村部等8部委联合印发了《关于推进农村"厕所革命"专项行动的指导意见》,中央财政安排70亿元资金实施农村厕所革命整村推进奖补政策。中央农办、农业农村部会同国家发展改革委等18个部委联合印发了《农村人居环境整治村庄清洁行动方案》,在全国范围内集中组织开展村庄清洁行动。安排中央预算内投资30亿元支持中西部省份整县开展农村人居环境整治,对农村人居环境整治成效明显的19个县给予激励支持。

3. 优先发展农村教育事业

2018年,国家持续加大对农村义务教育投入力度,全年中央财政下达农村义务教育薄弱学校改造计划资金363亿元,累计投入专项资金1600多亿元,带动地方投入3700多亿元,用于新建改扩建校舍及购置设施设备等。2018年,中央财政下达农村义务教育学生营养改善计划资金200.92亿元,覆盖全国13.8万所学校、3700万农村学生。加强督导评估,持续深入推进城乡义务教育均衡发展。大力发展农村学前教育,中共中央、国务院出台了《关于学前教育深化改革规范发展的若干意见》,要求每个乡镇原则上至少办好一所公办中心园,大村独立建园或设分园,小村联合办园,人口分散地区根据实际情况举办流动幼儿园、季节班等,配备专职巡回教师。2018年中央财政下达支持学前教育发展专项资金149亿元,其中90%以上投向中西部农村、边远贫困地区。不断优化乡村教师职业环境,中共中央、国务院出台了《关于全面深化新时代教师队伍建设改革的意见》,明确要求提升乡村教师待遇。教育部等5部门印发《教师教育振兴行动计划(2018—2022年)》,将乡村教师队伍建设作为重点任务。在中小学教师职称评审上继续向农村和艰苦边远地区倾斜。

4. 加强农村社会保障体系建设

2018年,国家鼓励引导农村居民参加城乡居民基本养老保险,落实对贫困人员代缴城乡居民养老保险费政策,将年满60周岁、未领取国家规定的基本养老保险待遇的贫困人员纳入城乡居民基本养老保险,按月发放养老金。积极推动农民工参加工伤保险、失业保险。加大被征地农民社会保险费用筹集,落实被征地农民社会保险政策。国家将城乡居民基本养老保险基础养老金最低标准由每人每月70元提高到88元,并决定建立激励约束有效、筹资权责清晰、保障水平适度的城乡居民基本养老保险待遇确定和基础养老金正常调整机制。加强社保在扶贫中的兜底保障作用。民政部、财政部、国务院扶贫办发布《关于在脱贫攻坚三年行动中切实做好社会救助兜底保障工作的实施意见》,进一步加强农村低保制度和扶贫开发政策有效衔接,健全低保对象认定方法。2018年,国家进一步提高新型农村合作医疗补助标准,各级财政对新农合的人均补助标准比上年提高40元。儿童白血病、儿童先天性心脏病、食管癌、胃癌、结肠癌、直肠癌、终末期肾病等大病集中救治范围覆盖至所有农村参合贫困患者。加大健康扶贫力度。2018年,国家卫健委联合国务院扶贫办、国家医保局印发《关于进一步加强农村贫困人口大病专项救治工作的通知》,将农村贫困人口大病专项救治病种增加到21种。对农村贫困住院患者实行县域内"先诊疗,后付费"政策,推进"一站式"结算,整合医疗、医保和救助政策,提高报销比例,切实降低贫困患者费用负担。

四、农村金融服务新需求

当前,我国农村金融供需矛盾仍然非常突出,农村金融供给的总量和服务质量均难以满足农业农村发展的需要。2019年,农业农村经济政策将坚持农业农村优先发展总方针,以实现农业农村现代化为总目标,以实施乡村振兴战略为总抓手,以农业供给侧结构性改革为主线,对标全面建成小康社会"三农"工作必须完成的硬任务,加大脱贫攻坚力度,提升农业发展质量,稳定粮食生产,保障重要农产品供给,推动农民持续增收,抓好农村人居环境整治,全面深化农村改革,加强乡风文明建设,健全乡村治理体系,确保乡村振兴取得新进展。随着乡村振兴战略的逐步实施,将产生大量的资金需求。据农业农村部估算,落实乡村振兴战略需要投入7万亿元资金。这对农村金融供给侧结构性改革提出了新的要求,农村金融服务需求将呈现一些新的特点，特别是脱贫攻坚、质量兴农、乡村绿色发展、农村人居环境治理等，将成为农业农村发展和乡村振兴的突出亮点，对农村金融服务的需求将进一步提升。

1. 脱贫攻坚对农村金融服务的需求将继续提升

脱贫攻坚是乡村振兴的首要任务，2020年，全国脱贫攻坚将进入最关键的攻坚阶段，贫困地区脱贫摘帽的任务依然十分艰巨。截至2018年底，仍有1660万人口尚未脱贫，396个贫困县尚未摘帽，且多数为深度贫困地区。大多自然条件恶劣，生态脆弱，基础设施普遍落后，扶贫产业发展动力不足，贫困人口受教育程度较低，思想观念较为保守，脱贫难度大。这就需要金融机构针对各贫困地区的不同特点，有效增加金融供给，创新金融产品，下沉金融服务，增设服务网点，精准到户到人，开发出适合当地贫困户和涉农企业的金融扶贫产品和服务，特别是适合贫困人口需要的小额信贷等产品，以更好地为脱贫攻坚提供金融支持。

2. 粮食安全面临的新形势对农村金融服务提出了新要求

粮食安全是治国理政的头等大事。党的十八大以来，中央提出了"确保谷物基本自给、口粮绝对安全"的新粮食安全观，确立了以我为主、立足国内、确保产能、适度进口、科技支撑的国家粮食安全战略。我国粮食安全取得了辉煌成就，粮食生产实现了"十五连丰"，市场供应充足，保障调控能力强，正处于历史上粮食安全形势最好的时期。但同时粮食安全面临的形势仍然十分严峻，耕地数量和质量下降、科技储备支撑能力不足、成本高收益低、农民种粮积极性下降、结构性矛盾突出、粮食品种品质结构与居民消费快速升级不相适应等，粮食安全基础仍然需要夯实。随着我国粮食需求刚性增长，中长期国内粮食供需将维持紧平衡态势，中央明确将继续坚持立足国内保障粮食基本自给的方针。在新的粮食安全形势下，我国将进一步提高粮食生产能力，完善储备体系、加快现代粮食物流体系建设，构建现代化粮食产业体系，这对农村金融服务提出了新的要求。国家将继续在高标准农田建设、耕地质量提升、加强科技创新、发展新型经营主体和服务主体、加强粮食仓储物流建设、发展粮食精深加工与转化等方面采取倾斜政策，粮食产业发展将迎来新的发展机遇。这就要求金融机构在粮食生产、流通、储存、运输、加工等领域完善金融供给体系，构建粮食全产业链的优质金融产品和服务，以适应粮食安全和粮食产业高质量发展的新形势。

3. 乡村绿色发展将成为农村金融服务的新增长点

"绿水青山就是金山银山"的绿色发展理念已成为全社会共识,以绿色导向引领农业农村发展正在成为我国乡村发展的新趋势。作为实施乡村振兴战略的基本要求之一,生态宜居将是我国乡村绿色发展的基本目标。目前,我国乡村绿色发展尚处于初级阶段,绿色发展水平仍然不高,是乡村振兴的薄弱环节和重点方向。随着乡村振兴战略的深入实施,国家在政策导向上将进一步突出绿色发展的引领作用,扶持乡村绿色发展的政策力度将不断加大。在农业面源污染防治领域,将继续实施投入品减量行动,加强对秸秆地膜综合利用的扶持,进一步推进畜禽粪污综合治理和利用;在农业资源环境保护方面,将加强永久基本农田的保护,推进节水农业发展,进一步扩大休耕轮作制度试点范围,加强草原生态保护,完善渔业资源养护制度等。这就要求金融机构大力开展绿色金融服务,不断进行金融创新,开发出适合乡村绿色发展需要的农业农村绿色金融产品,构建并完善乡村绿色金融体系,为实现加快建设生态宜居的美丽乡村提供强有力的金融支撑。

4. 农村一二三产业融合发展对农村金融服务的需求越来越突出

农村一二三产业融合发展是农业农村经济发展新的增长点,也是乡村振兴的内在要求。在乡村振兴战略实施过程中,将涌现出大批家庭农场、合作社等新型农业经营主体,农产品流通储运、冷链物流、精深加工和生产性服务等龙头企业对农业的引领作用将日益突出,休闲农业和乡村旅游、农村电商等新业态将蓬勃发展,并将有大量农民工和城市人员返乡下乡创业就业,为农村经济发展注入新动能。国家对农村一二三产业融合发展的政策倾斜力度也将不断加大。农村一二三产业加快融合发展,农户和返乡下乡人员创业就业,不仅需要投入大量资金,而且需要金融机构进行产品、服务的创新和升级,为不同层次、不同类型的企业、农户和其他经营主体提供有针对性的、灵活的信贷产品和金融服务。

5. 农村基础设施建设和人居环境整治对农村金融服务的需求大幅增加

农村基础设施落后,农村人居环境亟待改善,是乡村振兴的突出短板。目前仍有约20%村庄的生活垃圾没有得到收集和处理,大多数村庄的生活污水没有得到治理,近1/3的村内道路尚未硬化,约2/3的农户没有用上水冲式卫生厕所,部分农户还没有喝上经过净化处理的水。农村基础设施建设和农村人居环境整治面临的突出制约瓶颈是资金缺乏。随着乡村振兴战略的逐步实施,农村基础设施和人居环境整治将产生大量的资金需求，这就要求金融部门与相关政府和部门紧密配合，开发相应产品和服务，以契合农村基础设施建设和人居环境整治的需要。

6. 农村改革深化对农村金融服务提出了更高的要求

当前，我国农村改革正在逐步深入，农村土地承包确权登记办证已基本结束，农民的土地承包经营权更加明晰和规范，土地合法权益得到更有力的保障。农村土地征收制度改革试点、集体经营性建设用地入市改革试点和宅基地改革试点正在扎实推进，并朝着城乡土地平等入市、公平竞争的方向不断迈进。农村集体产权制度改革试点也在逐步扩大和深化，改革的红利将逐步释放，并不断为乡村振兴增添新动力。随着农村土地制度和产权制度改革的进一步深化，我国农村资产资本化的趋势将日益明显，农民的财产权利将受到日益充分的保障，农村财产的流动性将逐步增强，农业的土地资产、生物资产、设施资产和生活资产将不断盘活，农村产权交易市场将日趋活跃，农业农村信贷抵押物将不断拓宽，农业经营主体和农村居民的信贷可得性和覆盖面将大为拓展，从而产生巨大的农村金融服务需求。这就要求金融机构在农村改革不断深化的背景下，与时俱进，不断增加和创新金融产品和服务，为乡村振兴源源不断地注入资金与服务。

第2章
农村普惠金融新进展

一、农村普惠金融研究的理论进展

(一) 农村普惠金融发展指标与评价

推动农村普惠金融发展是农村金融改革的重要目标。朱烨辰等（2018）根据2749份覆盖了全国31个省、自治区、直辖市的有效问卷，通过相关性分析、多元方差分析、通径分析等统计方法探索了我国普惠金融的发展特征。结果表明，金融普惠度在男性与女性居民之间没有显著区别，居民年龄、教育水平与家庭收入和金融普惠度显著正相关。而从地域上来看，乡镇、自然村居民享有金融服务的程度较低，对金融服务的参与程度不高。研究普惠金融发展水平问题离不开普惠金融发展程度的指标体系构建。蔡四平、李莉（2018）从金融服务可获得性、金融服务使用情况和金融服务使用效率三个维度，孙英杰、林春（2018）从地理渗透性、金融产品接触性和使用效用性三个维度，张珩等（2017）从渗透度、使用度、效用度、承受度四个层面，张宇、赵敏（2017）从农村金融机构的设置比例、农村金融机构的市场份额、农村金融服务的覆盖率和农村金融服务的使用情况四个维度分别构建了农村普惠金融发展水平评价指标体系。我国各省市农村普惠金融指数总体呈上升趋势，农村普惠金融发展空间相关性逐年增强，局部空间差异逐渐缩小（蔡四平、李莉，2018）。张宇、赵敏（2017）以西部六省（四川、云南、贵州、陕西、甘肃、青海）为研究对象，揭示了交通便利程度、信息技术水平、政府扶持力度和第一产业发展水平对西部六省农村普惠金融发展整体水平的影响。研究表明，信息技术水平和政府扶持力度对西部农村地区金融普惠的发展具有显著的促进作用。张珩等（2017）以陕西省107家农村信用社的调查数据为基础，探析了不同地区和不同产权形式的农村信用社所提供的普惠金融服务水平存在差异的主要原因。研究表明，不同地区和不同产权形式农村信用社所提供的普惠金融服务水平差异较大，并呈现出分化格局；投资环境、产业结构、竞争环境、政府财政支出、城乡收入差距对农村信用社普惠金融服务总体水平有显著影响。孙英杰、林春（2018）以2005~2015年省级面板数据为基础，分析得出经济发展、政府干预和人力资本质量等因素对普惠金融发展存在显著促进作用，而市场化和信息化等因素却对其存在显著抑制作用；我国各地区普惠金融发展的差距会随着时间的推移而逐渐缩小，并且都收敛于各自的稳定水平。

金融排斥是发展中国家农村金融市场的重要特征，也是普惠金融需要着力解决的问题。粟芳、方蕾（2016）运用 Oaxaca-Blinder 分解法从供给排斥、自我排斥和无需求三个角度寻找导致金融排斥的根源。研究结果发现，中部农村地区存在最严重的银行排斥和保险排斥，西部农村地区的互联网金融排斥最为严重。农村银行排斥的主要根源是供给排斥，尤以价格排斥和营销排斥最为突出；农村保险市场中，供给需求理论完全不发挥作用；农村互联网金融排斥则主要源于供给排斥中的物理排斥。一些外部因素如外出务工、经济状况、信用环境和交通便利等也影响着农村金融排斥。谭燕芝、李维扬（2016）认为县域经济水平差距、城镇化水平程度、农村金融市场的竞争强度，以及农民的收入水平是破解农村金融排斥难题的重要因素。

（二）数字普惠金融研究

农村普惠金融的发展越来越与数字科技相结合。农村金融改革的核心难题是信息问题，而互联网金融较传统金融有着信息优势，有助于解决信息不对称等问题（郭碧港等，2016；杨小玲等，2017）。互联网金融凭借信息优势可以对农村金融的发展带来强大助力，而当前信息严重分散和征信体系不完善等问题制约着农村金融机构与互联网金融的深度融合，未来农村金融机构应该在组织扁平化、信用管理动态化、线上线下一体化、征信信息共享化等方面加大创新力度，从而实现农村金融运行机制的彻底转型（王曙光、杨北京，2017）。依据参与农村互联网金融的主体不同，农村互联网金融可归纳为四类模式：农村金融机构互联网化，电商平台全产业链农村金融，农业龙头企业供应链金融＋P2P和P2P网贷助农平台。当前我国农村互联网金融处于涉农金融机构与互联网企业既竞争又合作的初级形态（贾立、汤敏，2016）。依据业态不同，当前我国的"三农"互联网金融模式（或类型）可分为以下八种："电商平台'三农'互联网金融"模式、"网贷平台＋'三农'"模式、"行社互联网金融化＋'三农'"模式、"众筹＋'三农'"模式、"互联网保险＋'三农'"模式、"三农"互联网理财模式、"互联网金融平台＋农业供应链"模式和"互联网金融平台＋'三农'支付"模式（冯兴元，2018）。农业价值链与互联网金融结合的融资模式是破解"三农"领域融资难的新型融资模式。王刚贞、江光辉（2017）对大北农的农富贷和京东金融的京农贷案例进行了深入剖析，并提出"农业价值链＋互联网金融"模式的三农服务商融资机制和电商平台融资机制能够有效缓解传统农村融资中存在的诸多矛盾，是未来农村互联网金融发展的方向和重点。

此外，数字普惠金融是互联网金融规范发展的重要方向。郝云平、雷汉云（2018）运用空间自回归模型分析得出，数字普惠金融对经济增长有显著的正向促进作用，存在强烈的空间相关性以及集聚效应。张子豪、谭燕芝（2018），梁双陆、刘培培（2018）分别运用空间面板计量模型和面板回归模型对数字金融与城乡收入差距之间的关系进行了研究，均得出数字金融可以收敛城乡收入的结论。而教育水平会对城乡收入收敛效应产生影响，数字普惠金融对城乡收入的收敛效应存在教育门槛且呈现区域性差异（梁双陆、刘培培，2018）。而区块链技术在金融监管、防范金融风险等多个领域都有非常广阔的应用前景。杨蕾等（2018）就如何将区块链技术应用于金融支农领域并有效提高金融支农的效率与效果的问题，建立了博弈模型，对传统金融和区块链金融模式下的农户信贷情况进行了比较分析，提出了四种基于区块链的金融支农创新模式："区块链＋政银担"支农创新模式、"区块链＋政银保"支农创新模式、"区块链＋两权抵押贷款"支农创新模式和"区块链＋互联网＋物联网"支农创新模式。

（三）金融扶贫

金融扶贫将在农村脱贫攻坚事业中扮演越来越重要的角色。从普惠金融的视角分析，农村金融扶贫事业存在的机制性、制度性问题仍未有效化解。农村金融扶贫事业的健康发展要走全面协调、精准扶贫和商业可持续的道路（洪晓成，2016）。

普惠金融在农村的发展，有助于减缓农村地区贫困，加速农村经济发展。关于普惠金融减贫效应的研究，学者多是应用计量模型的经验分析方法。武丽娟、徐璋勇（2018）使用模糊断点回归方法对农村普惠金融的贫困减缓效应和经济增长效应进行了实证检验。结果表明，在东部地区，普惠金融的发展降低了绝对贫困和相对贫困水平，促进了经济增长；在中部地区，普惠金融的发展有利于绝对贫困水平和相对贫困水平的下降，对于经济增长的促进效用不明显；在西部地区，普惠金融的发展有利于绝对贫困水平的下降，但增加了相对贫困并抑制了经济增长。傅鹏、张鹏（2016）运用面板门槛回归模型研究了农村金融发展对贫困减缓的非线性影响。研究结果显示，全国层面上，农村金融发展对贫困减缓具有显著的门槛效应，减贫作用在跨越门槛值之后显著增强。区域层面上，发展农村金融减缓贫困的最佳区域为中部地区，而西部地区应更多地通过政府干预减缓贫困。何学松、孔荣（2017）通过构建面板回归模型实证检验了中部地区普惠金融的减贫效应，结果显示，中部地区普惠金融发展减缓了农村贫困发生率。傅鹏等（2018）利用空间计量模型探讨了农村贫困的空间集聚效应和金融减贫的空间溢出效应。研究发现，农民收入贫困、教育贫困和医疗贫困呈现显著的空间正向关联，而对于收入贫困和教育贫困，农村普惠金融发展不仅有直接的减贫作用，还能通过空间溢出效应对临近省份发挥间接减贫作用。

王伟、朱一鸣（2018）利用空间计量经济方法研究了普惠金融与县域资金外流的问题。研究表明，如果普惠金融只注重解决贫困地区对金融机构的接触性排斥，并不能有效解决当地所面临的信贷排斥问题，反而会进一步加剧资金外流，而这种外流会对减贫产生负向影响。张栋浩、尹志超（2018）研究了普惠金融与农村家庭贫困脆弱性的问题，基于因子分析法，构建了村庄层面的金融普惠指数，发现改善金融普惠状况将有助于降低农村家庭的贫困脆弱性，而金融普惠的渗透度对降低农村家庭贫困脆弱性有更大的作用。孙同全（2017）针对金融扶贫中不同做法指出，因农村土地交易的困境使两权抵押贷款模式难以有效解决农户融资困难，而政府设立担保基金或风险补偿金模式易引致金融机构和借款农户的道德风险，从而不仅不能增强贫困户持续脱贫的能力，而且有损当地金融生态，只有以完善的信用评价体系为基础开展农户信用贷款才是金融扶贫的可持续发展之路。2020年我国将如期完成脱贫攻坚任务，但孙同全（2019）认为，减贫仍将是我国需要长期努力解决的问题。因为2020年之后，我国的相对贫困、多维贫困问题将凸显，深度贫困地区依然需要加强减贫干预，以城市低保对象和外出农民工为主的城镇贫困群体将格外瞩目。金融扶贫需要融入乡村振兴战略和普惠金融战略的实施，加强政策引领和扶持，发挥市场在资源配置中的决定性作用，培育贫困群体自我发展能力，逐步减少使用直至结束特惠扶贫方式。

（四）小微企业融资难、融资贵之辩

不少人认为，中小企业融资难属于世界难题，不可能克服。然而，浦文昌的一份研究报告指出①，其实不然。世界银行和经济合作组织的研究报告都认为，中小企业普遍存在资金缺口主要存在于发展中经济体，而不是在发达经济体。

据美国全国独立企业联合会（National Federation of Independent Business，NFIB）2018年9月公布的小企业乐观指数报告：只有3%的业主报告贷款"更难获得"（该比例比上年下降了2个百分点，创历史新低），只有3%的业主报告"融资是他们的首要问题"。

据欧盟调查，2017年中小企业"贷款申请被银行拒绝的比例"是：欧盟28国平均为8.57%，其中德国8.36%，法国7.31%，意大利7.82%，英国4.27%，芬兰3.79%，瑞典6.77%，丹麦19.79%，比利时6.37%。在欧盟2017年10月到2018年3月的调查中，"提供熟练劳动力"首次成为欧元区中小企业主要关心的问题，而获得融资则列为"最不重要的问题"。另据德意志银行2014年的调查，只有1%的企业在信贷申请时被拒绝，只有6%的企业报告获得的贷款比需要的少，对融资感到沮丧的企业比例在2%左右。

在日本，超过80%的企业经常向金融机构借款，他们的资金来源首先是"金融机构的贷款"，其次是"内部准备金"，然后是"管理人员的个人资金等"。2008年国际金融危机爆发以后，不少中小企业不能按时还贷，日本政府于2013年实施《融资便利法》，仍然使95%或更多的人继续保持银行贷款。

---

① 浦文昌："美国德国法国日本是如何解决中小企业融资难问题的"，澎湃新闻，https://www.thepaper.cn/newsDetail_forward_3315400，2019-04-12。

发展中经济体的中小微企业融资缺口则非常严重。据世界银行2017年的研究报告，发展中经济体中小微企业融资潜在需求估计为8.9万亿美元，目前的信贷供应为3.7万亿美元，缺口5.2万亿美元。东亚和太平洋地区的缺口额2.3万亿美元，占世界总缺口的52%。

美德法日都认为，中小企业融资缺口的本质是一种市场失灵。他们最重要的措施之一，就是都建立专门的中小企业政策金融机构，为中小企业提供贷款或担保，运作上注意遵循市场规律即以间接融资（多数通过商业银行放贷）为主。在政策措施中，最核心、最关键的是建立企业、银行和政府合理分担信贷风险的机制。

美德法日政策金融机构所提供的融资和担保覆盖制造业、服务业和农业领域等各类企业。其融资额在企业全部融资结构中所占比例并不大，如2001年日本政策金融公库和日本商工中金银行的贷款占中小企业贷款总额的比重分别为2.4%和3.5%，合起来也仅占5.9%。但政府的政策金融在促进银行为中小企业融资中发挥了强大的"催化剂"和"杠杆"放大作用。

二、农村普惠金融政策新进展

（一）乡村振兴中的金融新政策

党中央、国务院高度重视农村普惠金融发展，自党的十八届三中全会明确提出发展普惠金融以来，推动出台了一系列政策措施，鼓励各类金融机构和市场主体开展农村普惠金融服务。2019年1月19日中央1号文件《关于坚持农业农村优先发展做好"三农"工作的若干意见》提出，要打通金融服务"三农"各个环节，建立县域银行业金融机构服务"三农"的激励约束机制，实现普惠性涉农贷款增速总体高于各项贷款平均增速；推动农村商业银行、农村合作银行、农村信用社逐步回归本源，为本地"三农"服务；研究制定商业银行"三农"事业部绩效考核和激励的具体办法；用好差别化准备金率和差异化监管等政策，切实降低"三农"信贷担保服务门槛，鼓励银行业金融机构加大对乡村振兴和脱贫攻坚中长期信贷支持力度；支持重点领域特色农产品期货期权品种上市。2019年1月29日，中国人民银行等5

部委联合发布了《关于金融服务乡村振兴的指导意见》，强调建立完善金融服务乡村振兴的市场体系、组织体系、产品体系，促进农村金融资源回流。2019年2月14日，国务院办公厅发布了《关于有效发挥政府性融资担保基金作用切实支持小微企业和"三农"发展的指导意见》，强调政府性融资担保基金要坚持聚焦支小支农融资担保主业，重点支持单户保证金额500万元及以下的小微企业与"三农"主体，引导合作机构逐步将平均担保费率降至1%以下，切实支持小微企业和"三农"发展。

2019年2月，中共中央办公厅、国务院办公厅印发了《关于促进小农户和现代农业发展有机衔接的意见》，提出了提升金融服务小农户水平的意见，要求发展农村普惠金融，健全小农户信用信息征集和评价体系，探索完善无抵押、无担保的小农户小额信用贷款政策，不断提升小农户贷款覆盖面，切实加大对小农户生产发展的信贷支持；支持农村商业银行、农村合作银行、村镇银行等农村中小金融机构立足县域，加大服务小农户力度；支持农村合作金融规范发展，扶持农村资金互助组织，通过试点稳妥开展农民合作社内部信用合作；鼓励产业链金融、互联网金融在依法合规前提下为小农户提供金融服务；鼓励发展为小农户服务的小额贷款机构，开发专门的信贷产品；加大支农再贷款支持力度，引导金融机构增加小农户信贷投放；鼓励银行业金融机构在风险可控和商业可持续的前提下扩大农业农村贷款抵押物范围，提高小农户融资能力。

（二）农业信贷担保体系政策法规

近年来，农业融资担保体系建设取得实质进展。2018年9月国家融资担保基金正式运营，注册资本661亿元。为充分发挥带动各方资金扶持小微企业、"三农"和创业创新的重要作用，国家融资担保基金遵循"聚焦支小支农、银担合作分险、引导降费让利"的原则，提出支小支农担保金额占比要逐步达到80%以上，其中单户授信500万元及以下担保业务占比要达到50%以上；优先与支小支农担保业务占比较高、担保费率较低、经营状况良好、业务管理规范的机构开展合作；并对小微企业和"三农"担保业务降低再担保费率，以切实降低小微企业和"三农"综合融资成本。

但是，中国人民银行2019年6月发布的《中国小微企业金融服务报告（2018

年)》指出,虽然目前我国已有相当数量的政策性融资担保公司,但受制于体制机制障碍,实际担保效果尚未有效发挥。一是担保放大倍数偏低。多数政府性担保公司的放大倍数低于两倍,部分担保机构存在资本金不到位和"担而不偿"等问题,没有真正发挥财政资金的杠杆作用。二是支农支小定位有待强化。部分政策性担保机构存在偏离担保主业、聚焦支小支农力度不够、担保费率偏高等现象,偏离了支持小微企业的定位。三是正向激励不足。四是管理水平亟待加强。部分政府性担保公司缺少市场化运作的经营团队和专业人才,现代法人治理结构和管理制度不健全,难以支撑小微企业融资担保业务开展。

(三) 财税与货币政策

为了鼓励金融机构开展普惠金融服务,我国不断推出优惠的财税政策。首先是扩大贷款利息收入增值税优惠政策覆盖面。2017年,财政部、税务总局出台《关于支持小微企业融资有关税收政策的通知》(财税〔2017〕77号),规定"自2017年12月1日至2019年12月31日,对金融机构向农户、小型企业、微型企业及个体工商户发放小额贷款取得的利息收入,免征增值税"。

2018年6月中国人民银行、银保监会、证监会、发展改革委、财政部联合印发了《关于进一步深化小微企业金融服务的意见》(银发〔2018〕162号),提出加大货币政策支持力度,引导金融机构聚焦单户授信500万元及以下小微企业信贷投放。一是增加支小支农再贷款和再贴现额度共1500亿元,下调支小再贷款利率0.5个百分点。二是完善小微企业金融债券发行管理,支持银行业金融机构发行小微企业贷款资产支持证券,盘活信贷资源1000亿元以上。三是将单户授信500万元及以下的小微企业贷款纳入中期借贷便利(MLF)的合格抵押品范围。改进宏观审慎评估体系,增加小微企业贷款考核权重。该意见还提出,要加大财税政策激励,提高金融机构支小积极性。一是从2018年9月1日至2020年底,将符合条件的小微企业和个体工商户贷款利息收入免征增值税单户授信额度上限,由100万元提高到500万元。二是对国家融资担保基金支持的融资担保公司加强监管,支持小微企业融资的担保金额占比不低于80%,其中支持单户授信500万元及以下小微企业贷款及个体工商户、小微企业主经营性贷款的担保金额占比不低于50%,适当降低担保费率和反担保要求。

2018年9月，财政部税务总局发布了《关于金融机构小微企业贷款利息收入免征增值税政策的通知》，自2018年9月1日起，将符合条件的小微企业和个体工商户贷款利息收入免征增值税单户授信额度上限提高到1000万元。对经省级金融管理部门批准成立的小额贷款公司取得的农户小额贷款（单笔且该农户贷款余额总额在10万元以下）利息收入，免征增值税，且在计算应纳税所得额时，按90%计入收入总额。自2018年1月1日起，纳税人为农户、小型企业、微型企业及个体工商户借款、发行债券提供融资担保取得的担保费收入，以及为上述融资担保提供再担保取得的再担保费收入，免征增值税。

但是，对于小微企业和个体工商户贷款利息收入免征增值税的单户授信额度上限提高到1000万元，其政策效果可能适得其反。因为这可能导致金融机构更愿意做数百万元的小企业贷款业务，不愿意做数十万元的小微企业贷款，更不愿意做数万元的农户贷款。因此，在已有政策基础上，对100万元以下、20万元以下和5万元以下的三档小微贷款利息收入应该给予梯次性所得税减免政策，对20万元以下和5万元以下二档小微贷款坏账损失给予差异性风险分担政策。

（四）农村金融机构服务乡村振兴的评价指标体系

针对部分农商行"离农脱小"的盲目扩张倾向，2019年初，银保监会发布了《关于推进农村商业银行坚守定位强化治理 提升金融服务能力的意见》，要求从定性指标和定量指标两大方面对金融机构进行评估，定期通报评估结果，强化对金融机构的激励约束，有效提升政策实施效果。该意见要求农商行坚守定位、强化治理、提升金融服务能力，支持农业农村优先发展，推动解决小微企业融资难融资贵问题，并且为此建立了农村商业银行金融服务监测、考核和评价指标体系。该意见对具体有效贯彻落实2019年1月中国人民银行等5部委《关于金融服务乡村振兴的指导意见》和2019年中央1号文件中关于金融服务乡村振兴战略的要求，将发挥指挥棒和助力政策执行力的重要作用，抓到了问题的要害，极有针对性和有效性。

同时，该意见对指标表中有两项指标："涉农与小微企业贷款增速"和"普惠型农户贷款和普惠型小微企业贷款（扣除重复部分）增速"，对后一项指标的备注是指"单户授信在500万元以下的农户贷款、单户授信1000万元以下小微企业贷款"。这使人有些不解。难道小微企业还要分"普惠型小微企业"和"非普惠型小微企业"吗？笔者还在媒体上看到，"截至 2018 年年末，全国全口径小微企业贷款余额 33.49 万亿元，其中，普惠型小微企业贷款余额 9.36 万亿元"① 的报道。可以看出两者数额差距很大。如果"全口径小微企业贷款"额度上限没有规定，可能会为弄虚作假留有空间。过去正是对小微企业贷款没有量的界定，所以各个银行自说自话，不少银行机构把单笔几千万甚至几亿元的贷款也称之为小微企业统计上报、在媒体宣传和参加评奖。所以，在制定政策实施目标上，应减少和避免类似"不低于"等"一刀切"的倾向。部分地区农商行可能找不到足够多的"三农"可以服务，那么数据的真实性就难以得到保证。

另外，对"涉农贷款"和"扶贫贷款"也应考虑是否能更精准些。应减少使用"涉农""三农""中小企业"等过于宽泛的概念，尽量使用"贫困农户""普通农户""小企业""微企业"等精准概念。现在许多高速公路、电厂等基础建设贷款装在"涉农""三农"贷款统计中，扶贫搬迁和基础设施等大中型项目建设装在"精准扶贫"中。因此，应调整和完善金融统计方法，这是一项重要的金融基础设施建设工作。

三、农村普惠金融发展面临的挑战与对策

（一）农村普惠金融发展面临的风险

当前农村金融发展总体形势较好，但是也面临着一系列风险，需要把握好促发展与防风险的平衡，以防范农村金融风险为底线。

2019 年 4 月银保监会普惠金融部主任李均锋在中国普惠金融（浙江）高峰论坛上指出，当前农村金融风险主要在两个方面：一是传统风险，主要体现在农村金融业务成本高、风险大，信息不对称，收益和风险不匹配。所以农村金融业务的不良率一般要高于其他业务 2~3 个百分点。全国农合机构的不良率约在 5%，高于商业

---

① 中华人民共和国中央人民政府网站："银保监会：2018 年末普惠型小微企业贷款余额 9.36 万亿元"，http://www.gov.cn/xinwen/2019-03/15/content_5374041.htm。

银行不良率 3 个多点。这是农村金融业务本身传统的风险。同时，当前部分银行在过度竞争和考核压力下，"垒小户"的现象出现，即机构争抢去给小微企业授信，在部分地区存在对农户和中低收入人群过度授信问题。过度授信是新的风险，对一些没有信用记录的人群、大学生、低收入人群，过度授信会加重其债务负担，形成债务陷阱。此外，在农村地区以普惠金融或互联网金融之名行非法集资之实的现象仍大量存在。因此农村金融机构支持乡村振兴过程中，要合理防范和化解农村金融业务的新老风险，进一步完善农村信用信息环境，进一步培养农民的金融意识和风险意识①。

随着各大银行开始建立普惠金融部，出现了大行抢夺中小银行优质客户资源的问题。2019 年 3 月第十三届全国人大二次会议上的《政府工作报告》提出，"今年国有大型商业银行小微企业贷款要增长 30% 以上"②，这样的要求在短期之内可以让国有大行履行社会责任，发挥"头雁"作用，通过扩量降价带动降低全社会小微企业融资的综合成本，并注重挖掘本行各类客户资源，提高对小微主体的首贷支持力度，努力拓宽小微信贷的覆盖面。但是大行的竞争也是在给中小银行进一步的压力和动力。长期来看，还是需要强化各类商业银行的小微企业服务能力，构建一个市场化竞争性的服务体系。

这种市场状况下，可能形成大、中、小银行集中"掐尖"，造成较好企业的过度负债，但底端弱势客户仍缺少服务。或"一刀切"的指标达标要求，形成弄虚作假，也可能不良贷款的大量增加。有中小银行认为，目前大行及股份行普遍以低息投放小微，主营较多为中小微领域的头部客户，自己的应对举措是更加注重小微市场分层，下沉业务重心做好目标客群的深度服务，集聚多层次长尾客户做好差异化竞争③。

---

① 王晓："农村金融机构怎么管？监管称将探索完善小法人退出机制"，《21 世纪经济报道》，https://m.21jingji.com/article/20190418/herald/4acd4604de81c0b88c264505ba68ebc4.html。

② 人民网："李克强：今年国有大型商业银行小微企业贷款要增长 30% 以上"，http://lianghui.people.com.cn/2019npc/n1/2019/0305/c425476-30958493.html。

③ 邢萌："机构调研上市银行'大数据'揭秘小微业务成提问高频词"，《证券日报》，http://www.zqrb.cn/jrjg/bank/2019-07-10/A1562704730157.html。

（二）农村信用社的进一步改革

在农村金融市场上，农合机构既面临各类业态竞相参与竞争、公司治理和风控体系薄弱、风险易发多发等严峻挑战，又面临商业可持续性不够、信用信息体系建设不完善等掣肘问题。

2019年4月，审计署公布了7个地区的部分地方性金融机构存在不良贷款率高、拨备覆盖率低、资本充足率低、掩盖不良资产等问题。例如，截至2018年底，河南浚县农村商业银行股份有限公司等42家商业银行贷款不良率超过5%警戒线，其中超过20%的有12家，个别商业银行贷款不良率超过40%；吉林省农村信用社联合社下辖的9家农村商业银行和14家农村信用合作社、山东省内78家银行业金融机构、湖南省农村信用社联合社下辖16家法人行社、广西壮族自治区南宁市区农村信用合作联社等10家农合机构的拨备覆盖率均低于120%~150%的监管要求；海口市农村信用合作联社等14家农合机构资本充足率未达到10.5%最低监管要求，占海南省农合机构数量比例为73.68%；2016~2018年，河北银行股份有限公司、河南中牟农村商业银行股份有限公司、山东滕州农村商业银行股份有限公司等23家金融机构通过以贷收贷、不洁净转让不良资产、违反五级分类规定等方式掩盖不良资产，涉及金额72.02亿元①。

根据《金融时报》记者调查，与国内其他类型银行机构相比，农商银行在公司治理方面本就"欠账"较多——在农信社改制农商行时，不少机构公司治理基础未打牢，导致其常被诟病"形似而非神似"。部分农商行股东入股时的预期与银行经营目标不一致，在一定程度上影响了机构决策的客观性；农商行普遍面临管理人才选择范围较少的困境，加大了内部治理难度，这意味着农商银行在完善股权与公司治理方面仍有很长的路要走。因此，监管层将股东、股权管理作为下一步农商行公司治理监管的重中之重，希望通过对股东、关联方、管理人等利益相关方实行穿透式监管，从根本上降低农商行股东通过隐性关联谋求控制主导、越权干预机构经营的可能性。农商行更要将强化内部治理作为长期工作，将"形似"的制度规章真正

---

① 张宏斌："审计署发布公告：部分地区农商行存在较严重风控问题"，中国金融新闻网，http://www.financialnews.com.cn/ncjr/focus/201904/t20190404_157718.html。

转变为"神似"的治理基础。在公司治理层面,农商银行所缺少的不是应有的组织架构和规章制度,而是可以有效践行的规章制度、发挥架构作用的办法,以及及时发现制度问题并予以改善的内部机制。现在,已有一些农商行在尝试以技术手段将自身的经营、决策流程固定下来并予以实时监督,这是可以防止越权干预机构经营决策的有效方式之一。这些方法也将在未来与外部监管相辅相成,共同作用于公司治理,以进一步促进农商银行的稳健经营①。

因此,在 2019 年 4 月中国普惠金融(浙江)高峰论坛上,银保监会普惠金融部主任李均锋表示,要探索完善小法人的退出机制。他指出,近几年农商行和信用社两极分化,好的越好,差的高风险机构正在增加;对农村中小金融机构,要有生有死、有进有退的机制必须建立起来;不过不是通过简单的破产退出,而是要靠新的股东进来、靠其他好的机构兼并重组来实现,使农村金融机构有生机和活力;同时,要注重发挥融资担保和保险对信贷风险的缓冲垫的作用,加强金融机构与国家融资担保基金,农业信贷担保体系等机构的合作②。

笔者认为,农村合作金融机构,尤其在中西部农村欠发达地区的这类结构"一刀切"改制为商业银行的做法有待商榷。还是应按照 2003 年国务院关于农信社应以因地因社制宜,进行多种组织形式、多元化体制设计的原则进行改制,最符合我国农村实际。嵇少峰认为,要努力使农村信用社回归信用合作的属性,不应将其改制为农村商业银行,从规范互助、规范管理的方向上将其彻底信用互助化。中国不缺商业银行,中国需要多层次配置金融资源,农村信用合作互助体系是对农村金融特别是最底层"三农"一个非常好的、多元的金融补充。监管部门将其改造成农村商业银行是从合规管理、公司长效治理角度考虑的,但是这种改造把国家金融的最底层级直接打掉,在农村金融宏观布局是独立战术上正确、战略上失败的错误,一如农业银行退出乡镇、集中走向城市一样③。

---

① 宋珏遐:"强化公司治理夯实农商行发展根基",中国金融新闻网,http://www.financialnews.com.cn/pl/cj/201905/t20190527_160664.html。

② 王晓:"农村金融机构怎么管?监管称将探索完善小法人退出机制",《21 世纪经济报道》,https://m.21jingji.com/article/20190418/herald/4acd4604de81c0b88c264505ba68ebc4.html。

③ 嵇少峰:"中国银行业小微信贷已到最危急时刻",经济观察网,http://www.eeo.com.cn/2019/0531/357582.shtml。

（三）金融科技发展带来新的挑战

国家金融与发展实验室副主任胡滨认为，在金融科技发展进程中，金融科技以其跨界化、去中介、分布式、智能化等特点给现有金融监管体系带来了重大的挑战，亟待金融监管体系深化改革、强化创新、防控风险。第一个挑战是金融科技的跨界化。跨界化主要体现在两个方面：一是金融科技至少跨越了技术和金融两个部门，二是金融科技中的金融业务可能跨越了多个金融子部门。第二个挑战是金融科技所引发的去中介化。随着金融科技的快速发展，金融脱媒日益深化，技术应用使得传统的机构监管和人员追责的有效性被弱化，给现有金融监管体系带来新的挑战：一是机构监管与功能监管的分化，二是给金融消费者保护带来新问题，三是传统中介机构"主动脱媒"以降低监管成本。因此，亟须改革现有机构监管为核心的监管体系，强化监管技术与功能监管。第三个挑战是分布式去中心化的应用。目前绝大部分金融服务及其基础设施都是以中心化为核心框架，但是金融科技主导下的金融服务和产品的运营则是以去中心化或分布式进行的，在此过程中就会形成一个分布式的运作模式与一个中心化的监管体系的制度性错配。这种错配可能会带来比金融混业经营下的混业经营与分业监管的制度性错配更多、更复杂的金融风险，使得金融风险更易在空间上传染，并衍化为系统性风险，因此对于监管技术的要求会增强。第四个挑战是智能化。传统金融监管的有效性依赖于监管体系的微观审慎监管规则，比如风险监管是以监管资本为核心，以设定资本充足率为微观准则，但是现在会逐渐转化为对技术本身的监管，监管有效性将更多取决于技术风险的控制而非微观监管标准的强化[①]。

在金融科技广泛应用的背景下，王礼认为，从服务的广度论，线上化大行其道，但如果从服务的深度看，线上化解决不了全部的问题。正如台州银行的经验显示的那样，"金融服务的核心要义仍为提供有温度的服务，科技仅仅是有力的抓手和推动力。只讲科技和效率而忽略温度的服务会让客户产生距离感，'既有温度又有效率的小微金融服务'才是真正契合当前小微客户发展需要"。对中小银行未来而言，

[①] 胡滨："金融科技监管的挑战与趋势"，一点资讯，https://www.yidianzixun.com/article/0LmReB6M?s=&appid=oppobrowser2。

"小微做得好,进村狗不叫"仍然是中小银行服务小微的主流方式,需要的是"线上+线下"的结合。"大行入网,小行进村"长时期内都将并行不悖。普惠金融离不开"心对心"的服务①。

(四) 2020 年后的金融扶贫

2020 年我国现行贫困标准下的扶贫对象将有望全部脱贫,贫困县将全部摘帽,全面建成小康社会的目标将得以实现,并转入建设社会主义现代化强国和全面推进乡村振兴的历史新阶段。

吴国宝等 (2018) 认为,我国现行贫困标准只是略高于世界银行确定的针对低收入国家的贫困标准,如果采用针对中高收入国家的标准 (2011 年购买力平价每人每日 5.5 美元),我国 2015 年还有 43% 的农村人口生活在贫困中。因此,持续提高低收入人口的生活水平、解决不平衡不充分发展的问题,依然是我国未来的长期任务。但是,2020 年后的贫困问题不同于以往,将主要呈现以下特点。

一是以相对贫困为主。我国以往的扶贫政策与实践主要针对的是绝对贫困,即解决缺乏生存所必需的物品和服务等经济资源或经济能力的贫困。随着我国脱贫攻坚任务的完成,现行贫困标准下的绝对贫困问题将得到解决,但相对贫困将凸显。相对贫困主要表现为居民、城乡和地区之间在收入和福祉方面的较大差距。国家统计局公布的资料显示,2018 年,贫困地区农村居民人均可支配收入增速继续高于全国平均水平,但仍只相当于全国平均水平的 36.7%②。这种差距短期内难以完全消除。因此,2020 年后的贫困将以相对贫困为主。

二是多维贫困凸显。改革开放以来,我国在一段时间内是以人均收入水平作为制订贫困标准的基本方法,这只是针对经济贫困或者收入贫困,而没有充分考虑多维的致贫原因。自 2012 年以来,以习近平同志为核心的党中央提出了"两不愁、三

---

① 王礼:"做好小微金融服务要破解七大迷思",《中国银行保险报》,http://xw.sinoins.com/2019-05/23/content_ 292158.htm。

② 2018 年全国贫困地区居民人均可支配收入为 10371 元,全国居民人均可支配收入 28228 元。见中华人民共和国中央政府网站:《2018 年全国农村贫困人口减少 1386 万人》,http://www.gov.cn/shuju/2019-02/17/content_ 5366306.htm;国家统计局网站:《2018 年居民收入和消费支出情况》,http://www.stats.gov.cn/tjsj/zxfb/201901/t20190121_ 1645791.html。

保障"的精准脱贫标准，考虑到了多维度扶贫脱贫标准。2020年后，在关注解决贫困问题之外，还需要更多地关注致贫的多维因素，即应更高水平地全面提高相对贫困人口的生活水平和质量，例如教育、健康、居住条件、基础设施和公共服务等。

三是深度贫困地区依然是重点。尽管我国贫困地区的绝对发展水平已经有了比较明显提高，但是，资源禀赋缺乏、区位劣势明显的深度贫困地区不会因为脱贫攻坚任务的完成而快速进入与其他地区同步发展的轨道，2020年后其扶贫任务依然突出。有研究显示，根据2015年全国县市统计数据，按人均国内生产总值排序，底层10%县市人均生产总值仅相当于全国人均水平的1/5，相当于全国县市平均水平的1/3，其公共财政收入只能承担财政支出的14%。

四是贫困人口老龄化。我国已经进入老龄社会，并成为世界上人口老龄化速度最快的国家之一。吴国宝等（2018）研究发现，截至2016年底，我国60岁以上的老年人口已占总人口的16.7%。2000年和2010年人口普查数据显示，我国农村60岁及以上老年人口比重均高于城市和镇的老年人比重，且增长速度更快。随着城市化进程加快和农村非老年人口大量外迁，农村老龄化的趋势会更加严重，其结果是农村贫困人口中老年人比重不断提高。

五是城市贫困与农民工贫困问题将逐渐凸显。2020年后虽然相对贫困人口仍然主要在农村，但是，城市的相对贫困问题也将凸显出来。这些相对贫困人口就是城市低保对象，因为他们如果没有低保就处于相对贫困状态。截至2018年底，我国有城市低保对象1008万人。此外，我国进城农民工的贫困问题长期被忽略。农民工户籍在农村，但生活和工作在城镇。他们既没有被纳入农村扶贫对象，也很少能享受到城市扶贫政策，更没有充分享受到城镇的养老、医疗和失业等社会保障福利。截至2018年底，我国外出农民工约有1.7亿人[①]，其中很多已成为实际上的城市常住人口。吴国宝等（2018）研究发现，到2016年，进城农民工在制造业就业的比例为30.6%，自主就业的占30%。这些自主就业的农民工大多在非正规部门从事不稳定的职业，收入水平低且不稳定，如果没有相应的就业和社会救助政策的扶持，陷入贫困的风险很大。

---

① 国家统计局：《中华人民共和国2018年国民经济和社会发展统计公报》，http://www.stats.gov.cn/tjsj/zxfb/201802/t20180228_1585631.html。

2020年脱贫攻坚任务完成之后，我国将朝着实现乡村振兴、实现社会主义现代化和建成社会主义现代化强国的目标前进。金融扶贫应围绕这三项总目标，重点要解决不平衡不充分发展的问题。我国发展不平衡不充分问题在乡村最为突出。乡村振兴是在打赢脱贫攻坚战的基础上，实现农业农村优先发展，进而实现全体人民共同富裕，建成社会主义现代化国家的重大战略。因此，金融扶贫应嵌入到乡村振兴战略规划之中。一方面要巩固脱贫攻坚成果，防止脱贫人口返贫，另一方面需要根据贫困新特点，重点解决相对贫困和多维贫困。2020年后金融扶贫的重点地区仍然是深度贫困地区，但同时需要重视城镇贫困问题。

2020年后金融扶贫也应融入普惠金融建设当中。2015年底，国务院发布了《推进普惠金融发展规划（2016—2020年）》，提出要使有金融服务需求的社会各阶层和群体都能够平等地享受到金融服务的目标，其中，小微企业、农民、城镇低收入人群、贫困人群和残疾人、老年人是重点。这些重点人群与2020年后我国贫困人群几乎完全契合。因此，实现普惠金融的目标，也将落实金融扶贫的目标。围绕普惠金融的目标，普惠金融体系包含了普及金融服务的宏观政策法规、中观基础设施和微观的金融服务产品与机制。至今《推进普惠金融发展规划（2016—2020年）》的目标远未实现，2020年后，必须继续大力推动城乡普惠金体系融建设，尤其是适应减贫需要的金融政策体系、市场体系、组织体系和产品体系。这样，扶贫金融将成为普惠金融体系的有机组成部分，持续发挥减贫作用。

尽管我国已形成全社会（尤其是贫困村和贫困户）参与的扶贫治理体系，但是，这一体系总体上仍然以部门为基础、以地方政府为主体、自上而下形成和运行。其中，金融扶贫仍然主要依靠政策的推动，金融机构动力不足，扶持和引导的财政负担较重，民间金融资源远远没有得到充分利用。

因此，2020年后金融扶贫治理体系建设的重点是调动金融机构积极性，发挥不同金融机构的作用。这有赖于建立和完善多层次、广覆盖、多元化的普惠金融组织体系。但是这一体系还很不完善，尤其是农村金融体系不完整、不均衡。一是农村合作性金融的发展严重滞后。农民自己的合作金融可以天然地克服外部政策性或商业性金融机构面临的信息不对称所带来的高成本和高风险问题，将面向贫困群体的金融服务变成具有商业可持续性的金融市场，从而彻底摆脱对金融市场产生扭曲作用的财政补贴。但是，在农信社系统事实上已商业化的背景下，新兴的农民资金互助组织没有得到有效的促进和规范，农村内部金融资源没有得到充分挖掘和规范利用。二是致力于扶贫的、非营利的公益性小额信贷组织仍然没有得到相应的合法地位，在筹资和人力资源等方面都遇到巨大障碍。三是互联网金融、数字金融的作用尚未得到充分发挥。因此，改进金融扶贫治理体系的重点应该是支持农民合作金融组织、公益性小额信贷组织和互联网金融企业的发展。

金融扶贫需要在三个层面开展：一是贫困户，即解决贫困家庭脱贫致富的生产经营以及教育和医疗等生活需要的金融服务；二是区域性产业发展，即通过金融服务支持贫困地区企业发展生产，带动就业和经济的发展，从而带动更多人脱贫致富；三是发展生产的基础条件，即通过金融支持解决发展所面临的基础设施落后问题，包括道路、水电、通信、教育、医疗等涉及生产和生活的各个方面，解决长期可持续发展需要的基本物质条件和公共服务均等化等问题。与此相适应，扶贫的金融市场将在这三个层面形成，即为贫困者个体（包括小微企业）服务的金融市场、为区域产业发展（以扶贫效果明显的龙头企业为主体）服务的金融市场、为区域基础设施和公共服务建设服务的金融市场。这三个层面的金融市场又都包括支付结算市场、信贷市场、资本市场和保险市场等。在贫困地区基础设施建设方面，还可以PPP或特许经营权方式吸引社会资本参与项目融资。

金融扶贫不是救济手段，而是在扶贫对象自身具有基本的发展意愿和发展能力的前提下而提供的，增强其发展能力，帮助其抓住和利用发展机会而实现发展的扶持手段。对于无劳动意愿和劳动能力的贫困群体，不宜使用金融扶贫。

第3章
乡村振兴投融资体制改革与金融服务创新

一、乡村振兴的国内国际背景、金融需求与构建多元化投入格局的必然性

（一）国内背景：乡村振兴是实现我国城乡融合发展的必然要求和基本手段

党的十九大做出实施乡村振兴战略的重大决策部署，2018年中央1号文件提出了实施乡村振兴战略的具体意见，2018年9月中共中央、国务院印发了《乡村振兴战略规划（2018—2022年）》，为乡村振兴战略实施制定了指引和蓝图。实施乡村振兴战略，是缩小城乡差距、促进城乡融合发展、建立"工农互促、城乡互补、全面融合、共同繁荣"新型工农城乡关系的必然要求，是实现全体人民共同富裕的必然要求。要解决城乡发展不平衡、乡村发展不充分问题，要解决农村基础设施薄弱和生态治理欠账问题，要提高农产品竞争力和可持续生产能力，要改善农村公共服务、提高农民收入、缩小城乡收入差距，需要建立健全城乡融合发展的体制机制，需要坚持对农村"多予、少取、放活"的政策。从1998年十五届三中全会决定中提出"多予、少取"政策方针到2002年中央1号文件提出"多予、少取、放活"的政策导向，到2006年中央1号文件提出建立"以工促农、以城带乡"长效机制，再到十八大提出的"形成以工促农、以城带乡、工农互惠、城乡一体的新型工农、城乡关系"，十九大进一步强调"建立健全城乡融合发展体制机制和政策体系"，促进城

乡统筹发展、城乡一体化一直是中央工作的重要内容。

可见，乡村振兴与城乡融合发展、城镇化是需要同步进行的。

（二）国际背景："城市偏向"发展战略的反思与 WTO 农业规则遵从压力下农业政策调整

主要从两个角度来分析乡村振兴的国际背景。一是从"城市偏向"发展战略和政策反思、批评视角，分析乡村发展和城乡平衡发展的重要性；二是从 WTO 农业规则遵从视角，分析国际农业政策调整中对乡村多功能性和乡村发展的重视，呈现农业政策从对农业部门的支持保护向对乡村发展的支持转型的导向。

1. 从城乡分割到城乡联系

国际上对城市和乡村在经济发展中的地位、作用以及对城乡关系的认识、政策取向经历了 20 世纪 40 年代之前、40~80 年代、80 年代以后三个不同的阶段（叶超，2014）。

在 20 世纪 40 年代之前，大部分理论将城市和乡村结合起来看待，因而提出的发展目标和政策建议是消除城乡分离和对立。这些研究包括莫尔的《乌托邦》（1516）、杜能的《孤立国》（1986）、马克思和恩格斯的城乡关系理论、霍华德的《明日的田园城市》（2011）等。

在 20 世纪 40~80 年代，伴随着发展经济学的兴起，刘易斯（Lewis, 1954）提出的"二元结构"成为描述城乡关系的一个重要代表性理论，城乡关系被看成是城乡分离的，"城市偏向"发展战略成为主要的政策导向（Davoudiand Stead, 2002; Douglass, 1998; Funnell, 1988; Sheng, n. d. ; Tacoli, 1998, 2017; UNDP, 2000）。60 年代，发展中国家试图通过城市化和工业化实现快速的发展，以期赶上发达国家，70 年代提出了城乡偏向理论（Lipiton, 1977），"城市偏向"成为主要的政策导向，并试图通过所谓"涓滴效应"来促进农村发展。

80 年代以后，针对"城市偏向"的战略和政策导致的城乡分割问题，人们开始反思和批评，开始强调城乡之间的紧密联系，向城乡分离研究的传统提出了挑战（Preston, 1975; Unwin, 1989）。"城乡偏向"的政策，或者单纯强调农村综合发展而忽视城市的政策，均不能实现可持续的总体发展。因为城市的健康发展及其与农村建立的联系，对促进农村发展至关重要。正如 UNDP（2000）的一份政策讨论报告所指出的："显而易见的是，许多城市问题的解决方案不是在城市，而许多农村问题的解决方案却在城市。政策制定者需要拓宽政策的重点，从而使更有效地应用资源来解决发展问题，并确保不会因发展城市而导致农村问题，同样，不会因发展农村而导致城市问题。因此政策制定时，需要将城市和农村以互补互惠方式联系起来，促进可持续的人类发展。""城乡联系发展方略"日益成为国际上公认的发展方法。促进城乡良性联系的发展方法（Positive Rural-Urban Linkages Approach）是实现可持续发展、创造就业的必然选择（Okpala，2003）。所谓城乡联动，一般是指城市和农村地区之间的公共部门和私人部门之间存在着资金、劳动力（迁移和返乡）和商品（贸易）等不断增长的流量。而且，除了上述要素和产品流动之外，更重要的是要将观念创意流、信息流和创新的扩散流添加到城乡流动中来，以更全面地认识和理解城乡联系、城乡之间的"流"。一些学者也提出了类似"城乡联动发展方法"的发展模型，如："城乡发展良性循环模型"（the virtuous circle model of rural-urban development）（Evans，1992）、"城乡地方经济发展良性循环模型"（The "virtuous circle" model of rural-urban local economic development）（Tacoli，2004）、"互惠的城乡联系"（reciprocal rural-urban linkages）（Douglass，1998）等。城乡联系的内容很多，包括经济、社会和环境多方面的相互依存关系。其中，经济方面的联系通常有三种类型：消费之间的联系（对最终产品的需求）、生产之间的联系（企业之间"前向"或"后向"的投入品供应）和金融联系（例如，城市业主收取租金，移民汇款，农村储蓄由城市机构外流至城市）等（Tacoli，2004）。von Braun（2007）指出：农区（纯农村）和大城市（纯市区）之间并存多种类型的流动（flow）和互动关系（interactions），而农区和城区这两个空间之间是一系列各具特定功能空间构成一个统一体（continuum）（可称为"城乡梯度连续体"）。这些各具特定功能的空间包括偏远的纯农区、农村、小城镇、城乡结合部、大城市市区等。城乡之间在产业、部门和地理区域之间的动态联系，对促进城乡增长、就业和贫困缓解具有重要作用。

可见，注重城乡平衡发展、强调城乡互惠互补，已成为国际上一种重要的理论观点和政策导向。美国20世纪80年代提出支持乡村振兴，乡村振兴的一个主要目的就是平衡城乡关系、帮助经济衰退的乡村恢复活力。在参议院农业、营养和林业委员会中专门设有包含乡村振兴的分委员会。美国乡村振兴政策支持的重点是增加农村社区经济机会、创业和就业机会等，这些政策包括政府的直接支持和对农场金融服务体系的支持（Watkins & Allen，1987；U. S. Senate，2004、2008）。1989年加拿大成立乡村振兴基金会（Canadian Rural Revitalization Foundation，CRRF），其宗旨是通过与社区、私营部门和各级政府的乡村领袖开展合作研究，推动加拿大乡村振兴和可持续发展（Reimer，2018；Chan et al，2013；Tsuboi & Apedaile，2008）。20世纪末日本对乡村振兴的重视更加凸显（Tsuboi and Apedaile，2008等）。日本《2016年土地、基础设施、交通与旅游白皮书》中指出2015年调整了《区域振兴法》（*the Regional Revitalization Act*），重申了乡村振兴的重要性。欧盟共同农业政策（CAP）在20世纪90年代早期改革中引入了许多配套措施，其中"支柱2"中即包括了许多非常不同的结构性与农村发展政策措施（姬亚岚，2015；刘武兵、李婷，2015）。

2. WTO农业规则遵从压力与乡村区域发展导向的农业政策调整

为了适应或规避WTO农业规则的限制，许多国家或地区调整了农业政策，而支持农村发展与乡村振兴成为农业政策转型的主要取向。比如20世纪90年代中后期，欧盟和日本等都把农业支持保护政策从单纯对农业部门的支持，调整为对农村区域和农业部门两方面的支持。调整的理由是农业农村具有很多不可贸易的功能如生态、景观、文化等。比如，欧盟共同农业政策就经历了如表1所示变迁过程和政策重点的转型。从表1中可以看出，20世纪90年代末，欧盟共同农业政策开始将农村发展作为农业政策的一个重要内容。

表1　欧盟（欧共体）共同农业政策目标及关注点的变迁

政策目标	生产力 ────────────────────────────────────
	竞争力 ────────────────────────────────
	可持续性 ────────────────────────

阶段	早期阶段	危机阶段（20世纪80年代）	1992年改革	2000年议程	2003年改革	2008年共同农业政策健康检查
政策关注点	• 粮食安全 • 生产力促进 • 市场稳定 • 收入支持	• 生产过剩 • 支出暴增 • 国际摩擦 • 结构性措施	• 缩减剩余 • 环境 • 收入稳定性 • 预算稳定性	• 深化改革过程 • 竞争力 • 农村发展	• 市场导向 • 关注消费者 • 农村发展 • 环境 • WTO规则遵从	• 强化2003年改革 • 新的挑战 • 风险管理

资料来源：DG Agriculture and Rural Development，2010。转引自：Landgrebe，2011。

在WTO农业规则遵从压力下，为了寻求支持和保护农业的理由，欧盟和日本等经济体提出了农业的多功能性概念，指出农业不仅具有生产和提供农产品的功能，还具有提供旅游、休闲服务的功能，以及提供粮食安全（food security）和食品安全（food safety）保障、农村传统生活方式及农作文化传承、土壤保育、农村景观、生物多样性、健康及其他非商品性生产等的多种功能（OECD，2001；Van Huylenbroeck and Durand，2003）。而农业非商品产出（包括环境产品、社会贡献等）具有明显的外部性和公共性，往往存在市场失灵，而且这些功能是没有办法通过贸易来实现的，所以，需要政府的支持和保护。农业多功能性的理念是制定和实施农业保护和农村发展支持政策的理论基础。从农业和乡村的多功能性来理解乡村振兴的意义，也能够理解政府支持乡村振兴的理由和必要性。基于农业的多功能性，对农村发展和乡村振兴进行支持，也是规避WTO国际贸易规则限制的一种政策选择。

（三）乡村振兴与多元化投融资体系构建的逻辑关系机制

实施乡村振兴战略，需要解决好"钱从哪里来"的问题。2018年国家统计局农村司组织全国省（区、市）统计局和国家统计局各调查总队开展的"乡村振兴之路"调研结果显示：受访农民认为乡村振兴最急需的是资金，占64.6%，是实施乡村振兴战略的首要瓶颈（柏先红、刘思扬，2019）。2018年中央1号文件《关于实施乡村振兴战略的意见》和2018年9月印发的《乡村振兴战略规划（2018—2022年）》均强调要健全投入保障制度、完善和创新投融资体制机制，要"加快形成财政优先保障、金融重点倾斜、社会积极参与的多元投入格局"。多元化投入格局与多元化投融资体系是乡村振兴的内在要求。这里将从政府、市场、社会三个视角探讨乡村振兴与投融资体系构建和投融资创新的逻辑关系机制。

1. 乡村振兴投融资与政府作用的逻辑

从乡村振兴战略的国内、国际背景来看，乡村振兴重点要开发乡村的多功能性，不仅要开发乡村的农业承载和农产品产出功能，而且要开发农业非商品产出（包括环境产品、社会贡献等）功能，而这些功能具有明显的外部性和公共性，往往存在市场失灵，而且这些功能是没有办法通过贸易来实现的，所以，需要政府的支持和保护。农业多功能性的理念是制定和实施农业保护和农村发展支持政策的理论基础。从农业和乡村的多功能性来理解乡村振兴的意义，也能够理解政府支持乡村振兴的理由和必要性。基于农业的多功能性，对农村发展和乡村振兴进行支持，也是规避 WTO 国际贸易规则限制的一种政策选择。

因此，从乡村振兴资金来源角度看，政府的投资支持是必要的，也是必需的。而政府在乡村振兴投融资创新方面的作用，一是通过财政转移支付、项目投资等手段直接对乡村振兴给予支持；二是建立健全投融资基础设施和实施适当的激励政策，引导市场主体向乡村振兴投资、引导金融机构向乡村振兴提供金融服务，撬动更多金融资源流向乡村。政府可以利用杠杆作用，推动和强化乡村振兴投融资的市场作用。

2. 乡村振兴投融资与市场作用的逻辑

乡村振兴需要和城镇化同步推进，需要建立健全城乡融合发展体制机制，特别是需要建立促进城乡要素流动、资源公平交换的体制机制，将乡村的要素或资源变成可交易的标的，实现乡村的多功能价值，一方面可以通过诸如城乡建设用地增减挂钩等相关指标的城乡交易，直接获取乡村振兴资金；另一方面可以培育乡村抵押资产，增强抵押融资能力。而现实中，由于乡村和农业存在的多功能性特别是非商品性生产功能，具有公共性、外部性，且又很难进行市场化定价、实现交换价值，导致乡村振兴金融服务出现市场失灵。金融机构往往因为商品性农业产出的市场价值低且不确定性强、风险大，而不愿意提供农村金融服务。实际上，只是因为农村的很多资产、资源及其提供的服务没有得到合理的定价和显化。如果这些资源的价值能真正得到实现，并实现资本化，金融机构也会对这些资源的拥有主体提供金融服务。政府需要通过建立相关要素指标交易制度、健全自然资源产权制度、资源资产登记评估体系等，对农村资源性要素进行确权、还权赋能，并搭建交易流转或权利转移平台，促使农村资源多功能服务价值的实现。当农村资源价值显现出来，金融机构就可以依据这些价值为基础，提供金融服务。政府建立产权制度和交易制度、建立登记评估体系、搭建交易平台，可以创造资产资源市场，促使自然资源的资本化，让这些资源产生市场价值，就可以激励和引导金融机构更好地为农业发展和乡村振兴提供金融服务，这是市场作用的逻辑。

3. 乡村振兴投融资与社会网络作用的逻辑

乡村传统熟人社会结构，对农村金融有特殊的意义。基于熟人社会网络，可以降低信息不对称带来逆向选择和道德风险问题等，可以缓解农村金融的交易成本。因而，通过乡村振兴，提升乡风文明，完善乡村治理体系，重塑乡土社会结构，提高乡村凝聚力，可以改善诚信环境，为农村金融特别是合作金融发展提供更好的基础。可以将乡土社会结构与金融科技有机结合，进一步促进农村金融发展和农村金融普惠。

基于上述三个逻辑，可构建图1所示的乡村振兴多元化投入格局与投融资体系。

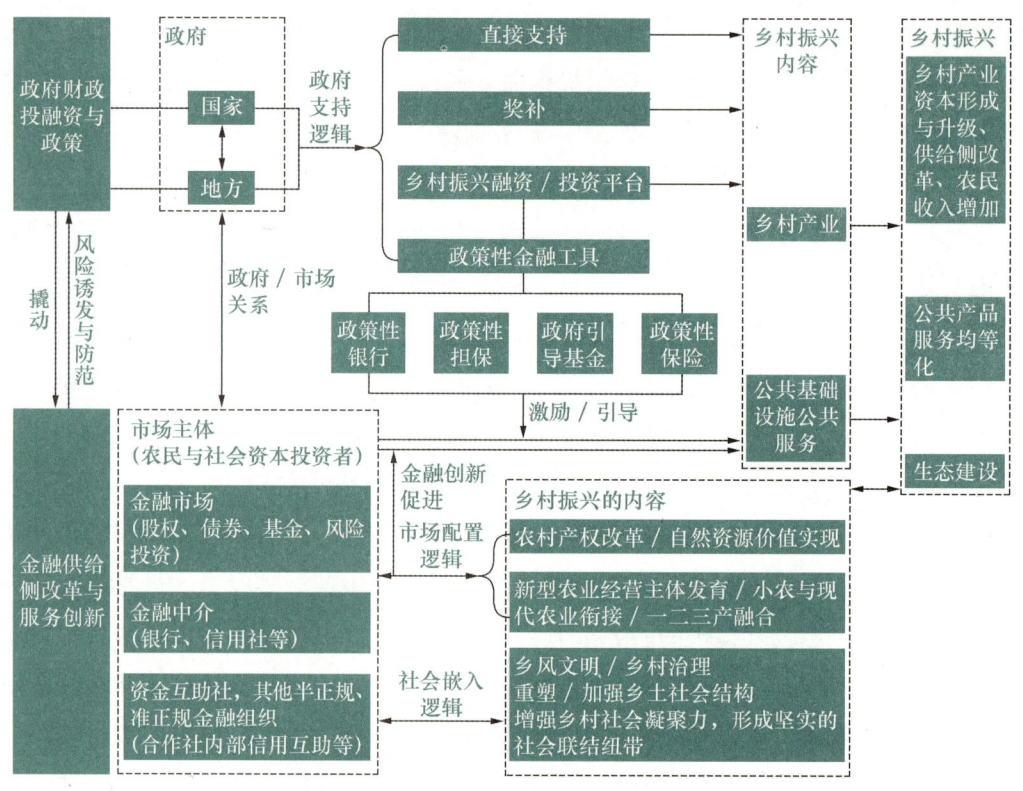

图1　乡村振兴多元化投入格局与投融资渠道之间互动机制框架

要推进乡村振兴战略，一是要加大公共财政投入力度，同时，需要创新农业政策工具和公共财政的使用方式，设立政策性金融工具（担保基金、政策性担保机构、政府引导基金、政策性贷款、政策性保险等），引导和激励更多金融机构提供乡村振兴金融服务，撬动更多的金融资源进入乡村。二是建立健全城乡要素公平交换的体制机制，促进农村资源的价值实现和资本化，同时，通过乡村要素公平定价机制和流转市场的建立，增强乡村的信用水平和融资能力，强化乡村振兴金融服务创新的市场机制。三是通过乡村振兴，促进乡风文明，健全自治、法治、德治相结合的乡村治理体系，重塑乡土社会结构，加强乡村社会凝聚力和社会联结纽带，改进乡村诚信环境，形成嵌入社会网络的信息结构，促进农村金融组织和服务方式的创新。以下将主要对乡村振兴投融资中的政府作用逻辑和市场作用逻辑，以及乡村振兴投融资创新进行阐释。

二、政府财政投入与农业农村发展支持政策工具金融化创新

政府财政投入是乡村振兴多元投入格局的重要支柱。由于乡村的多功能性，特别是在生态、景观、文化传承等方面的功能，而农业农村这些功能具有明显的公益性、外部性，因而政府应该成为乡村振兴、培育乡村多功能的重要支撑力量，政府财政必然肩负重要的投入责任，公共财政需要更大力度向"三农"倾斜，需要推进行业内资金整合与行业间资金统筹，确保财政投入与乡村振兴目标任务相适应。政府投资的主要领域是农业绿色生产、可持续发展、农村人居环境、基本公共服务等。政府财政投入到乡村振兴，一是可通过项目直接投资、补贴、奖励等方式，二是可选择适当的金融工具，以金融工具为载体，激励和撬动更多的金融资源、社会资本进入乡村，起到放大财政支持乡村振兴的杠杆效果。这里将重点探讨财政支农政策的金融工具选择和创新问题。首先分析国际农业农村发展政策转型中政策性金融工具的使用趋势和启示，然后对我国支持乡村振兴的引导基金、政策性担保机构和担保基金等进行分析。

（一）国际农业农村发展政策金融化趋势和政策性金融工具选择

出于城乡平衡发展战略的要求和WTO农业规则遵从的要求，自20世纪90年代中后期，国际上农业政策领域和工具开始转型，从农业部门导向向乡村区域导向转型，从对农业的补贴、农产品价格支持向乡村发展支持转型，政策工具也从传统的财政直接支持保护工具为主转向财政直接支持保护工具与政策性金融工具并施，而且农业农村发展政策性金融工具使用越来越受到重视，并不断创新，呈现出农业农村发展政策工具"金融化"的趋势。

1. 欧盟共同农业政策对农村发展的重视与农村发展政策的金融工具使用

欧盟共同农业政策改革体现了对农村发展和环境的重视。2000年之后，共同农

业政策分成传统的农业部门支持保护政策（支柱1）和农村发展支持政策（支柱2）（见图2）。支撑共同农业政策的资金来源是共同农业基金。其中，对于支柱1，其融资来源主要是欧洲农业引导与保证基金（European Agricultural Guidance and Guarantee Fund，EAGGF），列入欧盟全额预算，而资金主要用于收入支持（如直接支付）、某些农产品市场支持政策（如糖、葡萄酒等农产品），这些支持的条件是要遵从跨领域（多领域）的监管要求，如动物与作物健康、动物福利等法定管理要求，良好农业和环境要求等；对于支柱2，其融资来源是促进农村发展的欧洲农业基金（European Agricultural Fund for Rural Development），同时还有成员国公共和私营部门的共同融资（National Co-Financing）。而资金运用包括4个轴，即轴1——促进农林业的竞争力（提升人力资本、物质资本、农产品质量等），轴2——改善环境和乡野景观（加强农地、林地的可持续利用管理），轴3——提升农村生活质量、培育多样性的农村经济（改善农村生产和民生基础设施服务、村庄振兴、乡村文化遗产的传承、农村经济的多种业态、采购和营销宣传技能），轴4——强调自下而上的农村发展方法，每个项目都要基于地方行动团体（Local Action Groups，LAGs）和地方综合发展战略结合、动员地方主体参与和融资。比如西班牙，强调外部知识、自然资源管理与乡村内部结合对乡村振兴的重要性（García et al，2015）。

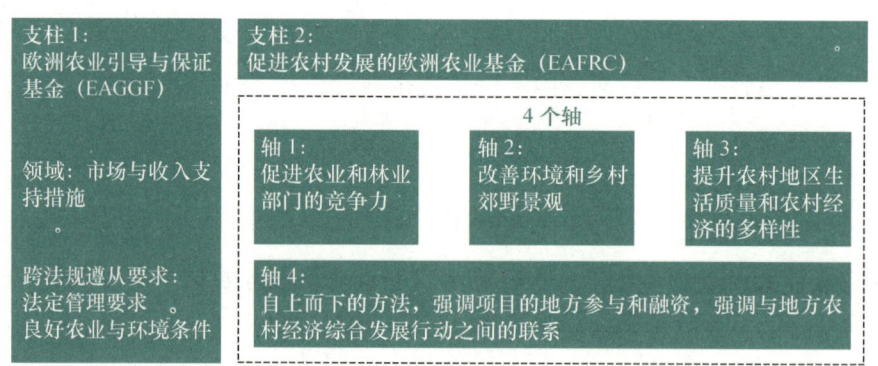

图2　欧盟共同农业政策两个支柱及其支持基金

资料来源：引自 Landgrebe，2011。

欧盟共同农业政策支柱2的促进农村发展的欧洲农业基金（EAFRD）允许管理当局设置多样化金融工具支持农民，如贷款担保、夹层（准股权基金）、股权和风险基金、小额信贷、保险等金融工具，这些金融工具用在支持诸如租购农地、加工部门相关生产经营主体的投资。欧盟委员会农业和农村发展总局（European Commission Directorate General for Agriculture and Rural Development）与欧洲投资银行专门设立针对"促进农村发展的欧洲农业基金"金融工具咨询服务平台（fi-compass，EAFRD）。实际上，自 2015 年起，该平台每年都在某个成员国举办一次针对 EAFRD 2014～2020 年规划中运用金融工具促进农业和农村发展宏观区域会议，并在相关成员国举办若干次相同议题的研讨会，探讨如何在实施农村发展政策中更多地利用金融工具。

对于补助性拨款（Grants）和金融工具两种主要的资金使用方式，使用金融工具有更多的优势（Conway，2016），表现在：①可持续性，即可以实现有限资金的循环周转使用，前期项目产生的回报可资助更多的项目；②杠杆作用，即可以撬动其他更多渠道和来源的资金，特别是私人投资者的投资资金；③提升专业性，即参与实施的专业机构将提供的各种技能和经验，有利于提升资金使用的专业水平；④提高绩效，即激励政策资金所支持项目实现更好的绩效（例如通过在项目层面加强财务纪律进行约束）。

Kulawik et al（2018）以波兰为例探讨了欧盟农业政策使用金融工具的实施空间。作为欧盟成员国，波兰于 2015 年 10 月制订了（区域）《区域振兴法》（AR），推进城市和乡村振兴。而支持乡村振兴的资金来源包括本国的公共财政、欧盟的公共基金和私人资本（Malkowski，2017；Kola-Bezka，2018）。常采用的金融工具包括贷款、贷款担保、共同投资工具等。虽然目前金融工具仍不是很普遍，仅仅占整个政策资金的很少比例[①]，但是，他们指出，农业政策实施中，与补贴方式相比，金融工具具有很多优点，包括可以通过乘数效应、杠杆效应、循环效应等放大政策资金的作用，可以缓解由于市场不完备、信息不对称导致的农业农村信贷市场失灵问题，缓解农业农村基础设施、作为弱势部门的农业、偏远农村金融服务的获取难问题。当然，农业政策中金融工具的使用，需要良好的制度和组织基础，这对一些国家和地区是一个挑战。金融工具的优缺点具体如表 2 所示。

---

① 2007～2013 年，整个"促进农村发展的欧洲农业基金（EAFRD）"以金融工具方式使用的份额只占 1.3%。

表2　　　　　　欧盟共同农业政策实施中金融工具方式的优缺点

	优　点	缺点或挑战
量化改进	• 乘数效应（仅信用担保） • 杠杆效应 • 循环效应	• 现有担保基金的组织模式不完善、效率低（如波兰）
质性改进	• 尽量减少信贷市场上出现的扭曲 • 供给创新 • 加强某些低信用评级实体的潜力 • 减少市场缺陷，仅针对该地区或仅针对农业部门 • 吸引新的知识和技术诀窍 • 支持健康"经营心态"的发展	• 需要"从头开始"建立健全农业和农村中小企业的金融制度体系 • 需要改进建立在金融市场有效性假说基础上的传统新古典投资评价体系

资料来源：引自 Kulawik et al, 2018。

EAFRD 常见的信贷促进金融工具包括组合损失上限担保（First Loss Portfolio Guarantee）、组合风险共担贷款（Portfolio Risk Sharing Loan）、无上限贷款组合担保（Uncapped Portfolio Guarantee）三种类型，其目的是促进农村发展主体的信贷可得性，改进信贷条件（降低利率、降低抵押要求等）（Cope，2016）。Kulawik et al（2018）指出信贷特别是针对种子资本的贷款是政策金融工具之一，而对农业信贷干预的理由在发达国家和中等发达国家有差别，如表3所示。

表3　　　　　　不同发达程度国家的农业政策金融工具理由

国家类型	发达国家	中等发达国家
理由	• 金融和信贷市场的不完善（不可靠、低效）和不完备 • 提高非金融市场的效率（配套、垫支等） • 社会正义与区域间平等机会	• 减轻信贷配给效应 • 消除农业投资不足 • 抵消金融机构垄断地位的负面影响 • 降低破产成本和农民信用评级损失 • 补贴某些群体（如农业生产者）

资料来源：引自 Kulawik et al, 2018。

2. 美国对乡村振兴的支持与支农政策的金融工具使用

美国在20世纪80年代提出乡村振兴，出台了多个关于促进农村发展的法案（如1980年《农村发展政策法案》），历次的农业法案中也将支持农村发展作为重要内容，农业部设有专司支持"农村发展"的部门，支持和促进农村经济主体的发展，改善农村住房、基础设施条件、自然环境等，提高农村居民的生活质量。美国乡村振兴政策支持的重点是增加农村社区经济机会、创业和就业机会等，这些政策包括政府的直接支持和对农场金融服务体系（Farm Credit System，FCS）的支持（Watkins & Allen，1987；U. S. Senate，2004、2008）。美国农业部农业服务局（FSA）直接贷款在20世纪80年代中后期开始缩减，90年代末期以来总量变化不大，但份额逐渐减少，2013年只占美国所有农业贷款的2.3%。贷款担保也是美国农业部的一个政策性金融工具，美国总的农业贷款中，由美国农业部农业服务局提供担保的贷款占比为4%~5%（Monke，2015）。在利用金融工具促进乡村振兴的同时，美国注重农村企业家精神、创业的支持。一些研究强调企业家精神（Entrepreneurship）是影响乡村振兴（融资）的关键因素（Watkins & Allen，1987；Johnson，1989；Gladwin et al，1989；DeWitt，1989）。企业家精神（及专有技能）的缺乏，而非银行信贷约束，亦即银行信贷短缺并非导致美国90年代农村凋敝的主要因素（Drabenstott and Morris，1989；Gladwin et al，1989）。Drabenstott（1995）建议美国联邦政府应该从农业信贷支持政策转向农村信贷支持政策。在经历了20世纪80年代的农业金融危机之后，美国扶持农业和乡村振兴的金融手段发生了转型，比如从单纯的信贷支持到银行与风险投资、担保结合、成立Farmers Mac和二级市场的促进、农业保险创新，从农业到农村，从金融支持到金融与技术援助、企业家精神的培育等。

以风险管理为重点、以金融工具为手段成为近年来美国农业支持政策的特征。一是农业政策从对生产资料和产品市场的直接干预和保护转向了以保护农民收入为核心的公共风险管理，二是支农工具出现了金融化的趋势。美国农业政策一直在保护农民收入与市场调控等方面发挥了重要作用。1933年美国出台第一个农业法案（Agricultural Adjustment Act），形成了以农产品价格支持与供给调控为核心，以农作物商品项目（Crop Commodity Program）为主的政策体系，防止谷贱伤农。而在1996年之后，美国农业政策逐渐转向了以风险管理为核心，以农作物商品项目和农业保险（Federal Crop Insurance Program）为两大支柱的政策体系。农作物商品项目和农业保险项目有机结合、相互补充，其中，农作物商品项目以PLC和ARC等项目工具为主，补偿农民收入的浅度损失（Shadow loss），农业保险则补偿农民收入的深度损失（Deep loss）（Mesbah et. al.，2018；Erik et. al.，2019）。两者共同实现了对农业生产经营风险深度和广度的覆盖,从而保护农民收入,促进农业生产。2018 年 12 月 20 日,美国总统特朗普签署了新农业法案(*The Agriculture Improvement Act of 2018*),新法案与 2014 年《食物、农场与就业法案》十分相似,它延续并优化了以农作物商品项目和农业保险为两大支柱的农业风险管理政策体系(赵将、张蕙杰等,2019)。总之,20 世纪 80 年代以来,美国采用公共风险管理的思路加强对农业的全面风险管理,在减少对市场干预的同时,保护农民收入。

3. 其他国家或地区的乡村振兴政策及金融工具使用

加拿大也是较早开展乡村振兴支持的国家(Chan et al,2013;Tsuboi and Apedaile,2008)。20 世纪末日本对乡村振兴的重视更加凸显(Tsuboi and Apedaile,2008)。日本乡村振兴的产业选择大多以绿色、休闲旅游产业为主(McGreevy & Shibata,2010;McGreevy,2012)。乡村振兴面临很多选择,比如地方资本、社区资产和基础设施的重构,促进地方和国家层面对乡村再投资的机制创新等。日本乡村振兴中(公共服务),融资缺口的 50% 由中央政府承担,地方政府是中央政府的代理(Tsuboi and Apedaile,2008)。日本《2016 年土地、基础设施、交通与旅游白皮书》中指出,2015 年调整了《区域振兴法》(*the Regional Revitalization Act*)(2017),重申了乡村振兴的重要性。

也有一些发展中国家的研究,如:尼日利亚 Uchechukwu & Obiora(2016)的研究指出,地方政府由于可以准确识别农村发展收入,因而地方政府融资可以有效促进农村发展。国际组织(如亚洲开发银行)为发展中国家的乡村振兴提供资金支持(ADB,2008)。

中国台湾地区在 2008 年提出了"乡村再生计划",2010 年通过《农村再生条例》,并设置 1500 亿新台币农村再生基金,2017 年起转型为"农村再生 2.0"(雷刘功等,2017)。公私伙伴关系(PPP)是台湾乡村再生的一种投融资方式之一(Liao & Lin,2018)。

(二)乡村振兴基金的设立与对乡村振兴投融资的促进作用

乡村振兴基金成为全国各地实施乡村振兴战略的重要投融资模式。乡村振兴基金或乡村振兴发展基金的资金来源有三种:一是政府或政府设立的行业投资公司出资设立的政府引导基金;二是上市企业等社会资本为主设立的乡村产业发展基金;三是政府与社会资本联合设立的乡村振兴基金。

乡村振兴战略提出以来，很多地方设立了乡村振兴相关基金，有些已经在中国证券投资基金业协会备案（见表4），有些没有备案（见表5）。

表4　　　　　　中国证券投资基金业协会备案的乡村振兴相关基金

编号	基金名称	基金类型	私募基金管理人名称	托管人名称	成立时间	备案时间
1	包头市美丽乡村产业基金合伙企业（有限合伙）	股权投资基金	农银前海（深圳）投资基金管理有限公司	中国农业银行股份有限公司	2015/9/10	2016/5/30
2	呼伦贝尔市美丽乡村产业基金合伙企业（有限合伙）	股权投资基金	农银前海（深圳）投资基金管理有限公司	中国农业银行股份有限公司	2015/12/23	2016/7/18
3	赤峰市美丽乡村资产投资中心（有限合伙）	股权投资基金	农银前海（深圳）投资基金管理有限公司	中国农业银行股份有限公司	2015/12/28	2016/7/25
4	通辽市美丽乡村产业基金合伙企业（有限合伙）	其他私募投资基金	农银前海（深圳）投资基金管理有限公司	中国农业银行股份有限公司	2016/3/29	2016/6/13
5	伊金霍洛旗美丽乡村产业基金合伙企业（有限合伙）	其他私募投资基金	北京广源基金管理有限公司	中国工商银行股份有限公司	2016/5/17	2016/9/8
6	黄山市黄山区美丽乡村建设城镇化基金（有限合伙）	其他私募投资基金	上海融葵投资管理有限公司	徽商银行股份有限公司	2016/10/11	2016/12/7
7	凯璞庭盐城射阳"美丽乡村"私募投资基金	其他私募投资基金	扬州衡凯投资管理有限公司	中信银行股份有限公司	2018/1/9	2018/1/22

续表

编号	基金名称	基金类型	私募基金管理人名称	托管人名称	成立时间	备案时间
8	宜宾五粮液乡村振兴发展基金(有限合伙)	股权投资基金	宜宾五粮液基金管理有限公司	中国银行股份有限公司	2018/2/8	2018/3/7
9	美丽乡村振兴发展私募基金	股权投资基金	上海百恒艳阳股权投资基金管理有限公司	平安银行股份有限公司	2018/4/3	2018/4/20
10	鼎力乡村振兴股权投资私募基金	股权投资基金	深圳前海鼎力投资基金管理有限公司	中信银行股份有限公司	2018/7/20	2018/7/24
11	河南农综乡村振兴产业发展私募基金	股权投资基金	河南农开投资基金管理有限责任公司	中信银行股份有限公司	2018/7/26	2018/8/21
12	宿迁市洋河新区乡村振兴产业发展基金合伙企业（有限合伙）	股权投资基金	上海凯璞庭资产管理有限公司	南京银行股份有限公司	2018/4/26	2018/8/31
13	青岛乡村振兴股权投资基金（有限合伙）	股权投资基金	青岛西海岸新型城镇化投资管理有限责任公司	中信银行股份有限公司	2018/8/8	2018/10/11
14	六安市乡村振兴基金有限公司	创业投资基金	六安市产业投资基金管理有限公司	招商银行股份有限公司	2018/10/17	2019/1/3
15	济南乐知壹号乡村振兴投资开发合伙企业（有限合伙）	创业投资基金	济南乐知股权投资基金管理有限公司	中信银行股份有限公司	2018/11/1	2019/3/25
16	开封壹加陆乡村振兴产业投资中心(有限合伙)	股权投资基金	河南汴州基金管理有限公司	上海浦东发展银行股份有限公司	2019/3/13	2019/4/29

续表

编号	基金名称	基金类型	私募基金管理人名称	托管人名称	成立时间	备案时间
17	山东省土地发展乡村振兴基金合伙企业（有限合伙）	股权投资基金	山东鲁坤乡村振兴基金管理有限公司	中国农业银行股份有限公司	2019/3/14	2019/5/23
18	邛崃市乡村发展投资中心（有限合伙）	股权投资基金	四川兴川重点项目股权投资基金管理有限公司	中国民生银行股份有限公司	2019/5/23	2019/8/6
19	山东鸿蒙乡村振兴基金合伙企业（有限合伙）	股权投资基金	山东鲁坤乡村振兴基金管理有限公司	华夏银行股份有限公司	2019/6/24	2019/8/21
20	南平乡村振兴基金合伙企业（有限合伙）	股权投资基金	福建福旅联信基金管理有限公司	兴业银行股份有限公司	2019/5/7	2019/8/28
21	得觉-新洲涨渡湖乡村振兴一号契约型私募投资基金	股权投资基金	杭州得觉资产管理有限公司	上海浦东发展银行股份有限公司	2019/7/18	2019/9/6
22	苏州市临湖乡村振兴投资发展中心（有限合伙）	创业投资基金	苏州农发创新资本管理有限公司	宁波银行股份有限公司	2019/7/25	2019/9/11
23	无锡市乡村发展振兴投资基金（有限合伙）	股权投资基金	无锡国联产业投资有限公司	中国农业银行股份有限公司	2019/4/29	2019/9/24
24	苏州市望亭乡村振兴股权投资中心（有限合伙）	创业投资基金	苏州农发创新资本管理有限公司	兴业银行股份有限公司	2019/8/29	2019/9/25

续表

编号	基金名称	基金类型	私募基金管理人名称	托管人名称	成立时间	备案时间
25	长三角乡村振兴（上海）股权投资基金合伙企业（有限合伙）	股权投资基金	上海盛石资本管理有限公司	招商银行股份有限公司	2019/5/16	

资料来源：中国证券投资基金业协会网站（http://www.amac.org.cn/）。

如表4所示，中国证券投资基金业协会备案乡村振兴相关基金达25只（截至2019年11月10日。其中含有2015年、2016年、2018年初设立的美丽乡村相关基金8只）。基金类型有三类：股权投资基金17只，创业投资基金4只，其他私募投资基金4只。

表5　乡村振兴政府引导基金（未在中国证券投资基金业协会备案）　　单位：亿元

编号	基金名称	发起设立	设立日期	总规模	首期	投资领域和范围
1	中国农垦产业发展基金	财政部牵头成立	2017/11	500	100	• 垦区企业
2	江苏省乡村振兴产业发展基金	江苏省与新希望联合设立乡村振兴产业基金	2017/12/1	100		• 江苏省内规模化、智能化、生态化畜禽养殖业发展，畜禽产品产地初加工、精深加工和副产物综合全值利用 • 农产品冷链物流发展 • 农村金融和农业大数据服务平台 • 美丽休闲乡村、农业特色小镇、田园综合体以及现代农业产业园等一二三产融合发展项目
3	中国乡村振兴产业基金	新农创、中财经等联合发起成立	2018/2/8			

续表

编号	基金名称	发起设立	设立日期	总规模	首期	投资领域和范围
4	湖州市乡村振兴发展基金	湖州市产业投资发展集团（政府出资）	2018/5	1		• 与现代农业发展关联度较高的农业产业化项目、农村一二三产业融合发展项目
5	广州增城乡村振兴基金	广州乡村振兴产业投资有限公司（政府出资）	2018/6/26	50	5	• 智能化、现代生态有机农业、都市农业、农产品深加工和副产品综合利用、农产品冷链物流发展项目 • 农村金融和农业大数据服务平台建设项目 • 乡村文旅、农业特色小镇、田园综合体及现代农业产业园等一二三产业融合发展项目 • 围绕乡村振兴重大产业进行土地流转和储备整理
6	海南省乡村振兴发展基金	凯利易方资本管理有限公司联合中央金融机构及相关产业龙头企业发起设立	2018/7/24	1000	100	• 以乡村振兴为核心目标的美丽乡村、精准扶贫、共享农庄等项目 • 海南农业名优产品产业链打造，尤其是鸡鸭羊蟹四大品牌及热带农业品牌的规模化养种植和深加工 • 海南生态循环农业及绿色农业发展项目，包括农业面源污染治理与生态环境建设 • 农产品深加工及农产品交易所、冷链物流服务设施、农民培训学校等项目 • 其他中央和海南省政府鼓励发展的"新三农"产业项目

续表

编号	基金名称	发起设立	设立日期	总规模	首期	投资领域和范围
7	山东省新旧动能转换乡村振兴暨现代高效农业产业母基金	诚成资本、上海华鑫股份就、山东水发集团	2018/7	30	6	
8	河南乡村振兴发展基金	中民投占20%，河南农开公司（国有农业政策性投融资平台）占比20%，中原银行（机构投资者）占60%	2018/9/27	100		● 投资乡邻广场 ● 推动冷链物流服务设施和农产品深加工设施的普及 ● 发展绿色农业项目 ● 农产品进城电商
9	广东茂名市茂商乡村振兴发展基金	茂商乡村振兴发展基金会	2018/10/18			● 协助政府做好茂名乡村振兴发展工作，为新农村建设、农村基础设施、乡村的规划和道路环境及卫生建设，村容村貌改造，乡村公共文化场所，自来水管道、电线、路灯等公共设施建设，乡村教学和学校建设以及其他需要捐助的项目无偿提供资金
10	山东青岛西海岸乡村振兴发展基金	山东青岛市黄发集团	2018/11	100		● 紧扣农业的新兴产业或者有潜力的各类的农业产业，破解现在的现代农业投资难、融资难的难题，促进新区农业产业的优化升级，助力乡村振兴

续表

编号	基金名称	发起设立	设立日期	总规模	首期	投资领域和范围
11	鲁商乡村振兴产业母基金	山东省商业集团有限公司	2018/12	50	10	• 乡村振兴 • 文化旅游
12	山东土地发展乡村振兴母基金	山东省土地发展集团有限公司	2019/1	100		• 新旧动能产业 • 田园综合体 • 农业特色小镇 • 现代高效农业 • 农村普惠金融
13	山东潍坊乡村振兴产业基金	山东潍坊市设立	2019/4	100		• 重点支持乡村振兴项目建设
14	七台河市乡村振兴产业基金	黑龙江省七台河政府与新农创集团、新农创乡村振兴金融中心	2019/6/15	10		
15	浙江省乡村振兴投资基金	浙江金控（政府出资）	2019/11	100		• 重大区域特色产业、农业战略和新兴产业 • 重大农业农村基础设施 • 农产品加工和全产业链建设 • 国土空间综合整治及生态修复工程 • 数字乡村建设

资料来源：根据相关报道整理而得。

如表 5 所示，2017 年以来，以中央政府相关部门、地方政府为发起主体相继发起设立了乡村振兴专门基金，重点是推进乡村产业振兴、乡村基础设施建设、环境生态建设、数字化发展、农村金融发展等。

乡村振兴基金对乡村振兴投资的作用，一是可以通过股权投资、创业投资等方式，促进乡村振兴主体的权益性融资；二是由于乡村振兴主体权益性融资的增加，改善其资产负债结构,进而增强其信贷等债权融资能力。

(三)政策性农业担保体系、融资担保基金与乡村产业振兴

为有效解决新型农业经营主体融资难、融资贵问题,2015年7月,财政部、农业农村部、银保监会印发《关于财政支持建立农业信贷担保体系的指导意见》(财农〔2015〕121号),决定全国范围内调整20%的农资综合补贴资金用于建立专门支持农业适度规模经营的政策性全国农业信贷担保体系(以下简称全国农担体系)。2017年5月,财政部、农业部、银监会下发《关于做好全国农业信贷担保工作的通知》(财农〔2017〕40号),对上述问题给予了高度重视,要求保证政策性农业信贷担保体系持续稳健经营。三年多来,按照党中央、国务院的统一决策部署,在财政部、农业农村部、银保监会的正确领导下,全国农担体系从无到有、逐步建成,担保业务快速上量,银担合作持续深化,政策体系不断完善,担保风险总体可控,财政金融协同支农新格局初步形成,为全面助推实施乡村振兴战略贡献了重要力量。理论上,在农村金融风险的综合管理体系中,农业担保体系有发挥核心作用的地位和条件:首先,作为一个专业性的机构,农担公司直接参与农村金融的全过程,有条件也有能力对金融风险进行直接管理;其次,从现行的风险分担机制来看,农业担保体系(通过担保和再担保业务)是农业信贷风险损失的主要承担者,从激励兼容角度,农担体系对建立农村金融风险综合管理体系的主动性较强;再次,作为中央财政出资设立,并由中央和地方财政共同管理的政策性担保体系,农担体系具有政府信用背景,受银行等商业性机构接受程度较高,与各级政府的交往和沟通也比其他商业性机构更顺畅,这为其主导建立综合化农村金融风险管理体系提供了极大的便利条件。

目前已基本建成覆盖粮食主产区及主要农业大县的农业信贷担保网络体系。截至2019年5月底,全国农担体系资本金合计707.53亿元,其中国家农业信贷担保联盟有限责任公司(以下简称国家农担公司)150亿元,33家省级农业信贷担保公司(以下简称省级农担公司)557.53亿元。全国性农担网络体系呈现雏形,33家省级农担公司共设立分支机构1569家,其中有专职人员分支机构477家。政策性农业担保体系对提升新型农业经营主体的信贷可得性、降低融资成本已发挥了重要作

用。担保余额逐年增加，而且增长幅度明显加大，2016 年、2017 年、2018 年分别达到 203.56 亿元、304.01 亿元、684.66 亿元。2018 年比 2017 年增长了 125.21%。年度担保放大倍数也由 2016 年的 0.59、2017 年的 0.63 提高到 2018 年的 1.28。截至 2019 年 5 月底，全国农担体系累计新增担保金额 1504.99 亿元，新增担保项目 43.08 万个，笔均 34.93 万元，相较于注册资本金，政策效能放大 2.13 倍。但是，总的来讲，担保放大效果还有很大的提升空间，担保资本金的担保效果还远远没有发挥出来。

另外，2018 年 3 月国务院决定由中央财政及有意愿的金融机构发起设立国家融资担保基金，采取股权投资和再担保方式支持各省（区、市）开展融资担保业务，其中以再担保业务为主，适当开展对省（区、市）担保公司的股权投资，目的是引导信贷资金流向小微企业和"三农"等普惠金融服务领域，遵循"聚焦支小支农、银担合作分险、引导降费让利"的原则。该基金已于 2018 年 7 月完成工商注册，注册资本 661 亿元，首期出资 166 亿元，于 2018 年 9 月正式运营。截至 2019 年 6 月末，累积实现再担保合作业务规模 1462 亿元，担保户数超过 8.5 万户。截至 2019 年 9 月 19 日，国家融资担保基金已与 22 个省（区、市）和 2 个计划单列市的省级融资担保机构开展比例再担保业务。

实际上，近年来许多地方开展了农地抵押融资担保贷款试点，但是由于现实中充当抵押物的农地经营权，很多是租赁方式获取的农地经营权，缺乏抵押所需的物权性质，同时，农地经营权抵押登记、抵押物的流转、处置市场不健全等，农地作为单一抵押物的抵押效果并不理想。事实上，相当一部分的农地抵押贷款是建立在政策性担保基础之上的，或者说，相当比例的试点地区农地抵押融资主要是靠政府设立担保公司担保甚至兜底的形式推进。一是将农村土地经营权作为反担保物，由担保公司或具有担保性质的交易平台进行担保贷款。二是设定组合担保方式，即农地抵押变成了由农地抵押（质押）、政策性担保及其他保证措施等多重抵质押或保证，政策性担保、政策性保险、政策性风险补偿等措施，以及支农再贷款、财政贴息等相关政策，共同推动了农地抵押。

三、城乡要素公平交换、乡村自然资源的市场定价与乡村振兴投融资创新

推进城乡融合发展、乡村振兴，需要破除阻碍城乡要素流动和公平交换的体制机制，促进乡村要素资源的公平定价和价值实现，促进农村资源的资本化。通过农村产权制度改革、对农民的还权赋能，通过城乡要素资源的公平交换，可以为实施乡村振兴战略提供稳定可靠的资金来源。耕地占补平衡指标、建立高标准农田建设等新增耕地指标和城乡建设用地增减挂钩节余指标等都是有价值的，通过交易或跨地区调剂可获取用于乡村振兴的资金。乡村具有功能性，乡村的生态资源保护和生态服务功能、乡村的景观功能等也具有价值，这些功能价值具有融资意义。一方面，对这些功能服务的支付，可以成为乡村振兴的一种资金来源；一方面，功能良好的乡村资源及其价值评估制度、交易制度和市场的建立，可以将农村的资源转化为可抵押的资产，提供乡村资源产权主体的融资能力、融资可得性，拓宽融资渠道。这里将主要对农村自然资源的价值实现和乡村振兴投融资创新进行探讨。

（一）乡村自然资源价值实现与乡村振兴融资创新的互动关系

我国的乡村振兴战略特别强调乡村的多功能性、自然资源的可持续利用和绿色发展、生态宜居和生态产品价值实现。如2018年中央1号文件中指出，要"坚持乡村全面振兴。准确把握乡村振兴的科学内涵，挖掘乡村多种功能和价值……坚持人与自然和谐共生。牢固树立和践行绿水青山就是金山银山的理念，落实节约优先、保护优先、自然恢复为主的方针，统筹山水林田湖草系统治理，严守生态保护红线，以绿色发展引领乡村振兴"。2018年9月中共中央、国务院印发的《乡村振兴战略规划（2018—2022年）》中进一步指出，"乡村是具有自然、社会、经济特征的地域综合体，兼具生产、生活、生态、文化等多重功能……农业是生态产品的重要供给者，乡村是生态涵养的主体区，生态是乡村最大的发展优势。乡村振兴，生态宜居是关键"，强调要"严格保护生态空间"、农业支持保护制度和政策体系完善中"强化绿色生态导向"，要"深入发掘农业农村的生态涵养、休闲观光、文化体验、

健康养老等多种功能和多重价值"。

但是，由于乡村和农业存在多功能性特别是非商品性生产功能，这些功能具有公共性、外部性且又很难进行市场化定价、实现交换价值，导致乡村振兴金融服务出现市场失灵。金融机构往往会因为商品性农业产出的市场价值低且不确定性强、风险大，而不愿意提供农村金融服务。但实际上，农村有很多资产、资源及其提供的服务没有得到合理的定价和显化。如果这些资源的价值能真正得到实现，并实现资本化，金融机构也会对这些资源的拥有主体提供金融服务。

作为乡村振兴主要内容的自然资源可持续开发利用、乡村多功能价值挖掘，与乡村振兴投融资创新之间存在着相互促进的关系。

一方面，自然生态空间的保护，乡村生态环境的修复和改善，生态功能和服务价值的提升，乡村资源区域整合与多元化增值，旅游观光及康养服务能力建设与提升，需要财政扶持或金融支持，需要创新财政支持乡村振兴的体制机制、建立健全激励和撬动金融资源支持乡村振兴的政策体系。同时，需要发展与生态宜居、绿色产业发展、生态服务能力提升相适应的绿色金融体系，包括生态系统保护和修复重大工程投资、生态搬迁补偿、生态保护补偿的财政资金投入机制，基于用水权、排污权、碳排放权、碳汇交易的机制，生态旅游与生态产业金融产品及服务创新。也就是说，政府需要通过建立健全自然资源产权制度、资源资产登记评估体系等，对农村资源性要素进行确权、还权赋能，并搭建交易流转或权利转移平台，促使农村资源多功能服务价值的实现。当农村资源价值显现出来，金融机构就可以依据这些价值为基础，提供金融服务。政府建立产权制度和交易制度、建立登记评估体系、搭建交易平台，可以创造资产资源市场，促使自然资源的资本化，让这些资源产生市场价值，就可以激励和引导金融机构更好地为农业发展和乡村振兴提供金融服务。

另一方面，乡村生态服务能力的提升和自然资源价值的实现，也为乡村振兴投融资创新、金融机构提供信贷服务奠定了基础和条件。金融机构可以根据乡村多种功能价值及其蕴含的抵押价值，提供相应的融资服务，缓解乡村振兴融资难问题。所以，通过建立健全乡村自然资源产权确权、登记和流转制度，对乡村自然资源进行恰当地评估和定价，可以通过投资入股撬动更多的要素和资源进行乡村开发，或者将乡村的多功能价值通过相关权利交易平台进行公平交换实现交换价值、获取资金，或者以权利价值作为抵押物进行融资。这样，通过促使自然资源的价值实现，可以构建乡村多功能性价值提升和乡村振兴投融资服务拓展良性循环,"盘活"农村的土地、森林、湿地等多种自然资源,开拓投融资渠道,满足乡村振兴战略实施的资金需求。

(二)农村自然资源价值实现模式及其对投融资创新的促进作用

"绿水青山就是金山银山"的理念是乡村振兴的重要理论基础。《乡村振兴战略规划(2018—2022年)》指出,要通过实施乡村生态保护与修复重大工程、完善和健全重要生态系统保护制度、健全生态保护补偿机制、推动市场化多元化生态补偿、发展生态产业,改善乡村生产生活环境,提升自然生态系统功能和增强生态产品供给能力。实际上,其核心就是要促进乡村生态产品价值及更多重的价值实现、发挥自然资源的多重效益,促动乡村生态服务功能及更多种功能的提升。乡村自然资源功能的完善和价值实现,将进一步促进乡村振兴融资能力的提升。

农村自然资源价值实现的具体模式和路径有很多种,可以将其归结为三种(马九杰、崔恒瑜,2018)。

一是"资源整合+合作/合资开发",指基层政府或村集体对农村自然资源进行区域性整合,并在乡村生态产业项目开发过程中以作价入股的形式实现"资源变资产"。这种模式需要基层政府或村集体对自然资源进行整合开发利用,因为大多数自然资源的所有者或经营者是农户,分布零散且广泛,若直接参与评估和开发,则存在较高的交易成本。一方面,通过这种方式可以促进乡村振兴中"乡村旅游开发"和"农村集体建设用地流转开发",将自然资源作为一种重要的生产要素,吸引外来投资者合作或合资开发;另一方面,通过自然资源确权定价、入股,撬动更多社会金融资源进入乡村振兴事业。

二是"资源整合+平台交易",指基层政府或村集体对农村自然资源派生的权利(如用水权、排污权、碳排放权、碳汇等)进行整合,经过标准化后在相关平台上进行交易,获得资金进而实现资源权利收益,提升乡村振兴的资本积累能力。而这种交易模式下,一般交易的客体是自然资源派生的权利或环境权益,如碳交易等。我国碳交易的探索是从2011年开始的。如今,我国已建立了7个区域性碳排放权交易所和2个省级碳排放权交易中心。目前实行的碳交易基本上是CCER(Chinese Certified Emission Reduction)的交易,即通过开发项目获得CCER,再将CCER通过

7大碳交易试点交易所进行买卖,形成"资源整合+平台交易"模式。其中,"林业碳汇"项目主要是指村集体在农村自然资源进入平台前进行前期种植规划、培育森林,后期整合和标准化等操作,这实质是承担了一级市场的作用。经过碳交易注册登记系统后,形成证券化的、可交易的CCER,然后在二级市场上出售CCER,获得资金收益,为农村集体经济组织融资提供了一个切实可行的方案。除了"林业碳汇"外,还有沼气工程、光伏电站等项目,因为可以有效减少温室气体的排放,同样可以获得CCER,进而拓宽融资渠道。通过碳交易拓宽融资渠道,既为乡村振兴战略实施提供了资金基础,又改善农村生态环境、提高生活质量。

三是"物权或未来收益权抵押+贷款",指利用农村自然资源用益物权性质的产权或者自然资源的多功能性所产生的未来收益、生态补偿收益等,作为抵质押物进行抵押或质押,在金融机构获得信贷资金。在建立健全相关制度和评估、流转体系的基础上,乡村自然资源的开发权、自然资源派生权利(如用水权、碳汇等)的交换价值、持续性的未来生态补偿收益、生态服务受付价值收益等,都可以作为抵质押物,从银行等金融机构进行融资。

第 4 章
银行业金融机构的农村普惠金融服务进展

"三农"问题始终是党和国家关注的焦点。党的十八大以来,党中央、国务院始终把解决好"三农"问题作为全党工作重中之重,持续加大强农惠农富农政策力度,针对土地、产业、文化、农业金融、农村建设、生态治理等发展热点问题,出台了系列扶持政策支持"三农"发展,扎实推进农业现代化和新农村建设,全面深化农村改革,农业农村发展取得了历史性成就,为党和国家事业全面开创新局面提供了重要支撑。农业供给侧结构性改革迈出新步伐,粮食增产,农民增收,农村民生全面改善,脱贫攻坚战取得决定性进展,农村生态文明建设显著加强,农民获得感显著提升,农村社会稳定和谐。与此同时,农村金融服务体系不断完善,推动农村金融服务的便利性、可得性持续增强,服务水平不断提高,有效地支持了农村经济和农业现代化发展。

党的十九大报告首次提出实施乡村振兴战略,强调农业农村农民问题是关系国计民生的根本性问题。2018 年中央 1 号文件指出,实施乡村振兴战略,把更多的金融资源配置到农村经济社会发展的重点领域和薄弱环节,普惠金融重点要放在乡村。2018 年,银行业金融机构深入贯彻党的十九大精神,积极落实中央农村工作会议部署要求,以乡村振兴战略为"三农"金融服务工作总抓手,坚持精准扶贫、精准脱贫的基本方略,聚焦深度贫困地区和特殊贫困群体,加大政策倾斜力度,完善体制机制,加强金融产品和服务创新,在服务乡村振兴助力脱贫攻坚方面取得了积极的成效。

一、"三农"、小微企业和脱贫攻坚金融服务进展情况

党中央、国务院的高度重视普惠金融发展，习近平总书记在第五次全国金融工作会议上强调，"建设普惠金融体系，加强对小微企业、'三农'和偏远地区的金融服务，推进金融精准扶贫"。中国人民银行、银保监会等部委多次联合印发《关于进一步深化小微企业金融服务的意见》，发挥结构性货币政策、差别监管和财税优惠等政策合力，引导金融机构加大对小微企业、"三农"、民营企业等领域金融支持力度，切实降低企业成本，为普惠金融发展营造了良好的外部环境。银行业金融机构积极践行普惠金融的理念，高度重视普惠金融发展，基础金融服务覆盖面不断扩大，薄弱领域金融可得性持续提升，普惠金融服务的效率和质量明显提高。

1. 各类银行业金融机构全面推进普惠金融战略实施

截至2018年末，5家国有大型银行在总行和所有一级分行成立了普惠金融事业部，深入推进普惠金融事业部建设，建立综合服务、统计核算、风险管理、资源配置、考核评价等"五专"经营机制，充分发挥自身优势，下沉服务提升普惠金融服务能力。股份制银行结合自身业务特点，加快探索设立普惠金融事业部，设立5147个扎根基层、服务小微企业的社区支行、小微企业支行。民生、兴业、浙商等6家银行已设立普惠金融事业部，招商、中信等2家银行设立了普惠金融服务中心。地方性银行尤其是农村中小金融机构根植"三农"和小微企业，改"名"不改"姓"，继续下沉经营管理和服务重心，重点向县域、乡镇及金融服务薄弱地区和群体延伸服务触角，贴近脱贫攻坚和乡村振兴，优化金融资源配置，有效增加了农村金融供给。

2. 农村基础金融服务覆盖面不断扩大

2018年末，全国银行业金融机构在农村地区银行网点12.66万个，乡镇覆盖率达96%，行政村基础金融服务覆盖率为97%。其中，农村合作金融机构（农商行、农合行和农信社）共有法人机构2239家，占全国银行业金融机构法人机构的48.8%，共有营业网点7.9万个。全国银行业金融机构通过网点、机具服务或流动服务覆盖832个国定贫困县的16.23万个行政村，覆盖率达到96.7%。金融服务的

便利性、可得性、满意度显著提高。

3. 支农支小信贷投放稳步增长

截至 2018 年末，全国小微企业贷款实现"两增"目标，余额达到 33.49 万亿元，占各项贷款余额的 23.81%，普惠型小微企业贷款余额 9.36 万亿元，较各项贷款增速高 9.2 个百分点。全国涉农贷款余额达到 32.68 万亿元，同比增长 5.58%；全国普惠型涉农贷款约为 5.63 万亿，同比增长 10.52%，普惠金融服务可得性持续提升。在各类银行同时发力的情况下，农村合作金融机构涉农贷款余额 9.6 万亿元，发放农户小额信用贷款 8595 亿元，新增小微企业贷款 8537 亿元，增速高出银行业近 2%。特别是"普惠型"贷款力度持续加大，普惠型小微企业贷款利率比年初降低 1.3%，普惠型涉农贷款余额约占银行业全部普惠型涉农贷款余额的 70% 以上，总体实现了总量增长、结构优化、成本下降的目标。

4. 助力扶贫攻坚取得显著成效

银行业金融机构积极运用扶贫再贷款等政策支持，优先支持建档立卡贫困户，定期开展金融知识普及活动，着力培养并提升农民的金融素养和信用知识。截至 2018 年末，全国银行业金融机构支持建档立卡贫困户 641.06 万户，全国建档评级农户数约为 1.57 亿户，授信农户数约 9175 万户，授信农户数约占建档评级农户数的 58%；发放扶贫小额信贷余额 2488.9 亿元，其中，农合机构发放扶贫小额信贷余额 1660 亿元，同比增长 18.7%；扶贫开发项目贷款余额 4429.13 亿元，较年初增加 336.8 亿元。政策性商业银行如开发银行、农发行累计发放中央财政贴息易地扶贫搬迁贷款 2200 亿元以上，惠及建档立卡贫困人口超过 500 万人。浦发银行在贵州省投放了 989.91 亿元的扶贫投资发展资金。

5. 减费降利降低普惠金融融资成本

银行业金融机构合理确定普惠小微企业贷款价格，降低企业融资成本。大型银行响应监管部门号召，带头降低中小企业贷款利率，减轻中小企业融资成本压力。2018 年四季度，银行业金融机构新发放普惠型小微企业贷款平均利率 7.02%，较一季度下降 0.8；其中 18 家主要商业银行较一季度下降 1.14%，城市商业银行下降 0.58%，农村中小金融机构下降 0.88%。同时，银行业金融机构不断加大续贷政策落实力度，小微企业续贷余额 1.2 万亿元，较一季度增长 20.93%。越来越多正常经营的小微企业实现贷款续期"无缝衔接"，节省了大量"过桥"成本。

6. 金融产品和服务模式的创新力度不断加大

银行业金融机构大力支持和培育农村新产业、新业态发展，尤其在金融产品的创新和研发方面，结合客户行业特点和资金需求差异，综合考虑涉农企业经营特点、资金运营周期等因素，不断丰富和完善金融产品，因地制宜地创新适合乡村融合发展所需的融资、结算、理财等各类产品，利用移动互联网打造新农村金融服务场景，做到了精准服务。

一是大型商业银行结合当地贫困实际和自身特点，创新产品和模式、延伸金融服务。工商银行完成与国家农担联盟全部省级机构的对接。农业银行建设完成"六大系统"产品线，2018年共创新推出"金穗农担贷"等18项服务新型农业经营主体产品。中国银行推出以林权、棉花等作为抵押品的系列贷款产品。农发行探索推广土地银行、统贷统还、批发转贷等新模式。浙商银行依托全国性股份制商业银行的优势，陆续在贫困县较多的陕西咸阳、四川凉州、甘肃天水等地区设立二级分行，深入贫困地区，找准"穷根"，量身定做实施扶贫计划，给出系统化的解决方案。与此同时，各大金融机构帮助农户将优质农产品搬到银行的电子商城上。由于物流、资金流实现了数据化，银行还可以据此完成农户信用评级，为其提供网络贷款服务。

二是农村合作金融机构充分发挥在决策流程、地缘、产品与服务等方面小、快、灵的优势，助推农村普惠金融发展。安徽农信社狠抓网格服务，借助地方政府、村"两委"力量，主动上门为农户商户、社区居民、小微企业采集信息、全面建档和评级授信，做到了"人在网中走，档在格中建，格格有服务，时时能监控"，有效提升了授信精准度和金融服务效率。江西农信社以建档立卡贫困户为扶贫重点对象，以扶持"一村一品"特色扶贫产业体系建设为抓手，全力支持贫困群众脱贫奔小康。河南农信社积极打造以数字普惠金融为核心，以金融服务、普惠授信、信用建设、风险防控为基本内容的"一平台四体系"模式，形成了发展普惠金融的"兰考经验"，推动建立政府+农信社+企业+保险（担保）公司"四位一体"的金融服务体系。

三是部分银行业金融机构采取"双基联动"、网格覆盖等方式，将加强基层村委会建设与基层金融服务联系起来，解决信息不对称问题。通过开设便民服务点和流动服务车，创新服务模式，打通和做好了边远地区金融服务"最后一公里"和"最后一步路"问题，让老少边穷地区及弱势群体均等享受优质银行服务。

7. 金融科技深度运用，数字普惠金融发展迅速

银行业金融机构在数字化转型过程中，依托在金融科技领域的创新和积累，不断加大电子化、智能化等新兴线上渠道的拓展力度，强化网络金融、大数据、区块链等金融科技在普惠金融领域中的全面应用，持续推动金融服务提升、模式创新与成本降低，形成了一批依托金融科技的普惠金融优势业务。

一是银行业金融机构在传统的中小企业征信机制不够健全的情况下，借助金融科技、金融大数据的分析延伸对长尾客户的精准服务，提升了普惠金融服务能力和效率。如建设银行运用大数据技术，基于对日常交易数据流、税务等信息流的分析，推出的全流程线上融资模式"小微快贷"，实现了 7×24 小时运行，秒批秒贷，不良贷款率仅为 0.32%，降低了成本，有助于解决小微企业"融资难"和"融资贵"的问题。微众银行的"微粒贷"通过大数据信用评级为客户提供贷款，实现授信审批仅需 2.4 秒，资金到账只用 40 秒，累计服务了 6000 多万用户，为客户提供了方便、快捷的体验感，提升了金融服务可得性。

二是银行业金融机构充分发挥传统优势和科技手段，做好渠道的整合与优化，构建了运行高效、互助共享、线上线下同步发展的普惠金融产品服务体系，实现目标客户的精准识别、精细管理、精确服务，运用技术创新缓解普惠金融领域突出存在的信用、信息和动力问题。如光大银行推出的"阳光 e 粮贷"产品，服务于国家粮食中心 2.8 万户会员单位，汇集了多项科技和服务创新，首次实现法人客户"跨区域开户"、授信业务"自动审批、自动放款"，延伸至合同履约、物流运输及仓单质押三个场景。浙江农信社在全国率先实施普惠金融工程三年行动计划，创新打造了集金融、电商、物流、政务、公益"五位一体"的"丰收驿站"金融便利店模式，推出"普惠快车""小微专车"等信贷模式，并运用大数据、云计算网络金融核心系统，推出纯线上产品"浙里贷"，线上线下高度融合、双轮驱动，全面提升服务的质量、效率和水平。

三是银行业金融机构与金融科技相互交织、相互融合，银行可以通过收购、投资、战略合作等多种形式积极布局和借力金融科技创新。例如，五大行与互联网巨头联手，在智慧金融、全融资业务、国际化和综合化合作等领域展开全面深入的合作。新华村镇银行与蚂蚁金服集团合作推出普惠助农贷款，将便捷的金融服务向更多农村延伸，推动农村金融业务发展，解决农民贷款"短、频、快"的需求特点。

8. 积极履行社会责任，助力普惠金融发展

银行业金融机构以服务实体经济作为金融工作的出发点和落脚点，突出以客户需求为导向，努力实现经济价值与社会价值相统一，坚持把更多金融资源配置到经济社会发展重点领域和薄弱环节。

一是坚持发展绿色金融。银行业金融机构积极贯彻"绿水青山就是金山银山"理念，大力支持美丽乡村建设，发展绿色金融，改善农村生态环境。制定绿色信贷业务管理办法，改善农村生态环境。合理完善绿色金融相关标准，进一步加大对农村高标准农田、交通设施、水利设施、电网、通信、物流等领域的中长期信贷支持，促进信贷资金逐渐从高污染、高能耗产业转移到低碳产业，推动绿色低碳的乡村振兴建设，助力可持续发展。截至2018年末，大部分开展绿色金融工作的大中型银行在总行层面设立了绿色金融事业部，部分还在支行层面设置绿色金融支行，并配备专职客户经理，明确职责、专项对接，形成了专项的绿色组织体系。

二是保障消费者权益。银行业金融机构始终把保护消费者权益作为最重要的社会责任，致力于打造健全完善的消费者权益保障制度。严格按照监管要求，将消费者权益保护的相关要求融入公司治理、企业文化与经营发展战略，通过建章立制、完善流程、保障资源投入等措施履行消费者保护职责，把消费者权益保护纳入工作体系，积极履行公平对待消费者的理念。银行业金融机构推进网点服务管理标准化建设，推进"百佳""千佳"示范引领作用，引领营业网点践行《银行业营业网点文明规范服务评价指标体系和评分标准》，推进全行业规范化、标准化服务管理进程，提升行业文明规范服务能力与内涵，实现客户服务精细化、规范化管理。

三是积极推动金融知识普及。银行业金融机构积极响应中国银保监会与中国银行业协会的号召，参与2018年"普及金融知识万里行"活动。据不完全统计，参与银行业金融机构网点达15.93万个，派出宣教人员140.1万人次，组织金融知识普及活动26.32万场次，发放宣传资料5210万份，推送微信106.67万条，受众达3.01亿人。各银行业金融机构秉承大范围、重实效、特色化的宣传原则，注重与自身业务相结合，持续且系统地为广大社会群众提供金融安全教育以强化消费者们的自我保护意识，履行自身社会责任。在宣传形式上，部分银行业金融机构针对农村金融消费者的特点，开动脑筋、因地制宜、因材施教，采取老百姓喜闻乐见的方式开展生动、贴近农村金融消费者的宣传，采取现场宣传演示、制作播放动画等方式宣传金融知识。

四是关爱残障人士，支持公益事业。银行业金融机构将企业社会责任融入经营管理实践，主动承担经济、社会、环境责任，促进自身利益与地区人民的根本利益共同发展。通过捐赠、赞助、扶贫等多种活动，奉献爱心，为社会公众谋求福祉，为构建和谐社会贡献力量。继续推进无障碍环境建设工作，为残障人士和特殊人群提供零距离的金融服务，努力打造有温度、有情怀的商业银行。农业银行在"三区三州"等深度贫困地区开展"金穗圆梦"助学活动。顺德农商行自2008年起向顺德慈善会捐款成立感恩爱心基金支持顺德贫困学子完成学业，累计捐赠助学款383.9万元，累计资助786人。

二、农村普惠金融服务面临的挑战

2018年，在各方共同努力和高效推动下，银行业金融机构推进普惠金融发展取得了显著的成效，但是在复杂多变的全球经济形势和经济下行压力增大的背景下，银行业金融机构服务普惠金融，尤其是在服务农村普惠金融的经营理念、创新能力和服务水平等方面还存在一定的差距，与庞大的农村金融需求相比仍有不足，农村普惠金融发展的面临一定的挑战。

1. 农村普惠金融服务供需不匹配的矛盾仍然存在

从全国面上来看，当前农村金融供给总量、覆盖面都已达到较高水平。但和城市相比，农村金融服务在可得性、可持续性、生态环境和基础设施等诸多方面都存在明显差距，广大农村居民、涉农企业的金融服务需要和金融供给不平衡、不充分的矛盾依然十分突出。部分银行业金融机构支农积极性有待提高，对深度贫困地区的扶贫措施实效不足，对普惠金融考核指标不够精准，激励措施不够完善，制度建设方面还有待加强。一些大型国有银行和股份制商业银行虽然采取下沉网点的形式发展普惠金融，但是商业可持续性面临挑战。加之小微企业、"三农"、贫困人口等普惠金融重点服务对象面临缺信息、缺信用、缺担保等融资障碍，不良贷款率也高于普通贷款，银行机构为其提供服务成本高、风险大，客户开发维护成本高，银行机构内在动力不足。

2. 农村普惠金融相关政策支持力度还不够

货币政策传导机制有待进一步疏通，补齐普惠金融领域制度短板面临挑战，缺乏系统性、制度性安排，有些政策落实不到位、精准度不足。信用信息碎片化分布，外部风险分担、补偿机制不健全，很多领域立法缺失或层级不足，一些抵质押融资创新缺乏配套机制。农村信用体系建设、政策性担保是解决农村居民缺乏抵押物、质押物的重要手段。但是担保体系不健全，担保机构数量少、机构小、实力弱以及担保能力不强的情况并未得到有效解决。

3. 农村地区金融基础设施和生态环境有待完善

农村人口呈现散居化、空心化和老龄化，农村社会的聚合功能不断退化，人与人之间的联系日益松散，物理渠道联通比较困难，导致农村金融服务面临着成本高、风险大、环境差等一系列难题。农村支付环境建设社会效益高，但投入机具及维护成本较高、利用率低、投入产出不平衡。基础设施建设不足，严重影响了普惠金融促进农村经济的发展。农民消费理财观念落后，长期积累的"刚性兑付"观念影响依然存在，"收益自享、风险自担"的观念仍未有效建立，风险和责任意识有待增强。全面普及金融知识，加强金融消费者教育，提升农村基础设施建设及金融服务水平，成为促进普惠金融在农村发展亟须解决的问题。

4. 农村普惠金融服务的数量和质量还存在差距

农业是风险产业，涉农贷款由于缺乏相应的担保约束机制，不良贷款率也高于普通贷款。部分银行机构扶贫贷款发放和管理存在不足，产业扶贫项目不精准，同质化问题较为突出。农村中小金融机构虽然服务"三农"多年，但面临各类业态竞相参与竞争、公司治理和风控体系薄弱、风险易发多发、信用信息体系建设不完善等问题。新型金融业态存在规范不足、业务异化、信息安全等问题，普惠金融领域创新面临金融乱象，背离了普惠金融初衷。

5. 农村信贷产品种类和质量不足

现有的金融产品和服务方式难以满足新型农村发展需求，农村信贷产品种类和质量不足。还有近年来各金融机构也不断创新小额金融产品，但由于农村居民居住分散，农民对金融知识理解能力差，导致客户群体覆盖率比较低，服务受益范围有限。缺乏抵质押物仍然是农民不能享受有效金融服务的最大障碍，贷款难问题在农村一直难以破解。

6. 过度依赖金融科技，在创新过程中存在"伪创新"

金融科技以信息技术为核心，其业务模式背后是庞大、复杂、相互关联的信息系统，对银行的风控能力以及与之匹配的新技术提出了更高的标准和要求。产品和业务创新只注重模式的创新，而缺乏实际的依托，无法真正发挥其有效作用，将更多资源配置到经济社会发展重点领域和薄弱环节。

三、推进农村普惠金融发展的建议

普惠金融不是慈善和救济，而是为了帮助受益群体提升"造血"功能，只有坚持商业可持续原则，建立健全激励约束机制，才能确保农村普惠金融发展可持续。银行业金融机构应深入学习贯彻习近平总书记关于"三农"工作的重要指示精神和扶贫工作重要论述，积极贯彻落实国家扶贫攻坚工作部署，立足国情农情，顺势而为，切实增强责任感使命感紧迫感，在有效防范金融风险的前提下，精准对接脱贫攻坚金融服务需求，因地制宜地探索创新有效的扶贫方法和模式，推动农村普惠金融发展再上新台阶。

1. 银行业金融机构要不断加大对普惠金融支持力度

要坚守战略定位，发挥政策性、开发性、商业性和合作性金融的多元化优势和互补作用，支持深度贫困地区、集中连片特困地区发展，支持新型农业经营主体，继续用好普惠金融定向降准、宏观审慎评估、信贷政策支持再贷款等政策，加大对"三农"、小微企业的金融支持力度。加大对建档立卡贫困户和扶贫产业的信贷支持，做到服务对象、服务模式、信息对接精准。充分运用小额信用贷款和扶贫贴息贷款，为农民工、妇女、下岗人员等各类客户群体提供资金支持；积极探索扶贫新模式，推动扶贫扶智，将传统的"输血"扶贫向"造血"扶贫转变。

2. 拓展应用场景，扩张普惠金融生态圈

参考世界银行消除全球金融贫困的思路，加强数字技术的应用，推动信用信息和税务、报关、政务、社保等社会信息融合，以有效降低交易成本，丰富和创新应用场景，实现金融包容性最大化。探索"银担""银政""银保"合作模式，建立健全普惠金融风险分担机制，推动信贷与担保、保险形成合力，完善地方风险补偿机制，降低金融机构的服务成本和风险，努力营造良性、商业可持续的普惠金融发展模式。

3. 积极创新金融产品与服务模式

主动适应农村实际、农业特点、农民需求，围绕需求变化不断深化农村金融改革创新，健全金融支农制度，提升金融支农能力，推动金融资源继续向"三农"倾斜。把城市成熟的金融产品，通过标准化、简式化和属地化改造后，推广应用到农业农村领域，让广大农民用得上、用得好、用得放心。围绕县域特色产业和优势产业集群，创新抵押担保方式和贷款授信方式，加强对新型农业经营主体的服务和支持，促进农业产业链融合发展，支持农业适度规模经营。通过推广扩大"两权抵押"试点模式，即农村承包土地经营权和农民住房财产抵押权，可以有效盘活乡村中"沉睡"的资产，破解农户担保不足的难题。

4. 不断加强大数据、云计算和人工智能等现代技术应用

探索开展与金融科技企业合作，针对"三农"和小微企业个性化、差异化、定制化需求，开发多元化、特色化金融产品，降低融资成本，提升金融服务的精准匹配能力。借助金融科技赋能，优化服务流程和方式，优化授权授信机制，合理确定贷款额度、利率和期限，提升服务效率，推动农村数字普惠金融发展。探索应用信息科技创新支农支小"大数据"模式，推动运用网络银行、移动银行、电子钱包、微信等新型支付工具，改进账户开立、支付结算等农村金融服务方式，提高涉农金融支付结算水平，不断提高涉农主体金融服务的可获得性。

5. 优化完善县域服务渠道建设，加快县域网点新增和布局调整

在没有人工网点的乡镇和行政村建立惠农综合金融服务站，并在乡村大力推广网上银行和手机银行，加大金融机具对接互联网工程，打造全方位、立体式的县域金融服务网络，切实增强农村金融服务的供给。在让广大农民享受方便快捷金融服务的基础上，积极对接乡村振兴战略的关键环节，助力农业农村现代化、农村一二三产业融合、集体经济壮大和新型农业经营主体培育，助力农业农村发展动能转换，促进贫困地区精准扶贫，将普惠金融定向降准释放的资金配置到农村经济社会发展的重点领域和薄弱环节。

6. 健全人才的培育和激励机制

培养懂"三农"、爱"三农"的金融人才队伍，同时还要加强复合型人才队伍的培养,在运用金融科技推动数字普惠金融发展的过程中,科技型人才和金融专业人才不可或缺。培养和储备懂数字化技术、银行业务和数字化管理的人才,是推动农村数字普惠金融的发展提供基础动力。

7. 提升公众的金融素养和能力

发展普惠金融离不开良好的金融消费者保护和教育,离不开金融机构的尽职尽责,负责任金融的理念将会更加深入人心。金融消费者保护监管、金融机构的自我监管以及金融消费者教育,是负责任金融的三大支柱,无论是在国内还是国际,都将会受到越来越多的重视。引导公众正确认识普惠金融,提高公众特别是弱势群体的金融素养和风险防范能力,将决定普惠金融未来发展的速度和质量。

第5章

农村金融机构面临的形势任务及对策思路
——新形势下中小农村金融机构的转型发展

　　现阶段，我国金融体制改革到了关键节点，中小金融机构面临的压力在逐步增大。面临的压力来自几方面因素的综合叠加：在宏观层面，经济增长动能转换、结构调整形势等意味着一些中小微企业面临较大经营压力，信贷违约风险增大，而小微企业是中小银行机构的主要信贷客户。在行业内部，信贷业务竞争重点向底层延伸，大银行业务重心下沉，发挥其规模优势，通过优惠条件吸引优质小微企业客户，中小银行机构的传统市场份额面临竞争。在服务方面，随着数字技术广泛渗入经济社会各个领域，金融科技对服务创新的必要性日趋突出，投资金融科技成为当前金融机构的重要趋势；金融科技投资门槛高、升级快、运维成本高，也意味着中小金融机构的财务压力。与之同时，随着金融业市场化程度不断提高，行业内部竞争压力随之增大。例如，利率市场化改革持续深化，有效降低了社会的融资成本，也意味着银行的存贷款利差缩小。这些都意味着金融机构尤其是中小银行机构面临的压力在增大。

　　农村金融市场的压力还有其特殊性。一是农村业务的资本收益率相对较低，而且金融机构的资本收益存在规模效应，这些不利于发挥中小农村金融机构主要股东的支农积极性。二是从传统信贷业务模式的视角看，农村金融业务的信息不对称问题更为突出，而且合格的抵质押物不足，这意味着潜在风险偏高。三是农村客户的生产经营风险偏高，除了职业技术能力问题，还面临农产品价格波动、自然灾害等风险，容易转化为农村信贷客户的信用风险。

但另一方面，农村客户的金融知识相对不足，更加信赖面对面的服务沟通，其"软信息"可以通过社区邻里了解，家庭资产和生产经营状况可以实地核查。中小银行机构贴近基层，业务人员渗入农村社区，可以发挥出自身的独特优势。

农村金融面临的新形势既存在挑战，也对金融机构提出了转型发展新任务。如何更好适应新形势、新要求，事关中小农村金融机构的可持续发展问题。当前，需要更加重视农村中小金融机构的经营机制，尤其是要充分吸收国际经验教训，结合中国实际条件创新完善业务模式，更好实现可持续发展。

一、当前中小农村金融机构面临的形势分析

中小金融机构要实现可持续发展，收入必须能够覆盖成本和风险。宏观经济形势偏紧意味着金融机构的客户信用风险在上升，形成信贷资产不良率上升压力。但另一方面，市场竞争深化又导致传统信贷业务的收入减少，尤其是吸纳存款的成本上升导致银行机构收入减少。由此，收入覆盖成本和风险的难度变得更大。

这种格局实际上对金融机构的创新发展提出了新要求。即通过引入新技术和业务模式创新，突破传统业务模式面临的两难困境，在有效降低客户信用风险的同时，通过拓展业务增加收入，并有效控制业务成本，从而促使收入能有效覆盖成本和风险。

从当前的形势看，需要重视宏观环境和市场竞争对成本与风险的影响，也需要重视新技术对拓展市场的关键意义。农村金融市场的特殊性意味着需要对传统模式进行适应性改造，因而存在更强的创新需求。金融科技具有降低信息不对称、整合业务流程的优势和潜力，可以在农村金融市场更好发挥作用。

1. 新的宏观形势

当前及未来一段时期，我国处于向高质量发展转型阶段，需要加大对高科技产业和技术研发的支持，也需要加大对众多小微企业的支持力度；全面建成小康社会，需要深度普及农村金融服务，包括小额信贷、保险等服务，为家庭农场、生产大户、农民合作社、农业企业等新型生产经营主体提供支持。这些都意味着需要在农村地

区推动普惠金融更好发展。

但与此同时，我国当前面临新的国内外经济形势，国内的宏观经济增速下行压力与国际贸易格局紊乱并存。对中小金融机构而言，一方面需要应对结构调整和企业退出市场带来的资产质量下降压力，另一方面需要应对国际贸易环境变化带来的输入性风险，也包括通过外向型产业传导的压力。

这种格局对中小农村金融机构提出了更高要求：一方面，需要围绕发展普惠金融服务，持续向基层客户渗透金融服务，包括信贷、保险等领域服务；并挖掘潜在金融服务需求，如投资理财等服务。越是往底层渗透服务，相应的成本越高，加强普惠金融服务意味着需要更好地控制业务成本。另一方面，需要提高风险管理能力，包括对客户所处行业前景的分析能力，对客户现金流风险点的识别能力，对操作风险的内控能力，对不良资产的处置能力。

2. 同业竞争深化

利率市场化是国际银行业发展的共同趋势，也是促进金融更好服务实体经济的重要切入点。从国际经验看，利率市场化必然伴随银行业的同业竞争深化，对中小机构的风险和成本控制能力提出更高要求，也要求更好创造服务价值。若不适应这种新形势要求，将面临更大的生存压力。

这种竞争环境的特点是大银行与中小银行相互竞争。必须看到，大银行具有规模优势，更容易分摊成本，因此在金融服务产品线的丰富程度、利率定价机制、市场信誉等方面更具优势。这就意味着与小银行相比，大银行的配套金融服务更多更全，例如理财产品；大银行在利率定价方面往往发挥主导作用，大银行确定存款和贷款利率之后，中小银行只能被动跟进，否则将面临客户流失问题。此外，由于大银行的信誉度更高，中小银行尤其是小银行吸收存款不得不支付更高利率。这种格局意味着中小银行机构面临更大的存贷款利差缩小压力，但存贷款利差是中小银行机构的主要利润来源，因而这种格局必然导致中小银行机构利润降低。

考虑到这种格局具有长期性，因此这意味着可持续性问题。从国际经验看，如果中小银行机构不能通过服务创新提升价值创造能力，尤其是专业化服务价值，不能提高议价能力和业务收入，则发展前景并不乐观。

3. 金融科技创新加快

金融科技对中小金融机构尤其是银行机构而言，机遇和挑战并存。一方面是金融科技推动金融业态创新转型，为风险和成本控制以及市场拓展提供了新途径；但另一方面也意味着传统市场份额面临更多更强竞争者的挑战，以及对金融科技进行持续投资的压力。

随着信息科技持续创新发展，金融业形态正在发生深刻变化，金融服务渠道、方式都在转型。从发达国家经验看，随着经济发展和人口素质的提高，绝大部分基于柜台的面对面人工服务将被电子化服务所替代。我国金融科技正在后来居上，在创新发展中发挥引领作用。因此，未来我国金融业对金融科技创新的投入需求将持续增长，以满足人们对金融服务便捷化、全覆盖的要求。同时，从金融机构自身角度看，金融科技投入具有规模效应：金融机构规模越大，电子化替代人工的成本节约效果越明显。因此，大型银行在金融科技投资方面往往发挥引领作用。

但由此带来的问题是，金融科技的投资门槛较高。中小金融机构的资本规模有限，由此处于两难境地：不跟进投资金融科技，则服务落后；跟进投资则难以承受持续的大规模投资压力。这种情况在村镇银行比较明显。农信社系统在省级平台支持下，县级法人总体适应了这种竞争态势，但相关投入规模仍相对较大，县级法人的个性化创新需求有待得到更好满足。

4. 中小金融机构面临的任务

为有效应对挑战，中小农村金融机构当前面临几方面任务。

一是以可持续性为导向，在增收节支、风险管理方面形成稳定的发展模式。其中，面对资金成本上升的经营压力，尤其是资本回报率逐步下降的趋势，管理长期风险是不容忽视的任务。原因在于，商业银行面对股东的资本回报要求，在资金成本上升时，其本能选择是寻求开展盈利更高的业务，但往往是以提升风险水平为代价改善短期资本回报水平，背离银行的审慎经营原则，属于饮鸩止渴。

二是以更好服务客户需求为导向，通过改进服务、提高效率，提升核心竞争优势。中小银行机构缺乏规模优势，只有通过增强自身服务的不可替代性来提高服务的议价能力，同时还需要持续有效提高成本效率。这些对金融服务的针对性、综合性、协同性、渗透性、便捷性提出了更高要求。针对性是指产品规模、期限、条件与客户的实际情况和需求相匹配。综合性指服务应覆盖客户的生产、生活等多方面需求。协同性指与其他金融机构通过优势互补为客户提高系统全面的服务。渗透性是指推动产品和服务嵌入客户生产、生活的各个环节，便捷性指产品服务容易被农村客户理解运用,交互性好,便于随时随地使用。这些都需要更好运用金融科技推进服务创新。

三是以应对外部风险为导向,提高自身的抗风险能力。中小银行机构受制于资本金规模,客户集中度高于大银行,在宏观经济调整阶段承受更大压力。在此期间,有的国家小银行的市场份额持续减少;个别国家的小银行在国际金融危机阶段成批破产,这在自由竞争导向的经济体比较典型。有的国家小银行实行体系内部的互助、互救机制,从而增强了整体的抗风险能力和市场竞争力,这在合作框架的体系中比较典型。中国的农村中小金融机构尤其是中小银行不可能走批量破产之路,因而必须充分吸收国际经验教训,有效提升应对外部风险的能力。

二、国际经验教训

从国际经验教训看,中小机构在金融业转型阶段面临更大压力,规模是重要影响因素。如果中小金融机构应对不当,则会面临发展的可持续性问题。其中,需要注意的问题包括以下几点。

1. 避免短期行为

从海外中小金融机构历史教训看,因投资者资本回报率下降,中小金融机构应对市场竞争压力的本能做法或是扩大负债规模,或是从事高风险业务,以此来提高股东的投资回报率,在中小商业银行尤其如此。但由此必然导致中小金融机构抗风险能力下降,成为影响可持续发展能力的决定性因素。

例如,有的小银行机构由于存贷款利差缩小而导致资本回报率明显下降,为改善资本回报率,开始投资高收益、高风险垃圾债券,或从事其他的高风险自营投资业务,例如投资金融衍生品。这种做法在短期内的确改善资本回报率,但随着市场风险逐步暴露,必然会出现大额亏损,最后导致自身发展难以为继。

从海外相关案例看,中小银行机构在其中面临两难局面:不增加经营收益,则面临利润减少甚至亏损,难以取得股东的理解,也难以为继;为增加资本回报而投资高风险业务,则一旦市场风险暴露,同样也难以为继。

这种格局实际上对中小银行机构的服务创新提出了更高要求:在传统服务已缺

乏竞争优势的情况下，要实现商业可持续发展，必须通过创新业务来提升竞争优势，包括从增值服务、风险管理、成本控制等方面进行改进，而不是依靠承担更多风险来获取利润。后者与银行业经营的根本原则相违背，必然导致不可持续。

2. 避免期限错配

金融机构面对成本压力，容易忽视长期潜在风险。例如，以滚动方式通过同业市场进行中短期融资，形成的期限错配实际上存在结构性脆弱点：一旦市场出现流动性压力，或是出现信用问题，都容易导致这种滚动方式无法持续；另一方面，高收益、低风险的房地产按揭等长期抵押贷款又具有很强吸引力，成为资产配置的优先选择。由此会导致期限错配，在市场波动阶段导致一些中小金融机构难以为继。

例如，有的银行通过发行中期债券，包括资产资产支持证券 ABS，通过持续滚动发行这种债券来获得长期资金；与此同时，大量发行房地产按揭等长期贷款。这种资产负债结构的融资成本相对较低，而按揭贷款的风险和业务成本相对较低，从表面上看比较理想。但是，这种资产负债结构的根本问题是存在期限错配。一旦市场流动性偏紧，或者市场对 ABS 这类证券风险趋于敏感，乃至银行自身的信用等级降低，都会导致这种滚动发行 ABS 证券来融资的模式难以为继。但另一方面，长期贷款构成的资产又缺乏流动性，这就导致银行机构难以应对危机。在 2008 年国际次贷危机期间，英国的北岩银行就因此而陷入困境。

3. 重视竞争优势

除了海外银行机构的历史教训，也需要重视相关中小金融机构的历史经验。尤其是自 20 世纪 80 年代以来，一些发达国家的中小农村金融机构有效适应利率市场化进程，并形成了自身的独特竞争优势，相关经验值得学习借鉴。

从国际经验看，最终实现长期可持续发展的中小金融机构往往具有独特竞争优势，包括特殊的组织架构、服务能力等等，这些最终转化为服务价值创造能力、风险及成本控制能力。小而优、小而特的中小金融机构立足于推进自身能力建设和组织变革，从而赢得客户的忠诚度，实现与客户共同发展，而不是靠短期套利来维持生存。

从欧洲、北美、东亚发达国家中小金融机构，尤其是农村银行机构的经验看，要在农村地区形成独特的竞争优势，需要高度重视成本和风险管理，并有效提供增值服务。例如，有的银行通过提升服务水平来增强贷款利率定价议价能力，通过提供配套服务来增加服务附加值。例如，提供农业生产、销售、运输相关的技术、财务咨询服务，包括提供种子种苗、帮助制订财务计划、提供销售支持等等。不少农村金融机构配备人数众多的专业团队来提供这些增值服务。这样做带来的好处包括：一是增强客户忠诚度，二是提高银行机构产品定价能力，三是降低客户生产经营风险。既增加了银行收入，又降低了客户信用风险。

降低银行经营成本的重要途径是优化资源配置，提升规模效应。例如，通过基层法人联合、电子化替代人工服务、优化基层网点分布等方式，在提升规模的同时，节约业务成本。

三、相关启示

回顾市场转型与竞争过程，那些实现了长期可持续发展的中小金融机构，有如下几点共同做法值得重视和借鉴。

1. 专业化服务能力建设

中小金融机构无法靠规模与大机构比拼成本，也无法形成大而全的产品线，小而专是提升自身市场竞争优势的关键切入点。关键在于通过专业化发展来有效提升服务价值的创造能力，从而提升服务的附加值；同时，通过自身的专业能力建设提高风险控制能力，在细分领域拓展市场并进一步降低成本。例如，农信社在提供信贷服务的同时，结合当地农村产业发展需要，提供生产技术、销售服务等方面的配套服务和支持，既提供了增值服务，又更好掌握客户的现金流特点，从而改进风控效果。

其中的关键：一是需要优化自身组织结构。围绕当地农村的产业发展和居民需求特点，形成合理的内部机构设置和管理层级关系，提高金融产品的针对性和服务响应的及时性。例如，针对当地农村的主导产业，沿产业链上下游提供配套的金融服务。二是增加专业人员，加强专业团队建设，以提高增值服务的内在价值，提高风险识别的可靠性。例如，针对当地主导产业，招聘专业人士组成专家团队，对行业发展的市场前景进行分析，对客户生产、加工、仓储、运输、销售等环节的风险进行评估，并向客户反馈。三是提供增值服务产品，如技术咨询辅导、市场销售顾问、资金需求分析、投资理财顾问等等。

2. 兼顾利润和风险问题

中小金融机构在大股东的资本回报压力之下，容易偏向短期利润，对中长期风险的考虑不足。要实现长期可持续发展，金融机构应重视通过创新降低风险和成本，从而根本改善盈利能力，而不是通过承受更高的风险来获取短期高收益。否则，潜在的高风险必然会在市场形势逆转阶段成为导致银行难以为继的决定性因素。

为此，中小金融机构需要客观分析当前及今后相当长一段时期内的竞争环境，立足于长期商业可持续而不是短期投资回报最大化，来制订长期发展规划。其中，中小金融机构需要形成与客户共同发展的合作共赢机制，银行服务对客户需求的契合程度将成为决定性因素。在这方面，中小银行机构具有一些基础优势，例如产品创新灵活、决策链条较短、基层信息灵敏。但这方面的优势并不是绝对的，大银行也正在通过技术创新来改进服务，因而中小银行需要持续推进创新来维持竞争优势。

3. 创新组织和治理机制

中小金融机构要通过创新降低风险和成本，关键在于创新组织和治理机制。例如，小型金融机构通过组织联合与再联合，可形成显著的规模效应，有效降低成本；同时在联合体系内部完善相互救助和交叉担保机制，提升整体抗风险能力。但必须强调的是，体系内部独立有效的专业化监督机制是确保这种联合体可持续发展的基础，否则难以有效防范道德风险和操作风险。

2003年推进的农信社改革形成了省联社体系，这是基层县级法人组织联合的产物，是小法人解决规模不足问题的关键之举，也是下一步应对市场竞争深化的关键支撑。对新型农村合作金融组织而言，要兼顾防范区域性金融风险和商业可持续发展，需要通过专业化的独立审计体系来防范内部操作风险，通过组织的联合与再联合提升规模效应。在当前的"三位一体"试点探索中，农信社系统与生产合作、供销合作已经开始整合衔接，也可以为农村基层的新型农村合作金融组织改善审计机制和规模效应发挥促进作用，并形成协同效应。

四、顺应新形势的发展思路

针对中小农村金融机构发展面临的形势和任务，结合国际经验教训及启示，需要从更好服务农村客户角度，立足自身条件，完善协同机制，创新服务模式，并提升自身关键能力。相关思路主要针对中小金融机构，但大型银行机构为更好地服务农村客户，有必要通过创新并完善机制，探索有效的服务模式，因而也可以有所借鉴。

1. 完善协同发展机制

在新形势下要实现商业可持续，关键在于提升服务的价值，而不是单纯进行价格竞争。在分业监管的体制下，农村金融机构不可能独立满足客户的全部需求，因而需要通过互补合作，共同提供服务。其中的关键在于，这种互补合作机制应在充分覆盖客户需求的同时，提高整体的成本效率，从而强化商业可持续发展的市场机制基础。为此，需要完善以下机制。

一是立足功能互补，加强与相关金融机构的业务合作，完善金融服务机制。从农村客户需求看，在金融服务方面，除了存取款、汇款以及信用贷款，还需要提供保险以及投资理财等服务，因而需要银行、保险等机构联手合作。其中农业保险的价格风险管理还需要通过期货市场对冲风险，因而还需要引入期货公司等机构共同参与合作。金融服务的关键是风险管理。通过不同功能的金融机构互补合作，实现风险分散或对冲，可以降低银行机构的风险压力，促使服务进一步向底层渗透。

二是围绕客户需求，促进专业化服务整合。在农业生产方面，客户需要农业技术咨询以及生产、仓储、加工、运输、销售等配套服务，这些环节信息还可以为信用评估提供重要依据，但传统商业性金融机构并不直接提供这些配套服务，因而金融机构可通过与相关公司合作，实现客户与信息等关键资源共享，完善一站式服务，实现合作共赢。在现阶段，可围绕完善协同机制，依托生产、供销、信用"三位一体"综合合作机制，通过金融机构联手、地方政府支持、吸引农业服务机构加入，形成综合化、规模化优势，提升市场竞争力。在此过程中，促进业务流程有效衔接有助于改进体系协同效率。例如，在发展农业产业链金融过程中，优化业务流程有助于降低仓单质押的风险。

三是与地方政府的协同机制。在降低农村客户生产经营风险方面，地方政府可以通过教育培训提升农户的职业能力，降低生产经营风险。在降低信息不对称方面，地方政府可以通过汇集分析政府掌握的信用相关信息，为银行机构的客户信用评估提供重要参考。在金融机构之间、金融机构与农业生产服务公司之间，地方政府可以发挥牵线搭桥、提供整合平台等作用，促进跨行业的服务功能整合。例如，依托"三位一体"综合合作平台进行整合，为农户提供一站式服务。在经验传播方面，地方政府可以在试点基础上推广成功做法，使金融机构、农户客户、农业生产服务公司等多方共同受益。从现阶段各地相关试点情况看，省级政府在这方面可以发挥较大作用。

2. 完善创新发展道路

中小金融机构在新形势下要实现可持续发展，一方面要与时俱进，适应形势变化，围绕客户需求变化改进服务；另一方面要扬长避短，形成自身竞争优势。这些需要通过创新来实现。具体而言，需要推进以下几方面工作。

一是完善金融科技的创新应用机制。中小金融机构在发展金融科技方面存在两难选择：不发展金融科技则跟不上形势，投资金融科技则由于门槛高、更新快而面临成本压力。因此，中小金融机构发展金融科技应遵循实用、合作的原则，针对短板制约，注重成本效率。通过外部合作与适应性改造相结合，从影响成本和风险管理的关键环节入手优化流程，推进电子化替代人工，完善基于大数据的风险评估机制，借助互联网提高服务的渗透性。

二是内部治理创新。中小金融机构专业化发展的关键在于充分回应客户需求，提升服务的附加值，从而增强客户的忠诚度，并提升自身的信贷议价能力。因此，金融机构的内部组织结构和治理机制应围绕客户需求，重视提供增值服务的能力建设，增强对客户吸引力。例如，内设部门机构的设置应便于服务当地主要产业，而不是便于管理；其职责定位应围绕帮助客户实现需求，包括引入合作伙伴共同服务客户，而不是局限于吸储放贷；配置的员工应包括熟悉当地关键行业发展的专家人才，在客户服务、审贷决策中发挥关键作用。

三是服务产品创新。在重视成本效率和风险管理的前提下，中小金融机构应充分发挥自身决策灵活、快捷的优势，形成以客户需求为导向的产品研发机制；重点是增强产品和服务的柔性，提升对差异化、个性化需求的服务能力。例如，针对农民专业合作组织的贷款难问题，应通过完善合作经济组织及其社员之间的担保及反担保机制，并结合与上下游厂商的业务流程开展产业链融资。

四是服务模式创新。中小农村金融机构的相对优势是贴近基层农村，但深度渗入农村市场底部仍面临人工成本制约。为此，可考虑发展服务合作，围绕农村客户需求拓展与村级组织、电商网店、物流站点、零售商户、供销合作等组织的合作范围，围绕普及金融知识、拓宽客户渠道、改善信用评估、推广金融产品，使服务向基层渗透。因防范道德风险和操作风险需要，这种合作机制与业务代理存在区别，在本质上属于共享客户和业务联结。

五是组织机制创新。针对中小金融机构面临的规模制约问题，可通过联合形成规模效应。这种联合包括异地同类中小金融机构之间的金融科技服务共享和成本共摊，包括在当地的跨行业战略联合。例如，共同加入综合服务平台，以形成更强的整体能力。异地同类机构之间并不存在竞争性，因而存在联合共享的基础，但需要依托相应平台。从实践探索看，这种联合共享包括共同发起成立综合平台，也包括依托具有完善功能的异地大中型同类机构，这些都具有可行性，在银行业较典型。例如，农信社系统的省联社、省联社共同发起的农信银系统，都属于这类联合平台。

3. 加强关键机制建设

中小金融机构要适应日趋激烈的市场竞争，包括存贷款利差收窄和市场风险上升带来的双重压力，必须加强关键机制建设。具体包括以下几个方面。

一是完善专业化综合服务机制。这里的专业化是指针对关键行业，综合服务是指针对关键行业的客户需求而集成相关方功能，从而提供一揽子的服务方案，属于协同发展机制。其中的关键在于理顺功能整合、流程衔接、利益分配、成本控制、风险管理机制。推进资源共享有利于降低成本，功能互补有助于降低风险，客户共享有助于促进功能整合与流程衔接。中小金融机构发起或参与相关的综合服务平台是可行之路。其中，中小金融机构针对重点行业组成相关的专家团队并提供咨询辅导，有助于更好推进这方面工作。

二是融入当地社区发展。中小金融机构的关键客户资源在当地社区，与社区共同发展是必经之路。为此，必须充分融入当地社区。这也是保持客户忠诚度、高质量回应客户需求的前提条件，也有助于充分获取客户的"软信息"。同时，还有助于增强金融服务的针对性，对客户反馈做出更有效的改进。融入社区需要中小机构员工特别是客户经理参与社区活动，借助活动平台深化与居民互动交流，增进相互了解与信任，并推动金融服务嵌入社区发展机制中。

三是完善风险管控机制。在大型金融机构经营重心下沉的趋势下，中小金融机构只有进一步向下渗透，拓展基层市场，才能实现可持续发展。在此过程中，风险管控至关重要，关键难点是客户偿还能力、偿还意愿的识别。例如，对客户的现金流风险分析及预测、反欺诈等；同时，还涉及针对客户风险水平的利率风险定价能力、资产端与负债端的资金期限匹配、信贷资产的风险预警等。国际经验显示，这些风险的有效管控对中小金融机构的可持续发展至关重要。在实际经营过程中，由于受到竞争压力，中小金融机构往往为提高收益而从事风险偏高业务，包括接纳高风险客户、投资高收益债券、滚动利用短期低成本资金匹配长期贷款等等，这些意味着将在市场波动阶段陷入困境。为此，一方面需要强化内部风控准则和纪律，完善风控机制，包括风控关口前移，在前期贷前调查阶段加强风险排查与甄别；另一方面，需要及时引入金融科技手段，如移动通信、大数据分析、人工智能等，改进客户信用相关信息采集与分析处理的效果，及时发现问题。

四是完善战略管理机制。在中小金融机构董事会和管理层，需要加强对资本回报率预期的管理，充分认识、客观评估面临的竞争与发展环境，以确保可持续发展为根本目标，以审慎经营、有效风控为基础，设定合理可行的资本回报目标。在利润分配方面，要更加重视利润积累，为应对潜在风险储备缓冲能力，把积累置于优先位置，避免为分红而过度削弱抗风险能力。同时，重视完善远期流动性管理机制，围绕应对资金期限错配风险，避免过于依赖短期负债来降低资金成本，更要避免依赖短债长投的盈利模式，即依赖利用短期低成本资金发放长期贷款。

五是完善互助合作机制。中小金融机构受制于规模局限，内部调剂余地小，在市场波动阶段对外部风险的缓冲能力相对偏弱，加强互助合作有利于共存发展。例如，相互之间的流动性调剂、救助、资源共享等。在推进协同发展、创新发展的过程中，应围绕风险分散与分担完善组织联合机制。在农村信用社、农商行体系，应充分发挥省联社的平台纽带作用，完善体系内互助互济机制，提高整体抗风险能力。村镇银行可通过发起行融入互助互济体系。

第6章
完善我国农业保险高质量发展的政策体系

2019年5月,中央全面深化改革委员会第八次会议审议并原则同意《关于加快农业保险高质量发展的指导意见》(以下简称《意见》)。《意见》提出,紧紧围绕实施乡村振兴战略和打赢脱贫攻坚战,立足深化农业供给侧结构性改革,按照适应世贸组织规则、保护农民利益、支持农业发展和"扩面、增品、提标"的要求,进一步完善农业保险政策,提高农业保险服务能力,优化农业保险运行机制,推动农业保险高质量发展,更好地满足"三农"领域日益增长的风险保障需求。在《意见》的推动下,农业保险逐步进入高质量发展的新周期。

近年来,在政策支持和推动下,我国农业保险实现较快发展。目前促进我国农业保险高质量发展的政策体系尚存在一些问题,包括对于新型农村经营主体的保障水平有待提高、财政补贴政策有待优化、税收优惠的力度有待提高、经营模式有待创新、大灾风险分散制度有待完善以及制度风险有待防范。为了更好地促进农业保险高质量发展,要进一步完善农业保险的政策体系,包括提高对于新型农业经营主体的保障水平、优化财政补贴政策、提高税收优惠的力度、促进经营模式创新、完善大灾风险分散制度以及防范与化解制度风险。

一、近年来我国农业保险发展状况

在政策支持和推动下,我国农业保险实现较快发展。农业保险保费收入从2007

年的53.3亿元，快速增长到2018年的572.65亿元（见图1）。

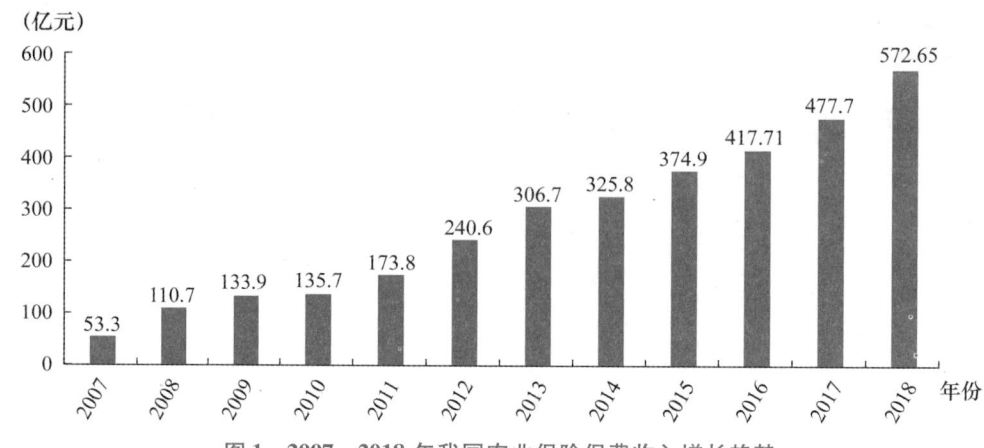

图1 2007~2018年我国农业保险保费收入增长趋势

资料来源：中国银保监会。

随着农业保险市场的快速成长，农业保险保费收入占财产保险保费收入的比例也逐步提高，2019年9月底达到5.97%，成为市场增量的重要贡献者（见图2）。

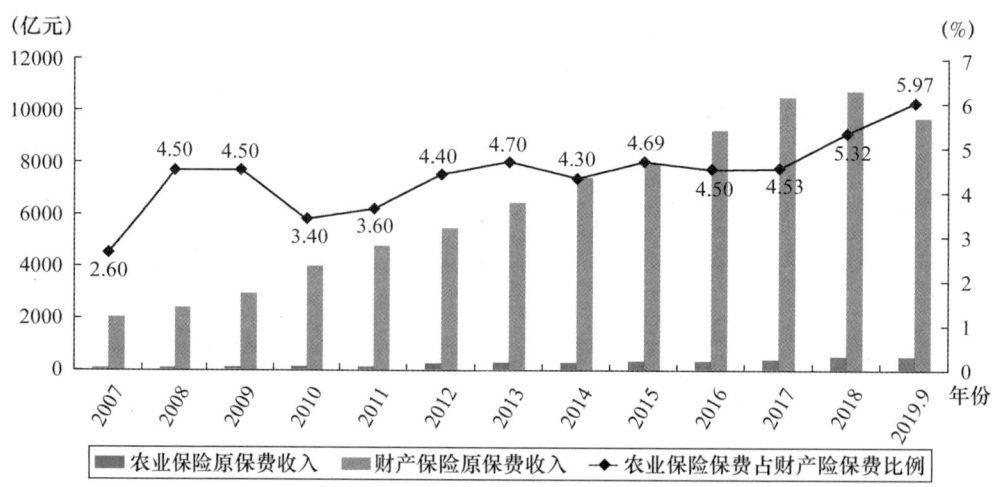

图2 农业保险保费收入占财产险保费收入比例

资料来源：中国银保监会。

从国际比较看，由于我国财政对农业保险保费的补贴比例较高，财政投入增加迅速，且行政推动保险覆盖面快速扩大，农业保险保费收入规模在较短的时间增长迅速，成为全球第二大农业保险市场，仅次于美国，远远高于印度、菲律宾等新兴市场国家（见图3）。

| 第6章 | 完善我国农业保险高质量发展的政策体系

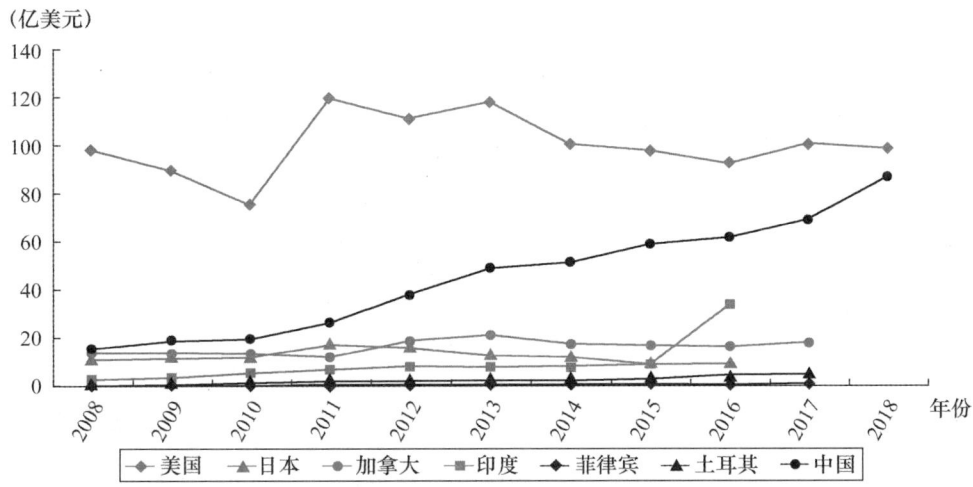

图3　中国与典型国家农业保险保费收入规模比较

资料来源：中国农业科学院农业信息研究所"中国农业保险保障研究"课题组：《中国农业保险保障研究报告（2019）》，2019年。

但是，我国农业保险深度较低，不仅远远低于美国、加拿大等发达经济体，2016年后也略低于印度和土耳其等新兴经济体（见图4）。

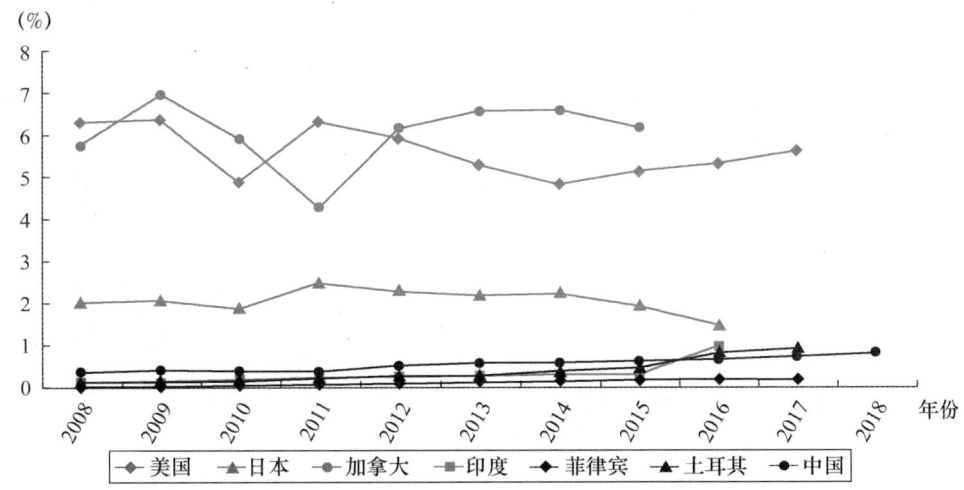

图4　中国与典型国家农业保险保险深度比较

资料来源：中国农业科学院农业信息研究所"中国农业保险保障研究"课题组：《中国农业保险保障研究报告（2019）》，2019年。

从保险密度看，我国农业保险远低于加拿大、美国和日本等发达经济体，也低于土耳其等新兴经济体（见图5）。

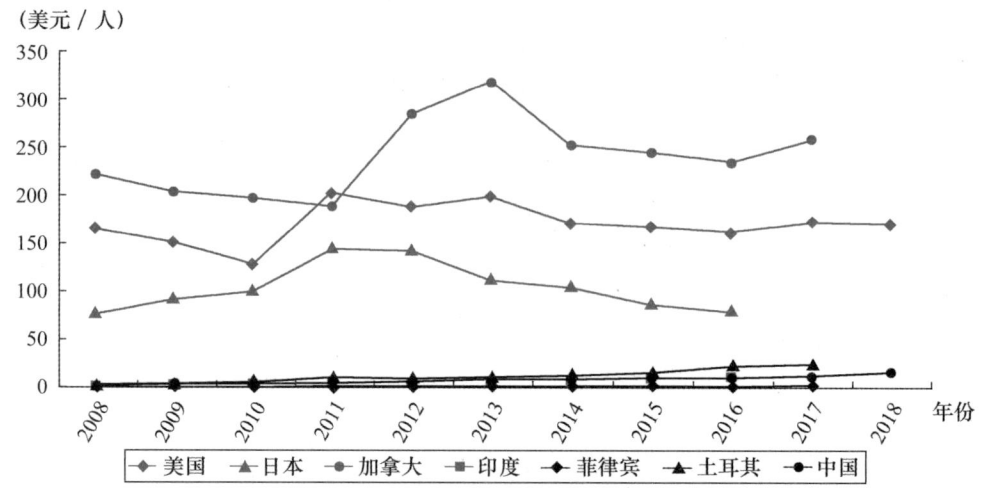

图 5　中国与典型国家农业保险保险密度比较

资料来源：中国农业科学院农业信息研究所"中国农业保险保障研究"课题组：《中国农业保险保障研究报告（2019）》，2019年。

随着保费收入规模的扩大以及亩均保险金额的逐步提高，我国农业保险提供的风险保障金额不断增加。截至2018年底，农业保险保险金额为3.46万亿元，同比增长24.23%（见图6）。

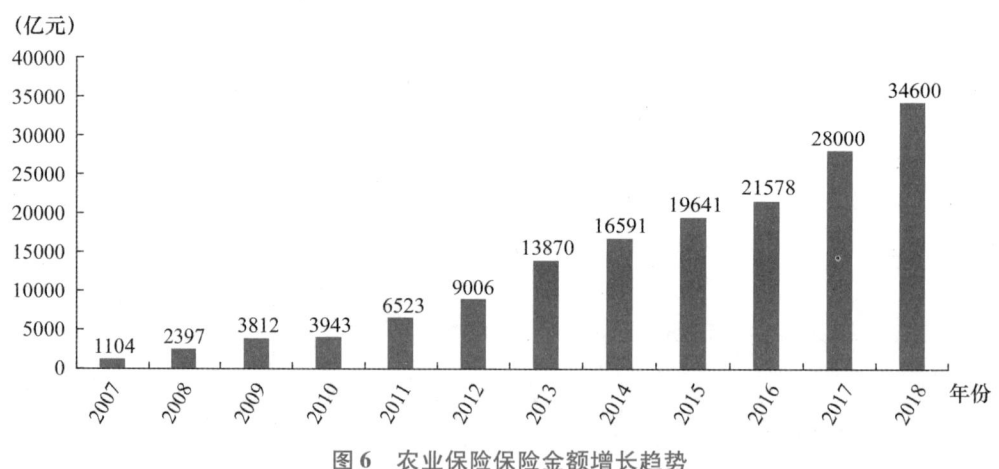

图 6　农业保险保险金额增长趋势

资料来源：中国银保监会。

随着保费收入的增加以及保障程度的提高，我国农业保险赔款也迅速增加，从2007年的29.2亿元增加到2018年的393.48亿元（见图7），初步发挥了农业保险对于损失补偿和恢复生产的作用。

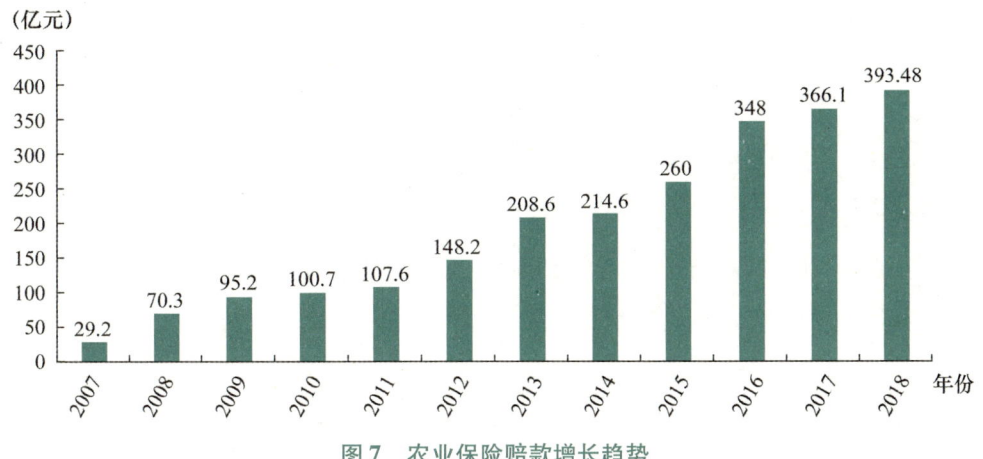

图 7　农业保险赔款增长趋势

资料来源：中国银保监会。

随着费率降低以及保险金额逐步提高，我国农业保险的赔付率逐步提高（见图 8）。

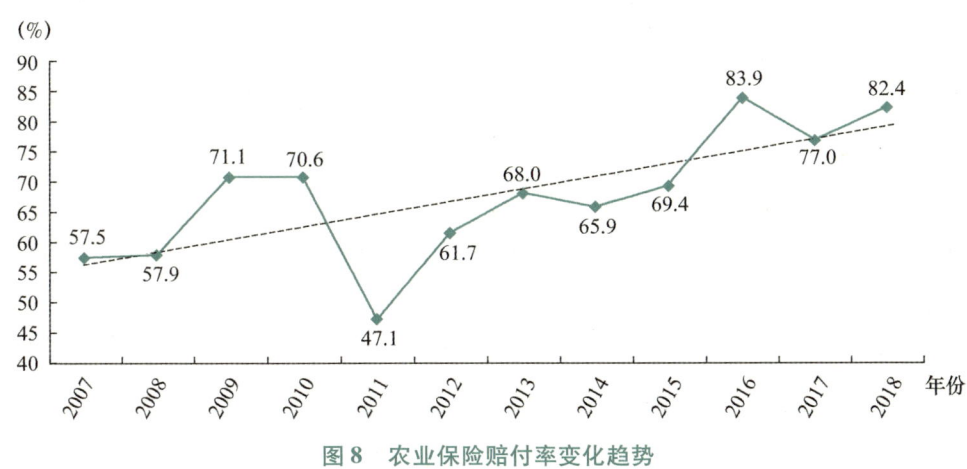

图 8　农业保险赔付率变化趋势

资料来源：中国银保监会。

二、我国农业保险高质量发展政策支持体系存在的问题

2007 年以来，我国对农业保险的政策支持力度不断加大，促进了农业保险的发展。但目前促进我国农业保险高质量发展的政策体系尚存在一些问题，包括对于新

型农业经营主体的保障水平有待提高、财政补贴政策有待优化、税收优惠的力度有待提高、经营模式有待创新、大灾风险分散制度有待完善以及制度风险有待防范等。

（一）对于新型农业经营主体的保障水平有待提高

首先，农业保险不能有效满足新型农业经营主体的异质性需求。近年来，我国农业生产体系出现结构性变革，传统农户面临分化与转型，新型农业经营主体快速发展。截至2018年底，各类新型农业经营主体超过300万家，成为现代农业建设的引领力量。与传统小农户相比，新型农业经营主体具有以下几个特点：第一，新型农业经营主体的种植面积远远大于传统小农户，其农业收入水平也较高。第二，规模化与专业化生产经营使得新型农业经营主体的种植品种较为单一，风险集中度高于传统小农户。第三，新型农业经营主体普遍意识到农业保险是灾后风险融资的重要方式，愿意主动购买农业保险；而传统小农户则主要出于基层行政组织的强制性要求购买农业保险，新型农业经营主体对农业保险的购买意愿和愿意支付的保费水平也显著高于传统小农户。

与农业经营主体的上述显著性变化相比，我国农业保险政策主要以一般农户为出发点，将农户视为"同质"的整体，将已经分化的"异质性"的农户简单地抽象为"同质性"，抹杀了已经日益分化的农户的不同需求特点。这使得目前农业保险以面向传统小农户的低保障、广覆盖的成本保险为主，不能满足新型农业经营主体的差异化需求。

其次，农业保险对新型农业经营主体的保障水平亟待提升。2017年，为了提高重要粮食作物保障水平，我国在13个粮食主产省选择200个产粮大县开展大灾保险试点，在一定程度上提高了新型农业经营主体三大主粮作物的保障水平。但从全国范围看，玉米、水稻、小麦三大粮食作物亩均保险金额仍然仅为388元，仅相当于物化成本的80%，不到全部生产成本的40%，不能适应现代农业高成本、高投入的生产特点，难以满足规模化经营主体的保障需求。

最后，财政的保费补贴政策没有很好地体现对新型农业经营主体发展的支持。目前财政对农业保险实行统一保费补贴政策，补贴比例与投保人的种植规模以及保险产品的保障水平都没有关系，没有很好地体现促进新型农业经营主体发展的政策导向。

(二) 财政补贴政策有待优化

2007年以来,财政对农业保险保费的补贴金额逐年增长,补贴品种日益增加,补贴比例不断提高,补贴区域日趋扩大。农业保险保费补贴已成为财政支农的重要手段和农业保险快速发展的重要推动器。当前,农业保险发展的新形势对财政补贴提出新要求。一方面,现代农业和地方特色农业发展、基本公共服务均等化等要求进一步优化目前的保费补贴政策。另一方面,要适应将部分"黄箱"补贴改"绿箱"补贴的要求,拓展补贴结构,提高补贴的总量水平,从而进一步提升农业保险的支农地位。

首先,地方特色农业的发展要求拓宽补贴品种。发展地方特色优势农业,是提高农业产业化水平、推进农业现代化的必然要求,是优化资源配置、提高农业综合生产能力的重大举措,是发挥比较优势、提升农产品市场竞争力的客观要求。各地特色与优势产业形成,要求相应的农业保险产品为之"保驾护航"。而目前中央财政提供保费补贴的品种却是"自上而下"确定的,虽然大都是关系国计民生的大宗农产品,具有重要的战略意义,但由于补贴品种数量有限,难以满足各地区和农户差异化的农业保险需求,不利于支持地方政府"自下而上"的诉求和政策导向,从而削弱了政策性农业保险的效果。目前,我国得到农业保险保费补贴的农产品品种只有16种,而美国农业保险保费补贴的农作物和畜牧产品多达130多种。可见,尽管近年来我国农业保险补贴品种的数量在逐年增加,但与发达国家相比差距甚远。尤其是地方特色农作物和特色养殖产品的保险,尚没有有效纳入中央财政补贴保费的支持体系。可见,农业保险保费补贴的品种范围有待拓展,以适应地方特色优势农业发展的需要。

其次,基本公共服务均等化要求完善差异化补贴政策。目前农业保险的保费补贴政策同时存在横向失衡和纵向失衡问题。其中,横向失衡表现为,同级政府之间由于财力不均匀所导致的农业保险保费补贴的不平等。中央财政与地方财政"联动补贴"农业保险保费的机制容易产生地区间补贴不公平的现象。原因在于,虽然中央财政的保费补贴已经部分地考虑到各地财力的差异,在一定程度上向中西部地区倾斜,但由于各省经济发展与财力的巨大差异,地方财政对中央财政保费补贴的配套能力往往取决于地方的经济发展水平和财政实力。因而,一些农业大省往往也是财政弱省，最需要农业保险和保费补贴，但由于财力有限，对中央财政保费补贴的配套能力较差，不能及时或者难以提供相应的地方财政保费补贴，导致中央财政相应的保费补贴资金拨付滞后，进而影响整个保费补贴资金的到位；而一些工业大省往往也是财政强省，对中央财政保费补贴的配套能力很强。这就使得最需要农业保险保障的地区反而更少、更滞后地享受到中央财政的保费补贴，而相对富裕的地区却更多、更及时地享受到中央财政的保费补贴，从而产生补贴累退效应。

纵向失衡是指不同层级政府的收入状况与支出责任不相称。这在农业保险中突出表现为，省级以下的政府特别是市县级政府不仅负责提供农业保险的相关公共服务，而且还承担着沉重的筹资责任。这种分散化的筹资安排是农业保险公共服务的地区差距不断扩大的重要原因。因此，需要调整各级政府的筹资结构，需要强化省级财政的筹资力度，充分发挥省级财政转移支付对地方财政财力的均等化作用。

最后，提升农业保险支农地位要求进一步拓展补贴项目结构。近年来中国对农业的补贴支持快速增长，农业支持总量和主要农产品补贴水平大幅提高。但价格支持和挂钩补贴逐步成为主要政策工具，对市场的干预和扭曲作用日益明显。因此，应充分发挥政策性农业保险在支农中的作用，促进财政支持农业方式的改革。为提升农业保险的支农地位，需要进一步拓展补贴的项目结构。

世界银行对63个开展了种植业保险的国家和地区的调查显示，实行保费补贴、经营管理费用补贴、损失评估补贴、再保险补贴、研发和培训等其他项目补贴的国家和地区的比例分别为63%、16%、6%、32%、44%[①]。可见，国际上对农业保险的中央财政补贴大多是保费补贴、保险经营机构经营管理费用补贴和再保险补贴。同时，一些国家（比如印度）提供损失评估补贴。另外，44%的被调查国家与地区提供其他形式的补贴，包括对农业保险新产品与计划的研发费用以及对农户与农业保险员工的保险意识教育和培训提供支持。但是，目前中央财政对农业保险的补贴项目仅限于保费补贴这一种方式，补贴项目较为单一。这具体体现为：一是农业保险经营机构经营管理费用补贴制度尚未建立。目前仅在个别试点地区地方财政对农业保险经营机构给予了相应的经营管理费用补贴。例如，北京市按照农业保险保费总收入10%的标准，对经营机构的经营管理费用进行财政补贴。二是财政支持的农

---

① Mahul, Olivier；Stutley, Charles J.. 2010. Government Support to Agricultural Insurance：Challenges and Options for Developing Countries. World Bank.

业再保险制度尚未建立。目前，仅在浙江、上海和北京等个别经济发达的地区，政府运用财政资金购买再保险，以降低农业保险经营风险。中央财政对再保险补贴的缺位，导致中央财政与地方财政协同联动下的农业大灾风险分散体系尚未建立。三是损失评估以及其他形式的补贴制度也没有建立。

（三）税收优惠的力度有待提高

目前农业保险享受的税收优惠政策主要包括：一是免征增值税。此前农业保险免征营业税，营改增后，相应地免征增值税。二是免征印花税。三是降低企业所得税收入计算比例。四是对保费准备金实行企业所得税税前扣除政策。上述税收优惠政策促进了农业保险的发展。但与其他国家和地区农业保险税收优惠政策相比，我国农业保险税收优惠的力度还较小。

首先，所得税优惠的力度比较小。美国、日本、菲律宾、法国及我国台湾地区都是对农业保险免征一切税赋或免征所得税和营业税。但我国经营农业保险业务的市场主体的所得税优惠的力度比较小。财政部于2016年发布《关于延续支持农村金融发展有关税收政策的通知》规定，自2017年1月1日至2019年12月31日，对保险公司为种植业、养殖业提供保险业务取得的保费收入，在计算应纳税所得额时按90%计入收入总额。可见，所得税的纳税负担仍然较为沉重。而且所得税优惠的政策一直在通过文件延续，尚没有以法律法规的方式固定下来。

其次，大灾准备金的税收优惠力度较小。2009年，财政部和国税总局联合下发《关于保险公司提取农业巨灾风险准备金企业所得税税前扣除问题的通知》，规定"保险公司经营中央财政和地方财政保费补贴的种植业险种，按不超过补贴险种当年保费收入25%的比例计提的巨灾风险准备金，准予在企业所得税前据实扣除"。这就意味着，积累的大灾风险准备金超过当年种植业保险费总收入的25%，多出来的部分按规定要交纳"所得税"。这不利于鼓励保险公司积累应对超常风险损失的大灾风险准备金。事实上，一些保险公司按照保费收入25%的阈值来建立和调整大灾准备金，不愿意扩大其规模，以规避税收。

最后，利润准备金不适用税收优惠政策。2013年12月，财政部发布的《农业保险大灾风险准备金管理办法》规定，保险机构应当分别按照农业保险保费收入和超额承保利润的一定比例，计提大灾准备金（以下分别简称"保费准备金"和"利润准备金"），逐年滚存。保险机构当期计提的保费准备金，在成本中列支，计入当期损益；计提的利润准备金，在所有者权益项下列示。保险机构计提大灾准备金，按税收法律及其有关规定享受税前扣除政策。可见，在目前的政策下只有保费准备金在税前列支，享受税收优惠。而利润准备金则从净利润中提取，不享受税收优惠。

（四）经营模式有待创新

实践中，农业保险（尤其是种植业保险）的经营模式通常具有两个典型特征：一是基于个别农户的多风险保险产品。保险公司要按照农户的不同损失程度比例赔偿，且最大赔偿限额随着作物的生长期变化。这就意味着在理论上应该做到承保到户与理赔到户。二是政府有关部门行政推动，包括从省到市、县、乡镇和村的层层组织与发动，在理赔过程中参与沟通与谈判等。目前这种经营模式产生了成本高昂与违规行为严重的问题，不利于农业保险的可持续发展。

首先，成本高昂。基于个别农户的多风险保险的经营成本高昂，农业保险面临巨大的可持续发展压力。根据调研与测算，某公司在河南省5个市开展的小麦保险的亩均承保成本为5.3元，已经远远超过了农户每亩3.6元的自缴保费（见表1）。

表1　　　　　　　某公司亩均承保成本　　　　　　　单位：元/亩

费用类别	平均	1市	2市	3市	4市	5市
1. 县乡两级推动会和培训会	0.22	0.1	0.3	0.2	0.10	0.4
2. 宣传材料印制及发放	0.23	0.2	0.2	0.2	0.33	0.2
3. 投保清单登记造册	0.16	0.1	0.1	0.2	0.32	0.1
4. 协保员工资	1.93	1.5	3	1.5	1.67	2
5. 公示、车辆费用等	0.29	0.2	0.13	0.3	0.43	0.4
6. 凭证印制、打印成本及设备	0.18	0.2	0.17	0.2	0.17	0.17
7. 保单的印制及成本	0.18	0.179	0.179	0.2	0.179	0.179
8. 工作经费	1.18	0.7	0.34	0.3	3.94	0.6
9. 现场验标及相关车辆费用	0.16	0.2	0.2	0	0.11	0.3
10. 省公司印制宣传折页费用	0.56	0.56	0.56	0.56	0.56	0.56
11. 其他	0.20	0	0.5	0.4	0.00	0.1
亩均承保成本（收费到户）小计	5.30	3.94	5.68	4.06	7.81	5.01

资料来源：原河南省保监局。

同时，理赔环节也成本高昂。按照基于个别农户的多风险保险的理赔要求，保险公司必须在不同的时间点进行三次查勘定损，查勘量巨大，定损手续烦琐，成本支出不堪重负。

其次，违规行为严重。由于经营成本高昂，目前农业保险主要依赖行政的强力推动，以降低承保和理赔成本。但由于对地方政府相关部门的行政权力约束不够以及保险公司自身内控不足，造成虚假承保、虚假理赔和虚假费用等违规问题。虽然保险监管部门不断加大监管的力度，对部分保险公司在农险领域的违法违规行为进行严厉的处罚，并多次开展农业保险专项治理整顿工作，但通过编造保险事故或是扩大部分农户损失程度进行赔付、赔款用于返还代垫保费等问题仍然屡禁不绝，不仅损害了农户的利益，而且难以发挥农业保险的政策效应，从而危及了农业保险发展的根基。

可见，目前农业保险的经营模式在某种程度上陷入了两难困境：对于基于个别农户的多风险保险产品，如果在小规模分散经营状况下运作，则经营成本很高，面临巨大的可持续发展压力；如果在行政的强力推动下经营，则非常容易发生违规现象，严重伤害农业保险的声誉，与农业保险的政策目标相悖。

农业保险经营模式出现问题的根本原因在于，我国农户以小规模分散经营为主的国情与传统农业保险产品之间本质上不相容。传统农业保险产品的可持续发展往往要求规模化经营。规模化农户由于种植面积大，可以有效降低农业保险的交易成本，提高农业保险的可持续发展能力。国际经验也表明，采取多风险农作物保险（Multiple Peril Crop Insurance，MPCI）产品经营相对成功的国家，其农场经营规模往往较大。比如，目前美国农场的平均规模为2700多亩。加拿大农户的经营规模则更大，2015年，曼尼托巴省农业服务公司（MASC）每张农业保险保单的平均承保面积为6542亩，阿尔伯塔省农业金融服务公司（AFSC）每张保单平均承保面积更是高达7703亩。发展中国家中，菲律宾的农业保险经营较为成功，这与其主要承保规模相对较大的水稻和玉米生产农场有很大的关系。

小规模分散经营造成传统农业保险产品不可持续。近年来，虽然我国新型农业经营主体发展迅速，但规模化经营的实际占比仍然较为有限。据农业部统计，截至2016年底，我国经营规模在50亩以下的农户有近2.6亿户，占农户总数的97%左右，经营的耕地面积占全国耕地总面积的82%左右，户均耕地面积5亩左右。据初步测算,近 10 年来我国农村土地流转面积的年均增速约为 3%。未来 30 年,综合考虑土地流转加快的趋势和新型城镇化对农村劳动力的吸纳作用,我国农村土地流转面积的年均增速有望达到 3%~4%。据此估算,到 2020 年,经营规模在 50 亩以下的小农户仍将有 2.2 亿户左右,经营的耕地面积约占全国耕地总面积的 80%;到 2030 年为 1.7 亿户,经营的耕地面积比重约为 70%;到 2050 年仍将有 1 亿户左右,经营的耕地面积比重约为 50%。因此,在相当长一个时期,小农仍将是我国农业生产经营的主要组织形式,小规模分散经营仍然是我国农业的主导性经营形态。相应的,每份保单的承保面积相当有限。2017 年,农业保险参保农户 2.13 亿户次,承保主要农作物 21 亿亩,据此计算,每户次承保面积仅为 9.86 亩。在这种情况下,农业保险承保和理赔的成本都很高。为了降低经营成本,实践中市场主体大多依靠地方政府推动农业保险发展,这使得在行政权力约束不足的情况下出现了很多违规行为。

(五) 大灾风险分散制度有待完善

政策性农业保险需要建立大灾风险分散制度,以便应对农业巨灾风险损失对农业保险制度稳定性的冲击,促进政策性农业保险制度的可持续发展。

2007 年以来的中央 1 号文件中,多次提到建设政策性农业保险的大灾风险分散制度。在 2013 年开始实施的《农业保险条例》中,也明确规定,"国家建立财政支持的农业保险大灾风险分散机制,具体办法由国务院财政部门会同国务院有关部门制定"。2013 年财政部发布的《农业保险大灾风险准备金管理办法》从市场主体层面推动建立大灾风险分散机制。2014 年成立的中国农业保险再保险共同体为农业保险提供再保险支持。

但总体来看,我国农业保险大灾风险分散制度尚不健全。随着农业保险降费、提高保障程度、不允许封顶赔付以及经营成本的提高,近年来部分省市已经出现较大程度的超赔,农业保险大灾风险准备金制度已经不足以应对大灾风险,需要研究再保险、大灾风险融资安排等制度选择与设计,以健全和完善农业保险大灾风险分散制度。

(六) 制度风险有待防范

首先,政府对公司微观经营渗透和不当干预的风险仍在相当程度上存在。政府对公司微观经营行为的不当干预内生于一些地方农业保险公私合作的边界不清以及相关权力缺乏有效约束。我们在实践调研中发现，一些地方的政府部门干涉保险机构的业务活动，要求保险机构签订不合规范的保单；克扣、截留保险费的财政补贴款；以掌管的财政补贴资金拨付权力为武器，迫使保险公司不恰当地多赔，甚至没有灾害也要求赔偿；在缺乏经验依据的条件下，压低保险费率等。上述风险事实上都源于政府权力缺乏有效的约束及其衍生出的对公司经营行为的不当干预，这在很大程度上漠视甚至践踏了商业运作的基本原则，使保险经营机构正当保险费收入减少和赔付率人为地提高，扩大了保险损失成本，或者不能给遭受灾损的投保农户足额赔付，既损害了保险人的合法利益，也损害了被保险人的利益，影响到农业保险制度的健康和可持续发展。

其次，农业保险市场主体的准入与退出机制扭曲。目前农业保险的市场准入基本放开，市场竞争主体大幅增加。但由于行政权力对于资源配置的高度控制，不同市场主体的竞争发生扭曲，在很大程度上推高了经营成本，降低了市场效率，甚至在一定程度上异化为对权力的寻租。一些供给主体较多、市场竞争激烈的地方，寻租现象比较普遍和严重。另外，农业保险市场的退出机制尚未真正建立。一些经营不规范、侵害农户利益的市场主体虽然受到监管部门的行政处罚，但违规成本有限。

最后，农户在农业保险治理结构中在相当程度上处于缺位状态。一直以来，农业保险虽然事关农户，但由于小农户本质上缺乏需求，农业保险很大程度上成为政府的"需求"。这样，农户作为被虚置的主体，成为农业保险治理结构中沉默与被动的绝大多数。我们在以前的田野调查中发现，不少农民虽然掏钱参加了农业保险（或者干脆就没有自己掏钱，保费被垫交），但对于农业保险表现漠然，对保障内容、条款等知之甚少。农业保险目前围绕财政补贴资金分配的自上而下的制度安排，使得政府与公司成为主导（尤其是政府具有一边倒的发言权），特别是政府天然成为农民的代言人，成为事实上的需求主体，而农民则参与程度很低，从而使得政府、公司、农民之间缺乏利益制衡与协调机制。显然，这种高高在上的制度安排很难真正满足农民的需求，也很难对农民的合理诉求及时响应。如果农业保险制度的三个主体——政府、公司、农民之间出现利益失衡，就会导致制度操作偏离预定的目标，长期偏离目标的操作就会颠覆制度本身。这种危险的矛头事实上已经出现。在一些地方，农业保险一定程度上已经异化为权力寻租的工具。

三、促进我国农业保险服务创新的政策建议

为了更好地促进农业保险高质量发展，要进一步完善农业保险的政策体系，包括提高对于新型农业经营主体的保障水平、优化财政补贴政策、提高税收优惠的力度、促进经营模式创新、完善大灾风险分散制度以及防范与化解制度风险。

（一）提高对于新型农业经营主体的保障水平

当前农业保险发展已经进入促进现代农业发展的新阶段，要"从有至优"，即要着眼于提高保障程度，满足新型农业经营主体规模化经营对于农业保险的更高的风险保障要求。

第一，明确逐步提高农业保险保障水平的政策路线图。首先，保障水平要尽快实现物化成本全覆盖。其次，保障水平从物化成本提高至完全成本（包括土地成本和劳动力成本）。要逐步地将地租成本和劳动力成本等纳入中央财政保费补贴的农业保险产品的保障范围，并建立保障水平动态调整机制，满足广大农户和农业生产经营组织不断增长的风险保障需求。再次，保障水平从完全成本保险提高到产量保险。最后，保障水平从产量保险提高到收入保险。目前，各地的价格指数保险、保险+期货试点有其积极意义，但局限性很大，且短期内难以大规模推广，商业可持续性有待观察。有必要将农业保险的主流产品引导至产量保险，并为向收入保险发展夯实基础，实现从纯粹的价格保险到收入保险的超越。

第二，加强针对新型农业经营主体的产品创新。农业保险要从当前主要面向传统小农的单一的产品体系向兼顾新型农村经营主体的多元化、多层次体系发展。要开发"高保费、高保障"的专属性产品，满足新型农业经营主体的异质性需求，适应其高投入、高成本的要求。同时，产量保险、价格保险、收入保险的改革试点可以主要面向新型农业经营主体，从而将农业保险的创新性供给奠基于真实的需求之上。

第三，要依托新型农业经营主体创新农业保险经营模式。依托新型农业经营主体的规模化经营及其内生的农业保险需求，可以有效降低农业保险的交易成本，有

助于建立可持续发展的农业保险经营模式。

第四，财政要加大农业保险服务新型农业经营主体的支持。目前中央财政主要对"低保费、低保额"农业保险产品提供保费补贴，有必要适时改变补贴的原则，将面向新型农业经营主体的高保障创新产品纳入中央财政补贴范畴，为满足新型农业经营主体差异化需求的专属性产品提供保费补贴，以提高农业保险保障水平，促进现代农业的发展。

另外，保费补贴要适时向规模化经营的新型农业经营主体倾斜。规模化经营的新型经营主体的土地利用率、产出率、商品化率高，为国家粮食稳定的贡献大，国家对政策性农业保险的保费补贴理应向其倾斜。因此，有必要改变统一的保费补贴政策，将农业保险保费补贴政策的完善和优化与培育新型农业经营主体、促进农业规模化经营有机结合起来，即将补贴比例与投保人的种植规模和保险产品的保障水平结合起来，重点补贴农业规模化生产的新型农业经营主体，重点补贴保障水平高的保险产品，以加快构建新型农业经营体系。

（二）优化财政补贴政策

要充分借鉴国外公共财政补贴农业保险的经验，加快完善和优化我国农业保险财政补贴政策。具体包括：基于地方特色农业发展的需要扩大中央财政补贴品种，以差异化的补贴政策实现农业保险公共服务的均等化，拓展补贴结构以提升农业保险支农地位。

首先，基于地方特色农业发展的需要扩大中央财政补贴品种。要基于地方特色农业发展的需要进一步增加保费补贴品种，尽可能扩大中央财政补贴的品种范围，满足地方的需求。中央财政要设立特色农产品保费补贴项目，逐步对各地具有地方优势特色的农产品保险提供保费补贴。

中央财政还可以通过以奖代补的方式，支持各地具有地方优势特色的农产品保险的发展。比如，中央财政对符合条件、纳入奖补范围的险种，按照地方财政执行开展且实际到位的保费收入规模的一定比例给予适当奖补。

其次，以差异化的补贴政策实现农业保险公共服务的均等化。要基于实现基本公共服务均等化的要求，进一步优化地区差异化的保费补贴政策，实现农业保险的横向公平。按照比东部、中部和西部地区更加细分的区域确定地区差异化的中央财政补贴比例。中央财政的补贴比例要充分考虑到各地经济和社会发展水平的差异，并与地方财政的支持能力结合起来。对于财政较为拮据的地区，中央财政补贴比例要高一些；对于富裕地区，补贴比例要低一些。如美国的医疗救助（Medicaid）采用联邦和州两级供款模式，即联邦政府和各州分担医疗救助费用。联邦政府拨给各州的配套经费是以各州的人均收入为基础，根据下面的公式计算出来的：

$$P = 100 - 45\frac{S^2}{N^2} \text{ 和 } 50 \leq P \leq 83$$

式中，P 是联邦政府的资助率；N 和 S 分别代表全国和各州的人均收入。如果一个州的人均收入等于全国的平均水平，联邦的配套率就是55%；对人均收入在全国平均水平以上的州来说，50%是最小的配套率；对人均收入较低的州来说，83%是最大的配套率。这种灵活的补助方式可以很好地解决各地经济发展不平衡情况下中央政府补贴的公平性问题，同样值得在确定农业保险保费补贴比例时参考。

另外，地方各层级政府的补贴比例与水平也要与该地区经济发展水平以及财政负担能力相挂钩。特别地，应尽量降低直至取消市级特别是所有县级财政[①]的补贴比例，以减轻地方政府特别是不发达地区地方政府的财政负担，实现农业保险公共服务的纵向公平。

最后，拓展补贴结构以提升农业保险支农地位。我国作为世界贸易组织成员，对农业的补贴受到世界贸易组织规则的约束。中国入世时承诺，农产品"黄箱"补贴不得超过产值的8.5%，据有关测算，中国已经逼近这条"黄线"。继续增加现有补贴种类的总量，将使我国在世界贸易组织规则总体范围内的支持空间进一步缩小，不利于我国充分利用规则调动种粮农民积极性、进一步提高种粮农民收入水平。因此，需要根据WTO规则调整和改革农业补贴政策，将部分"黄箱"补贴改为"绿

---

① 从2017年开始，中央财政对产粮大县三大粮食作物保险进一步加大了支持力度。《中央财政农业保险保险费补贴管理办法》规定，对省级财政给予产粮大县三大粮食作物农业保险保险费补贴比例高于25%的部分，中央财政承担高出部分的50%。其中，对农户负担保险费比例低于20%的部分，需先从省级财政补贴比例高于25%的部分中扣除，剩余部分中央财政承担50%。在此基础上，如省级财政进一步提高保险费补贴比例，并相应降低产粮大县的县级财政保险费负担，中央财政还要承担产粮大县县级补贴降低部分的50%。当县级财政补贴比例降至0时，中央财政对中西部地区的补贴比例，低于42.5%（含42.5%）的，按42.5%确定；在42.5%~45%（含45%）之间的，按上限45%确定；在45%~47.5%（含47.5%）之间的，按上限47.5%确定。对中央单位符合产粮大县条件的下属单位，中央财政对三大粮食作物农业保险保险费补贴比例由65%提高至72.5%。

箱"补贴,即将一部分农业补贴转为在世界贸易组织规则中使用不受限制的补贴,比如对农业保险的支持。

为了提升农业保险在支农体系中的地位和作用,要进一步拓展补贴结构,建立中央财政对农业保险经营机构经营管理费用和农业再保险以及其他形式的补贴制度。中央财政对农业保险经营机构经营管理费用的补贴比例及数额,要兼顾政策需要以及不同险种间费用的差异性,实行差异化的经营管理费用补贴。比如,1995年,美国将巨灾保险计划(CAT)和多种风险产量保险(MPCI)的保障程度更高产品(buy-up coverage)的费用补贴率分别设定为14%和31%(当然,此后实际费用补贴率稳步下降)。同时,还要建立中央财政对农业再保险的补贴机制。另外,建议研究和探索对农业保险提供其他形式补贴的方式与方法。比如,一些保险公司正在积极探索商业模式的创新,以适应和促进现代农业发展。可以对这些公司在新的商业模式探索中发生的大量的信息化、基础建设等投入提供恰当的支持。还可以借鉴国际通行做法,对农业保险新产品与计划研发费用以及农户与农业保险员工的保险意识教育和培训提供相应的支持。

(三)提高税收优惠的力度

为了支持农业保险发展,保险机构经营农业保险业务要逐步实现免征一切税收。为此,要逐步提高农业保险的税收优惠力度。

首先,降低并固定企业所得税收入计算比例。目前农业保险业务企业所得税按照90%计入收入总额,建议进一步有效降低计入收入总额的比例,并通过法律法规的方式固定下来,增强市场主体的预期。

其次,对承担赔偿责任的大灾风险准备金不征收所得税。因为大灾风险准备金不是利润,而是一种责任准备金。用免税政策鼓励保险公司积累大灾风险准备金。如果暂时做不到完全免征所得税,则可以大幅度提高纳税门槛。例如,大灾风险准备金累计超过本公司当年毛保险费收入的160%、200%或者300%以上部分,才可以征收"所得税"。同时,可以规定不得随意将大灾准备金转移用途,或转入利润或资本公积等,对于转移用途的资金部分应当征收所得税,从而鼓励保险公司积极建立和积累大灾准备金,使其能够真正应付大灾风险损失的赔付责任,增强农业保险的可持续发展能力。

最后，对利润准备金实行税收返还政策。为了鼓励农业保险机构多提大灾风险准备金，建议对其提取的利润准备金实行税收返还政策，返还的税款计入大灾风险准备金。

（四）促进经营模式创新

为了实现农业保险经营模式创新，要建立普惠性农业保险体系，以指数保险取代传统的农业保险产品，降低交易成本，提高供给效率，从而增强农险的可持续发展能力。

首先，建立普惠性农业保险体系。普惠性农业保险体系的核心是，"政府补助保费保基本、农户自愿参保保增量"，即由政府全额补贴保费，提供最基本的风险保障，农户可以根据需要通过额外缴费提高保障水平。如上所述，在小规模分散经营占主导的农业经营模式下，向农户收取保费的成本异常高昂，甚至保险公司的承保成本已经超出了农户的自缴保费，不符合经济效率的原则。因此，对农户的缴费实行全额补贴，可以降低承保环节的成本。同时，也在一定程度上遏制农业保险经营中的虚假承保、虚假理赔等违法违规行为。

建立普惠性农业保险体系也是发达国家的重要经验。美国的巨灾保险（Catastrophic Coverage，CAT）就是联邦政府为农场主提供最基本风险保障的普惠性农业保险产品。农场主一般都在巨灾保险基础上，额外缴费购买保障程度更高的保险产品。中国可以借鉴美国的经验，创新农业保险的经营模式，探索建立普惠性农业保险体系。

其次，以指数保险弥补传统农业保险产品的不足。传统的农业保险产品要求核保到户、验标到户、查勘定损到户，在小农经济条件下经营成本非常高，在实践中难以规范运作。因此，要进行农业保险的产品创新，主要以指数形态的保险产品取代当前的物化成本保险。

指数保险（包括区域产量保险和天气指数保险等）将损害程度指数化为特定区域农作物的平均产量或是气象数据指标。其赔偿基于预先设定的参数是否达到触发水平，而非实际损失，因此通常不需要核保到户、验标到户、查勘定损到户。可见，指数保险本质上是通过产品创新，将小规模分散经营的农户聚合成虚拟的规模农场，从而有效降低农业保险在承保、定损以及赔付环节的成本。

在选择合适的产品形态方面，印度农业保险的经验提供了很好的启示。和中国类似，印度也是小农经济占主导地位。由于农户的经营规模有限，印度主要发展区域产量保险和天气指数保险。印度的经验表明，农业保险产品形态的选择要与农户的经营规模相适应。为了适应小规模分散经营的基本国情，我国要创新农业保险产品形态，克服传统农业保险产品经营成本高的不足。

最后，为促进农业保险经营模式创新提供相应的政策支持。第一，将指数保险纳入中央财政补贴范围。这样可以鼓励市场主体积极探索以指数保险取代物化成本保险，促进农业保险的产品创新，推动农业保险经营模式的转型。

第二，为构建普惠性农业保险体系提供补贴。实施普惠性农业保险后，财政需要新增加两部分补贴资金：一是目前农户约20%的自缴保费；二是可保种植面积全面覆盖后新增加的保费补贴。通过增加对农业保险的保费补贴，同时推动农业补贴的市场化改革。另外，值得指出的是，如果用指数保险产品取代传统的农业保险产品，则由于指数保险产品的费率较低，财政因此支出的保费补贴可能会少很多。美国的经验表明，区域产量保险（GRP）费率是基于个别农场的产量保险（APH）费率的1/3。

第三，促进与指数保险发展相关的基础设施建设。发展指数保险要求具备很高质量的数据。比如，对于天气指数保险，产品开发需要质量可靠、不易篡改、可以自动获取的气象数据。但我国地域辽阔，地面气象观测站点分布不够充分，制约了天气指数保险的发展。因此，要增加气象站点建设，完善与指数保险发展相关的基础设施。同时，统计、农业、气象等部门要加强协调与合作，通过数据共享以及校验，提高数据的可得性与真实性。

（五）完善大灾风险分散制度

从国际农业保险大灾风险分散制度的实践看，主要有以下两种制度安排。

一是由再保险和其他融资方式两个层次组成。其中，第一层大灾风险损失分散的安排是由保险公司购买再保险，第二层是在此基础上安排其他融资方式，如向政府借债、向金融机构融资或者发行巨灾债券等。美国农业保险大灾风险分散制度大致如此，不仅有财政支持的再保险，而且当大灾发生，准备基金不足以支付赔款时可以向"商品贷款公司"借款。

二是由再保险、大灾风险基金和其他融资方式三个层次组成。其中，第一层大灾风险损失分散的安排是再保险，第二层安排是保险公司在正常年份建立的大灾风险准备金，第三层安排是其他风险融资计划。加拿大农业保险大灾风险分散制度大致如此：除了再保险外，各省的农业保险公司在正常情况下建立类似于"大灾准备金"的基金，该基金由正常年份的责任准备金结余形成，不纳任何税赋，可以无限制累积。遇到大灾损失，当年准备金不足时可以动用基金。同时建立了融资安排，如果动用基金仍然不足以支付赔款，可以向联邦和省的财政部门借款。

我国可以在借鉴国际经验以及已有风险分散制度安排的基础上，进一步完善大灾风险分散制度。首先，完善农业保险再保险体系。探索为农业保险再保险提供一定比例的保费补贴；充分利用国内、国际两个再保险市场，转移、分散农业大灾风险；探索对不同风险区域的农业保险业务互换，均衡地域风险；优化农业保险再保险共同体的运作机制，降低业务逆选择风险，实现风险分散与风险对价的匹配。其次，完善大灾风险准备金制度。鼓励保险公司在正常经营年份积累大灾风险准备金，从而在不同年度之间分散风险。最后，建立融资安排。在再保险摊回赔款、大灾准备金均不足以支付赔款的情况下，启动相应的融资安排，为经营农业保险业务的公司提供流动性支持。

（六）防范与化解制度风险

首先，要秉持法治原则，规范和约束农业保险中权力的运行。法治理论认为，权力的"知止"单靠主权者的自律是做不到的，其权力边界应通过外在力量的约束来划定和实现。目前的《农业保险条例》虽然规定了相关政府部门对农业保险的政策支持，但没有有效界定和约束政府在农业保险经营活动中的权力边界。例如，已有的罚则几乎全部针对保险公司，而对于政府可能的违规行为却没有任何相应的罚则。农业保险的相关立法要进一步完善，特别是要基于法治思维，通过规范和约束权力，保障市场主体的权利与自由。通过外部约束明晰政府在农业保险经营活动中的权力边界，有效防范和化解农业保险面临的制度风险。

其次，探索农业保险市场主体的准入与退出机制。农业保险市场在相当程度上存在行政权力支配市场资源配置的现象。不同市场主体的竞争在一定程度上异化为对权力的寻租。除了规范权力的运行外，要探索农业保险市场主体的准入与退出机制。为此，一方面在市场准入上引导公司对农业保险专业化经营，增强持续经营的预期，从而鼓励保险公司增加对农业保险的资源投入，提升服务的质量。另一方面，要建立真正的市场化退出机制，赋予公司以硬性的市场约束。经营行为不规范、侵犯农户利益、经营绩效低下的市场主体，要退出市场，从而提升市场主体的违规成本，发挥市场机制"良币驱逐劣币"的正向激励作用。

最后，建立农民参与农业保险决策和运营的机制。法治理念还重视权力的制衡。当一个社会中存在某种权力的时候，必须有另一种权力能够制约它，排除一权独大，但目前在农业保险制度架构与治理结构中，则明显缺乏权力的制衡，这突出表现在农户几乎缺乏任何的参与权力。因此，有必要将农民参与农业保险制度的运行和监督作为重要的发展方向，发挥农户这一重要主体的积极性，构建农民与政府以及公司之间的利益制衡与协调机制，解决农业保险治理结构中农户本质上缺失的问题，使农户由被虚置的主体回归真实的需求方，从而促进农业保险回归其本来的政策目标。

为此，要鼓励和扶持农民和农业生产经营组织建立为农业生产经营活动服务的互助合作保险组织，充分发挥农村互助合作保险组织农户参与程度高、经营管理成本低、有助于防范逆选择与道德风险以及促进防灾减损等制度优势。同时，支持农村互助合作保险组织与保险公司探索各种形式的合作模式，既增加农户和合作组织对于农业保险决策与运行的参与，又有利于降低农业保险制度运行的交易成本，实现优势互补与协同发展。

第 7 章
我国农村金融服务科技创新的现状、问题与建议

近年来,随着金融科技的飞速发展,我国农村金融服务的科技创新进展较快,在提高服务效率、降低服务成本等方面已取得了一定成绩。但实践中,还面临创新动力不足、信用体系建设不完善等难题,在如何利用科技手段更好地为农民、农业提供信贷支持和风险保障等方面尚存在较大改进空间。未来,建议在进一步完善农村信用评估体系,加强金融教育的基础上,激发各类金融服务供给主体的创新活力,根据农村地区的经济发展环境和人口、教育、社会信用等实际情况,充分利用科技创新的最新成果,推动农村金融服务的高质量发展。

一、农村金融服务的科技创新现状

(一)农村金融服务的科技创新处于成长阶段

G20 金融稳定理事会(FSB)将金融科技定义为"利用现代科技进行金融创新,创造出新的金融业务模式、应用、流程或产品,从而对金融市场运行和演化造成重大影响",特别强调了科技对金融服务的赋能作用。从我国实践情况来看,随着金融科技在金融领域应用的逐步加深,农村金融服务的科技创新有了很大发展,正处

于快速成长阶段。

一方面,农村金融服务的科技创新滞后于城市的科技创新。由于经济金融环境的不同,我国城乡金融服务科技创新存在一定差异。目前,一线中心城市和主要二线城市金融服务科技创新主要体现为发展金融科技,逐步重视监管科技,加速金融科技成果转化速度,金融科技使得金融生态发生深刻改变;农村地区金融服务科技创新主要体现为在基本实现金融服务信息化后,数字普惠金融特别是基于移动支付的新型金融服务模式的推广和深化。具体而言,在一线中心城市和主要二线城市,以金融机构所属的专门金融科技子公司、金融科技部门以及专门的金融科技公司为主体,以大数据、云计算、区块链、人工智能为主要代表的金融科技拥有了非常广阔的发展空间,并正在逐步改变金融业及其相关产业的发展模式和业态环境。而农村金融服务仍处于金融基础设施换代更新、金融知识推广普及、金融数据与服务模式信息化、基于互联网的新型金融服务模式逐步应用的时期。

另一方面,农村金融服务科技创新发展速度逐步加快。农村金融服务是普惠金融服务的重要组成部分,而科技创新是优化农村金融服务的催化剂。2016 年 G20 发布数字普惠金融原则,倡导"利用数字技术推动普惠金融发展";我国也在 2018 年 9 月发布的《乡村振兴战略规划(2018—2022 年)》、2019 年 2 月发布的《关于金融服务乡村振兴的指导意见》中,多次提到要"推动新技术在农村金融领域的应用推广""引导持牌金融机构通过互联网和移动终端提供普惠金融服务,促进金融科技与农村金融规范发展"。在这些政策文件的引导下,我国农村数字普惠金融有了很大发展,农村金融服务的科技创新进入快速发展阶段。这主要表现在:大数据和云计算在"三农"信贷和"三农"保险方面有了初步运用,农户融资和获取风险保障的便利性逐步提升,农产品网络化经营与金融的结合度愈加深化,普惠金融在支持"三农"上的实际效果更加明显。

(二)支付清算与电子商务服务水平提升较快

支付清算是农村金融服务科技创新的基础。在乡村振兴战略、精准脱贫政策、金融支持农业供给侧结构性改革政策的影响下,农村地区的支付清算和电子商务服务水平有了较大提升。

表1　　近年来农村金融服务科技创新的主要政策文件或指导原则

时间	名称	发布机构	主要内容
2016年12月	《G20数字普惠金融高级原则》	二十国集团	• 倡导利用数字技术推动普惠金融发展； • 平衡好数字普惠金融发展中的创新与风险； • 构建恰当的数字普惠金融法律和监管框架； • 扩展数字金融服务基础设施生态系统； • 采取负责任的数字金融措施保护消费者； • 重视消费者数字技术基础和金融知识的普及； • 促进数字金融服务的客户身份识别； • 监测数字普惠金融进展
2019年2月	《关于金融服务乡村振兴的指导意见》	央行、银保监会、证监会、财政部、农业农村部	• 数字普惠金融在农村得到有效普及，推动新技术在农村金融领域的应用推广； • 规范互联网金融在农村地区的发展，积极运用大数据、区块链等技术，提高涉农信贷风险的识别、监控、预警和处置水平； • 加强涉农信贷数据的积累和共享，通过客户信息整合和筛选，创新农村经营主体信用评价模式，在有效做好风险防范的前提下，逐步提升发放信用贷款的比重； • 鼓励金融机构开发农村电商专属贷款产品和小额支付结算功能，打通农村电商资金链条
2018年9月	《乡村振兴战略规划（2018—2022年）》	中共中央、国务院	• 加快农村金融产品和服务方式创新，持续深入推进农村支付环境建设，全面激活农村金融服务链条； • 引导持牌金融机构通过互联网和移动终端提供普惠金融服务，促进金融科技与农村金融规范发展

2018年，农信银支付清算系统业务保持高速增长，手机银行支付增速相对放缓，网银支付基本持平，电话银行支付业务继续萎缩。特别是移动支付业务继续高速发展，并成为网络支付的绝对主导方式。2018年，非银行支付机构为农村地区提供网络支付业务共计2898.02亿笔，金额为76.99万亿元，同比分别增长104.4%、71.11%。其中，移动支付2748.83亿笔，金额为74.42万亿元，同比分别增长112.25%、73.48%，占网络支付的份额分别为94.85%、96.66%。

同时，非银行支付机构收款服务发展较快，与银行业金融机构共同成为农村电子商务的主要组成部分。2018年，银行业金融机构为农村地区电子商务提供收款服务4.95亿笔，金额为5783.43亿元，同比分别增长7.68%、4.34%；非银行支付机构为农村地区网络商户提供收款服务5.32亿笔，金额为2626.31亿元，同比分别增长92.53%、46.58%。

表2　近年来农村地区支付系统整体发展情况

年份	接入中国人民银行大小额支付系统的银行网点（万个）	接入中国人民银行大小额支付系统的代理银行网点（万个）	以参与者身份接入农信银支付清算系统的银行网点
2015	8.31	3.23	4.10
2016	8.41	3.43	4.34
2017	9.49	2.72	4.41
2018	9.58	2.71	4.47

资料来源：中国人民银行。

表3　2018年农村地区非现金支付情况

		手机银行	网上银行	电话银行
开通数	数量（亿户）	6.7	6.12	2.08
	同比（%）	29.64	15.29	9.57
支付业务笔数	数量（亿笔）	93.87	102.28	0.81
	同比（%）	3.04	小幅增长	17.44
支付金额	数量（万亿元）	52.21	147.46	0.09
	同比（%）	34.26	小幅下降	23.83

资料来源：中国人民银行。

表4　　　　　　　　　2018年农村地区支付服务终端情况

		ATM	POS机	其他自助服务终端
器具	数量（万台）	38.04	715.62	18.04
	同比（%）	0.82	0.58	1.06
	万人拥有	3.93	73.9	1.86
交易	笔数（亿笔）	124.06	25.14	5.06
	同比（%）	-7.98	2.29	基本持平
	金额（万亿）	21.96	6.79	2.23
	同比（%）	-4.73	-7.76	基本持平
	人均办理（笔/年）	12.81	2.6	0.52

资料来源：中国人民银行。

（三）传统金融机构利用信息技术不断提升农村金融服务质量

作为农村普惠金融的主要力量，包括国有银行（主要是中国农业银行、中国邮政储蓄银行）、农村信用合作社、部分股份制银行、村镇银行、保险公司在内的传统金融机构近年来不断加强金融信息化建设，在利用科技服务"三农"上取得了较大成效。这主要表现为，一是利用手机和互联网增加金融供给，为更多农户提供金融服务。例如，利用移动设备推广拎包银行、汽车银行等特色便民服务。二是利用大数据风险管理技术，改善普惠信贷业务风控水平，更好地满足监管要求。三是开发纯线上网贷产品，促进金融服务提质扩面的同时，有效降低成本，实现商业可持续的目标。四是开发更多的金融产品满足农户个性化的金融需求。例如，通过完善电商平台，发展产业链金融，将信贷服务与帮助农户增收结合起来，提升金融服务质效。

【专栏】　　中国农业银行济南分行以"惠农e贷"支农、惠农

农行济南分行以服务"三农"为出发点，以"惠农e贷"作为创新服务"三农"的突破口，打造"涉农法人线上贷款""特色项目""惠农便捷贷"和"示范村整村推进"四大模式，扎实推进"惠农e贷"业务快速发展。2019年10月末，农行济南分行"惠农e贷"余额7.63亿元，较年初新增4.48亿元。

1. 涉农法人线上贷款模式

通过数据网贷产品，积极对接核心企业，主动寻找符合涉农条件的上下游客户，快速扩大"惠农 e 贷"规模；对于纳税 e 贷业务，按照全市纳税等级为 A 类和 B 类的 125881 户的目标客户清单，集中时间、集中人员、集中资源，优先开展重点营销和精准营销。

2. 特色项目模式

加强与涉农部门、龙头企业、行业协会、专业市场，以及供销、烟草、农资等单位合作，利用互联网技术对特色产业、优势集群、产业链条的农户批量采集数据，建立信贷模型，发放贷款。推动章丘"六和模式"线上贷款模式落地，尽快实现开发区"和康源"一网三化项目有效投放。紧紧围绕全市优势特色农业产业，以济南市 2018 年市级以上农业产业化龙头企业名单、山东省特色农业产业名单、山东省国家级专业合作社示范社名单、山东省家庭农场省级示范场名单为目标，深度摸排，准确锁定目标客户。

3. 示范村整村推进模式

增强金融服务线上服务的针对性和示范性，在特色产业聚集、信用环境良好、农户经营活跃、村"两委"凝聚力强的特色村、富裕村、信用村、省领导联系村、省派乡村振兴服务队挂包村等目录中，筛选确定了拟突破的 27 个目标村。每个目标村至少投放"惠农 e 贷"500 万元以上。

4. 惠农便捷贷模式

以个人贷款中心为营销主阵地，通过大数据挖掘，相关服务人员每天至少有一个小时进行电话营销，或选取部分农户进行电话回访，大力发展惠农贷。

（四）新型金融机构成为金融服务科技创新的重要力量

近年来，依托于科技基因，以互联网银行为代表的新型金融机构业务增长速度较快，其提供的涉农信贷、农业保险与其他金融服务等已成为农村金融服务科技创新的主要力量。

一方面，新型金融机构拓展了农村金融服务的广度。利用金融科技开发的新型风控等模型，使其服务对象大大扩展，可以为没有信用记录、此前未获得或基本没有获得过传统信贷的群体提供多样化服务,这其中有很大一部分是县域客户。

表5　　　　　　　　　　　互联网银行的授信对象情况

新型银行	首次获授信客户情况
微众银行	授信企业客户中,2/3属于首次获得银行贷款
网商银行	80%的县域金融服务授信客户,属于网商银行独有客户
新网银行	80%的客户来自三、四线城市和农村地区,大量人群首次获得银行贷款

注:根据各银行2018年年报整理。

另一方面,互联网技术的运用为金融服务提供了多元化的场景,金融服务通过互联网更多地浸透到农业产业化经营、农业现代化建设和农民日常生活,使得农村金融服务水平大幅度提升。例如,蚂蚁金服坚持平台化和数据化的方向,在电子商务平台基础上逐步探索线上与线下相结合的路径,力争打通金融服务的"最后一公里";从"三农"数字化入手,打造了"基础型数字信贷""县域普惠金融"和"农村产融数字化"三种模式的农村金融服务,探索解决"三农"融资难等问题的阶段性方案。截至2019年9月底,其发起的网商银行[①]累计服务农村小微企业、农村个体工商户、农村种养殖户等涉农用户557万户,累计发放涉农贷款超过4300亿元。其中,2018年6月启动的县域普惠金融模式,目前已落地24个省份,签约接近400个县域,开始向全国超过1/5的县域提供金融服务。

此外,大型综合互联网金融企业提供的金融服务与农业产业链、供应链发展以及农民私人消费升级密切联系,这也为精准脱贫、精准扶贫提供了新的路径。例如,京东数科[②](京东金融)通过品牌打造、自营直采、地方特产、众筹扶贫等模式,探索行之有效的精准扶贫新模式,取得了一定的效果。在金融促进养殖增收方面,通过"京农贷"为贫困户提供养殖基金支持,每个贫困户平均可以获得4500元的免息资金;对于缺乏养殖技术的贫困户,全程给予养殖技术培训和相关专业指导。截至2017年底,京东金融总共服务了1700个县,30万个行政村,覆盖了832个国

[①] 网商银行由蚂蚁金服主导成立,运营理念是用互联网的技术、互联网的理念,尤其是互联网的信用,去提供适合小微企业和草根消费者的金融服务。

[②] 原京东金融。2018年11月,京东金融升级为京东数科,旗下包括京东金融、京东城市、京东农牧、京东钼媒、京东少东家等多个独立子品牌。

家级贫困县，超过 30 万农户获益；众创众筹 12000 多个项目，累计融资 54 亿元，扶持农村创业创新企业近 9000 家；企业金融累计服务 20 万家农村中小企业，发放贷款近 5000 亿元[①]。

（五）数字普惠金融成为农户实现金融需求的重要渠道

从金融需求的满足渠道来看，虽然农户还是更倾向于通过正规金融机构、传统融资渠道获得金融服务，但近年来通过新型信贷与保险渠道获得金融服务的比重显著增加，数字普惠金融已经成为实现农村地区乃至农村贫困地区金融需求的重要渠道。近年来，数字普惠金融服务凭借可获得性、高覆盖性和良好的可持续性，在支付清算、信贷服务、保险服务等方面体现出较大优势，为农村金融发展注入了新的活力。

一是第三方支付普及程度较高。数字支付尤其是移动支付在农村地区得到了广泛使用，支付宝、微信支付、银联云闪付已经基本覆盖所有县级行政区，乡镇村的覆盖面也在快速增加。移动支付已经深刻改变了农户生产和消费习惯，为农村经济发展提供了新的机遇。从趋势上看，农村地区的第三方支付与城市相比没有明显差别，第三方支付已经成为与现金、银行卡支付并存的主要支付方式。移动支付的便捷性和快速性，成为农村金融服务水平提升的主要体现，并为其他金融服务的扩展与升级提供了实现条件。

表 6　　　　　　　　　　互联网银行的普惠金融业务情况

新型银行	普惠金融服务情况
网商银行	近 3 年累计服务涉农用户超过 700 万户，累计发放贷款超过 5115 亿元
微众银行	2018 年，在 29 个国家贫困县的"微粒贷"累计信贷规模超 500 亿元
新网银行	开业 3 年以来，客户总数 1605 万人，80% 客户来自三、四线城市和农村地区，累计放款金额 1601 亿元

注：根据各银行 2018 年年报整理。

二是互联网金融服务的使用率较高。大部分农户曾经使用互联网金融企业提供的金融服务并购买过理财产品，腾讯（微信）金融、蚂蚁金服（支付宝）金融、京

---

① 中国人民大学中国普惠金融研究院："数字普惠金融的扶贫实践"，2018 年 10 月。

东金融成为农户最经常使用的互联网金融服务。互联网金融虽然还存在很多问题，但已经为广大农户所接受。

三是手机银行的使用比例超过了网上银行的使用比例。这主要源于智能手机的普及性和便利性。同时，这也反映出在农村地区，推广数字普惠金融应更加重视通过手机提供金融服务，跨越式提高农户的金融普及率。

二、影响农村金融服务科技创新的主要问题

（一）技术基础有待进一步改善

农村金融支付体系逐步完善，手机普及率、网络覆盖率已经处于较高水平，移动支付以及由此衍生出的金融需求逐渐增多。但是，农村金融服务的科技基础仍不牢固。首先，传统金融机具需要增加或更新。移动支付、互联网金融必然要与传统的银行账户相结合，脱离传统金融的纯粹的互联网金融尚未出现。在农村地区，智能金融服务终端还比较少，在基本存取款功能基础上融合更多金融服务功能的 ATM 机的数量还不多。其次，与金融服务相关的科技存在诸多短板。农村地区数据与信息基础设施欠缺的问题较为突出，仅有不到 20% 的县市建有公共云平台和大数据中心[①]；一些县乡已考虑到数据和信息网络的问题，但数据归集与分析能力有限，数据平台的建设与运营不规范。即使建成了数据平台，但由于政府与企业的边界不清晰，难以获得市场的支持，导致很多平台"名存实亡"，根本无法发挥对农村金融服务的基础性作用。再次，科技创新相关投入仍显不足。目前，传统金融机构没有针对农村地区金融服务科技创新的专项资金，而新兴金融企业目前正在做的是以移动支付为依托，扩张营销网络，扩大农村市场占有率，在金融基础设施建设上的投入并不大。

---

① 数据来源于《中国城市数字经济指数白皮书（2019）》。

（二）创新动力相对不足或受到一定制约

农村金融服务在很大程度上就是普惠金融服务，其科技创新也同样面临如何在更好地服务"三农"和保持盈利诉求之间寻求平衡的问题。科技创新需要很大的资金投入，但在农村地区既无法在短期内收回投入的资金，主要受众——农户和农村小微企业无法产生足够的利润回报，又不可能将农村市场作为科技创新的"主战场"。因此，传统金融机构和新型金融企业尤其是小型企业的创新动力不足。

对于农村金融服务科技创新，是直接对接农村市场投入较大成本，还是延续现有城市到乡村、发达地区到欠发达地区逐步延伸、逐步扩展的模式，是传统金融机构需要重点考虑的问题。传统金融机构虽然也重视科技创新，也在发展数字普惠金融，但与农业和其他产业的科技机构合作较少，导致农村金融服务科技创新产品较少。对于新型的、基于互联网的金融企业或专门的金融科技企业而言，其可以凭借互联网优势和更为灵活的发展方式，在短期内实现占领市场、占有流量、培养客户群体的目标；但就中长期而言，当实现具有相当程度探索性、试点性和市场扩张性特点的科技创新后，如何在农村市场上形成稳定的市场份额和利润来源，如何在金融产品和服务的差异性逐步变小的情况下，仍然能够在与传统金融机构和其他新兴金融机构的竞争中凸显自身特色，是其需要考虑的问题。同时，大部分新兴金融企业成立时间较短，虽然部分企业已经逐渐实现盈利，但仍属于监管部门眼中的"新兴事物"。因此，监管部门对新兴金融企业的发展虽然持适度鼓励的态度，但对新兴金融企业尤其是新型银行资产资本充足率等监管的要求偏严格，使得其规模偏小，这也制约了其农村金融服务科技创新的规模。总体而言，农村金融的特殊性，使得科技创新在成本和收益、公益和盈利之间很难取得平衡。

（三）农村信用体系不完善导致风控难度加大

科技手段尚无法解决融资关键数据"断裂"导致的信用水平难以被评估的问题。农村有70%多的用户的一般性生产经营金融需求无法被有效满足，其宅基地房产、承包土地、农业器具无法成为合格抵押品，也基本没有银行信贷记录，在科技手段无法对此形成有效突破的情况下，金融机构难以对其提供信贷支持。实质上，信息不对称问题是普惠金融和农村金融发展的主要问题，导致金融机构难以在成本和收益之间找到平衡点。从某种程度上讲，农村金融服务科技创新的基础是相对完善的信用体系，没有正式的信用约束、良好的信用文化和基本的信用素养，利用大数据、云计算、人工智能等给出的信贷和保险评估结果难以匹配农村金融需求，也难以达到金融机构的风控标准。

我国属于典型的小农经济，农业经营主体非常分散，数量众多，数据归集整合困难较大，县域、乡域农业数据规范化、智能化归集仍显不足。目前，农民最重要的财产和生产资料——承包土地已实现精准数据化，农业补贴、农村合作医疗、农民户籍信息、农业保险等也有了持续多年的精准数据，通过数据安全加密技术，在授权的前提下可以使用。但我国大多数县域、乡域对上述数据的归集不足，县、乡政府的数据治理能力欠佳，经常由于担心数据安全问题和合规问题而将这些很有价值的相关数据"封锁"或"闲置"。而金融机构既难以实现上述数据的完全对接，也没有有效的科技手段实现这些数据的动态化、机制化抓取；同时，农业经营主体也无法便利地提供这些数据，这就使得其难以通过内部信贷评估模型发放贷款。在很大程度上，数据的缺失和数字化程度的不足，导致信贷授信以及保险产品供给的不足。

在此情况下，科技创新推进风控模式创新的难度也随之加大。我国涉农金融机构目前主要采取线下模式进行风控，传统抵押物仍是信贷评估的主要依据，以信息化为基础，以科技创新为强力支撑、具有综合评估性质的"信用抵押"仍没有实行，无法基于信用评级发放贷款；即使个别金融机构可以整合上述多维度"三农"大数据，也面临数据怎么用、数据如何与原有风控体系对接、数据真实性如何核实、数据获取成本是否过高等问题，进而在实际风险管理操作中难以创新。此外，科技创新尚没有解决线下信贷商业模式难题。农村线下信贷人工成本较高，可持续性差，导致该机构在客户触达、风控、贷款、贷后管理等方面投入的运营成本远高于主营城市业务的商业金融机构。

（四）农户金融教育程度参差不齐

农户的金融教育程度，在很大程度上决定了农民对农村金融服务科技创新的接受程度和满意度，也在很大程度上影响了科技创新的方向。目前，我国农村金融教育仍相对滞后，这增加了科技创新的难度。这主要体现在：一是获取金融教育的主动性有限。很多农户没有主动扩展获取金融知识的渠道，向周围熟人询问（如亲戚、邻居、朋友等）从而获取金融知识的主动性不足，主动参加金融机构培训的意愿不强烈，对金融的认识非常简单，对信贷流程和基本条件不甚了解，了解惠农金融政策、新型金融产品和数字普惠金融的兴趣不高。二是金融机构的培训力度并不高，简单地组织农民集体学习、发放传单和宣传册、在互联网上设置一般性培训专栏的方式，难以激发农民的学习兴趣，也难以通过典型实际案例发挥引导作用。三是农村的人口结构变迁使得金融教育的难度加大，特别是在很多青年劳动力外出打工或向中心城镇集聚的乡镇地区，老人、家庭妇女和儿童可能难以接受现代化的金融知识。需要指出的是，越是贫困地区或经济欠发达地区，受经济条件和教育条件的限制，金融服务科技创新推广的难度就越大，新型金融产品和服务模式越难以发挥积极作用。

此外，值得关注的是，各省和县域重视程度不同带来的差异[①]，以及由于产业主体（尤其是农业和农户）数字化转型程度不同带来的差异，使得部分农村地区农户的金融教育程度、数字化接受程度和对接程度不同，农村地区金融服务科技创新的差异性也会随之显现。

三、推动农村金融服务科技创新的政策建议

（一）推动农村金融科技创新政策设计与支持

一方面，建议我国在实施乡村振兴战略、推动数字普惠金融进程中，同步对金融服务科技创新提出更加具体的实施政策或方案，特别是要制定具体政策，尽快提升农村地区政府对数据重要性的认知和数据治理与分析的能力，鼓励政府对各类公共数据和个人信息进行合理归类与高效利用，允许政府与金融机构在合规的基础上进行数据对接。

---

① 如贵州省由于数字经济的发展，其增速在近 10 年来远高于全国其他省份。2008~2018 年，其年化增速为 12.3%。

另一方面，政府监管部门可以考虑适当拓宽金融机构的融资渠道，设立农村金融科技创新专项资金及其优惠政策，从政策层面增强金融供给主体农村金融服务科技创新动力，鼓励其通过科技创新缓解农户和涉农小微企业"融资难、融资贵"这一影响农村实体经济发展的关键问题。

（二）加强金融基础设施建设和新技术推广

此处所指的金融基础设施，并不是银行存贷网点或者传统的ATM机、POS机，而是与农村金融服务相关的、具有金融科技特点的、能够提升农村金融受众满意度的农村金融数据库建设、智能终端推广、金融服务网络构建。建议传统金融机构不再将农村金融服务的科技创新视作金融信息化的延伸，而是加大在农村地区的技术投入，针对不同的经济发展水平、不同的地域特点以及差异化的金融需求，加大农村金融科技创新资金支持力度；推动农村地区尤其是乡、镇、村的互联网基础设施建设，加快"三农"数据平台的建设与可持续运营，实现平台数据的定期更新和可持续使用；鼓励大型金融机构和大型互联网金融企业通过规模化的科技创新降低研发成本，小型金融机构通过平台联合、共同研发的模式形成规模效应。

同时，通过新技术应用推广，提升农村金融的数字化、网络化和便利化水平。大数据、移动支付、云计算、区块链、物联网、人工智能等金融科技发展很快，为深化金融服务科技创新提供了科技支撑，也已经在一些地区的金融服务探索中开始发挥积极作用。建议进一步推广数字科技在普惠金融领域应用的成功模式，深化数字普惠金融服务，除基于互联网的大数据技术之外，加大其他金融科技的实际应用，突破金融信息化这一已经基本达到的目标，将农村地区特别是贫困地区作为金融科技实际应用新的突破点。

（三）激发金融供给主体的科技创新动力

金融机构在农村科技创新动力不足的问题，实质上仍然是金融机构能否盈利的问题，是短期利润和长期利益如何兼顾的问题。建议做好农村金融科技供给的制度性改革，重点发挥各类金融机构的协同作用。

一是继续发挥传统商业金融的主体作用。在一定时期内，坚持农信社和农业银行、邮政储蓄银行、部分农村商业银行和村镇银行、涉农保险公司在农村金融服务中的重要地位，通过科技创新积极推动一般性金融业务的服务便捷化和集约化；构建鼓励国有和集体商业金融机构农村金融服务科技创新的绩效考核方法，将农村金融服务科技创新成效作为整体经营绩效和金融资源配置的重要组成部分，细化科技创新绩效考核指标体系。

二是发挥新兴金融企业农村金融服务科技创新的积极作用。建议新兴金融企业将科技创新和新技术应用作为进一步参与农村金融竞争、增加农村金融市场份额的主要支撑力，发挥数据优势、网络优势和人才优势，塑造农村金融新生态，尝试构建农村金融新业态；鼓励互联网金融企业与传统金融机构探索互补对接，利用传统金融机构现有经营网点，共同探索金融服务科技创新模式。特别是在第三方支付和与农业生产、农民生活大项支出相关的小额信贷服务方面，可作为未来一段时间内科技创新的重点领域。

三是充分发挥政策性金融的作用。在科技创新难以在短期内创造利润的情况下，需要充分发挥政策性金融机构弥补市场失灵方面的职能，农业发展银行、国家开发银行可以将科技创新作为促进农村数字普惠金融的着力点，尽可能解决数字普惠金融推广的难题，通过专项资金投入、具有公益性质的科技创新典型项目示范，在金融市场上发挥一定的导向作用。

四是适度发挥保险机构、证券机构与银行机构的协同作用。鼓励各类农村金融机构将推动数字普惠金融作为农村金融服务的主要发展方向，推动新型互联网企业与传统农村金融机构基于各自优势提供信贷和保险综合服务；鼓励农村金融机构将科技与农业生产结合，扩大科技创新带来的金融产品供给。

（四）完善农村信用评估体系

农村信用体系的完善，对农村金融服务的科技创新成果落地具有重要影响，而科技创新对农村信用体系的完善具有推动作用，两者在一定程度上互为因果关系。

一方面，建议金融机构与地方政府充分对接，争取获得政策支持。由地方政府牵头整合公共数据资源，汇集农民个人和涉农小微企业的信息，建立农户信用相关信息有效汇集整合和共享机制。通过数据归集完善农村信用体系，即发挥数据的约束作用，增强农户的合规信贷意识，提升农村信用环境，为科技创新创造良好的社会环境基础。

另一方面，建议金融机构尤其是传统金融机构以信息科技为主要支撑，在大数据抓取、整理和分析的基础上，通过电子化服务代替人工服务，通过构建信用模型代替经验判断，提升成本投入和风险控制效率。加大人工智能应用力度，构建微贷管理技术和农户数据分析系统，提高甄别客户还款能力的准确性；结合计算机建模分析，建立评估模型进行智能化的定量评估，为信贷决策提供强大的信用信息支持。推广专业技术，重点推广通过现场调研等手段，采集更加详细的农户"软信息"数据，更好地评估客户的道德风险和流动性风险。此外，金融机构还应重视信息的真实性和安全性，保证科技创新的合规性和科学性。

（五）制定金融教育中长期规划

金融教育对农村地区金融服务科技创新具有重要作用。值得注意的是，金融教育和宣传在短期内很难看到直接效果，但其对农民金融素质的提升影响巨大，从而大大拓展了科技创新的可能性。建议制定政府牵头、金融机构主导、专业教育机构辅助的金融教育中长期发展规划，将金融教育作为金融服务供给与科技创新的重要基础；分阶段、分批次、分不同受众举办金融服务大讲堂，以及制度化、定期化的金融知识入农家等活动。通过新媒体、新案例逐步加大金融知识普及深度，帮助农民增强风险承受能力和金融服务获取能力。

第二篇
金融机构的创新探索

第8章
国家开发银行助力脱贫攻坚的实践与创新

国家开发银行（以下简称"开发银行"）是服务中国国家战略的开发性金融机构。2016年5月31日，国家开发银行扶贫金融事业部正式成立，下设综合业务局、基础设施局和区域开发局，通过专业分工、统筹协作，发挥"集团军"优势和作用，为支持打赢脱贫攻坚战提供支撑和保障。经过多年实践探索，开发银行科学制定了一个明确时间点、路线图的脱贫攻坚实施规划，明确融制、融资、融智的"三融"扶贫策略；坚持易地扶贫搬迁到省、基础设施到县、产业发展到村（户）、教育资助到户（人）的"四到"思路方法；深入开展深度贫困地区脱贫攻坚、东西部扶贫协作和定点扶贫"三大行动"。2018年以来，在以习近平同志为核心的党中央坚强领导下，发挥开发性金融的功能和作用，全力支持打赢脱贫攻坚战。截至2018年底，全年新增发放2929亿元，覆盖1118个国家级和省级贫困县。荣获2018年全国脱贫攻坚奖（组织创新奖）和新华网"2018中国企业社会责任峰会精准扶贫奖"。

一、2018年主要工作做法与成效

（一）认真学习贯彻习近平总书记关于扶贫工作重要论述，坚决抓好贯彻落实

在召开全行脱贫攻坚领导小组暨定点扶贫领导小组会议、传达学习习近平总书记关于脱贫攻坚的有关重要指示的基础上，把脱贫攻坚作为开发银行的重大使命和政治责任，举全行之力坚决支持打赢脱贫攻坚战。强化组织领导，坚决贯彻中央关于脱贫攻坚三年行动的决策部署。及时调整行内脱贫攻坚相关领导小组，并由党委书记、董事长亲自任组长，形成《国家开发银行关于打赢脱贫攻坚战三年行动的指导意见》（开行办规〔2018〕52号），进一步明确目标任务和工作举措。开发银行党委与25家有扶贫任务的分行党委一把手签订脱贫攻坚责任书，与16家有东西部扶贫协作任务的东部分行签订责任书，与2家有定点扶贫任务的分行签订定点扶贫责任书，将扶贫工作纳入全行考核。

（二）坚持"四到"工作思路，加大对贫困地区重点领域和薄弱环节的资金支持

一是大力支持产业扶贫。通过与各类龙头企业合作、与地方政府合作开展统贷批发贷款，与中小商业银行合作开展扶贫转贷款等方式，累计发放产业扶贫贷款1311亿元。2018年新增发放422亿元，覆盖164个贫困县，带动37.9万建档立卡贫困人口。赴云南、贵州等搬迁人口较多的10个省份开展专题调研，积极研究支持易地扶贫搬迁后续产业发展模式。二是加大贫困地区基础设施建设支持力度。大力推进贫困村提升工程，累计发放农村基础设施贷款3492亿元，2018年新增发放618亿元。支持贫困地区交通、水利、电力等重大基础设施建设，累计发放贷款8397亿元，2018年新增发放1340亿元。三是扎实做好易地扶贫搬迁相关工作。累计发放贷款1133亿元，支持约312万贫困人口实施易地扶贫搬迁。根据财政部等五部委要求推进易地扶贫搬迁贷款规范调整工作。四是积极开展助学助业。累计发放助学贷款1647亿元，2018年新增发放287亿元，支持学生数402万人次，覆盖全国26个省份和2309个区县。在北京、四川、云南、贵州等13个省（市）举办13场针对贫困学生的专场招聘会，组织2000余家企业参与招聘，用人需求超过4.5万人，参与学生超过6.5万人次，助力高校贫困学生精准就业。

（三）集中资源力量，大力支持深度贫困地区脱贫攻坚

将攻克深度贫困作为打赢脱贫攻坚战的关键，持续加大支持力度。一是连续两年召开"开发性金融支持深度贫困地区脱贫攻坚推进会"。邀请"三区三州"等地

方政府负责同志参加，及时了解深度贫困地区脱贫攻坚的实际需求和意见建议，共同研究工作中的困难问题，就进一步做好金融支持深度贫困进行专题部署。二是按照"五个最优"原则加大融资支持力度。根据"信贷政策最优、贷款定价最优、审批流程最优、资源配置最优、服务方式最优"的工作原则，向23个省份确定的深度贫困县累计发放精准扶贫贷款4409亿元，2018年新增发放732亿元；向"三区三州"深度贫困地区累计发放贷款2099亿元，2018年新增发放409亿元，支持基础设施互联互通、人居环境与公共服务改善、特色产业发展等。三是实现"三区三州"深度贫困地区培训全覆盖。在2017年为甘肃临夏、四川凉山、云南怒江开展培训的基础上，2018年又为西藏、新疆南疆四地州、四省藏区开展了地方干部培训，累计为"三区三州"216个县培训县领导及扶贫干部630人，为深度贫困地区培养懂金融、会扶贫的扶贫干部队伍发挥了积极作用。

（四）加强东西部扶贫协作机制建设，引导、支持东部企业赴西部贫困地区投资

2018年新增发放东西部扶贫协作项目贷款105亿元，为推进东西部扶贫协作提供有力支持。一是强化工作部署。开发银行连续两年召开"开发性金融支持东西部扶贫协作推进会"，与东西部地方政府和龙头企业代表共同探讨开发性金融支持扶贫协作的思路举措。东部14家分行与西部16家分行均与地方政府签订扶贫协作合作协议，在扶贫协作工作方案制定、项目推动对接等方面开展深入合作。二是完善制度建设。制定加大对东西部扶贫协作支持力度的意见和项目开发评审指导文件，将东西部扶贫协作工作纳入考核，发挥东部分行客户资源优势，引导企业赴西部投资并给予优惠贷款支持。三是创新开展产业对接。在东部地区与上海、浙江、山东等地政府联合举办12场"开发性金融支持东西部扶贫协作在行动"活动，取得突出成效，共对接290余家企业，签署合作协议50余份，融资需求超过500亿元。

【专栏1】　　　　　　国家开发银行的东西部扶贫协作机制

2016年7月，习近平总书记在宁夏银川专门召开东西部扶贫协作座谈会，就进一步做好这项工作提出四点要求，指出金融可以为东西部扶贫协作提供可持续的

资金来源,并推动财政扶贫资金发挥杠杆效应,聚合金融和社会资金形成合力。东西部扶贫协作需要金融的支持,为搭建东西部之间的"连心桥"注入新的力量。总书记讲话为全面打赢脱贫攻坚战提供了重要实践遵循。

开发银行结合自身职能,形成加大东西部扶贫协作支持力度的思路和行动方案。首先,深化银政合作,使开发性金融举措与地方政府方案有效衔接,积极参与东西部扶贫协作的政策创设。东部有关分行协助地方政府确立切实可行的对口帮扶思路,并在项目策划、政策制定和融资模式设计等方面积极提供融智服务。西部有关分行积极协助地方政府做好与东部省份的沟通对接,为促进产业承接、深化东西部协作出谋划策。其次,强化内部协作,东西部分行扶贫协作紧密对接。开发银行在内部建立起一一对应的工作对接和信息共享机制。东西部分行通过建立工作台账、定期开展座谈等方式,加强资源对接和信息方法共享,定期交流项目信息,加强协同开发力度,在农村基础设施、校安工程、饮水安全、综合环境整治等项目开展内部银团合作。再次,加大信贷支持力度,为协作扶贫提供资金保障。开发银行加大对东西部扶贫协作的融资支持力度,对列入东西部扶贫协作规划的项目,予以倾斜支持,最大限度满足其资金需求。研究探索财政资金与银行信贷资金结合使用的新机制,编制东西部扶贫协作评审指引,为推动东西部扶贫协作项目开发评审提供支持。最后,把产业协作扶贫作为关键,把生态环境改造作为基础,把激发内生动力作为根本,大力促进东部地区和西部地区在省与省、市与市、县与县、村镇与村镇之间开展区域协作、精准对接,推动东西部协调发展、协同发展、共同发展,最终实现共同富裕、同步进入小康社会的目标。

(五)创新方式方法,多措并举加大定点扶贫工作力度

将定点扶贫作为一项重要的政治任务抓紧抓好。一是强化组织领导。赵欢同志到任不久即赴贵州务川、正安、道真深入调研,主持召开定点扶贫工作座谈会,部署推进相关工作。逐级签署定点扶贫责任书,进一步压实工作责任。二是加大资金投入力度。制定《国家开发银行2018年定点扶贫工作计划》(开行办〔2018〕88号),全年向4个定点扶贫县新增发放精准扶贫贷款12亿元。投入捐赠资金650万元,引进各类帮扶资金470万元,支持务川县特殊教育学校等公益项目。三是加强

县、乡、村三级干部培训。联合中央党校为4个县的81名县、乡干部举办扶贫专题培训，重点加大对驻村第一书记、村支书、脱贫致富带头人、实用科技人才等基层人员的培训力度，全年培训4个县扶贫干部和各类扶贫人才共2022人。四是创新产业扶贫举措。举办"定点扶贫县龙头企业对接会"，引入北京、上海等地龙头企业到4个县投资兴业、带动就业。发挥集团优势，国开金融与古蔺县政府联合设立二郎特色小镇发展基金，四川分行贷款4亿元共同支持二郎镇特色小镇项目，形成投贷联动支持定点扶贫新模式。五是开展消费扶贫。设立定点扶贫县农副产品外卖专柜，并采购特色产品用于会议办公、工会福利、礼品招待等，直接购买和帮助销售贫困地区农产品436万元。六是凝聚中央单位定点扶贫合力。与中央政策研究室、中央党校、最高人民检察院、外汇管理局等90多个中央国家机关和单位建立联系，在联合调研、项目推动、干部培训、规划编制、捐赠帮扶等方面加强合作。

（六）加大融智扶志力度，增强贫困地区发展内生动力

一是加大扶贫干部培训力度。认真贯彻落实习近平总书记关于抓好各级扶贫干部学习培训的指示精神，与各地组织、扶贫等部门合作，因地制宜设计课程，全年为贫困地区举办脱贫攻坚培训班20期，培训地方扶贫干部和各类扶贫人才3305人。同时，积极开展行内扶贫干部集中轮训，累计培训扶贫干部348人，进一步提升金融扶贫的工作能力和水平。二是加强规划咨询服务。为新疆南疆四地州等25个深度贫困市、州、县编制脱贫攻坚规划咨询报告，实现"三区三州"规划咨询全覆盖；开展云南怒江、湖南湘西等10个规划咨询试点，帮助地方政府找准攻坚方向、实现科学发展。三是强化人才支持。向贫困县、贫困村派驻100多名扶贫金融专员、第一书记和驻村干部，作为脱贫攻坚一线的战斗员，协助地方政府推动脱贫攻坚工作。

【专栏2】 开发银行融智支持脱贫攻坚的机制

为贫困地区地方干部举办研讨班和培训，是开发银行贯彻党中央、国务院关于打赢脱贫攻坚战的决策部署，深化银政合作，推进脱贫攻坚的重要举措，也是开发银行融智服务的重要方式和内容。

主要做法是：首先，围绕脱贫攻坚主题，开展专题培训研讨。在内容上，重点安排国家扶贫政策以及"三步走"战略、开发性金融扶贫政策、项目运作模式等。在方式上，安排实地观摩、交流研讨和项目对接等环节，组织参训人员调研开发银行支持的扶贫项目、交流扶贫经验，安排分行与参训人员对接，增强培训的实效性。在人员选择上，与地方省委组织部联合招生，确保贫困县负责扶贫或经济金融工作的干部参加。其次，围绕地方特点和干部需求，"一地一策"精准培训。根据片区特殊需求，精准安排课程。根据地方干部的共性需求，安排危机管理、媒体沟通和舆情引导等内容。再次，创新推进教育扶贫，形成培训合力。坚持一手抓地方干部培训，一手抓贫困群众素质和能力建设。与中国金融教育发展基金会密切合作，实施"关爱奖励金"项目，资助开发银行4个定点扶贫县和1个对口支援县的贫困乡村教师，促进贫困地区基层教育事业。实施"金惠工程武陵山片区项目"，向武陵山片区县区、开发银行定点扶贫县、对口支援县基层农民农户开展金融知识宣传和培训。

（七）加强作风建设，扎实开展扶贫领域作风问题专项治理

一是加强组织领导，完善工作机制。研究制定《国家开发银行扶贫领域作风问题专项治理实施方案》（开行办〔2018〕29号），成立扶贫领域作风问题专项治理工作领导小组，由党委书记、董事长任组长。36家分行结合自身实际情况，制定具体工作方案。二是强化学习培训，提升作风意识。在全行扶贫干部集中轮训班上，就扶贫领域作风问题专项治理进行专题培训。将扶贫领域作风建设纳入开发银行组织的各类地方干部培训班，加强贫困地区地方干部作风建设。三是开展自查督查，加强问题整改。深入查找脱贫攻坚中普遍性、倾向性问题，先后组织全行开展三次自查，并对云南、四川等9家分行开展专项督查，逐一整改落实。四是开展专项巡视，强化扶贫领域执纪问责。开发银行党委巡视组选择几家有代表性的分行开展为期一个月的脱贫攻坚专项巡视，围绕扶贫效果、作风、资金使用等重点，解决开发银行系统在脱贫攻坚中存在的突出问题和共性问题。同时，制定《关于进一步加强扶贫领域监督执纪问责的意见》（开行纪委发〔2018〕4号），开展违规接受和赠送"红包"专项治理等工作，进一步强化扶贫领域党风廉政建设。

二、助力普惠金融，加强民生业务投资

（一）加强政策研究，积极支持农业供给侧结构性改革

截至2018年底，累计发放现代农业贷款2854亿元，其中本年发放118亿元，贷款余额778亿元。一是多维度推动全行积极做好农业贷款发放工作。组织召开全行农业"走出去"银企对接推进会，与鹏欣等具有农业"走出去"意愿的企业开展大量沟通，促成海外粮源项目信贷合作以及加快了肉牛并购等项目的培育。动态了解、摸底各分行的重点农业项目，跟进湖北、广东等11家分行的农业项目，协助分行开拓首农集团田园综合体、中化集团农业项目等。二是加强对行业政策的研究把握，系统性推动全行农业贷款开发评审工作。制定中央2018年1号文件贯彻意见，为全行农业项目开发指明方向。加强行业政策研究特别是利用土地占补平衡支撑高标准农田建设、粮食收储、特色农产品优势区等专项政策研究。制定《国家开发银行支持乡村振兴工作方案》，推动全行切实贯彻中央乡村振兴方略。三是加强部行合作，从源头对接项目。加强与国土部、发改委等部委合作，探讨通过土地占补平衡等政策促使项目具有还款能力，推动农业规模化经营；加强与商务部的合作，力争把信贷资金与援外资金结合起来，推动农业"走出去"；通过农业部、发改委等有关部委，使分行强化、密切与地方海洋渔业厅、发改委等相关委办局的合作。四是做好重点项目开发评审，以点带面，带动全行贷款开发评审。完成亿利沙漠生态产业扶贫、湖北潜江乡村振兴、海外粮源等项目评审，推进北大荒、黑龙江稻米交易中心集中收储、华清农业等业务，推进集团客户管理东方集团开发项目。五是大力推进农业"走出去"，通过两个市场、两种资源加强粮食和重要农产品的供给安全。发挥农业部农业对外合作部际联席会议的桥梁作用，与骨干企业"20+20"名单加强合作机制，与伊利、鹏欣等企业加强农业领域合作。重点推进2017年存量项目隆平并购、合盛并购的开发评审，跟进农垦系统尤其是广西、宁夏农垦"走出去"等潜在项目。与农业部国际合作司研究利用财政政策建立专项支持农业"走出去"的低利率开发性金融政策。六是继续加大对先进农机具的支持力度，提高农业

实现机械化和现代化水平。继续保持与中国农机院的融资合作探讨，对其贷款方案提出意见，推动企业对承贷主体注资、探讨土地抵押等相关工作，积极为贷款发放创造条件。

（二）助力生态文明建设，积极开展林业融资融智支持

截至 2018 年 12 月末，累计发放林业、造纸行业贷款 2264 亿元；其中本年发放 185 亿元，贷款余额 727 亿元。一是深化银政合作，积极争取财政金融优惠政策。2018 年 8 月，周清玉副行长与国家林草局张建龙局长召开高层联席会，双方明确在新形势下不断加大在国家储备林等林业重点领域合作，把储备林和林业生态扶贫作为开发银行支持产业扶贫的重要抓手和支撑。开发银行将国家储备林等林业重点领域纳入 PSL 资金支持范围。二是扎实开展国家储备林建设融资工作。聚焦重点，压茬推动雄安新区国家储备林、海南橡胶国家储备林、重庆国家储备林等区域性重大国家储备林项目落地，联合相关分行完成评审工作。密切跟踪河南、贵州、云南、湖南等储备林建设重点地区工作进展，指导分行完成一批市、县级储备林项目开发评审。全年累计承诺国家储备林项目贷款 400 亿元。三是做好国家储备林行业指导。转发国家林草局《国家储备林建设规划（2018—2035 年）》等行业指导性文件，梳理形成开发银行国家储备林重大项目储备库。完成《关于国家开发银行支持国家储备林基地建设有关情况的分析报告》，编制《国家开发银行林业扶贫项目开发推动工作指引》，提升林业项目开发评审效率。在国家林草局全国林业规划系统培训会、全国财政系统支持林业生态建设培训以及贵州等省份宣讲开发银行支持国家储备林相关政策和经验做法。四是探索林业融资新领域。构建林业扶贫新机制，向广西国家储备林项目、江西吉安市国家储备林建设等精准扶贫项目授信 709 亿元，占开发银行已承诺国家储备林项目额度的 50% 以上，累计发放国家储备林扶贫贷款 80 亿元，带动建档立卡贫困人口 3 万余人次。与国家林草局签署《共同推进荒漠化防治战略合作框架协议》，推动荒漠化治理领域投融资模式创新；编写油茶扶贫研究报告，联合首农集团在湖南、江西等地探索油茶扶贫新模式；赴印尼棕榈种植园进行现场调研，完成《关于赴印尼推动棕榈扶贫项目有关情况的报告》。五是开展造纸行业研究并完成重点项目评审。加强造纸行业研究与交流，完成《造纸行业研究报告》，邀请行业专家在全局开展造纸行业业务培训。完成金光集团巴西并购项目评

审并通过开发银行总行贷委会审议，承诺贷款27亿美元。六是加强集团客户管理。按照《国家开发银行集团客户管理暂行规定》等相关制度，完成了山东泉林、吉林森工、晨鸣集团的信用评级、综合金融服务方案、统一授信策略报告及年度信贷管理分析报告，持续加强集团客户管理和风险防控。

（三）积极推动重大水利工程建设，大力支持水利事业发展

针对全国已开工建设的132项重大水利工程，开发银行已融资支持64项，承诺额度3476亿元，投放资金1640亿元。一是继续加强部委沟通交流。积极配合国家发改委推动永定河流域综合治理，多次赴农经司了解水利基础设施补短板、重大水利工程等水利投资政策、项目建设进展。参加水利部全国水利厅局长会议、水利规划计划会、重大水利工程投融资工作研讨会，就水利投融资存在的问题和建议进行充分沟通。二是全力支持重大水利工程。始终把重大水利工程作为工作的重中之重，完成湖北碾盘山水利枢纽贷款承诺15亿元、青海引大济湟工程贷款承诺20亿元，推动新疆大石峡水利枢纽、陕西东庄水库等项目贷款评审。2018年，向广西大藤峡水利枢纽、陕西引汉济渭工程等重大水利项目发放贷款64亿元。三是大力支持永定河综合治理与生态修复工程。与永定河流域投资有限公司开展全面合作，签订《开发性金融合作协议》，联合赴天津市、河北廊坊市和固安县进行调研，参与永定河综合规划和绿色发展规划编制，提出融资模式和建议。成立开发银行有关部门和4省市分行参加的项目融资工作组，推动"一地一策"研究，按照国家发改委《关于进一步做好永定河综合治理与生态修复工作的通知》，各分行与当地政府部门、流域公司分公司做好对接，全面参与项目协调推动，开展工程建设融资工作。四是积极支持其他地方重点项目。调研推动重庆渝西水资源配置和重点水源建设工程、宁夏城乡供水等地方重点水利项目开发评审；配合分行完成北京市农业高效节水示范工程、抚州市抚河治理等项目贷款承诺。五是推动水利规划课题研究。与发改委合作开展《重点区域河湖防洪及水生态治理思路与政策研究》课题，与水利部合作开展《全国高效节水灌溉分区发展重点和关键机制研究》课题，与水规总院共同赴江西等重点区域开展调研，为后续项目实施提供基础支撑和指导。六是加强水利融资模式推广和创新。编写发布宁夏中部干旱带贫困片区西线供水中宁县喊叫水扬水工程PPP项目（扶贫开发）案例、江西省抚州市抚河流域生态保护及综合治理项目案

例。先后在北京、青岛、江西组织召开三次水利融资座谈会，邀请26家分行参加，讲解不同类型水利项目融资模式及评审要点，交流水利融资工作存在的问题及建议。

（四）加大工作力度，开拓养老产业"蓝海"

一是加强部委合作。多次赴民政部了解养老政策情况，积极为民政部牵头编制的有关政策文件献计献策，在国家层面明确开发银行支持养老服务发展的职能定位。加强与国家发改委联系，参与"城企联动发展普惠养老"方案制定及推动实施。二是加强模式创新和政策研究。为解决与重点客户合作过程中遇到的养老项目小、散、同质化程度高、评审周期长、重复工作量大等问题，推出预授信评审模式。对建立战略合作关系的客户，研究实施"预授信+分笔核准"授信模式。贯彻国务院会议精神，研究起草开发银行支持养老服务体系建设的指导意见，明确指导思想、工作原则、贷款投向、支持主体，以及项目开发评审的具体措施。三是加强业务推动。通过调研推动、片区推进、评审指导、下发案例等多种形式推进全行养老业务开展。在北京、广州、成都召开三场养老业务片区推进会，从环境政策、开发评审、问题建议三个方面进行业务培训，并组织集体调研了各具特色的养老机构和养老社区项目。在行内发布《进一步支持养老服务发展的工作通知》和典型案例，进一步部署相关工作，加强业务指导。四是加强与重点客户的合作。不断深化与华润、远洋和国开投等重点客户的合作关系。与华润置地签订养老领域战略合作协议，推动辽宁沈阳小南街项目等实现承诺发放，同时启动预授信工作。加强与远洋在养老方面的合作，实现远洋上海虹湾养老社区项目贷款发放，天津、成都等地多个项目也进入评审阶段。与国开投、中国诚通、万科等企业进入实质合作阶段，合作内容不断拓展。

第9章
中国农业发展银行的创新探索

中国农业发展银行（以下简称"农发行"）作为我国唯一一家农业政策性银行，是我国金融体制改革的产物，也是中国特色社会主义市场经济在金融领域的成功实践，建行以来坚持深化改革、强化服务，充分发挥在农村金融体系中的主体和骨干作用。2018年，农发行认真贯彻落实党中央、国务院决策部署，有效应对内外部环境变化，坚持稳中求进工作总基调，以高质量服务乡村振兴战略为总抓手，全力服务国家战略、宏观调控和"三农"发展。全年累放贷款1.8万亿元，创历史新高；年末贷款余额5.14万亿元，增长9.7%；新投放贷款平均利率低于同业123个基点，优惠支农力度进一步加大，在服务国家粮食安全、脱贫攻坚和乡村振兴等国家战略中凸显"农发行贡献"。

一、聚焦重点领域服务乡村振兴战略

实施乡村振兴战略，是新时代做好"三农"工作的总抓手。2018年，农发行以"服务乡村振兴的银行"为己任，深入学习贯彻中央1号文件和乡村振兴规划要求，组织全系统开展乡村振兴大调研，在金融系统率先出台服务乡村振兴战略的指导意见，聚焦国家粮食安全、脱贫攻坚、产业兴旺和生态宜居四大重点领域，充分发挥服务乡村振兴的排头兵和主力军作用。

（一）全力服务国家粮食安全

粮食安全是国民经济的"压舱石"。支持粮棉油收储是党中央、国务院赋予农发行的基本职责，是农发行立行之本、发展之基。2018年，农发行适应粮食收储市场化改革和去库存政策要求，积极创新产品模式，完善信贷政策体系，确保国家政策性粮食"去库存"工作顺利进行，全力维护国家粮食安全。截至2018年末，全行累放粮棉油贷款5678亿元，粮棉油贷款余额18566亿元，保持在历史高位。

一是确保粮棉油收购资金供应。始终把粮棉油收购资金供应放在首位，确保不因农发行工作不到位导致"卖粮难"。全年累计投放粮棉油收购贷款2457亿元，支持企业收购粮油2623亿斤、棉花323万吨，支持夏粮收购和秋粮收购分别占全社会收购量的49%和50%，支持棉花收购占全社会生产量的58%，继续保持收购资金供应主渠道地位。

二是支持粮食市场化收购。在保障稻谷和小麦最低收购价资金供应的同时，主动适应政策调整，认真谋划粮棉油市场化业务发展新思路，先后出台支持粮食市场化改革与发展的实施意见和若干措施，大力推广玉米信用保证基金模式，进一步加大对粮食市场化收购业务的支持力度。全年新增贷款支持市场性客户392户，较2017年支持的市场性客户数增加29%；投放市场化收购贷款1642亿元，同比增加122亿元。

三是保障国家粮食储备安全。及时足额提供中央和地方储备粮轮换和增储信贷资金，强化对中央和地方储备贷款的管理，进一步规范储备贷款业务流程及操作，全力保障国家粮食储备安全。

四是加强信贷基础管理。规范中央及地方粮食贷款管理，修订封闭运行管理等一系列制度办法。新发放的粮棉油收购贷款按期实现贷款本息"双结零"，确保新发放收购贷款的安全性。

（二）坚决助力打赢精准脱贫攻坚战

打赢脱贫攻坚战是党的十九大提出的三大攻坚战之一，对如期全面建成小康社会，实现我们党第一个百年奋斗目标具有十分重要的意义。农发行作为国家的银行、支农的银行、补短板的银行，坚持以服务脱贫攻坚统揽支农全局，牢牢把握精准，制定《支持打赢脱贫攻坚战三年行动方案》，持续巩固全行全力全程的大扶贫工作格局，推动政策性金融扶贫再上新台阶。2018年，农发行累计投放精准扶贫贷款3893亿元，年末贷款余额1.35万亿元，精准扶贫贷款投放额和余额继续保持金融同业首位；项目精准扶贫贷款共支持扶贫项目3538个，同比增长5.17%，其中国定贫困县扶贫项目2075个；贷款利率较基准利率下浮28个基点，切实缓解贫困地区"融资贵"问题；扶贫贷款覆盖国家级贫困县820个（占比97.7%），直接服务建档立卡贫困村7.1万个（占比55.5%），带动或服务建档立卡贫困人口4533万人（占比64.6%）。农发行唯一连续三年获得"全国脱贫攻坚奖"，并获"最佳脱贫攻坚银行奖""中国金融扶贫突出贡献奖"，成为金融扶贫的先锋、主力和模范。

一是突出支持深度贫困地区。将支持"三区三州"等深度贫困地区脱贫攻坚作为重中之重，出台28条差异化支持政策，推动更多扶贫资金、项目、举措向深度贫困地区集中。全年累计向"三区三州"投放精准扶贫贷款376.21亿元，年末贷款余额1163亿元，比年初增长11.68%，是同期全行扶贫贷款增幅的1.8倍。

二是大力支持产业扶贫。产业扶贫是"五个一批"的首位工程，是脱贫扶贫的治本之策，是"后易地扶贫搬迁时代"推进农发行业务可持续发展的必然选择。2018年，农发行围绕"两不愁、三保障"持续加大信贷投入，支持贫困地区粮棉油收储、农业产业化经营和特色产业发展，创新推广产业扶贫贷款风险补偿基金"吕梁模式"。全年累计投放产业扶贫贷款1467.5亿元，年末贷款余额4129.8亿元，共带动476.23万建档立卡贫困人口增产增收；平均每亿元贷款约带动1098人，比2017年多带动79人，比2016年多带动451人。其中，累计发放粮棉油扶贫贷款1136亿元，带动建档立卡人口284万人。

三是全力支持专项扶贫行动。加大专项扶贫贷款投放力度，研究出台教育扶贫、健康扶贫、贫困村提升工程等专项扶贫信贷产品，积极支持旅游扶贫、光伏扶贫、网络扶贫、创业致富带头人等行动。全年累计投放专项扶贫贷款752.1亿元，年末贷款余额1013.3亿元。其中，旅游扶贫贷款余额160.15亿元，较年初增加141.59%；光伏扶贫贷款余额57.22亿元，惠及贫困人口30余万人。

四是加大力度支持定点扶贫。坚持将吉林大安市、贵州锦屏县、广西隆林县、云南马关县4个定点扶贫县和江西南丰县1个对口支援县的定点扶贫作为全行扶贫工作的窗口和标志，着力构建融资、融智、融商、融情"四融一体"定点帮扶机制。全年累计向定点扶贫县投放贷款 31 亿元，年末贷款余额 88 亿元。发放教育扶贫贷款支持新建改建幼儿园、中小学 6 个，惠及 800 余名建档立卡贫困学生。分别在 5 个定点扶贫县召开产业扶贫招商引资会，签订投资合作协议 111 个，意向投资金额 206 亿元，筹集捐赠资金 1497 万元。农发行系统募集资金 523 万元用于定点扶贫，拨付党费 320 万元用于定点扶贫县贫困村基层党组织建设。组织开展消费扶贫，购买或帮助销售农产品 1553 万元。年末 5 个定点扶贫县实现 8.94 万余建档立卡贫困人口脱贫。

五是继续支持易地扶贫搬迁和基础设施扶贫。完善信贷政策，强化贷款管理，支持各地易地扶贫搬迁工作稳步推进。全年累计投放易地扶贫搬迁贷款 367.5 亿元，年末贷款余额 2411.8 亿元，惠及搬迁人口 768 万人，其中建档立卡贫困人口占比 68%。进一步推进基础设施扶贫信贷工作，全年累计投放基础设施扶贫贷款 1511.1 亿元，年末贷款余额 6279.1 亿元。

六是积极支持"万企帮万村"。积极参与"万企帮万村"精准扶贫行动项目库，截至 2018 年末，全国 31 个省分行都与当地工商联、扶贫办和光彩会建立了合作，并将合作平台延伸到市、县；2018 年末纳入农发行政策性金融支持"万企帮万村"行动项目库企业 987 家，支持企业 794 家，带动 68.7 万贫困人口增收。

（三）积极助推产业兴旺

乡村振兴，产业兴旺是重点，产业兴旺既是支撑乡村振兴的源头，更是引领乡村振兴的潮头。2018 年，农发行积极顺应市场化发展新要求，突出创新引领和先行先试，加大力度助推产业兴旺，大力支持高标准农田、"三产"融合、农村物流、林业生态等重点领域，拓展支持农村集体经营性建设用地入市、田园综合体、乡村旅游等新领域。全年累计发放贷款 1275 亿元，同比多放 287.98 亿元；年末贷款余额 2161 亿元，同比增长 42.3%。其中投放农地类贷款 392 亿元。

一是支持高标准农田建设。围绕服务"藏粮于地"战略，集中支持一批具有较高影响力、整区域推进的高标准农田建设项目。截至 2018 年末，累计支持高标准农田建设类项目 175 个，贷款余额 304.73 亿元。项目建成后，预计可新建高标准农田或补充耕地面积 562.31 万亩。

二是支持农业科技创新。围绕服务"藏粮于技"战略，大力支持现代种业、高端农机装备、节水灌溉、智慧农业、生态环保等领域科技成果转化以及现代农业科技创新推广应用。2018年末农业科技创新贷款余额56.43亿元。

三是支持产业化龙头企业。围绕农产品加工业提升行动，重点支持非粮棉油农、林、牧、副、渔全产业链发展。2018年末，产业化龙头企业贷款余额328.26亿元，重点支持了一批战略性客户。

四是支持农村流通体系建设。围绕"四个聚焦"，积极支持农产品流通骨干网络和公益性农产品市场等"菜篮子工程"建设。2018年末，农村流通体系建设贷款余额454.35亿元，较年初增加136.23亿元。

五是支持新产业新业态。以各类省级以上农业园区为重点，积极支持"三区三园一体"和各类农业农村新产业新业态发展。2018年末，现代农业园区及三产融合贷款余额158.87亿元，较年初增加88.18亿元。

（四）加大基础设施补短板力度

实现乡村振兴，要直面基础设施短板，夯实乡村振兴基础。2018年，农发行按照乡村振兴战略及生态宜居要求，持续强化补短板、强弱项作用，做好农业农村水、路、房、生态建设等"大文章"，全力支持棚改、农村交通、水利、城乡一体化、人居环境等重点领域建设，支持改善农村生产生活条件，加快农村现代化建设步伐，让更多农民"过上和城里人一样的日子"。2018年，农发行累放基础设施贷款7874亿元，年末贷款余额2.6万亿元，占到全行贷款的一半。

一是支持棚户区改造。积极适应外部政策变化，及时完善棚改信贷政策，聚焦贷款合规管理。全年累计投放棚改贷款5876.1亿元，提前超额完成党中央、国务院交办的4000亿元投放目标任务。

二是支持水利建设。保持对国家重大水利工程项目的支持力度，带动地方水利设施基础建设发展，继续打造"水利银行"品牌特色。全年投放水利建设贷款335.1亿元，年末贷款余额2773.8亿元。

三是支持农村交通建设。持续加大"四好农村路"信贷支持，促进城乡互联互通、便捷畅通，着力破解农村地区"出行难"问题。全年投放农村交通贷款398.1亿元，年末贷款余额3050.9亿元。

四是支持农村人居环境建设。紧紧围绕《农村人居环境整治三年行动方案》总体要求，支持建设美丽乡村，推动农村人居环境改善。全年投放改善农村人居环境贷款287.7亿元，年末贷款余额2045.6亿元。

五是支持生态环境建设。支持推进绿色发展，着力解决突出环境问题，加大生态系统保护力度。全年投放生态环境建设贷款50.8亿元，年末贷款余额181.7亿元。

六是支持城乡融合发展。以国家新型城镇化规划为蓝本，大力支持城乡融合发展，推动城乡公共服务和基础设施一体化、均等化。全年投放城乡一体化建设贷款767.6亿元，年末贷款余额5807.7亿元。

（五）积极拓展多元化服务

2018年，农发行精准对接客户多元化金融需求，积极开展重点建设基金、中间业务、投行业务、资管业务和股权投资业务等综合化服务，在服务供给侧结构性改革和国家重点发展战略等方面发挥了重要作用。

一是助推中国农业"引进来"和"走出去"。积极开展外汇资金、国际结算、贸易融资、外汇贷款、融资性保函等国际业务，加强对战略性、资源型农产品及配套技术、设备进口的支持力度，助推优化重要农产品进口的全球布局；积极支持名优特新等优势农副产品出口，培育新的竞争优势，扩大特色和高附加值农产品出口；加大力度支持我国农业对外交流与合作，促进中国农业有效利用国际国内两个市场、两种资源。截至2018年末，全行开办外汇业务的经办行123家，境内外代理行481家，覆盖67个国家和地区。全年累计办理国际结算量达到110.3亿美元、贸易融资15.03亿美元。

二是稳健发展投资业务。深化中间业务合规管理，加大对实体经济减费让利力度，全年中间业务收入3.2亿元，同比下降20.43%。荣获中国银行业协会2018年"最佳中间业务社会贡献奖"。重点建设基金运营平稳，截至2018年末，中国农业产业发展基金和现代种业基金实现投资项目42个，金额39.81亿元。持续推进控股先农投资公司和增资种业基金工作，出资10亿元参股设立国家融资担保基金。积极推进债券承销业务，非金融企业债务融资工具主承销业务顺利落地，成功发行4单产品，金额共计45亿元，拓宽了服务实体经济的渠道。发展资管业务，全年发行4单理财产品，规模20亿元。

二、加大力度创新金融服务

创新是引领发展的第一动力。随着国家加快推进粮食收储市场化改革,严格规范地方政府和国有金融机构投融资行为,调整棚改信贷政策,农发行长期以来依靠政策和政府的业务增长模式发生了根本变化,履职发展面临严峻挑战,加快推进业务创新成为必然选择。2018年,农发行大力推进金融产品与业务模式创新,提升金融服务水平。

(一)全力服务国家区域协调发展战略

2018年,农发行充分发挥政策性金融服务国家战略的特殊职能作用,积极融入国家区域协调发展战略,加大政策保障和资源倾斜力度,支持雄安新区建设,助力长江经济带产业转型与生态保护,推动粤港澳大湾区粮食安全与基础设施建设,推动塑造区域发展新格局。对中国雄安建设投资集团有限公司投资首笔贷款1.25亿元,支持雄安新区10万亩苗景兼用林项目建设;向北京桑德环境工程有限公司投放雄安新区第一笔非产业类供应链贷款——5000万元工程总承包(EPC)合同贷款,支持该项目第六标段建设。"十三五"以来,农发行累计向粤港澳大湾区投放826.8亿元贷款。

(二)大力发展绿色金融

发展绿色金融对我国绿色经济发展意义重大。农发行坚持绿色发展理念,服务"三农"需求,强化"绿色银行"品牌建设,不断取得新的成就。截至2018年末,农发行累计公开发行绿色金融债券200亿元,筹措资金专项用于支持绿色信贷项目,加强绿色金融债券资金全流程监控,保证资金依法合规使用。按银保监会"绿色信贷"报送口径,2018年末农发行绿色信贷贷款余额2448.52亿元,支持项目1952个,占各项贷款余额比重为4.81%。"绿色信贷"贷款投向主要用于改善农村生态环境,农村人居环境,绿色农业、林业开发,可再生能源及清洁能源项目以及建筑节能及绿色建筑等。从产生的环境及社会效益情况看,共产生二氧化碳减排量

247.6万吨，二氧化硫削减量2.4万吨，氮氧化物削减量1.6万吨，节水1.14亿吨。共计支持造林面积45.38万公顷，水源地保护、水生态及地下水保护、修复规模20万公顷，整治水系3.25万公里，支持水库闸除险加固1297座，防洪保护4.4亿人，支持新建或扩建污水处理厂和垃圾处理站1794个，解决了3514.16万农民饮水问题。

（三）积极扶持小微企业发展

农发行认真贯彻落实国务院关于金融机构扶持小型微型企业发展的决策部署，充分发挥政策性银行在稳增长、调结构、惠民生中的特殊作用，加强与地方小微金融机构合作，实现对各类新型农业经营主体、小微企业等服务对象的支持。按银保监会监测口径，截至2018年12月末，农发行单户授信1000万元以下的小微企业贷款余额为46.06亿元，贷款户数为858家；2018年全年累放贷款为21.52亿元，累放贷款户数为405家，贷款平均利率为4.78%。

农发行不断加大小微企业服务创新。积极为优质小微上下游企业牵线搭桥，搭建信息沟通与合作平台，帮助开展产销对接。推广供应链金融模式，通过"核心龙头企业+合作社""龙头企业+家庭农场"等模式，解决小微企业融资难问题。对生产经营基本正常但资金紧张的小微企业，在防控信贷风险的前提下，通过及时办理无还本续贷等方式，帮助经营出现困难的小微企业渡过难关。截至2018年末，无还本续贷涉及企业287户，贷款余额214.02亿元（国标口径）。通过与蚂蚁金服集团合作，利用大数据分析，探索与网商银行、京东金融等互联网金融机构合作，加大对小微企业的信贷支持。截至2018年末，农发行已向浙江网商银行投放支农转贷款2亿元。

农发行建立起普惠金融贷款监测体系。2018年，农发行开展了大数据平台建设，对接外部数据资源，提升客户挖掘、信息采集与分析能力，建立普惠金融重点领域贷款统计指标体系，为报送普惠金融指标监管数据提供了数据支持。同时，普惠金融报表积累的历史数据为后续各业务条线进行数据分析和挖掘、支撑业务发展、打造精准普惠金融服务提供了数据支撑基础。

（四）加大力度创新金融产品

农发行推进海洋资源开发与保护贷款业务试点。与国家海洋局联合下发《关于农业政策性金融促进海洋经济发展的实施意见》,围绕"产业+生态"两条主线,进一步强化部委合作,突出重点,精准发力,推进业务试点工作。支持了一批国家级渔港、海洋牧场、港口码头、岸线旅游、海岛开发等重点项目和海岸带修复、"蓝色港湾"等战略工程,如福建福鼎深海渔场项目、舟山禅意小镇开发项目、厦门五通客运码头项目、荣成海岸带综合治理项目等一批具有良好示范效应的项目。2018年末,海洋资源开发与保护贷款余额51.73亿元,较年初增加33.97亿元。

同时,全面开展林业资源开发与保护贷款业务。以国家储备林建设和林业生态保护为业务重点,积极探索PPP、企业自主经营、政府特许经营、扶贫过桥等非政府购买服务模式的推广应用,先后支持了江苏射阳县沿海生态防护林、河北张家口怀来官厅水库国家湿地公园、山东聊城茌平县创森及生态综合治理等一批重点项目。2018年末,林业资源开发与保护贷款余额377.24亿元,比年初增加125.01亿元。

(五)探索创新业务模式

一是强化模式探索与推广。农发行积极探索推进公司自营、PPP、银团贷款等基础设施融资模式,基础设施条线全年审批PPP项目151个、742亿元,公司自营项目346个、1639亿元。其中,生态环保项目共审批57个、150亿元,主要采用自营或PPP模式进行支持。推动"涉农资金整合+财政奖补""两项土地指标"交易、企业综合收益、订单融资、联合增信等创新模式在各地的探索应用,成功落地浙江桐庐"千亩水田万亩耕地"垦造工程、桂林洋国家热带农业公园等重点项目。进一步加大对"产业化联合体"、"三产融合"、粮食收购贷款信用保证基金"通辽模式"、金融扶贫"吕梁模式"等有效模式的复制推广力度,形成一些好的案例,如新疆分行运用"订单融资"模式支持产业扶贫、甘肃分行运用"政银担"模式支持当地产业发展等。

二是探索新型抵押方式,按照中国人民银行"扩面增量"的要求,积极推动"两权抵押"贷款试点工作落地。截至2018年末,全行共有12个省、37个县在农地抵押贷款试点方面实现了有效突破,涉及地区较年初增加了4个省、18个市(县),农地抵押贷款余额34.88亿元,较年初增加21.18亿元,增幅154%。

三是推动支农转贷款试点扩面。在总结浙江、江西分行支农转贷款业务试点情况的基础上,将试点范围扩大到12个省级分行,引导更多资金投向新型农业经营主体、返乡创业者和贫困户等难以获得金融服务的群体。截至2018年末，支农转贷款余额24.12亿元，累计支持1699户家庭农场、种养大户等新型农业经营主体，利率明显低于同业水平。

四是探索支持农村土地制度改革路径。积极探索政策性金融支持农村土地制度和农村集体产权制度改革、支持壮大集体经济和保障农民财产权益的有效途径和方法，成功支持北京市安定镇和青云店镇农村集体经营性建设用地入市项目，有效盘活集体建设用地，促进城乡一体化建设。

（六）推进城市行创新发展

农发行印发《关于促进城市行创新发展的指导意见》，指导城市行开展业务综合创新，巩固和扩大上海分行扩权试点成果，在北京、天津分行积极推广，并鼓励其他城市行先行先试。推进对京、津、沪三行差别化授权，组织城市行发展专题研讨班，多措并举推动城市行创新发展取得积极进展。北京分行和上海分行2018年贷款余额增幅分别为57%和72%，高于全行平均水平。

三、多渠道筹措支农资金

资金来源是银行的血脉，及时高效筹措支农信贷资金是保证农业政策性银行信贷投放的基础。2018年，农发行积极拓宽筹资渠道，加大筹资力度，引导各类资金回流反哺"三农"。年末付息负债总额6.41万亿元，其中债券余额4.18万亿元，占比65.2%；各项存款余额1.44万亿元，占比22.5%；向央行借款（含PSL）余额7909亿元，占比12.3%。全年累计供应资金51007亿元，有效保证业务发展需要，有力支持"三农"和实体经济发展。

（一）拓展发债筹资渠道

2018年，农发行坚守境内，冲出亚洲，走向欧洲，辐射全球，实现了多币种、多市场、多品种的多维度发展，形成境内外市场一体化、批发零售同步化、发行方式多样化、投资主体多元化的发债筹资新格局。荣获2018年深圳证券交易所"突出贡献奖"、《金融时报》"年度最佳资本市场对外开放创新突出贡献机构"、债券通公司"债券通最佳发行人"等奖项。境外成功发行首单欧元绿债入选《金融时报》"2018年中国资本市场十大新闻"。

一是拓宽发债场所。2018年,农发行在深交所成功首发100亿元金融债券,实现了银行间市场、交易所市场、柜台市场等境内筹资渠道全覆盖。首次推出农发债指数基金,先后与广发基金、中银基金、南方基金等多个公司合作推出农发债指数基金,共募集份额超126亿份,不仅有助于增强农发债二级市场流动性,同时也为机构投资者提供了多元化的农发债金融衍生产品。率先发行"乡村振兴"债券,全年坚持多期限、多品种券齐发,重点券滚动发行。涵盖3个月至10年关键期限各品种,适当增加1年以内超短期限品种的发行规模,有效降低整体发行成本。全年发债筹资1.11万亿元,连续4年超万亿元;新发债券加权平均期限5.02年,存量债券平均剩余期限3.94年;新发债券加权平均利率4.06%,低于上年发行利率6个基点,节约利息支出33.43亿元。截至2018年末,累计发行境内债8.01万亿元,继续稳固中国债券市场第三大发行主体和第一大"三农"发行主体地位。

二是破冰外币债券发行。2018年,农发行首次发行境外双币债券、美元债券、欧元绿色债券。其中,面向境外投资者发行2年期固息人民币债券规模为12亿元、3年期浮息美元债券规模为7亿美元、准主权3年期浮息欧元绿色债券规模为5亿欧元。这是农发行继2012年、2014年先后在香港发行共110亿元人民币债券后,时隔4年再次登陆国际资本市场筹集资金,进一步拓宽了境外资金回流境内支持"三农"的渠道。

三是搭建互联互通平台。2018年初,农发行与卢森堡交易所签订战略合作协议,后续通过其平台完成近90只存量农发债的整体境外信息披露;2018年11月,又与香港债券通公司合作,试点披露新发债券招标信息,实现境内农发债在境外的同步信息披露,助力境内外债券市场的沟通融合。

(二)加大存款等低成本资金筹集力度

存款是农发行稳定、低成本的重要资金来源,对缓解全行筹资压力、降低企业融资成本具有重要作用。2018年,农发行严格规范存款组织工作,健全存款组织机制,把财政存款作为提质增效的重要手段,多措并举,扎实推进,在全国财政收入增幅下滑、财政支出增幅提高的大背景下，财政存款继续保持良好的增长势头。截至2018年末，全行财政存款日均余额2081亿元，比上年末增加161亿元，增长8.4%。剔除不可比因素后，全年各项存款日均余额1.55万亿元，同比增加679亿元。

中国人民银行再贷款是农发行低成本资金来源的重要补充。2018年，农发行积极争取PSL资金，扩大支持范围，增加农村人居环境建设领域，全年领用PSL资金1267亿元，重点支持脱贫攻坚和基础设施补短板项目。

加强流动性调节。全年累计完成资金交易总量21.44万亿元，充分发挥资金交易有效调节流动性和资产负债的功能。荣获"核心交易商""活跃交易商""对外开放贡献奖""银行间本币市场交易300强"等多个奖项。

四、统筹推进体制机制改革

2018年，农发行坚持用改革的手段健全体制机制、激发动力活力，认真落实改革实施总体方案要求，深入贯彻农发行章程和监督管理办法，围绕"方向正确、功能突出、风险可控、经营高效、体制完善、服务优质、文化引领"的高质量发展总要求，不断推进重点改革工作，破除体制机制障碍。

（一）构建改革的"四梁八柱"

加强顶层设计，围绕优化资源配置机制，完善内部机构管理体制、授权体系和激励约束机制，制定发布资产负债管理体制改革、内控合规体制改革、全面风险管理体系建设、信贷管理体系建设、以客户为中心的服务管理体系改革、健全绩效考评和激励约束机制、运营集约化管理等七项重点领域改革实施方案，明确各项重点领域改革政策制度体系的基本框架，构建起改革的"四梁八柱"。

（二）稳步推进重点领域改革

积极推动改革总体方案落地，持续深化公司治理结构和资本约束机制、全面风险管理体系、内控合规和案件防控体系、信贷管理体系、资产负债统筹管理和管理会计体系、运营集约化管理、以客户为中心的服务体系、绩效考评和激励约束机制体系等八个方面的改革,加快农发行现代化建设步伐。

一是突出工作重点。不断完善公司治理机制,积极推进董事会组建、政策性业务和自营性业务两类业务类管理。围绕完善制度办法、调整组织架构、开展外部咨询等领域,有序推进各项改革落地,全面风险管理、资本和流动性管理、省级分行绩效考核等制度办法不断完善;总行资产负债统筹管理、内控合规、风险管理机构调整已基本完成;资产负债管理、信贷管理、内控合规和案防体系、风险计量等外部咨询项目已开始启动并有序开展。

二是部分改革取得阶段性成效。运营集约化改革全面启动,省行集中运营进入具体实施阶段,柜面改革和流程梳理方案确定,配套改革的总行、省行两级运营管理机构人员调整到位。协同推进以客户为中心的服务管理体系和信贷管理体系,初步确定信贷产品体系架构和实施步骤、信贷产品整合方案,客户服务和办贷管贷机制逐步优化。绩效考核和内部激励约束机制改革已初步建立差异化的考核评价机制和动态调整机制,并实行绩效工资延期支付和追索扣回等内部激励约束办法。全面预算管理正式起步,完成管理会计体系建设三年规划和实施路线图。全面风险管理体系建设、内控合规体制改革有序推进,风险防控体系进一步完善。

三是不断强化科技支撑。出台信息科技三年发展规划,统筹安排了28项主要任务、78项信息科技项目,涵盖农发行所有重要业务领域。确定信息科技发展"三步走"战略:2018年统筹起步,重点要补齐短板;2019年重点突破,以新核心上线为代表,重点项目取得阶段性成果;2020年实现信息系统对大部分业务领域的覆盖,科技支撑能力全面提升。2018年,共有20个项目投产,新核心业务系统建设全面启动,项目群整体进入实质性研发阶段。企业网银系统于2018年10月成功投产上线,首批9家分行推广使用顺利,填补了农发行离柜支付结算服务的空白。内部资金转移定价、日间头寸管理等10多项系统成功研发上线,填补了资产负债、管理会计等业务领域的空白,满足了监管要求。综合业务系统、CM2006系统、综合办公平台等系统持续优化改造,增强了核算、内控、决策分析等方面的支持能力。信息科技风险有效管控,确保各信息系统安全平稳运行,未发生外部监管部门定义的信息安全事件。

五、2019 年改革创新发展展望

2019 年，农发行将坚持稳中求进工作总基调，认真落实党中央、国务院决策部署，全力服务国家粮食安全和乡村振兴战略，继续打好防范化解风险、脱贫攻坚和污染防治攻坚战，统筹推进服务"三农"、补齐短板、防控风险、改革创新、内部治理、现代银行建设工作，打造服务乡村振兴品牌银行，助力全面建成小康社会。

（一）围绕"四个转向"推进业务创新转型

在坚持政策性银行办行方向，坚守"三位一体"办行理念，全力服务好政府中心工作的前提下，以政策为基础、以市场为导向、以客户为中心、以合规为底线，围绕"四个转向"狠抓创新发展：在发展理念上，从追求速度规模的外延式增长转向注重质量效益的高质量发展，把优化业务结构、提高发展质量放在更加突出的位置；在发展手段上，从过度依赖财政资金的放贷模式转向注重项目现金流和企业综合收益的运营模式，实现政策性业务的市场化运作；在发展方式上，从简单复制操作的粗放式经营转向依靠技术厚植优势的集约化管理；在发展路径上，从较多学习模仿的追随者转向强化自主创新的引领者。

（二）突出"四大重点""五个抓手"服务乡村振兴战略

坚守农业政策性银行职能定位，主动适应高质量发展新要求，聚焦农业农村重点领域，突出全力服务国家粮食安全、全力服务脱贫攻坚、推进农村产业兴旺、推动农村生态宜居"四大重点"，将围绕粮食保根基、围绕产业做特色、围绕土地做文章、围绕客户做产品、围绕现金流定项目"五个围绕"作为服务乡村振兴的重要抓手，持续加大信贷投入力度，把"服务乡村振兴的银行"建设不断推向深入。

（三）实施"四大工程"助推全行改革发展

实施重点客户工程，开展大普查、大走访、大营销，不断提升客户服务水平，着力培育高质量的优质客户群。实施重点项目工程，建立项目储备库管理制度，对储备项目实行标准化、规范化、动态化管理，提高办贷效率，前移风险关口。实施存款优化工程，进一步健全存款组织机制，多渠道组织存款，加大企业及其上下游链条企业存款组织力度，巩固财政性存量存款，争取增量财政存款，着力优化存款质量。实施服务民营小微企业提升工程，提升全行政治站位，着力完善政策制度，强化正向激励，加大工作督促指导，加大对民营和小微企业的支持力度，确保小微企业贷款余额增长50%。

（四）深化重点领域改革，增强发展动能

推动《农发行改革实施总体方案》落实落地，完善公司治理机制，正式组建董事会，推动政策性业务和自营性业务两类业务"分账管理、分类核算"，深入推进八项重点领域改革。进一步加快全面风险管理体系建设，深化内控合规体制改革，完善信贷管理体系建设，推动资产负债管理体制改革，加快推进运营集约化改革，全力推动以客户为中心服务管理体系改革，健全绩效考评和激励约束机制，推进财务管理体制改革，强化重点改革的信息科技支撑，实现新核心业务系统上线运行。

第10章

中国农业银行金融扶贫和服务"三农"的实践探索

2018年,中国农业银行(以下简称"农业银行")以习近平新时代中国特色社会主义思想为指导,深入贯彻落实党的十九大、中央经济工作会议、中央农村工作会议、全国金融工作会议和2018年中央1号文件精神,突出服务重点,加快改革创新,加大信贷投放,扎实推进金融扶贫和服务乡村振兴各项工作,取得了显著成效。截至2018年末,全行县域贷款余额4.01万亿元,较年初增长4376亿元,增速12.26%,高于全行水平0.75个百分点;涉农贷款余额3.37万亿元,较年初增长3166亿元,增速10.38%,高于全行平均水平(不含贴现)0.2个百分点。

一、扎实推进金融扶贫工作,助力打赢脱贫攻坚战

打赢脱贫攻坚战,整体消除绝对贫困,让贫困人口和贫困地区同全国一道进入全面小康社会,是党中央做出的庄严承诺。作为国务院扶贫开发领导小组成员单位中唯一的商业银行,农业银行认真贯彻落实中央部署要求,主动担当作为,专门召开扶贫工作推进会议,制定出台《关于金融支持脱贫攻坚三年行动方案(2018—2020年)》等规划文件,加强统筹协调,汇聚全行力量,大力推进脱贫攻坚金融服务工作。

（一）进一步加大扶贫贷款投放

扶贫贷款投放是检验金融机构金融扶贫力度的重要指标之一。农业银行认真贯彻精准扶贫方略，突出扶贫重点区域和建档立卡贫困户，采取有力措施不断加大扶贫贷款投放，主动实行优惠利率，助力贫困农户脱贫致富和贫困地区经济社会发展。一是单独配置扶贫信贷计划。按照832个国家扶贫重点县新增贷款不低于800亿元、精准扶贫贷款新增不低于400亿元、深度贫困地区新增贷款不低于250亿元的标准，单独配置下达扶贫信贷计划，优先满足扶贫信贷需求。二是突出扶贫贷款投放重点。对接建档立卡贫困户名单，选择有生产能力、有贷款需求、有还款意愿的贫困户，积极投放精准到户小额扶贫贷款。以带贫企业、扶贫项目等为重点，加大产业扶贫贷款投放力度。积极支持贫困地区基础设施建设项目、支柱产业等，助推贫困地区经济发展。三是优化贷款办理流程。建立健全重大扶贫项目优先办结、限时办结和急办制度，简化扶贫项目办贷程序，确保扶贫贷款高效、有序投放。四是强化考核激励。将金融扶贫考核到相关总行部室和一级分行，围绕精准扶贫贷款投放、带动建档立卡贫困人口等重点指标，对832个国家扶贫重点县支行进行专项评价和穿透式考核，调动各级行做好金融扶贫工作的积极性。五是加强督导检查。坚持问题导向，加强日常督导和专项检查，督促扶贫工作进度较慢的行切实加大工作力度。六是主动降低贷款利率。对带贫效果明显的企业、合作社和规模农户，实行优惠利率，对建档立卡贫困户严格执行基准利率。截至2018年底，全行在832个国家扶贫重点县的贷款余额9239亿元，比年初增加1088亿元；精准扶贫贷款余额3415亿元，比年初增长538亿元，累计带动271万建档立卡贫困户脱贫。

（二）不断创新金融扶贫产品和服务模式

为提升金融扶贫能力和水平，农业银行积极创新金融扶贫产品和服务模式，精准满足贫困农户和扶贫企业金融需求。一是加快金融扶贫产品创新。建立"统分结合、分级研发"的产品创新机制，统筹总、分、支行力量，多层次多维度推进金融扶贫产品创新。扩大对贫困地区分行的产品创新权限，选择19家地处贫困地区的二级分行和县支行作为产品创新基地，鼓励分、支行结合当地实际加强扶贫金融产品创新，2018年创新推出油茶产业扶贫贷、扶贫旺农贷、金牛扶贫贷等多项金融扶贫特色产品。二是专门出台精准扶贫信贷政策指引。针对贫困地区和建档立卡贫困户，制定出台全行精准扶贫信贷政策指引，在客户评级、信贷准入和利率定价等方面实施差异化政策，并将带动贫困户脱贫作为向贫困地区扶贫企业和项目发放贷款的必要审批条件。在此基础上，对西藏、四省藏区、川陕苏区、赣南苏区、贵州毕节等贫困地区和革命老区，出台一系列差异化区域信贷政策。三是积极探索金融扶贫有效模式。在实践中探索形成政府增信扶贫、龙头企业带动扶贫等示范性强、可复制推广的10大金融扶贫典型模式，产生了良好的经济效益和社会效应。四是多途径深入开展金融扶贫。围绕贫困地区特色农产品销售，与商务部合作，在农村电商平台上设置扶贫专区，积极开展"电商扶贫"项目建设，带动20个省、46个国家扶贫开发重点县、近300种特色农产品面向全国直销。实施贫困家庭大学生招生"千人计划"，三年内招生1000名建档立卡贫困户大学毕业生。汇聚全行员工力量增加对贫困地区的无偿捐赠资金，开展贫困大学生"金穗圆梦行动"。2018年，农业银行"金穗圆梦行动"共资助贫困家庭大学生3996人。

（三）多措并举延伸贫困地区金融服务网络

农业银行立足自身网点覆盖广、科技实力强的优势，在贫困地区创新建立"物理网点+自助机具+惠农通服务点+互联网金融+流动服务"立体化的服务网络，着力提升贫困地区金融服务覆盖面。一是持续提升物理网点服务能力。按照只增不减的要求，进一步增加贫困地区物理网点数量。积极将县城低效网点迁至贫困乡镇，优化网点布局。在无网点乡镇积极设立离行式自助银行，扩大物理网点服务范围。到2018年末，农业银行在832个国家扶贫重点县设有人工网点3587个，是唯一一家在所有贫困县都有网点的金融机构。二是不断扩大"金穗惠农通"工程覆盖面。克服贫困地区交通、通信条件较差等困难，着力在农村布放电子机具，设立惠农通服务点，将服务网络延伸到村。目前，全行已在贫困地区农村设立惠农通服务点14.3万个，行政村覆盖率达到70%。三是深入实施互联网金融服务"三农"一号工程。将贫困地区作为互联网金融服务"三农"一号工程的重点，将金融扶贫产品和服务搬到网上，让更多贫困地区老百姓足不出村就能享受现代金融服务。四是因地制宜开展流动金融服务。在西藏等老、少、边、穷特殊区域，组建"流动金融服务车""马背银行"等流动金融服务团队，大力开展流动金融服务，送金融服务上门。

(四)突出做好深度贫困地区金融扶贫

深度贫困地区是打赢脱贫攻坚战的坚中之坚、难中之难。农业银行贯彻落实中央关于做好深度贫困地区脱贫攻坚工作的战略部署,切实加大深度贫困地区金融扶贫工作力度。一是积极支持深度贫困地区基础设施建设。以交通设施、能源水利建设项目以及农村饮水安全巩固提升工程、生态建设工程和农网改造工程等为重点,不断加大信贷投放,助力深度贫困地区补齐基础设施短板,改善生产生活条件。二是大力支持深度贫困地区特色产业发展。支持贫困地区结合当地资源禀赋特点,大力发展茶叶、烤烟、林果等特色农业以及乡村旅游等新兴产业,有力推动深度贫困地区经济发展,带动贫困人口增收。三是着力服务深度贫困地区承接产业转移项目。利用横跨城乡的优势,积极为落地深度贫困地区的产业转移项目提供信贷融资、跨区域支付结算、国际贸易等综合金融服务,助力投资项目在深度贫困地区落地实施。截至 2018 年底,全行"三区三州"深度贫困地区扶贫重点县贷款余额 1777 亿元,较年初增长 89 亿元。

(五)切实提高定点扶贫水平

按照中央关于定点扶贫的部署安排,河北武强县和饶阳县、重庆秀山县、贵州黄平县等 4 个县由农业银行定点帮扶。同时,农业银行自行选择河北阜平县、江西石城县、贵州雷山县和台江县、甘肃渭源县和舟曲县等 6 个深度贫困县和革命老区贫困县,比照定点扶贫县进行帮扶。一是加大定点扶贫指导力度。农业银行领导先后多次赴定点扶贫县调研考察,与当地政府部门共同研究脱贫攻坚举措,指导县支行有效开展帮扶工作。总行三农业务总监和三农金融事业部 3 个前台部门负责人,分别挂点指导 4 个定点扶贫县,对当地政府部门和县支行提出的意见建议,积极协调职能部门予以解决,全年累计赴定点扶贫县调研指导 34 次。二是倾斜配置政策资源。全额保障定点扶贫县支行信贷规模,新增贷款的经济资本占用全部由总行承担,大力支持贫困地区支行加大信贷投放。在定点扶贫县增设 6 个自助银行和金融便利店,布放电子机具等设备 338 部,实现定点扶贫县行政村金融服务全覆盖。引导 16 家大中型企业到定点扶贫县考察,其中 3 家落户定点扶贫县,3 家与定点扶贫县签订合作框架协议。三是推动扶贫与扶志、扶智相结合。2018 年总行选派 3 名干部挂职贫困村第一书记，选派 4 名干部挂职定点扶贫县支行副行长。投入项目帮扶资金 1365 万元，规划实施精准扶贫项目 29 个，带动 1634 户、6166 名贫困人口受益。提供专项培训费用，帮助定点扶贫县培训基层干部 768 名、技术人员 960 名。组织行内员工购买定点扶贫县及其他贫困地区农产品 841 万元，帮助销售农产品 8756 万元。四是加强金融扶贫产品和服务模式创新。在饶阳县设立"三农"金融服务中心，构建"政、银、企、户、保"五位一体金融支农扶贫模式。在武强县创新推出"乐器扶贫贷"，支持贫困户购买设备开展乐器配件加工。在黄平县开设 60 家"且兰生活馆·中国农业银行惠农通 O2O 金融服务站"，帮助近 500 户贫困户增收致富。在秀山实施"金丝皇菊电商扶贫项目"，带动 156 名贫困人口稳定脱贫、1427 名贫困人口增收。截至 2018 年底，4 个定点扶贫县贷款余额 89 亿元，较年初增长 19 亿元；重庆秀山县、河北饶阳县实现脱贫摘帽。

二、以服务乡村振兴为统领，加强"三农"重点领域金融服务

实施乡村振兴战略是新时代"三农"工作总抓手。农业银行贯彻落实中央实施乡村振兴战略的决策部署，深入研究新时期推进乡村振兴的规律特征，积极对接乡村振兴重大工程、重大计划、重大行动，扎实推进服务乡村振兴各项工作。召开全行服务"三农"和金融扶贫工作会议，全面部署 2018 年服务乡村振兴工作，出台《关于全面做好乡村振兴金融服务工作的意见》，启动实施服务乡村振兴"七大行动"，围绕农村产业融合、农村产权制度改革、国家粮食安全战略、脱贫攻坚、美丽宜居乡村、县域幸福产业、"三农"绿色发展等乡村振兴重点领域和薄弱环节，深化改革创新，加大信贷投放，提升服务能力，助力乡村振兴开好局、起好步。

（一）服务农村产业融合发展

产业兴旺是乡村振兴的基础。随着现代农业的快速发展，农业的多功能性加速释放，与二三产业的联系日益紧密，农业"接二连三"、农村产业融合的趋势日益明显。农业银行紧扣农村产业融合发展趋势，以服务农业供给侧结构性改革为主线，围绕构建现代农业产业体系、生产体系、经营体系，启动实施服务农村产业融合发

展行动。一是支持新型农业经营主体加快发展。修订完善农民专业合作社贷款等产品，加快推广面向专业大户（家庭农场）和农业产业化龙头企业的信贷产品线，积极服务家庭农场、专业大户、农民合作社、农业企业等新型农业经营主体发展壮大，为农村产业融合提供有效载体。二是支持农村产业集聚发展。以国家认定的农村产业融合发展示范园和园内产业融合项目为重点，支持农村产业延伸产业链、提升价值链，助推"一乡（县）一业、一村一品"，服务"三园一体"（现代农业产业园、科技园、创业园、田园综合体）建设，助力农村产业向各类园区集聚，提升融合发展质量。三是助力培育现代农业企业集团。出台针对性服务方案，积极支持新疆生产建设兵团、农垦和供销社改革，为培育具有竞争力的现代农业企业集团提供有力支持。四是支持农产品流通体系建设。深入开展"物通城乡·百强市场"活动，积极支持国家重点农产品批发市场以及骨干冷链物流、农村商贸企业等，加大农产品流通体系建设服务力度。五是支持县域工业转型升级。主动对接服务落户县域的国家新型工业化产业示范基地建设，并为基地内优质企业提供综合金融服务，为县域工业转型升级贡献力量。截至 2018 年底，专业大户（家庭农场）贷款余额 820 亿元，比年初增加 164 亿元；合作社及社员贷款余额 277 亿元，较年初增长 48 亿元；农业产业化龙头企业贷款 1494 亿元，为 2 万余家龙头企业提供金融服务，国家级和省级龙头企业服务覆盖率分别达 84% 和 62%；服务商品流通市场 278 家，贷款余额 121 亿元。

（二）服务国家粮食安全战略

习近平总书记强调，中国人要把饭碗端在自己手里，而且要装自己的粮食。农业银行围绕国家粮食安全重点领域，启动实施服务国家粮食安全战略专项行动。一是支持重要农产品生产"三区"建设。根据国家确定的粮食生产功能区、重要农产品生产保护区、特色农产品优势区，主动对接国家发展规划和政策要求，以各区域基础设施建设、优势特色农业发展、产业链延伸等为重点，充分运用信贷融资、融资租赁、债券发行等金融工具，积极提供综合金融服务。二是支持国家重点水利设施项目。围绕 172 项国家重大水利工程，出台专项信贷政策，针对性设置准入标准、抵押担保、贷款约期、还款方式等，持续加大贷款投放。积极支持农田节水灌溉等项目建设，助力提升粮食生产能力。三是支持高标准农田建设。贯彻落实国家到 2020 年确保建成 8 亿亩高标准农田的要求，加强与北大荒集团、各地农垦、新疆生产建设兵团等的合作，着力加大信贷投放，助力高标准农田综合生产能力建设。四是支持农业科技创新推广。积极与南繁育种基地、种业50强企业等合作，支持种业龙头扩大生产规模、创新良种培育技术。主动对接服务农机合作社、农机生产企业、农业科技企业等农业生产性服务组织，助力先进农机装备创新推广。五是支持农业结构优化调整。贯彻落实"质量兴农"要求，围绕国家优质粮食工程、大豆振兴计划、奶业振兴行动等，着力支持紧缺和绿色优质农产品生产，助推农业产业结构调整。六是支持粮食产业转型升级。大力支持骨干粮食企业加快发展，积极支持"生产基地+中央厨房""生产基地+加工企业+商超销售"等经营模式，着力促进主食产业化，助力粮食产业转型升级。截至2018年末，全行在13个粮食主产区粮食种植加工销售等环节贷款余额194亿元，较年初增加39亿元；农田水利基本建设贷款余额2124亿元，较年初增加33亿元；高标准农田建设贷款余额44亿元，项目授信已达117亿元。共支持农业科技类龙头企业86家，贷款余额18亿元；支持种业企业43家，贷款余额4.3亿元。

（三）服务农村产权制度改革

近年来，我国积极推进农村集体资产清产核资、农村土地"三权分置"、集体经营性建设用地入市、集体经营性资产股份合作等农村改革，进一步完善农业经营方式，盘活农村集体资产，提高资源配置效率，为农业农村发展注入新的活力。2018年，农业银行紧跟国家农村改革进程，启动实施金融服务农村集体产权改革行动。一是加大农村"四权"抵押贷款投放力度。以国家291个"两权"抵押试点和33个农村集体经营性建设用地入市试点等为重点，积极推广农村土地经营权、农村集体经营性建设用地使用权、农民住房财产权、林权等"四权"抵押贷款，助力农村土地金融功能的释放。截至2018年末，农业银行农村土地承包经营权抵押贷款余额40亿元，较上年末增加21亿元；农民住房财产权抵押贷款余额31亿元，较上年末增加21亿元。二是服务耕地占补和城乡建设用地指标跨区域流转。积极利用"地票"抵押贷款、土地结余指标抵押贷款等产品，支持耕地占补平衡和城乡建设用地增减挂钩节余指标跨省域调剂。三是支持村集体经济发展壮大。创新推出"兴农贷""富村贷"等产品，服务农村集体经济。围绕加强农村集体经济管理和农村集体资源变资产、资金变股金、农民变股东"三变"改革，积极与地方政府合作，创新建设农村"三资"（资金、资产、资源）管理平台，研发推出村务卡、农村集体股权融资、农民理财等产品，探索"'三资'管理平台+"服务模式，助推农村集体"三资"底清账明、变更有序、监管有力，为农村集体经济组织和村民资金使用、资产增值、信贷融资等提供综合服务。

（四）服务美丽宜居乡村建设

"生态宜居"是乡村振兴的重要内容。农业银行把服务农村人均环境整治等作为服务乡村振兴的重点之一，启动实施了服务美丽宜居乡村建设行动。一是支持美丽宜居乡村建设。对接农村人居环境整治三年行动方案，农业银行以1100个美丽乡村创建试点和420个美丽休闲乡村试点为重点，创新多种金融产品和服务模式，积极为农村水、电、路、气、房等基础设施建设项目提供金融服务，助力城乡基础设施互联互通。二是服务国家新型城镇化建设。持续开展"绿色家园·百城千镇"活动，以234个新型城镇化综合试点、1000个特色小镇等为重点，积极支持城镇基础设施、民生工程、产城融合项目等建设。三是助力改善农村人居环境。围绕农村污水处理、垃圾清运处理、"厕所革命"等项目，出台专项信贷政策和金融产品，不断加大服务力度。截至2018年底，全行县域城镇化贷款余额6627亿元，较年初增加1002亿元。

（五）服务县域幸福产业发展

立足提升农民获得感、幸福感，农业银行以教育、医疗、养老、旅游等产业为重点，积极支持县域幸福产业发展。一是围绕县域医疗卫生产业发展，农业银行以县域人民医院、中医医院、妇幼保健医院和实力雄厚的民营医院为重点，加大金融支持力度。积极推广"银医通"系统，为农民就医、缴费、费用报销等提供便捷服务。二是围绕县域教育事业发展，农业银行积极服务重点大学落户县域的校区、项目以及县域重点高中等，在加大信贷投放的同时，上线"银校通"系统，为学生缴费、学校资金管理等提供金融服务。三是围绕县域养老产业发展，启动县域养老金融服务活动，重点支持纳入国家养老服务体系项目库或省级及以上重点项目库、养老服务产业库、PPP项目库等的优质项目；创新推出"养老贷"等拳头产品，解决农民养老资金跨期调剂等需求。四是围绕县域旅游产业发展，持续开展"美丽中国·旅游百县"活动，以县域4A级以上旅游景区为重点，着力支持景区建设，服务农家乐、民俗旅游、传统手工业等发展。截至 2018 年底,全行县域医院、学校、旅游等幸福产业贷款余额 642 亿元,比年初增加 167 亿元。

(六)服务"三农"绿色发展

"绿色发展"是乡村振兴的底色。践行"绿水青山就是金山银山"的发展理念,农业银行启动实施服务"三农"绿色发展行动,大力支持"三农"和县域产业转型升级、绿色发展。一是支持生态农业发展。以 300 个农业综合开发区域、国家种养结合循环农业发展示范县为重点,出台专门的金融产品,大力支持畜禽粪便循环利用、农作物秸秆综合利用、农村土地整治等项目,助力生态农业发展。二是支持国家重点生态保护工程。对接国家东北黑土地保护工程、天然林保护工程、草原生态保护工程、渔业资源及生态保护工程等,大力支持市场化运作的农业绿色资源开发项目。三是支持县域工业绿色改造升级。与工信部联合印发《关于推进金融支持县域工业绿色发展工作的通知》,瞄准落地县域的 2025 个国家工业示范基地,加大对符合绿色生产标准企业的支持力度;以改造工艺成熟、绿色生产标准明确的县域传统支柱产业为重点,积极支持县域传统工业企业绿色化改造。截至 2018 年底,全行县域绿色信贷余额 3911 亿元,比年初增加 803 亿元。

三、运用现代金融科技,创新新时期农村金融服务方式

农业银行认真贯彻中央推进数字乡村建设的部署,积极将新型金融科技运用到服务"三农"领域,将互联网金融服务"三农"作为全行"一号工程"予以推进,构建了互联网金融服务"三农""惠农 e 通"综合平台,创新推出网络融资"惠农 e 贷"、网络支付结算"惠农 e 付"和农村电商"惠农 e 商"服务。

(一)深入实施互联网金融服务"三农"一号工程

互联网金融服务"三农"一号工程是新时期农业银行服务"三农"的重要举措。农业银行将 2018 年确定为一号工程突破提升年,通过强化系统支撑、完善平台功能、丰富线上产品,推动传统金融服务模式变革升级。一是明确工作方向目标。

充分发挥农业银行在"三农"融资服务和支付结算服务等方面的特有优势,立足农业银行在长期服务"三农"过程中积累的宝贵经验,突出普惠导向,兼顾扩大服务覆盖面与商业可持续,线上与线下相融合,为最广大的"三农"客户群体提供最先进、最安全、最便捷的互联网金融服务。到 2020 年,力争"三农"互联网融资规模达到 5000 亿元,网络支付等基础金融服务覆盖 60%的农户,"惠农 e 商"电商户数达到 300 万户。二是制定出台互联网金融政策制度。按照互联网运作规律,结合大型商业银行特点,制定出台一整套政策制度。坚持金融业务基本机理,重点在授信模型、贷款流程、还款方式、利率定价、风险管理和电子合同文本等方面,积极探索、创新突破,为互联网金融服务"三农"提供政策制度保障。三是强化科技和数据支撑。搭建全行统一的互联网金融服务"三农"平台,丰富标准化、基础性的产品和服务功能,并为各地分行预留开发接口,引导分行积极稳妥开发当地特色服务功能、接入当地特色场景。建立专门的互联网金融服务"三农"技术研发和支持团队,通过总分联动、内外合作等方式,加快互联网"三农"金融产品创新需求响应和迭代开发升级速度。构建互联网金融服务"三农"的数据体系,通过全面挖掘"三农"客户行内信息、外部合作共享"三农"数据,以及实地采集"三农"客户数据等方式,强化数据的整合分析应用,逐步形成全行"三农"客户统一视图。

(二)大力推动"惠农 e 贷"网络融资服务

充分运用大数据技术,批量采集农户家庭和生产经营等多维数据,科学建立授信模型,通过系统自动评级准入、自动审查审批、自动发放贷款,农户贷款实现批量化、标准化、智能化运作,有效提高了农户贷款的覆盖面和便利性。一是不断丰富线上融资产品。按照"一县一惠农 e 贷,一特色产业一惠农 e 贷"的要求,由各分行根据辖内实际统一制定特色产业准入标准、构建授信模型,二级分行负责具体产业准入把关,确定客户准入标准,逐个产业、逐个区域推进,实行"一模式一个方案""一个产业一个方案",成熟一个推进一个,面向农民的线上融资产品日益丰富。2018 年,全行推出"惠农 e 贷"线上融资产品超过 30 种,覆盖枸杞、花生、葡萄、海水养殖、农机等多个行业。二是创新推广七大模式。根据农村客户数据、农户生产经营特点和当地信用环境,探索创新了特色产业、信用村信用户、行内客户数据、政府增信、产业链、电商平台、专业市场等典型业务模式,多措并举推动

"惠农 e 贷"有效模式在全行复制推广。三是初步实现农户贷款业务方式变革。"惠农 e 贷"建立线上化操作平台，改变了传统农户贷款流程，使客户办贷时间由原来的数天缩短到目前的几分钟。更加注重第一还款来源，通过对农户生产经营数据挖掘分析，作为主要放贷依据，弱化了对农户抵押担保要求。农民可以根据实际需要，在最高授信额度内循环使用贷款，通过掌上银行、网上银行、微信等线上渠道随借随还，足不出村就可以办理用款、还款业务。截至 2018 年底，全行"惠农 e 贷"余额达 1018 亿元，比年初增加 867 亿元，实现了 35 家一级分行全覆盖。

（三）积极推广"惠农 e 付"线上支付服务

"惠农 e 付"依托移动互联网技术，为"三农"客户提供全方位的便捷支付结算服务。为推进"惠农 e 付"发展，农业银行围绕农户与农业产业化龙头企业经营场景、农户与惠农通服务点消费场景、农户与农户的社交场景、农户与村"两委"政策信息获取场景，创新研发推出了"惠农 e 通"农户版 App，加载订单农业、在线购物、优惠领券、扫码收付款、小额转账、农友圈、惠农缴费等多种金融服务。与此同时，对接农业农村部"信息进村入户工程"，为农户提供政策法规、农技培训等市场资讯服务，努力打造农户金融服务综合窗口，提升"惠农 e 付"综合支付能力。"惠农 e 付"服务主要包含以下功能：一是以推广聚合扫码支付、小额支付结算为重点，能够兼容线上线下全渠道和网银支付、手机支付、扫码支付、微信支付、POS 支付、电话转账支付等多样化支付方式的线上支付结算功能；二是能够加载新农合、新农保、各类涉农补贴项目和农村水、电、燃气、有线电视、固话、手机缴费等代理服务功能；三是能提供适应"三农"客户特点的理财、基金、保险、贵金属等各类投资理财类金融服务功能；四是围绕农民衣、食、住、行、娱等应用场景，导入丰富、全面的生活服务功能，不断提升客户体验。截至 2018 年底，农业银行共上线聚合支付码 52.3 万个，扫码支付基本实现惠农通服务点全覆盖；农户版 App 推广覆盖 716 万农户。

（四）不断优化"惠农 e 商"农村电商服务

顺应和把握农村电商发展的趋势和特点，按照统一平台、开放接口、多种模式的思路，为全国农村各种产业链上的客户提供"电商＋金融"服务，助力"工业品下乡、农产品进城"。一是深化农业产业化龙头企业供应链金融服务。依托"惠农 e 商"线上与线下支付结算和多渠道财务对账等方面的优势,对接融合企业 ERP 系统进、销、存全流程管理,实现双方在商品、订单、经销商、库存、支付等信息的共享互通。2018 年,形成了支付渠道对接、订单数据对接和研发行业定制版三大模式,累计完成 117 家大中型企业 ERP 对接上线。二是服务大型农产品批发市场和县域专业市场。农业银行于 2018 年 7 月正式推广"惠农 e 商"专业市场版,率先面向农村专业市场商家,实现"多店铺/多店员经营管理、多渠道现场便捷收款、实时语音播报、管家式经营管理"为核心的电商服务。三是加强县域小微企业服务。依托"惠农 e 商"提供一站式"拎包入驻"解决方案,快速实现小微企业客户的"订单+支付、进销存管理、流水经营分析",形成了"快消、连锁、县级自有物流、农产品收购加工"四个细分行业和在线订单、车销收款、单位结算卡、订单农业四类应用场景。四是打造惠农服务生态圈。依托农业银行现有的小惠农通服务点,围绕农村物流场景,延伸金融综合服务半径。创新推出"惠农 e 通"农户版 App,分别上线惠农采购、农产品撮合、助农存取现、小店收银、面对面扫码转账、绑定他行卡、快捷支付、关注惠农通服务点、农户好友等功能,并引入 OCR 自动识别、人脸认证 AI 元素,实现生活缴费、助农金融、电商业务的一站式服务。全年农户版 App 注册用户数已突破 800 万。五是积极参与电商扶贫。农业银行作为商务部首批入围的 15 家电商金融企业,积极参与"电商扶贫"项目建设,在"惠农 e 商"专门开辟电商扶贫专区,对接贫困县政府、组织商户入驻、推广销售当地农特产品。2018 年,农业银行电商扶贫专区已支持河北、四川、内蒙古、宁夏、贵州等 20 个省份、46 个重点扶贫县的电商扶贫工作,带动大米、茶叶、菌菇、土豆、枸杞等近 300 种特色农产品产地直销。截至 2018 年底,"惠农 e 商"已上线商户 267.4 万户,比年初增加 111.1 万户,交易金额 5863 亿元,同比增加 3371 亿元。

四、落实普惠金融重点放在乡村的要求,大力提升农村普惠金融服务水平

目前,我国农村地区经济社会发展仍相对落后,农民居住分散,金融服务覆盖

面较低。为广大农民群众提供便捷高效的普惠金融服务，依然是政府、金融机构、社会组织等需要共同破解的课题，也是金融机构必须履行好的社会责任。贯彻落实中央"普惠金融重点要放在乡村"的要求，农业银行坚持线上与线下并举的服务策略，统筹协调物理网点、惠农通服务点、村镇银行以及电子银行渠道等，不断提升农户贷款及农村基础金融服务覆盖面。截至 2018 年底，农业银行在县域农村共设有网点 1.27 万个、员工 20 万人，分别占到全行的 54.5% 和 42.5%；涉农贷款余额 3.37 万亿元，超过全国银行业金融机构发放涉农贷款余额的 10%；为农民发放惠农卡 2.16 亿张。

（一）提升农户贷款可得性

当前，农户依然是我国农业生产经营的主要组织形式，也是"融资难"问题最突出的群体。为有效解决这一问题，农业银行针对不同类型农户，研究推出不同的金融产品和服务。一是支持规模经营农户发展壮大。利用遍布全国的网点人员，开展专业大户（家庭农场）普查，全面摸清专业大户（家庭农场）等新型农业经营主体底数。不断完善专业大户（家庭农场）贷款产品，与国家农担公司合作推出"金穗农担贷"产品，切实加大规模农户信贷支持力度。开办新型农业经营主体金融培训班，为专业大户（家庭农场）开展国家政策、农业科技、金融知识等培训。二是支持普通小农户与市场有效对接，加快发展。以产业链农户、订单农户、特色农业农户等为重点，抓住春耕备耕、秋收秋种等关键节点，充分运用农户小额贷款、农村个人生产经营贷款等产品助力普通农户发展生产经营。三是支持返乡下乡人员创业就业。创新出台"返乡下乡人员创业创新贷款"产品，积极为其提供启动资金，大力支持农村"双创"。四是支持农民生活消费升级。围绕农户消费信贷需求特点，创新针对性信贷、分期等产品，满足农民在自建房、进城购房和汽车消费等领域的消费信贷需求，助力农民消费升级。截至 2018 年末，全行农户贷款余额突破 1.3 万亿元，较年初增加 2305 亿元，其中"农民安家贷"余额 4837 亿元，较年初增长 1341 亿元；单户授信 500 万元以下普惠型农户经营性贷款余额 2127 亿元，比年初增加 324 亿元。

（二）扩大农村基础金融服务覆盖面

2018 年，农业银行进一步完善农村地区"物理网点 + 自助机具 + 惠农通服务点+互联网金融+流动服务"为一体的服务渠道网络,不断加大工作力度,推动农村基础金融服务提质扩面。一是优化农村地区物理网点布局。在保持县域网点总体稳定的基础上,积极将县城低效网点迁至重点乡镇,加快推进县域网点转型步伐,持续增加离行式自助银行数量,有效提升网点服务辐射范围。二是实施"金穗惠农通"工程提质升级。在稳步增加惠农通服务点数量的同时,对接农业农村部信息进村入户工程,将惠农通服务点与益农信息社有机融合,为农民提供小额存取款、转账汇款、刷卡消费、信息发布和查询等综合服务,进一步增强惠农通服务点服务能力。不断强化与各级政府的合作,依托惠农卡和惠农通服务点,代理新农合、新农保、财政支农资金和农村水、电、气、信等缴费项目。三是大力发展农村移动金融服务。顺应农业农村进入移动互联时代的新趋势,积极推进"网银下乡""掌银下乡"等活动,让农民足不出村就能利用农行掌银、农户版App等产品,享受转账汇款、投资理财、生活缴费等金融服务。四是积极开展流动金融服务。在西藏等老、少、边、穷特殊区域,组建流动金融服务团队,利用汽车银行等方式,定期开展流动金融服务,送金融服务上门。目前,农业银行网点遍布全国所有县域,在部分老、少、边、穷地区,农业银行是当地唯一的金融机构。到2018年底,农业银行在农村地区设置惠农通服务点60多万个,覆盖全国74%的行政村;代理新农合931个县、城居保1422个县;代理财政支农资金项目6071个、农村公用事业11025个,分别比年初增加485个和1071个。

(三)助力改善农村金融生态环境

充分发挥农村金融国家队和主力军作用,多措并举助力国家推进农村金融生态环境建设。一是送金融知识下乡。持续开展"送金融知识下乡""百县千镇"金融知识宣讲等活动,为农村居民提供金融知识培训。二是助力完善农村征信体系。加强与中国人民银行、商业化征信公司等合作,积极参与农村征信系统建设,建立健全农户信用档案。三是促进提升农民诚信意识。协助各级政府开展"信用乡镇""信用村""新用户"评定工作,对评定的信用区域内客户,适当提高贷款额度、降低贷款利率,进一步推动当地农民增强诚信意识。

(四)发挥村镇银行支农支小作用

农银村镇银行是农业银行服务"三农"组织体系的重要组成部分。2018年,农业银行按照监管新要求，制定出台《关于进一步加强和规范农银村镇银行辅导与管理工作的意见》，全面规范加强对农银村镇银行公司治理、关联交易、信贷、财会、风险等的辅导管理，引导6家农银村镇银行始终坚持"立足县域、服务社区、支农支小"的市场定位，努力为"三农"客户提供优质高效的金融服务。截至2018年底，湖北汉川农银村镇银行、内蒙古克什克腾农银村镇银行、陕西安塞农银村镇银行、安徽绩溪农银村镇银行、厦门同安农银村镇银行和浙江永康农银村镇银行等6家农银村镇银行各项贷款余额15亿元，农户、个体工商户和中小企业贷款余额共计14.3亿元，占全部贷款的95.23%，其中汉川、克什克腾、安塞和绩溪4家农银村镇银行"支农支小"贷款占比达到100%。

（五）完善普惠金融尽职免责制度

部分农户缺乏有效抵押资产、抗风险能力弱、信息不对称问题突出，开展农户贷款业务面临的风险较大，业务人员承担的责任较多，影响了基层行发展普惠金融服务的积极性。国家金融监管部门始终强调，要规范落实普惠金融尽职免责制度办法。为合理界定业务风险责任，促进信贷人员履行岗位职责，推动业务健康有序发展，农业银行按照国家监管机构要求，持续完善信贷业务尽职免责制度。2018年，制定出台《小额信贷业务尽职免责实施细则》《互联网金融"三农"信贷业务责任认定与尽职免责规定（试行）》等多项制度，明确尽职要求、责任认定标准和免责规定等，免除业务人员的后顾之忧，促进普惠金融服务的深入开展。

五、加大改革创新力度，提升服务"三农"能力

近年来，党中央对"三农"工作和金融服务做出一系列重大决策部署，提出了更高的政策要求。国家从货币政策、监管考核、财税激励、融资增信、风险分担等方面综合施策，推动金融机构持续加大对"三农"和小微企业、民营经济、脱贫攻坚等重点领域和薄弱环节的支持力度。作为国有大型商业银行，农业银行全面贯彻中央政策要求，深刻把握农村金融发展规律和特征，持续推进金融扶贫和服务"三农"工作改革创新，主动将中央重大部署转化为服务"三农"的体制机制，转换为

服务"三农"的工作举措，转化为推动脱贫攻坚和农业农村发展的实际效果，不断提升服务"三农"能力和水平。

（一）完善三农金融事业部运行机制

2018年，农业银行在保持三农金融事业部组织架构总体稳定的基础上，重点完善"六个单独"（单独的信贷管理、资本管理、会计核算、风险拨备与核销、资源配置、考核激励约束机制）运行机制。一是进一步做实单独的信贷管理机制。积极出台差异化信贷政策，进一步健全"三农"信贷业务单独的审查审批通道，提升审查审批质量和效率。二是进一步做实单独的资源配置机制。继续按照增速高于全行平均水平的标准，单独配置县域信贷规模，对精准扶贫贷款、农户贷款、"惠农e贷"等重点领域，单独匹配信贷计划。加大财务费用、经济资本、固定资产等倾斜配置力度，满足服务"三农"工作需要。三是进一步做实单独的考核激励约束机制。继续对三农金融事业部单独考核，提高服务脱贫攻坚、乡村振兴以及开展互联网金融服务"三农"一号工程的考核权重，调动基层行做好金融扶贫和服务"三农"工作积极性。四是进一步加强"三农"和县域业务风险管理工作。制定差异化"三农"业务风险偏好和风险管理规划，加强高风险县支行、重点领域、重点行业风险整治，加大不良资产处置力度，努力提升资产质量，促进"三农"和县域业务可持续健康发展。截至2018年底，三农金融事业部5项监管指标全面达标。

（二）制定差异化信贷政策

2018年，农业银行围绕农业农村涌现的新产业、新业态、新模式，准确把握"三农"客户金融需求新特点，进一步完善"以年度'三农'信贷政策指引为引领，以涉农行业信贷政策和专项信贷政策为基础，以区域信贷政策为重点"差异化的"三农"信贷政策体系。一是出台2018年"三农"信贷政策指引，明确了全行"三农"信贷投放的重点和政策要求。二是出台《支持乡村振兴战略信贷政策》，贯彻落实中央实施乡村振兴战略要求，围绕乡村振兴重点领域，在授权管理、客户准入、贷款期限、担保管理等多个维度，给予差异化的支持政策。三是研究出台有关畜牧业、饲料加工业、肥料制造业等行业信贷政策，提高涉农行业信贷政策的覆盖面。四是制定出台茶叶产区等区域信贷政策，从全产业链视角出发，结合种植、加工、流通等各环节以及农户、经纪人、合作社、加工企业等各类主体金融需求特点，提高信贷政策的针对性。到 2018 年末，全行"三农"信贷政策体系含区域信贷政策 5 项、行业信贷政策 13 项、专项信贷政策 3 项，以及多项综合性信贷政策。

（三）丰富金融产品体系

一是完善"三农"产品创新体制。2018 年，农业银行专门成立三农与普惠产品创新专业委员会，协调全行资源加强涉农金融产品服务创新。二是进一步下放"三农"产品创新权限。允许一级分行在农林牧渔、县域旅游、县域国家新型工业化产业示范基地等领域，自主创新特色信贷产品，进一步提升产品创新效率和适用性。三是持续加强创新基地建设。将多家二级分行和县支行增设为三农产品创新基地，发挥基地贴近基层、贴近市场的优势，更好更快地满足当地"三农"客户金融需求。四是加大重点领域产品研发力度。围绕乡村振兴重点领域，按照"研发创新一批、改造提升一批、沿用推广一批"的思路，纵向上抓紧建设农村产业融合、农村产权制度改革、农业农村基础设施建设、"三农"绿色发展、"三农"幸福产业、农村普惠金融等六大系列产品线；横向上抓紧研发"三农"全行性产品、区域性特色产品和小众产品三大产品模块，形成"纵横交错、条块结合"的"三农"金融产品体系。截至 2018 年末，全行"三农"专属金融产品达 209 项，其中全行性产品 45 项，区域性特色产品 164 项。

（四）创新有效服务模式

为提升服务效率、降低业务成本、防控信贷风险，农业银行根据不同类型的客户，积极创新针对性服务模式，形成一整套成熟的可复制的农村金融服务模式体系。一是创新推广金融扶贫十大模式。结合贫困地区资源禀赋和经济发展情况，创新完善小额信贷扶贫、政府增信扶贫、龙头企业带贫、特色产业扶贫、旅游扶贫、民生工程扶贫、互联网金融扶贫、专业合作社（大户）带贫、就业扶贫、光扶扶贫等十大模式，有效提升金融扶贫的效率和效果。二是大力推广互联网金融服务"三农"有效模式。围绕互联网金融服务"三农"，充分总结各地典型经验，完善推广"惠农 e 贷"网络融资七大模式、"惠农 e 商"农村电商五大模式，有效利用新技术提升服务"三农"水平。三是积极创新多方合作支农模式。加强与各级政府、涉农担保机构、产业链核心组织等涉农主体的合作,创新完善政府增信、农担合作、银保合作、产业链和供应链金融、农地金融等十余种有效商业模式,汇聚社会各界金融支农合力。四是注重服务"三农"新型金融工具创新应用。引入产业基金、金融租赁、债券发行等新工具,进一步满足"三农"客户不同层次的金融需求。目前,农业银行管理的涉农产业基金超过20只,投放资金超过260亿元。

(五)打造"一懂两爱"服务"三农"队伍

打造"懂农业、爱农民、爱农村"和精通现代金融知识的服务"三农"队伍,是提升"三农"金融服务能力的关键。2018年,农业银行多措并举,积极打造高素质服务"三农"人才队伍,为服务"三农"提供有力保障。专门为强县强行增加一名领导班子职数,用于选拔培养综合素质高、发展潜力大、35岁以下的后备干部。积极实施县域青年英才工程2.0,选拔优秀年轻干部进入网点主任、支行副行长、行长等岗位,形成县支行领导班子梯度结构。利用农银大学平台,依托线上线下等多种培训方式,加大对县支行客户经理队伍的培训力度,着力提升客户经理市场判断、客户服务、金融产品运用、风险分析等方面的能力。招聘5700余名大学毕业生和大学生村官,平均为每个县支行新增大学毕业生近3名。

(六)严守"三农"和县域业务风险底线

贯彻落实中央防范化解重大风险的要求,农业银行始终把"三农"和县域业务风险防控放在重要位置,努力实现服务"三农"和可持续发展的有机统一。2018年,农业银行狠抓"控新、降旧、强基",防范和化解"三农"和县域业务风险。按照有保有压、有进有退的思路,坚持从严准入,加强对"两高一剩"行业、县域政府类债务、县域房地产业务等重点领域的风险管控,优化客户结构,严控新增风险。落实全行"净表"计划,加快推进"三农"和县域不良贷款清收处置工作,继续开展高风险县支行专项治理,"降旧"工作取得良好成效。全面推广实施"三线一网格"(党建线、纪检线、运营线和员工行为网格化责任体系),不断强化基础和基层"双基"管理,操作风险、案件风险防范能力有效提升。

第 11 章
中国邮政储蓄银行助力乡村振兴的实践与创新

在中央提出乡村振兴战略的大背景下，中国邮政储蓄银行（以下简称"邮储银行"）充分发挥覆盖城乡的网络优势、规模庞大的资金优势，不断加快探索有特色、可持续的"三农"金融发展道路，提升贫困地区金融服务水平，致力于为服务乡村振兴战略注入新动力，为决胜全面建成小康社会、全面建设社会主义现代化国家增添新动能。

一、2018～2019 年助力乡村振兴的工作成效

实施乡村振兴战略是党的十九大做出的重大决策部署，是决胜全面建成小康社会、全面建设社会主义现代化国家的重大历史任务，是新时代"三农"工作的总抓手，是关系农村经济、社会、文化全面发展的系统性工程。作为一家定位于服务"三农"、中小企业及社区的大型零售商业银行，中央提出的实施乡村振兴战略对邮储银行来说是重大战略机遇。

作为国有大型商业银行，邮储银行始终秉持服务国家战略、勇于担当的大局意识，坚持把推进农业供给侧结构性改革作为重点方向，加快推进农业现代化，持续加大对家庭农场、专业大户、农民专业合作社等新型农业经营主体的支持。邮储银行拥有营业网点近 4 万个，覆盖了中国内地全部城市和近 99% 的县域地区，且 70%

以上的网点分布在县域地区，是国内网点数量最多、下沉最深的商业银行。在许多地区，邮储银行是农民、牧民获得正规金融服务的主渠道，可以说其服务已经延伸到了"最后一公里"。

无论是实现乡村振兴战略提出的"产业兴旺、生态宜居、乡风文明、治理有效、生活富裕"五个要求，还是落实中央精准扶贫、精准脱贫方略，都离不开资金的大力支持，而银行在这个过程中更是扮演着举足轻重的角色。实践中，邮储银行持续加大对"三农"领域的金融支持力度，积极探索金融精准扶贫新方式，深入贯彻落实党中央、国务院发展战略，谱写服务乡村振兴新篇章。

二、助力乡村振兴的主要做法

邮储银行持续加大乡村振兴支持力度，积极探索金融精准扶贫新方式，创出了不少特色模式和特色案例。

（一）助力乡村振兴之产业兴旺

邮储银行积极服务农业现代化领域，推进一二三产业融合。围绕"三区三园一体"①，运用电商带动的互联网贷款和农业产业链贷款、项目贷款等，为整个农业产业链条提供多元化金融服务。

1. "一点接全国"农业产业链模式

"一点接全国"产业链模式是邮储银行围绕国家知名大型农业龙头企业向其产业链上下游客户提供信贷资金支持的新模式。由一家分行对接当地的龙头企业，依托龙头企业和上下游客户的真实交易数据授信，预先设立白名单。白名单内客户可直接通过手机银行进行贷款申请与支用，通过线上流程作业，实现对龙头企业全国范围内上下游客户的全覆盖，即"一点接全国"的跨区作业模式。

以四川名单制产业链贷款某核心企业为例，该企业是集饲料、食品、牧业、生

---

① "三区"是指粮食生产功能区、重要农产品保护区和特色农产品优势区；"三园"是指现代农业产业园、科技园、创业园；"一体"是指田园综合体。

物工程为一体的大型高科技企业，为国家级农业产业化重点龙头企业，其下游产业链较长，特别是下游经销商及养殖户众多。经销商及养殖户与该企业合作的模式主要为现款现货或者是先款后货，下游客户需随时预备大量的资金进购货物。这使得下游经销商面临大量的应收款、养殖户面临资金不足的情况，造成该企业下游客户普遍存在资金缺口。针对如此庞大的资金需求群体，邮储银行对该企业进行了多次营销及对接。通过"一点接全国"产业链模式向该企业农业产业链下游的养殖户、饲料经销商等涉农经营主体提供资金支持。其过程是：借款人与该企业签订业务合同并保持定期资金往来和业务结算；该企业将其掌握的借款人生产经营信息和交易结算流水提供给邮储银行；邮储银行进行贷前调查，该企业出具担保函，形成白名单客户；白名单客户获得授信额度后可通过手机银行支用贷款资金。

2. 现代农业引领模式

现代农业引领模式是邮储银行围绕国家"三区三园"划定服务范围、重点支持"三区""三园"建设以及园区内农业龙头企业、家庭农场（专业大户）、专业合作社，用于粮食收购、物流仓储、冷链服务、土地流转、购买机械设备、引进先进技术等用途融资需求。现代农业重点开发特色种养殖、乳业、饲料、农副产品加工及流通等发展较为稳定的行业，推进"1+N+X"农业产业链金融服务，完善涉农产业集群金融服务，推广核心企业担保合作方式，为下属子公司及项目提供担保，对优势农业产业集群提供一揽子金融服务。

以国内某农产品电商物流园项目为例，该物流园项目与当地"大市场带动大扶贫"直接挂钩，带动农户稳定增收。具体包括以下方式：一是农产品订单收购：与周边的种植户签订收购合同，保障农产品销路，为农户做好服务工作，带动当地农民稳定增收。二是提供扶贫农产品交易区域：为建档立卡贫困户和低收入困难户提供免费的交易区域和销售平台，帮助建档立卡贫困户和低收入困难户推广、宣传产品。三是提供就业岗位：在园区为建档立卡贫困户和低收入困难户提供至少1000个就业岗位，包括搬运、物业、运输等基础岗位。四是设立临时救助基金：为特殊建档立卡贫困户和低收入困难户提供直接救助。此外，该物流园项目年交易需求量达到上百万吨，用于满足该省中心城市未来新增人口和部分周边城市约数百万人的消费量和应急储备量。

（二）助力乡村振兴之生态宜居

围绕国家现代农业产业园、特色小镇、国家4A级及以上景区、棚户区改造、污水及垃圾处理、中小河流治理、生态环境保护及综合治理、道路交通及管网等10个农村项目金融业务重点领域，择优支持县域和农村地区的水电气暖、信息通信、道路交通、生态保护、环境治理、综合管廊、土地综合整治、农田水利等基础设施建设。

1. 农房集聚模式

该模式是邮储银行针对符合农房集资联建（功能置换、迁移集聚等）或农房自建改造条件的农户，提供农房自建、购买、整修及相关需求资金款项的服务模式。其致力于推进宜居宜业的美丽乡村建设，响应了乡村振兴战略中"持续改善农村人居环境"的政策号召。

为支持浙江省政府推进的"城中村"、集聚点建设等形式的新农村建设工程，邮储银行向符合条件的自然人发放用于满足其农房建设及其他配套需求的小额贷款。邮储银行通过"单个项目试水、部分机构试点、全辖业务推广"三步走策略，不断调整优化产品要素及流程。2013年，落地的"云和县农民下山转移安置大坪小区一期项目"是邮储银行首次发放的农房按揭贷款，为农房集聚改造项目的推进夯实了基础；2015年，丽水、温州两地试点开办"农房建设小额贷款"业务，将农民自建农房用款纳入贷款范围，扩大了产品惠及面；2016年，邮储银行在浙江全省开办"农房建设小额贷款"，借款人可根据工程建设进度分次支用，进一步降低客户用资成本。

2. "农家乐"生态旅游发展模式

邮储银行立足于农村第三产业建设，带动一二三产业发展，呼应了乡村振兴战略中"构建农村一二三产业融合发展体系"的指导要求，实施了针对从事乡村旅游或休闲农业相关行业的经营者提供资金支持的服务模式。该模式的特点主要体现在：一是整村推动，带动效应强。整村推动有利于农村第三产业的集群发展，有利于地方名片的打造，实现规模效应；第三产业的发展也带动了手工制造业、农产品加工业等农村一二产业的发展。二是提高闲置资源利用率。乡村旅游等产业可催生新的工作岗位，带动闲置人员就业；民宿、养老等项目，可盘活闲置农房资源，有助于

"空心村"的有序改造。三是可复制性强。在消费升级的背景下，对以乡村自然资源、农家生活方式及民间传统文化为依托的古村落、新农村，均可采用此模式予以支持。

"农家乐"生态旅游发展模式在北京具体落地为"民俗贷"，即邮储银行面向北京市所辖民俗旅游村中经营和信誉良好的民俗户发放的，用于其经营场地、营运设施等固定资产投入或日常经营周转的小额贷款，可采取抵押、担保、信用等多种担保方式。通过与区县旅游委、全联农业产业商会、当地合作社联合社等机构或组织的积极对接，在业务开办初期批量达成合作意向。而后由具体经办机构采用"逐村调研，整村营销"的推进模式，在门头沟爨底下村、密云水堡子村、延庆韩郝庄等数十个民俗村实现贷款发放。

（三）助力乡村振兴之乡风文明

邮储银行通过大力发展手机银行、助农通等电子渠道，让后台设计与广大客户直接接触，有效解决了以往因双方信息沟通不畅导致的金融乱象、农户因各类虚假宣传而上当受骗等问题，从而提升了乡村地区的金融服务风气。

1. 信用村镇模式

邮储银行选择信用环境良好、产业优势突出、人口居住集中、资金需求旺盛、政府扶持明显的行政村，通过搭建"银村合作"平台，发挥农村基层党组织、"驻村第一书记"、扶贫驻村工作队、致富能人作用，全面开展信用村、信用户创建，推进"整村授信""批量开发"，并通过宣传引导，不断培育贫困户守法意识、诚信意识和合规意识，积极构建农村地区信用体系，打造良好信用环境。

丽水是全国信用体系建设和农村金融改革的双试点地区，有着显著的区域特色和良好的信用基础。2009年以来，在中国人民银行丽水市中心支行的牵头推动下，开展了覆盖全市所有行政村的农村信用等级评价工作，建立了较为完善的农村信用体系。邮储银行抓住这一有利契机，通过"数据+模式+产品"的服务方式，利用中国人民银行农户信用信息系统，采用"银村合作、整村授信"的模式，创新推出信用村镇建设小额贷款产品，将三者充分结合，迅速打通农村市场。邮储银行以"银村合作、整村授信"为抓手，借助各方平台，统筹农村服务资源，深化农村金融服务，借助农村服务平台，全面推进信用村合作，提升农村发展能力。

2. 电商平台助农模式

邮储特色手机银行电商营销平台是移动互联网时代邮储银行整合资源、服务商户、惠及客户的全新在线营销平台。该平台基于邮乐网农品销售，整合各地区特色农品资源，配合邮政集团公司"一月一品"和"助农扶贫"等特色产品项目，共同开展营销活动。电商平台助农模式，一方面通过打造农品销售平台为客户提供线上和线下相结合的营销活动体验，同时，给分支行开展特色活动提供支撑；另一方面为分行营销对公客户提供抓手，整合分行对公客户资源和邮政电商资源，尤其是涉农企业资源，有效降低总行和分行营销活动成本。

2017年底，邮储银行推荐河南最大的冷冻食品团餐企业入驻邮乐特卖。该企业当时正处于经营模式逐步从原有"企业+供应商"的单一模式向"线上+线下"融合发展模式转变的过渡期。为服务邮储银行客户，该企业顺势推出了专属优质特惠产品，提升了客户线上购物体验。后期的联动公司、信贷、金融市场等银行业务，进一步了拓展双方的合作范围。自入驻以来，该企业开展了系列主题营销活动，如"扫码特惠购""营养早餐，邮爱到家""邮乐网9.19电商节秒杀"等，均取得较好的营销效果。

（四）助力乡村振兴之治理有效

邮储银行通过结合地方政府网格化管理，利用信贷服务协助村民自治，推动农村产权改革等，为治理有效的目标提供金融支持。

1. 金融服务网格化模式

该模式是借鉴地方政府网格化管理做法，将每一个乡镇、街道、社区、村组划分成若干网格，每个网格落实责任银行，配备金融服务网格员，依托综治部门的网格信息平台，由网格员收集信息，对网格内的居民、企业提供有效的金融服务和知识普及，确保做到"信息覆盖、精准定位、高效服务、责任到人"，实现金融服务"城乡全覆盖、区域全覆盖、服务无差异"。

金融服务网格化模式已在湖北省次第铺开、落地生根。该省已建立普惠金融网格化工作站1476个，服务覆盖城市5592个基层"四区"（社区、园区、校区和商区）和6500个行政村。各地网格化金融服务点发放贷款199.9亿元，涉及城市居民20.9万户，小微企业9600多户，社会薄弱环节和弱势群体充分享受到金融创新

"红利",开创了多方共建、共促、共赢的生动局面。通过实施网格化模式,银行深入综治部门的网格化信息平台,主动下沉网点和服务,扎根农村和社区,经营理念更加务实和"接地气",服务覆盖面和辐射面大为提升。邮储银行在当地的分支行通过网格化模式的实施,已掌握基层居民档案近21.5万份,建立信贷档案4.4万份,发展贷款客户22.8万户,存款、结算、理财等金融服务客户达732.2万户。

2. "信贷+村民自治"模式

该模式是指在银行向广大农户提供金融服务的过程中,深入参与到农户的日常经济行为中,自然成为农户经济行为的有机构成部分,为村民自治起到良好的支持作用。地方政府也可借助金融机构服务满足民生金融需求,提高金融风险预警和反应能力,从而形成金融服务与村民自治相辅相成、互相促进的良性循环。该模式的特点主要有:一是通过村民自发组成合作社、互助小组等自治团体,在增强自身经营能力的同时,降低银行的作业管理成本。二是可以为农村地区抵押难、风险管控难等问题提供新的解决途径。

双水村是六盘水市近郊的一个行政村,全村一半左右农户经营非农产业,集中在运输、汽车修理等;经营农业的农户主要集中在蔬菜、水果等经济作物领域。随着当地农户经营规模的扩大,很大一部分农户越来越不满足于现有规模,信贷资金需求日益凸现。2009年5月,由双水村村委和6户农户发起,在工商部门注册了双水村农民担保专业合作社。合作社成立前,农民有房子、土地、森林等却不能抵押。合作社成立后,经评估作价,在合作社即可抵押,金融机构有担保自然认可,抵押既近又方便,还不用交登记费、评估费。由于有物品可抵押,单笔贷款额度大幅提高,之前农民贷款额度最高几万元,现在最高可达几十万元,有效解决了之前金融机构批准额度小而农民实际需求额度大的矛盾。

(五)助力乡村振兴之生活富裕

邮储银行通过提供资金助力普通农户、新型农业经营主体逐步扩大规模,或者增加额外生产经营渠道等方式,为广大农业主体拓宽收入来源,提升农民收入水平。

1. 农贸专业市场、商圈模式

邮储银行对县域及城市地区的农贸专业市场、商圈进行筛选,挑选出客流量大、交易量大、知名度高的,通过与专业市场、商圈的管理方洽谈,结合专业市场、商圈内客户与管理方的合作模式、管理方对客户的影响力和管控程度，为专业市场、商圈内不同类型的客户提供具有针对性的金融服务方案。

广东某国际农产品贸易城是该模式的典型应用。邮储银行与市场管理方签署合作协议，对与该国际农产品贸易城市场签订商铺租赁协议并正常经营 2 年以上的客户提供信贷资金支持，用于客户缴纳商铺租金或开展生产经营活动。市场方为客户向邮储银行申请的贷款提供连带责任担保，逐笔存入贷款金额 10% 的保证金。同时，市场方协助邮储银行做好客户营销管理：一是在市场内宣传邮储银行业务；二是筛选优质客户并向邮储银行推荐，提供客户信息；三是协助邮储银行开展客户走访、督促客户还款；四是协助邮储银行开展贷款管理，监控客户经营，发起风险预警，并参与逾期客户催收。

2. "新型农业经营主体＋农担"模式

2016 年 9 月，邮储银行与国家农业信贷担保联盟有限责任公司（以下简称"农担"）签署总对总战略合作协议，双方分支机构陆续开展对接工作。"新型农业经营主体＋农担"模式的重点在于破解农业融资难、融资贵问题，由各省农担公司为邮储银行客户提供贷款担保，邮储银行与各省农担公司共担风险，重点支持从事农业适度规模经营的专业大户、家庭农场、农民专业合作社等新型农业经营主体的贷款需求。

为进一步支持河南省新型农业经营主体发展，邮储银行联合河南省多地县政府、河南省农业信贷担保有限责任公司（以下简称"省农担公司"）创新财政和金融协同支农机制。当不良贷款发生后，由该省农担公司与邮储银行按比例共同承担风险，地方政府承担部分由该省农担公司负责收取。重点支持从事粮食收购、种养殖、农资服务、农产品购销等涉农行业的新型农业经营主体。在客户来源上，相关业务借助政府平台公信力，通过村、乡和涉农主管部门推荐，县政银担金融支农工作领导小组审核，建立政府主导的农业项目库。经办分支行从农业项目库中优选客户准入，形成"政府初审、银行审批、担保公司审核"三方参与的把关流程，搭建了稳定的优质客户推荐通道，实现了零售业务批发做。在业务处理上，对 50 万元以下的低额度贷款，邮储银行协调当地省农担公司建立快速处理的绿色通道，限时办理，实现一周放款，解决了担保业务耗时时间长的问题。

第 12 章

农产品期货市场发展及"农民收入保障计划"的实践与创新

2018 年是我国改革开放 40 周年,也是期货市场发展 30 周年。在中美经贸关系不确定及经济下行压力加大的背景下,我国期货市场发挥了应有的功能,在服务供给侧结构性改革、促进农产品市场化改革等方面发挥了积极作用。在 2018 年中央 1 号文件指导下,"保险+期货"试点范围继续扩大,基差收购、收入保险、县域全覆盖等试点相继推出。豆粕期权平稳运行,为玉米期权的推出打下坚实的基础。在此基础上,创新开展"农民收入保障计划"试点项目,取得积极成效,获得参与主体和各级政府部门的一致认可。在创新和实践过程中,"农民收入保障计划"的实施仍面临短板与不足,比如上市农产品期货和期权数量总体较少,风险管理体系还不完善,试点缺少中央财政资金补贴难以大面积推广等。基于此,从期货市场发展、相关政策支持和主体培育等方面提出对策建议。

一、2018 年中国农产品期货与期权市场运行平稳有序

(一)农产品期货成交规模继续增长

2018 年,我国农产品期货市场的总成交量达到 9.19 亿手,总成交金额为 46.90

万亿元，分别较上年增长13.18%和14.98%，分别占我国期货市场总成交量和总成交额的30.33%和22.25%。其中，大连商品交易所（以下简称"大商所"）的10个农产品期货成交量为4.93亿手，占全国农产品期货成交量的53.63%，成交额为16.79万亿元，占全国农产品期货成交额的35.79%。郑州商品交易所（以下简称"郑商所"）的12个农产品期货成交量为3.64亿手，占全国农产品期货成交量的39.64%，成交额为22.76万亿元，占全国农产品期货成交额的48.52%。上海期货交易所（以下简称"上期所"）的1个农产品期货（天然橡胶）成交量为0.62亿手，占全国农产品期货成交量的6.73%，成交额为7.36万亿元，占全国农产品期货成交额的15.70%。根据美国期货业协会（FIA）统计，2018年世界交易量排名前20位农产品期货和期权产品中，中国农产品期货品种有13个，占比过半（如表1所示）。

表1　　　　2018年全球前20位农产品期货和期权合约成交量排名

排名	合约	交易所	2017年（手）	2018年（手）	增长率（%）
1	豆粕期货	大连商品交易所	162877864	238162413	46.2
2	菜籽粕期货	郑州商品交易所	79736545	104361264	30.9
3	苹果期货	郑州商品交易所	793933	99956445	12490.0
4	玉米期货	芝加哥期货交易所	89876782	97387154	8.4
5	玉米期货	大连商品交易所	127323949	66812732	-47.5
6	白糖期货	郑州商品交易所	61073198	64004805	4.8
7	天然橡胶期货	上海期货交易所	89341052	61845475	-30.8
8	大豆期货	芝加哥期货交易所	54504169	58538591	7.4
9	1号棉花期货	郑州商品交易所	26068232	58533251	124.5
10	豆油期货	大连商品交易所	57158378	54135551	-5.3
11	棕榈油期货	大连商品交易所	68046475	44344644	-34.8
12	11号糖期货	ICE美国期货交易所	30961148	37011007	19.5
13	软红冬小麦期货	芝加哥期货交易所	33717805	36805171	9.2
14	菜籽油期货	郑州商品交易所	25994757	35083678	35.0
15	豆粕期货	芝加哥期货交易所	25996399	31838908	22.5
16	豆油期货	芝加哥期货交易所	30232316	31265884	3.4

续表

排名	合约	交易所	2017年（手）	2018年（手）	增长率（%）
17	玉米期权	芝加哥期货交易所	23884970	25542064	6.9
18	黄大豆2号期货	大连商品交易所	42551	24476720	57423.3
19	玉米淀粉期货	大连商品交易所	50433910	22613108	-55.2
20	黄大豆1号期货	大连商品交易所	26324058	22111727	-16.0

资料来源：美国期货业协会（FIA）。

（二）参与农产品期货市场的主体维持稳定

2018年，大商所农产品期货市场参与主体的数量总体较上年略有下降，但功能发挥依然良好。主要原因是上市品种全年运行相对平稳，价格波动有所下降，油脂油料品种如豆二、豆粕和豆油的持仓客户数较上年增长，其中豆二的参与客户数、法人客户数和持仓客户数都有显著的增长。2018年为应对国际贸易不确定性及更好地发挥进口大豆价格发现功能，大商所调整豆二期货合约和规则，以充分发挥黄大豆2号期货市场功能，更好地服务产业和实体经济。制度调整后，豆二期货的客户数量显著增长，客户结构进一步优化。虽然个人客户仍是豆二期货交易的主体，但是法人客户数同比增长2591%，投资者结构较上年更加合理。这表明豆二期货合约和规则调整有效地调动了产业企业客户的积极性。豆油参与客户22.73万户，同比小幅增长5.71%，持仓客户17.23万户，同比增长7.54%。油脂油料品种的持仓客户数量的增长，一方面说明油脂油料品种作为大商所最为成熟的品种体系，多年来稳定运行，功能发挥良好，能长期吸引客户参与其中；另一方面，在中美贸易不确定情况下，油脂油料期货市场成为市场参与主体的主要避险工具，发挥了应有的作用和功能。

值得关注的是，2018年玉米和玉米淀粉期货参与客户数和持仓客户数较上年有所下降。主要原因是当年玉米临储拍卖量高达1亿吨，市场价格基本锚定拍卖成交价，波动幅度较小，下游玉米淀粉价格在玉米市场基本稳定的情况下，同样波动较小，各类客户参与期货市场的热情下降。随着临储库存的不断下降，未来玉米价格波动将随市场化程度的提升而不断加大，期货市场将吸引更多的市场主体参与其中（如表2所示）。

表 2　　　　　　　2018 年大商所农产品期货市场投资者结构

项目 品种	参与客户数（户）		法人客户数（户）		持仓客户数（户）	
	2018年	同比增减（%）	2018年	同比增减（%）	2018年	同比增减（%）
玉米	195234	−31.86	5113	−22.25	150589	−35.97
玉米淀粉	116959	−37.05	3532	−31.11	84009	−41.06
豆一	176744	−3.56	3852	−14.97	123669	−7.49
豆二	58143	6403.69	1211	2591.11	34374	5382.30
豆粕	405997	−11.27	7739	−3.17	321607	13.37
豆油	227303	5.71	5870	−10.76	172274	7.54
鸡蛋	225115	−18.43	4231	−23.45	165118	−22.40
棕榈油	229764	−10.30	5460	−19.74	173889	−10.44
胶合板	222	−22.65	13	−40.91	104	−44.68
纤维板	2696	866.31	42	250.00	1432	887.59

资料来源：《2018 年大连商品交易所品种运行情况报告》。

（三）农产品期货功能发挥总体良好

1. 农产品期货价格发现功能整体稳定

2018 年，大商所上市农产品期货价格发现功能总体表现良好，多数农产品期货品种期现价格相关性与上年基本相同，不同品种之间有所差异。在大商所的 10 个农产品期货中，期现相关性系数在 0.7 以上的期货品种达到 5 个，与上年持平。相关性排名前五的分别是棕榈油、豆油、豆粕、玉米淀粉和豆一。其中，棕榈油期现价格相关性达到 0.95，较上年小幅上升，依然维持在较高水平。

2018 年，油脂油料品种如棕榈油和豆一期现相关系数分别较上年有所上升。一是因为我国棕榈油主要依赖进口，国内外棕榈油价格具有较高的联动性，随着国内棕榈油企业进入期货市场，期现价格走势也会趋于一致。二是国产大豆补贴力度加大，种植主体和加工企业参考期货价格程度有所提升；同时，大豆临储拍卖参与交割量提升，间接促进期现价格收敛，提升期现相关性（如表 3 所示）。

总体看，大商所农产品期货价格能及时体现现货市场的状况，期货、现货市场价格运行平稳。虽然部分品种期现价格相关性较上年有所下降，但随着基准交割的调整及现货采价体系的不断优化完善，期货市场的价格发现功能将进一步得到有效发挥。

表 3　　　　　　2017～2018 年大商所农产品期货期现价格相关性

品　种	期现价格相关性（系数）		增　减
	2017 年	2018 年	
豆油	0.98	0.83	-0.15
豆粕	0.81	0.74	-0.07
棕榈油	0.82	0.95	0.13
玉米	0.69	0.31	-0.38
玉米淀粉	0.64	0.73	0.09
鸡蛋	0.94	0.48	-0.46
黄大豆 1 号	0.44	0.72	0.28
黄大豆 2 号	0.87	-0.08	-0.95
纤维板	0.35	-0.07	-0.42
胶合板	0.38	-0.12	-0.5

资料来源：《2018 年大连商品交易所品种运行情况报告》。

2. 农产品期货套期保值功能较好发挥

2018 年，大商所农产品期货套期保值功能总体表现良好，套期保值效率继续保持较高水平，并且多数品种较上年有所提升。套期保值效率达到 70% 以上的农产品期货品种有 4 个，分别是豆油、豆粕、棕榈油和豆二。

2018 年，油脂油料如豆油、豆粕、豆一和豆二等品种的套期保值效率分别为 91.93%、80.31%、43.24% 和 79.92%，均较上年有所提升。我国的大豆加工规模已成为世界第一，随着我国大豆种植面积的不断扩大，国产大豆市场化程度也逐渐提升，越来越需要通过期货市场规避价格风险，期货市场也更加成熟完善。玉米淀粉的套期保值效率达到 41.75%，同比增长 37.52%，主要原因是受玉米深加工补贴政策的影响，玉米淀粉相关企业大量收购玉米，市场主体的参与度提高（如表 4 所示）。

总体看，2018 年大商所农产品期货套期保值效果较好，并处在持续提升的阶段，通过不断调整完善合约规则，以更好的服务产业客户。

（四）积极推进玉米期权上市

继 2017 年豆粕期权在大商所成功上市后，玉米期权经过紧锣密鼓的研究筹备阶段，于 2019 年 1 月在大商所上市。

表4　　　　　　2017~2018年大商所农产品套期保值效率

品种	套期保值效率		增减（%）
	2017年（%）	2018年（%）	
豆油	90.74	91.93	1.31
豆粕	80.26	80.31	0.06
棕榈油	77.66	76.24	-1.83
玉米	39.78	39.97	0.48
玉米淀粉	30.36	41.75	37.52
鸡蛋	87.76	54.01	-38.46
黄大豆1号	38.39	43.24	12.63
黄大豆2号	77.23	79.92	3.48
纤维板	12.84	16.56	28.97
胶合板	12.81	15.82	23.50

资料来源：《2018年大连商品交易所品种运行情况报告》。

1. 上市玉米期权能多维度服务"三农"

玉米品种与我国农业产业发展有着较强的关联性。随着玉米收储制度改革的推进，玉米价格的波动幅度扩大，农民及产业链上下游生产经营主体面临的市场风险增加，推出玉米期权将为相关产业主体开展精细化风险管理、进一步推广"保险+期货"模式、探索支持农业发展的更优方式和路径提供重要工具。据统计，玉米临时收储政策退出后，2016年玉米期货年化价格波动率上升至24.6%，虽然2017年、2018年有所回落，但市场面临的价格波动风险仍然较大。此外，玉米期货上市10多年来，已经积累了大量的产业客户。玉米产业链全部大型贸易企业、50%的全国30强饲料企业集团以及75%的玉米淀粉加工企业利用玉米期货规避现货价格风险，这为玉米期权上市后更有效地发挥市场功能提供了重要支撑。

2. 玉米期权设计贴近品种特点，能满足市场需求

玉米期权在合约参数设计上充分借鉴了国际期权市场的发展经验，沿用了豆粕期权的设计思路，并根据标的期货的运行情况和特点进行了有针对性的设计，方便市场理解和操作。在合约参数设计方面，玉米期权仍遵循"稳健性、可操作性、一致性"原则。玉米期权合约类型包括看涨期权和看跌期权，涨跌停板幅度为标的期货合约涨跌停板幅度，合约月份、交易时间和报价单位与标的期货一致，最小变动价位为标的期货的一半,最后交易日和到期日与豆粕期权相同,行权方式继续采用国际商品期权通行的美式行权方式,交易代码由标的期货合约代码、合约月份、看涨(跌)期权代码和行权价格组成(表5所示)。

表5　　　　　　　　　　玉米期权合约

合约标的物	玉米期货合约
合约类型	看涨期权和看跌期权
交易单位	一手(10吨)玉米期货合约
报价单位	元(人民币)/吨
最小变动价位	0.5元/吨
涨跌停板幅度	与玉米期货合约涨跌停板幅度相同
合约月份	1、3、5、7、9、11月
交易时间	每周一至周五上午9：00~11：30,下午13：30~15：00,以及交易所规定的其他时间
最后交易日	标的期货合约交割月份前一个月的第5个交易日
到期日	同最后交易日
行权价格	行权价格范围覆盖玉米期货合约上一个交易日结算价上下浮动1.5倍当日涨跌停板幅度对应的价格范围。行权价格≤1000元/吨,行权价格间距为10元/吨；1000元/吨＜行权价格≤3000元/吨,行权价格间距为20元/吨；行权价格＞3000元/吨,行权价格间距为40元/吨
行权方式	美式。买方可以在到期日之前任一交易日的交易时间,以及到期日15：30之前提出行权申请
交易代码	看涨期权：C-合约月份-C-行权价格 看跌期权：C-合约月份-P-行权价格
上市交易所	大连商品交易所

资料来源：大连商品交易所。

在行权价格设计上,为确保期权行权价格能覆盖标的价格波动,即使在期货价格达到涨跌停板时仍能给市场提供平值、实值和虚值期权。大商所设计的行权价格覆盖玉米期货合约上一个交易日结算价上下浮动1.5倍当日涨跌停板幅度对应的价格范围。并根据标的期货价格范围和波动情况,以1000元/吨和3000元/吨为分界点,分别设置10元/吨、20元/吨和40元/吨行权价格间距。一方面利于客户根据自身需求选择不同行权价格的合约,满足多样化需求；另一方面确保不因行权价格间距过小、期权合约数量过多，分散流动性。

3. 做市商制度为玉米期权成功上市和平稳运行提供了重要保障

做市商利用自有资金为市场提供双边报价，在客户想卖出期权时充当期权买方，客户想买入期权时充当期权卖方，为客户提供更多更优的成交机会，满足客户交易需求，为期权市场提供流动性。大商所在玉米期权市场继续采用做市商制度，2018年12月27日，大商所发布并实施《大连商品交易所做市商管理办法》，将期货交易商和期权做市商统称为"做市商"，并进行统一管理，以进一步规范做市交易行为，推动做市商更好地发挥增进市场流动性的功能。该办法对做市商准入条件、资格管理、权利义务和监督管理等方面做出明确规定，既能鼓励和支持做市商按要求履行做市义务，又能加强做市商监管、促进期权市场平稳运行。

二、"农民收入保障计划"试点的实践和创新

2018年，大商所在总结过去连续三年"保险+期货"试点的基础上，推出了涵盖"保险+期货"、场外期权、基差收购等多种形式，期货公司、保险公司、银行等多类型金融机构共同参与的、综合性"农民收入保障计划"（以下简称"计划"）试点，致力于通过多类型金融机构跨界合作和多结构运行模式集中尝试，探索建立期货市场服务农民收入保障的整体框架。

（一）"农民收入保障计划"试点规模继续扩大

2018年的"计划"试点项目数量更多。大商所对37家期货公司、3家证券公司和1家商业银行的107个项目进行备案。从数量上看，是2017年32个试点项目的3倍多。从模式上看，107个项目中，"保险+期货"主模式项目86个（玉米价格保险31个，大豆价格保险9个，玉米收入保险34个，大豆收入保险12个），场外期权主模式项目21个（玉米4个，大豆2个，鸡蛋15个）。

2018年的"计划"试点覆盖区域更广，辐射全国近半省区。107个试点总计涉及639.51万亩土地，覆盖了黑龙江、吉林、辽宁、内蒙古、北京、天津、安徽、河南、河北、重庆、四川、陕西、甘肃、山东、江苏、湖南16个省市区。2018年的

玉米价格险单个项目要求不低于3万吨、大豆不低于1.5万吨,玉米收入险单个项目不低于2万吨、大豆不低于0.8万吨,较2017年的2.2万吨、1.3万吨、1.5万吨、0.6万吨均有所增长。全年开展的试点项目涉及玉米共计240.97万吨,其中价格险146.66万吨,收入险77.31万吨,场外期权17万吨;涉及大豆共计28.71万吨,其中价格险16万吨,收入险9.71万吨,场外期权3万吨;涉及鸡蛋8.48万吨。

(二)"农民收入保障计划"试点运行效率更高

2018年"计划"试点的运营成本更低,表现为保险费率继续下降。试点项目中,玉米价格险平均目标价格为1832.32元/吨,平均保费为56.98元/吨,费率3.11%;玉米收入险平均目标收入为913.92元/亩,平均保费为56.67元/亩,费率6.20%;大豆价格险平均目标价格为3715.4元/吨,平均保费为138.86元/吨,费率3.74%;大豆收入险平均目标收入为526.81元/亩,平均保费为47.41元/亩,费率9.00%。以上费率均较2017年和2016年大幅降低(见表6)。

表6　　2016~2018年"保险+期货"试点费率情况

年 份	价格险		收入险	
	玉米	大豆	玉米	大豆
2016	7.94%	4.77%	—	—
2017	3.93%	4.45%	7.60%	11.34%
2018	3.11%	3.74%	6.20%	9.00%

资料来源:大连商品交易所。

2018年"计划"试点的保障水平更高,表现为赔付率显著提升。2018年,大豆价格险、收入险和玉米收入险赔付率分别达到88.09%、145.03%和98.82%,均较2017年上升;只有玉米价格险由于玉米价格上涨导致赔付率较低,为14.05%(见表7),所有项目的总体赔付率约为72.35%。

86个玉米、大豆"保险+期货"主模式项目共计产生理赔约1.6051亿元(玉米价格险1174.42万元,玉米收入险约8368.63万元,大豆价格险1957.44万元,大豆收入险约4550.96万元);21个"场外期权"主模式项目共计产生理赔约1664.75万元。故2018年"农民收入保障计划"总计为农民赔付约1.77亿元以上。

表7　　　　　2017～2018年"保险+期货"试点赔付率情况

年 份	价格险		收入险	
	玉米	大豆	玉米	大豆
2017	29.57%	86.57%	60%	94.57%
2018	14.05%	88.09%	98.82%	145.03%

资料来源：大连商品交易所。

（三）更多主体参与其中发挥多方合力

各级政府积极参与"计划"试点，起到了良好的示范和带动作用。2018年，除大商所预算3亿元支持"计划"试点以外，有42个项目备案获得各级政府及部门补贴总计约3177万元，包括吉林省农委、陕西省农业厅、安徽省财政厅等省级部门，以及桦川县政府、嫩江县政府、海城市财政局等县级单位。此外，还有1个项目获得了农业农村部金融支农服务创新试点补助。

金融机构为参与"试点"农民贷款，丰富了"保险+期货+银行"试点模式。试点项目中，有13个项目备案附加银行等金融机构，总计为参与试点农民发放贷款4914.89万元。中国农业银行、交通银行、中国邮政储蓄银行、光大银行等大型银行积极参与，龙江银行、逊克农商行、饶河农商行等地方银行也参与到试点中来。黑龙江省、吉林省、辽宁省农担公司为其中5个项目的贷款提供了担保。这为小农户"融资难、融资贵"等问题探索了一条可行的经营模式。

龙头企业通过模式创新，积极开展粮食收购，切实解决试点地区"卖粮难"。试点项目中，有52个项目备案附加基差收购模式，其中31个项目产生了实际收购，共计通过基差收购模式收购农民粮食52万吨（截至2019年2月底），中储粮开安直属库、北大荒粮食集团、九三集团、吉林云天化等28家龙头企业参与其中。

三、"农民收入保障计划"试点的模式创新

（一）实现区域覆盖（县/镇）试点，整体推进"保险+期货"模式

为进一步探索"保险+期货"模式的可复制性和可推广性，大商所引导多家期

货公司在黑龙江、辽宁和内蒙古开展了全县域或乡镇集中连片覆盖试点。2018年桦川县政府主动要求在桦川全县实施玉米"保险+期货+基差收购"试点，为桦川县全县5666户玉米种植户提供风险保障服务（见表8）。

表8　　　　　　　　　　桦川县玉米价格保险基本情况

要　素	水　平	备　注
品种及数量	玉米24万吨（41.09万亩）	根据县政府统计数据确定亩产0.58吨
保障价格	1878元/吨（阶梯式）	入场价格1820元/吨
保费	1517.81万元（63.24元/吨）	1. 农户自担0元 2. 政府补贴151.78万元 3. 合作社补贴75.89万元
实际价格	平均1889.91元/吨	C1901合约2018年11月中旬至12月中旬收盘价均值
保险总体赔付	0万元	实际价格高于保障价格，未赔付，但现货价格也从投保时的1580元/吨上涨到1658元/吨
附加创新模式	基差收购	与农户签订了以C1901合约为基准、基差为－240元/吨的基差合同

资料来源：大连商品交易所。

桦川县于2016年落地大豆价格"保险+期货"试点，2017年落地玉米价格"保险+期货+现货收购"试点，2018年又升级为"保险+期货+基差收购"试点，连续三年的试点验证了模式的可持续性。在桦川县开展的县域全覆盖试点是从分散试点到集中覆盖试点的转型，是在更大规模更广数量级上验证"保险+期货"模式的实践。虽然项目在产品上未产生赔付，但托底保障收益给农民吃下了"定心丸"，且现货价格的上涨也为农民带来了切实收益。

（二）通过基差采购，探索解决农民"卖粮难"路径

为了在价格保险服务的同时，更好地解决农民售粮问题，2018年龙头企业（北大荒粮食集团）参与了大商所3个基差采购试点项目，围绕农民基差售粮安排了科学的风险管理方案，其中2个项目已经完成了总计6万吨玉米收购。以黑龙江红兴隆农垦玉米价格险为例，通过基差收购为农民实现了 13.13 元/吨的增收（见表 9）。

表 9　　　　　红兴隆农垦玉米价格保险试点的基差收购基本情况

要　素	水　平	备　注
品种及数量	玉米 3 万吨 （2.83 万亩）	亩产 1.06 吨
保障价格	1826 元/吨	
保费	200 万元 （66.67 元/吨）	农户自担 30 万元 一米信息服务有限公司承担 20 万元
实际价格	1867.33 元/吨	高于保障价格，主险未产生赔付
总体赔付	39.4 万元	二次点价附加险产生赔付 13.1 元/吨×3 万吨
附加创新模式	基差收购	北大荒粮食集团与农户签订了以 C1901 合约为基准、基差为 –320 元/吨的基差收购合同，且为农民投保了二次点价附加险

资料来源：大连商品交易所。

设定基差收购方案，确保粮农高价售粮。试点引入北大荒粮食集团，让其与农户签订基差收购合同，待秋粮集中上市，农民将潮玉米进行烘干后送至北大荒指定仓库，在北大荒的指导下按照玉米期货 C1901 合约价格减 320 元基差进行第一次点价，北大荒按照点价价格与当时现货价中的高者和农户立即结算，帮助农户实现了以较高公允价格预先售粮。

充分考虑市场价格波动，给予农民二次点价的权利。自农民一次点价当天起至之后一个月内，农民拥有第二次选择更高价格的机会，北大荒将指导农民进行二次点价。一次点价后至二次点价期间的玉米期货合约 C1901 收盘价的平均值若高于一次点价的价格，保险公司将按照高出价格部分的 70% 赔偿给农民，完成二次点价（见表 10）。

（三）产融结合规划全产业链服务"三农"新模式

为探索产融结合服务"三农"新模式，大商所在开展"计划"试点的同时，依托供销合作社和银行等机构开展农资服务、基差收购和涉农信贷等一体化服务。

1. 供销系统参与"保险＋期货"，在生产端切实服务农业生产经营

黑龙江省供销社组织沃土丰达合作社的 210 户农户参与了玉米收入保险试点。

第12章 农产品期货市场发展及"农民收入保障计划"的实践与创新

表 10　　　　　　　　红兴隆农垦试点农户参与基差收购情况

日　期	农　户	北大荒粮食集团
2018年7月5日	1. 签订3万吨玉米基差销售合同 2. 以C1901合约为基准、基差为-320元/吨	1. 签订3万吨玉米基差购买合同 2. 基差为-320元/吨
2018年9月末至10月末	农户收粮并交至北大荒粮食集团，以1581.71元/吨获得第一次粮款	现货市场均价为1581.71元/吨 基差合同点价价格为1826-320=1506元/吨 现货市场价格较高，北大荒按照现货价收购农民粮食并结算粮款
2018年11月2日、5日、6日、15日	在北大荒粮食集团指导下，农民进行二次点价，分四次完成	点价执行价、点价后均价、数量别为： 1875，1898.89，9000吨 1888，1901.25，5000吨 1882，1903.14，5000吨 1885，1901，11000吨
结　果	完成3万吨玉米二次点价每吨获得13.13元的补偿，折合1594.84元/吨售粮	二次点价附加险生效，产生赔付总额39.4万元，由平安保险支付给农户

资料来源：大连商品交易所。

黑龙江省供销社作为服务"三农"的中坚力量，拥有规模庞大且体系完备的测土配方服务系统、农资服务系统和粮食购销系统，可以实现从科学测土配方、精准种肥药方案的种植端到高效、高价卖粮的销售端全覆盖，配合"保险+期货"进行风险管理，实现产业链全覆盖。

2. 供销系统在流通端采用基差收购形式，保障了农民售粮渠道和收益

该项目中，农民通过基差点价的形式以1704元/吨的价格将部分玉米销售给黑龙江省供销社所属泰和丰农村供应链公司，且泰和丰农村供应链公司承担粮食收割和运输，折合农民以1740元/吨售粮，比当时现货价直接售粮高出20元/吨左右，实现了稳渠道稳价格。

（1）基于"保险+期货"试点的涉农信贷规模不断扩大。2017年，农业银行就为大商所试点项目服务的农户发放了购买农机具贷款20万元。2018年，农业银行进一步打通内部流程，由 2017 年的 1 笔贷款扩大到 2018 年的 15 笔，贷款金额也由 20 万元扩大到 246 万元，打通了基于"保险+期货"收入保障的融资环节。

（2）基于"保险+期货"试点的涉农信贷成本不断下降。农业银行为大力支持"保险+期货"业务，与合作单位签署战略合作协议，明确具体业务流程，开辟绿色通道，缩短调查运作时间，配置专项信贷资源，实现了优惠利率至 5% 左右。

（3）基于"保险+期货"试点的涉农信贷引入国家农业担保公司。在试点中，通过农业担保公司的担保，增加了农民的信用评级，促进了支农贷款的发放，丰富了金融要素配置，形成了综合性的金融支农惠农服务体系。

三、"农民收入保障计划"实践中遇到的主要问题

（一）缺乏财政资金支持是制约"农民收入保障计划"持续发展的瓶颈

一直以来，"计划"实施过程中，保费资金主要来自交易所给予试点补贴，从 2016 年开始补贴资金 1960 万元，到 2018 年达到近 3 亿元（预算额度），占试点项目补贴资金比重超过八成。总体看，保障效果受到各级政府、相关单位和被保险人（农户和合作社等）的一致认可，参保主体多数表达继续参与"计划"的意愿。但应看到，在收储制度改革持续推进的过程中，市场波动逐渐加大，农户参保意愿日益提高，仅依靠交易所的保费补贴，试点规模和覆盖区域难以持续快速扩大，参保主体难以持续获得有效支持。目前，农业农村部和省市相关部门对部分"计划"项目试点采取一定的资金支持，尚未形成持续有效的合作机制，中央财政资金尚未进入"计划"试点。

（二）"农民收入保障计划"尚未嵌入相关产业形成政策合力

"保险+期货"试点连续四年写入中央 1 号文件，在试点区域取得了积极的成效，但尚未嵌入相关产业政策，还没有形成多方合力。虽然"计划"试点不断进行模式创新，成为金融支农的重要抓手，已经获得相关部委及地方政府的认可，但仍以试点形式推进，难以在各产业政策中扮演关键角色，更多的是作为一种有益补充。

特别是建立多部委跨行业的联动工作机制中,"计划"更多是辅助性工具,难以完全嵌入农业和保险等行业的内生发展体系。

(三)农户对期货市场的认知度仍需进一步提高

多年来,政策保护在小农户心中根深蒂固,特别是在粮食等重要大宗农产品实施保护价政策时期,最低收购价、各类补贴等提升农户收益的同时,也逐渐让农户脱离了市场。在收储制度改革后,农户在面对市场化的价格波动时,缺乏有效的应对措施,依然期望更多的补贴以弥补市场风险带来的损失。特别是在成本上涨和农产品价格下跌碰头时,现有的补贴力度显然无法覆盖损失。此外,政策性农业保险在我国实施多年,在农户心中,农业保险有保费补贴是天然的、必不可少的,缺了补贴的农业保险,农户参与热情显然不高。同时,多数农户对政策性农业保险与"保险+期货"区分不清楚,各自的特点也不甚了解,一定程度上影响了试点的进一步扩大。

四、下一步工作思路与建议

(一)继续争取多种形式的试点财政补贴

一是继续与相关部委及各级政府沟通协调,争取包括中央财政资金在内的多种形式的补贴资金,为"计划"增点扩面、提质增效提供良好的外部支撑。二是争取财政资金在县域全覆盖,试点进行保费补贴,聚焦深度贫困区县,以"计划"为抓手,探索中央和地方的保费补贴项目试点。三是与全成本保险和收入险等政策性农业保险结合,发挥期货市场再保险功能,依托政策性农业保险试点,推广"计划"实施。

(二)进一步完善农产品期货期权品种体系

一是立足"农民收入保障计划",加快试点相关期权品种的研发上市,以满足市场需求。针对场外期权成本高、效率低的问题,加快推进农产品场内期权的研发上市，着力降低试点运行的交易成本，以更好的模式还利于民。二是进一步完善农产品期货产业链。打通从上游到下游全产业的期货品种，为开展全产业链提供良好的避险工具，吸引更多的产业主体参与市场，有利于更好地进行模式创新与实践。

（三）探索服务"三农"的新思路新模式

一是以"保险＋期货"试点为依托，以"农民收入保障计划"试点为抓手，在成熟试点区域继续开展"保险＋期货＋订单农业"和"保险＋期货＋银行"等模式。将基差收购和涉农信贷等嵌入试点，形成因地制宜，各具产业、地方特色的服务模式。二是进一步加大宣传推广力度。在合作社、家庭农场等新型经营主体的培育中，引入现代生产经营新思路，引导其利用期货市场开展产业化经营，鼓励其带动小农户开展组织化经营。三是进一步加强与中央和地方相关政府部门的协调与合作。可在试点区域引入国家级或省市级示范推广项目，结合"农民收入保障计划"开展试点共建，综合应用推广等项目，借助财政支持的示范推广项目，嵌入"保险＋期货"的思路和举措，达到合作共赢效果。

第 13 章

我国农产品期货市场发展及
服务农业的实践创新

农业丰则基础强,农民富则国家盛,农村稳则社会安。党的十九大报告指出,农业农村农民问题是关系国计民生的根本性问题,必须始终把解决好"三农"问题作为全党工作的重中之重。

2018 年是贯彻党的十九大精神的开局之年,是决胜全面建成小康社会、实施"十三五"规划承上启下的关键一年。2018 年 3 月,中美贸易摩擦正式爆发并逐步升级,农产品贸易受到显著影响,价格波动幅度加大。未来涉农大宗商品供求情况和宏观经济发展仍面临复杂多变的环境,农产品价格大幅波动的风险仍客观存在。促进涉农期货期权品种发展,加快涉农风险管理工具体系建设,对当前农业稳定发展和国家经济安全有着十分重大的意义。

一、2018 年我国农产品期货期权市场整体运行情况

(一)发展农产品期货期权的相关政策和制度

随着我国经济改革和对外开放的持续深入,农业生产和贸易市场化、国际化、专业化程度日益提升。为适应农业问题新形势,进一步推动农业健康稳定发展,我

国进行了大量政策探索。其中，多层面多角度关于支持农产品期货期权市场发展的政策相继出台，以指导我国农产品衍生品市场稳定健康发展，为期货期权市场服务农业稳定发展提供重要保障。

1. 国家层面

"保险+期货"已成为提升农户收入、稳定我国农业发展和国家实施乡村振兴战略的重要举措。2016年以来，"保险+期货"试点连续4年写入中央1号文件。2018年1月2日，中共中央、国务院发布《中共中央国务院关于实施乡村振兴战略的意见》，提出深入推进农产品期货期权市场建设，稳步扩大"保险+期货"试点，探索"订单农业+保险+期货（权）"试点；2019年1月3日，中共中央、国务院发布《关于坚持农业农村优先发展 做好"三农"工作的若干意见》，要求扩大农业大灾保险试点和"保险+期货"试点，支持重点领域特色农产品期货期权品种上市。

2. 监管机构层面

2018年，中国证监会坚决贯彻习近平总书记提出的金融服务实体经济工作任务，积极响应党中央打响脱贫致富攻坚战的号召，全力推进期货市场创新发展[①]。尤其是在稳步推动红枣期货、玉米期权、棉花期权、天然橡胶期权等品种上市以及优化白糖、苹果、菜油品种合约方面的工作取得了良好成效，为服务农业发展提供了精细化的风险管理工具。

2019年，中国人民银行、银保监会、证监会、财政部、农业农村部联合发布《关于金融服务乡村振兴的指导意见》，强调发挥期货市场价格发现和风险分散功能；加快推动农产品期货品种开发上市，创新推出大宗畜产品、经济作物等期货交易，丰富农产品期货品种；积极运用期货价格信息引导农业经营者优化种植结构，完善农产品期货交易、交割规则；创新农产品期权品种，改进白糖、豆粕期权规则，加快推进并择机推出玉米、棉花等期权合约，丰富农业风险管理手段；稳步扩大"保险+期货"试点，探索"订单农业+保险+期货（权）"试点，探索建立农业补贴、涉农信贷、农产品期货（权）和农业保险联动机制，形成金融支农综合

---

① 中国证券监督管理委员会、中国期货业协会：《中国期货市场年鉴（2018）》，中国财政经济出版社2019年版，第191页。

体系。

此外，证监会还发布了《外商投资期货公司管理办法》《期货监管协调机制工作规程》《期货监管部期货公司行政许可审核工作规程（试行）》《关于进一步加强期货经营机构客户交易终端信息采集有关事项的公告》《期货公司监督管理办法》《期货公司董事、监事和高级管理人员任职资格管理办法》等一系列政策文件①，为促进期货市场健康发展，推动期货市场高水平对外开放，提升期货市场服务农业等领域实体经济的能力打好制度基础。

3. 交易所层面

在中国证监会的统一指导下，上海期货交易所（下文简称"上期所"）、郑州商品交易所（下文简称"郑商所"）、大连商品交易所（下文简称"大商所"）大力推动品种创新、老品种维护、"保险+期货"试点增点扩面，在服务农业生产，促进农民增收，推进精准扶贫和产业扶贫方面作用越来越凸显，获得了广大农民的欢迎和各级政府的认可。

2018年，郑商所围绕做精做细现有品种、优化完善品种合约规则出台了系列政策文件，大大提高了品种运行质量和服务农业发展的能力。3月12日，发布《关于期权异常交易行为认定标准及处理程序的通知》，决定将苹果期货日内平仓交易手续费调整为1元/手。4月，发布《关于缩短白糖期货挂牌合约时长的公告》，将白糖期货挂牌合约时长由一年半缩短为一年。此外，郑商所还先后发布《关于调整白糖期权持仓限额的公告》《关于调整苹果期货相关合约交易手续费标准的通知》《关于调整棉花期货相关合约交易手续费标准的通知》，对相关涉农品种的持仓限额、交易手续费进行了调整；发布《关于指定白糖交割仓（厂）库升贴水的公告》《关于增设指定棉花交割仓库的公告》《关于调整白糖交割仓库的公告》《关于增设指定苹果交割仓库的公告》《关于调整新疆指定棉花交割仓库的公告》等文件，对白糖、棉花等农产品品种的交割仓库进行调整和增设。

2018年1月，上期所发布《关于支持期货公司开展天然橡胶"保险+期货"精准扶贫试点的通知》，强调要着重助力涉农企业、农民专业合作社等新型农业经营

---

① 中国证券监督管理委员会、中国期货业协会：《中国期货市场年鉴（2018）》，中国财政经济出版社2019年版，第309~323页。

主体化解市场风险的能力，鼓励期货公司利用金融衍生品保障农民收入。11月，《关于纸浆期货交割业务有关事项的通知》就纸浆交割业务提出相关要求。

2018年，大商所发布了《关于发布实施豆油动态升贴水相关规则的通知》《关于修订鸡蛋品种限仓规则的通知》《关于修改玉米淀粉交割质量标准及相关规则的通知》《关于修改黄大豆1号合约及相关规则的通知》等政策，对油脂油料类、鸡蛋和玉米等期货品种的合约规则进行了调整和优化。

（二）农产品期货期权成交规模

1. 期货

（1）上市品种情况

品种是期货市场功能发挥的载体。截至2019年9月底，我国已上市70个期货期权品种，其中农产品期货品种25个、期权品种5个。上期所共有4个农产品期货期权品种，分别为天然橡胶期货、20号胶期货、纸浆期货和天胶期权。郑商所涉农品种最多，共有农产品期货品种13个，分别为白糖、棉花、普麦、强麦、早籼稻、晚籼稻、粳稻、菜籽粕、油菜籽、菜籽油、棉纱、苹果和红枣期货；农产品期权品种2个，分别为白糖期权和棉花期权。大商所共有农产品期货品种9个，分别为玉米、玉米淀粉、粳米、黄大豆1号、黄大豆2号、豆粕、豆油、棕榈油和鸡蛋期货；农产品期权品种2个，分别为豆粕期权和玉米期权。

（2）成交和持仓规模情况

2018年，全国商品期货市场交易继续保持活跃，总成交量29.83亿手（单边），日均成交量、日均持仓量分别为1227.77万手、1367.51万手。2019年上半年，全国商品期货市场成交量和成交金额显著提高，分别达17.21亿手和96.1万亿元，同比增长23.13%和33.77%。

据美国期货业协会（FIA）对全球80多家交易所数据汇总统计，2018年我国农产品期货品种占据了全球农产品期货合约前20强的13个席位。其中，郑商所涉农品种占5个席位，菜籽粕、苹果、白糖、棉花和菜籽油期货分别居第2、3、6、9、14位。大商所涉农品种占7个席位，豆粕、玉米、豆油、棕榈油、黄大豆2号、玉米淀粉、黄大豆1号期货分别位居第1、5、10、11、18、19、20位。上期所橡胶期货位于第7位，如表1所示。

表1　　2018年成交量排名前20位的农产品期货合约（单边）

排名	合约	2018年成交量（亿手）	2017年成交量（亿手）	增长率（%）
1	豆粕期货，大商所	2.38	1.63	46.22
2	菜籽粕（RM）期货，郑商所	1.04	0.80	30.88
3	苹果（AP）期货①，郑商所	1.00	0.0079	12490.04
4	玉米期货，芝加哥期货交易所	0.97	0.90	8.36
5	玉米期货，大商所	0.67	1.27	-47.53
6	白糖（SR）期货，郑商所	0.64	0.61	4.80
7	天然橡胶期货，上期所	0.62	0.89	-30.78
8	大豆期货，芝加哥期货交易所	0.59	0.55	7.40
9	1号棉花期货，郑商所	0.59	0.26	124.54
10	豆油期货，大商所	0.54	0.57	-5.29
11	棕榈油期货，大商所	0.44	0.68	-34.83
12	11号糖期货，ICE美国期货交易所	0.37	0.31	19.54
13	芝加哥软红冬小麦期货，芝加哥期货交易所	0.37	0.34	9.16
14	菜籽油期货，郑商所	0.35	0.26	34.96
15	豆粕期货，芝加哥期货交易所	0.32	0.26	22.47
16	豆油期货，芝加哥期货交易所	0.31	0.30	3.42
17	玉米期权，芝加哥期货交易所	0.26	0.24	6.94
18	黄大豆2号期货②，大商所	0.24	0.00043	57423.25
19	玉米淀粉期货，大商所	0.23	0.50	-55.16
20	黄大豆1号期货，大商所	0.22	0.26	-16.00

注：①自2017年12月起开始交易。②大商所在对黄大豆2号期货的合约细则、交易费用和品质标准进行重大调整后，于2017年5月重新上市了该合约。

资料来源：FIA。

2019年上半年全球期货和期权共成交166亿手，其中期货成交同比增加9%至93亿手，持仓总量同比温和上涨2.37亿手，较2018年同期上升3%。农产品方面，我国商品交易所的品种占据了全球农产品期货合约前20强的14个席位，在2018年基础上增加了1个席位。郑商所共占据6个席位，菜籽粕、白糖、棉花、菜籽油、苹果和红枣期货分别居第2、4、10、12、15、16位。大商所占据6个席位，豆粕、玉米、棕榈油、豆油、鸡蛋和黄大豆2号期货分别位居第1、5、6、9、19、20位。上期所橡胶期货、纸浆期货分别居于第8和第14位，如表2所示。

表2　2019年上半年交易量全球前20名农产品期货合约统计（单边）

排名	合约	2019年1~6月（亿手）	2018年1~6月（亿手）	增幅（%）
1	豆粕期货，大商所	1.28	1.18	8.40
2	菜籽粕期货，郑商所	0.77	0.44	75.40
3	玉米期货，芝加哥期货交易所	0.61	0.56	9.60
4	白糖期货，郑商所	0.53	0.21	151.40
5	玉米期货，大商所	0.46	0.32	42.50
6	棕榈油期货，大商所	0.28	0.22	29.20
7	大豆期货，芝加哥期货交易所	0.27	0.34	-20.60
8	橡胶期货，上期所	0.26	0.33	-20.50
9	豆油期货，大商所	0.26	0.28	-7.50
10	棉花期货，郑商所	0.25	0.37	-31.20
11	糖11号期货，洲际交易所	0.21	0.21	1.50
12	菜籽油期货，郑商所	0.19	0.18	7.00
13	玉米期权，芝加哥期货交易所	0.18	0.15	26.30
14	芝加哥软红冬小麦期货，芝加哥期货交易所	0.17	0.21	-15.50
15	纸浆期货，上期所	0.17	n/a	n/a
16	苹果期货，郑商所	0.16	0.71	-76.20
17	红枣期货，郑商所	0.17	n/a	n/a
18	豆油期货，芝加哥期货交易所	0.15	0.17	-9.20
19	豆粕期货，芝加哥期货交易所	0.15	0.17	-14.40
20	鸡蛋期货，大商所	0.10	0.09	6.90
21	黄大豆2号期货，大商所	0.10	0.09	3.6

资料来源：整理自FIA官网。

2. 期权

（1）总体成交规模

一直以来，我国商品期货衍生品市场发展品种结构侧重于期货，期权市场发展较为滞后。2017年，豆粕期权在大商所上市，白糖期权在郑商所上市交易，标志着我国商品期权时代的到来。2019 年 1 月 28 日，天然橡胶期权、棉花期权和玉米期权在三大商品交易所"三箭齐发"，正式挂牌交易。至此，我国共上市 6 个商品期权品种，其中农产品期权品种 5 个。

从市场交易规模来看，我国农产品期权上市后成交逐步活跃，市场规模稳步放大。2018 年，白糖期权市场规模显著增长，开通白糖期权交易权限客户数、参与客户数、日均成交量及持仓量均较 2017 年翻了一番；成交规模、成交金额分别由 2017 年的 148.5 万手、14.34 亿元，增长到 2018 年的 459.3 万手和 34.61 亿元，增长率分别达到 209.37% 和 141.31%；年末持仓量增长至 10.1 万手，较 2017 年增长 31.2%。2019 年，白糖期权市场延续增长势头，截至 6 月底，总成交量和成交金额分别增幅达到 87.78% 和 169.68%，市场活跃度继续上升，服务实体经济能力进一步强化。

2018 年，大商所豆粕期权累计成交 1252.2 万手，累计成交金额约 92.7 亿元，年末持仓 18.7 万手，分别比 2017 年同比增长 244.4%、92.6% 和 17.6%。2019 年上半年，豆粕期权交易活跃度有所下降，成交量和成交金额分别比 2018 年同期下降 10.38% 和 33.7%。

天然橡胶期权、棉花期权和玉米期权自上市以来，市场参与度逐步上升，2019 年上半年的成交量分别为 32.4 万手、134.8 万手和 204.3 万手，成交金额分别为 11.13 亿元、19.21 亿元和 6.15 亿元（见表 3）。

据美国期货业协会（FIA）统计，2019 年上半年，全球期权成交增长 13%，达到 73 亿手；期权持仓占全球衍生品合约总持仓量的 2/3 以上，达 6.15 亿手。在成交量排名全球前 40 名的农产品合约中，期权合约占据了 7 个席位，我国豆粕期权、白糖期权分别位于所有期权合约中的第 3 位和第 5 位，如表 4。

表 3　　　　2018~2019 年我国期权市场交易情况统计（单边）

2018 年全国期权市场交易情况统计					
品种	2018 年成交量（手）	2017 年成交量（手）	同比增长（%）	2018 年成交金额（亿元）	2017 年成交金额（亿元）	同比增长（%）
白糖	4593003	1484611	209.37	34.61	14.34	141.31
豆粕	12521591	3635682	244.41	92.66	23.88	287.95
总计	17114594	5120293	234.25	127.27	38.22	232.99

续表

2019年上半年全国期权市场交易情况统计					
品种	2019年1~6月成交总量（手）	2019年1~6月成交总量（手）	同比增减百分比（%）	2019年1~6月成交金额（亿元）	2019年1~6月成交金额（亿元）	同比增减百分比（%）
天然橡胶	323510	—	—	11.13	—	—
棉花	1348899	—	—	19.21	—	—
白糖	3083915	1642314	87.78	27.08	10.04	169.68
豆粕	5021266	5602611	-10.38	27.34	41.24	-33.7
玉米	2042760	—	—	6.15	—	—
总计	11820350	7244925	63.15	90.91	51.28	77.28

资料来源：整理自中国证监会官网。

表4　2019年全球成交排名前40名农产品合约中的期权合约（单边）

排名	合约	2019年1~6月（手）	2018年1~6月（手）	增幅（%）
1	玉米期权，芝加哥期货交易所	18340862	14516380	26.3
2	大豆期权，芝加哥期货交易所	7444706	11189468	-33.5
3	豆粕期权，大商所	5021266	5602611	-10.4
4	芝加哥软红冬小麦期权，芝加哥期货交易所	4395023	4962368	-11.4
5	白糖期权，郑商所	3083915	1642706	87.7
6	糖11号期权，美国洲际交易所	2911801	2649623	9.9
7	瘦肉猪期权，芝加哥商业交易所	2212683	1165509	89.8

资料来源：整理自FIA官网。

（2）期权市场运行情况

从流动性来看，2018年白糖期权日均成交和持仓较2017年翻了一番，分别是ICE原糖期权的84%和12.5%[①]。从定价角度来看，白糖期权定价持续合理有效。白糖期权隐含波动率处于合理水平，上市以来总体约为10%~18%，与2017年比

---

① 根据FIA官网数据、彭博数据库整理所得。

略有上升。从投资者角度来看,投资者理性参与,做市商义务完成良好。2018年底,开通白糖期权交易权限客户数达14411个,同比增长89%,参与交易的客户数达5525个,同比增长81%。做市商持续报价义务和回应报价义务平均在95%以上,大多数做市商净持仓接近于零,风险控制有效。

豆粕期权整体运行良好,日均成交比2017年扩大1.6倍,持仓规模提高1倍。从定价角度来看,豆粕期权定价整体合理有效,隐含波动率处于合理水平,主力系列隐含波动率在12%~44%之间,同比略有上升。从投资者角度看,豆粕期权投资者参与理性,做市商义务完成良好。2018年底,开通交易权限的客户达14708个,同比增长93%,参与交易的客户数6923个,同比增长59%。做市商持续报价比和回应报价比平均在97%左右,大部分做市商净持仓接近于零,风险控制有效①。

(三) 农产品期货期权市场功能发挥情况

2018年,全市场套保效率为82%,同比增长4.4个百分点。期货市场价格发现和风险管理的基本功能逐步发挥,期货定价促进了我国农业市场效率提升,保障了市场高效有序运行,提高了农产品供求关系的公开透明度。尤其是油脂油料类期货品种在服务实体企业避险需求,支持国家应对中美贸易摩擦中发挥了积极作用,维护了国家粮油安全。同时,"保险+期货"试点扩面,试点项目数量和支持资金规模持续扩大,还首次选取6个县开展全覆盖试点,带动地方政府加大支持力度,得到广泛认可。期货市场正为服务农业和农村经济持续、稳定、健康发展做出越来越多积极的贡献。

1. 期货

本部分以郑商所为例,详细阐述农产品期货服务农业农村经济发展的功能发挥情况。《郑州商品交易所2018年度期货品种功能评估报告》对棉花、棉纱、白糖、菜粕、菜油、苹果等6个涉农品种进行了综合评估,各涉农品种功能发挥总体较好。其中,菜粕、菜油、白糖、棉花4个品种功能发挥最优;苹果、棉纱上市时间较短,整体功能发挥受限。同比来看,菜粕、白糖功能发挥进一步向好,棉花基本稳定,菜油功能发挥水平有一定程度下降。

---

① 中国证券监督管理委员会、中国期货业协会:《中国期货市场年鉴(2018)》,中国财政经济出版社2019年版,第176~182页。

(1) 价格发现功能

2018年，郑商所涉农品种价格发现功能发挥整体较好，仍有一定提升空间。其中，菜粕、白糖、棉花、菜油价格发现功能发挥最好（见表5）。

表5　各品种价格发现指标情况

	价格发现得分（分）	期现价格相关系数		期现价格波动率之比		到期期现价差率	
		指标值（%）	同比（%）	指标值（%）	同比增减（%）	指标值（%）	同比增减（%）
菜粕	4.84	87.94	5.95	13.98	-12.09	2.70	0.14
白糖	4.82	97.02	24.14	33.48	10.15	6.66	2.35
菜油	4.63	69.65	-26.63	28.09	23.82	1.55	-0.95
棉花	4.68	85.49	96.48	72.39	13.05	5.19	0.78
苹果	4.05	53.37	—	16.04	—	14.38	—
棉纱	4.33	82.37	—	426.55	—	3.53	—

注：单元格颜色越深，表明该项指标表现越好。

期现价格相关性方面，多数品种期现价格相关性较好。其中，白糖期现价格相关系数取值较高，达0.97以上，菜粕、棉花在0.85以上。同比来看，棉花、白糖的期现价格相关性显著向好，同比分别提高96.48%、24.14%。

期现价格波动率一致性方面，菜油、菜粕、白糖、苹果的期现货价格波动率与1的差值的绝对值在10%~35%之间，棉花略高，达72.39%。

到期期现价差率方面，绝大多数品种到期后期现价格收敛性良好，到期期现价差率在6%以内，苹果到期期现价差率略高，达14.38%。同比来看，农产品期现价格到期收敛性保持稳定。

(2) 套期保值功能

2018年，郑商所多数涉农品种套保功能发挥较好。其中，菜粕、菜油、棉花等3个品种在套期保值各项指标上的取值均处于较好水平，套保功能发挥良好。

套保效率方面，各品种的静态套保效率总体处于较高水平。2018年功能评估中，所有涉农品种套保效率均在50%以上，菜粕、棉花套保效率超过90%。同比来看，多数品种的静态套保效率有所提高。白糖、棉花、菜粕的套保效率显著改善，同比分别提高46.73、36.58、21.67个百分点（见表6）。

表 6　　　　　　　　　各品种套期保值指标情况

	套保得分（分）	套保效率		法人客户持仓占比		合约连续性	
		指标值（%）	同比增减（%）	指标值（%）	同比增减（%）	指标值（月）	同比（%）
菜粕	4.75	99.03	21.67	65.67	14.73	2.08	0.00
白糖	3.86	89.38	46.73	44.97	-3.90	2.33	16.67
菜油	4.41	88.75	-8.19	66.52	0.70	2.33	-12.50
棉花	3.76	90.24	36.58	60.72	10.62	3.00	50.00
苹果	2.33	54.53	—	15.34	—	2.58	—
棉纱	3.16	88.12	—	26.52	—	2.58	—

注：单元格颜色越深，表明该项指标表现越好，下同。

法人客户持仓占比方面，约半数品种的法人客户持仓占比在50%以上，菜油、菜粕、棉花法人客户持仓占比超六成。同比来看，多数品种的法人客户持仓占比提高，菜粕、棉花的法人客户持仓占比增幅均超过10个百分点。

合约连续性方面，各品种主力合约切换时间总体较为稳定，品种主力合约与近月合约时间差值在2.50个月左右。同比来看，多数品种的合约连续性保持稳定，棉花主力合约切换时间提前，指标取值达3个月，同比增加50%。

2. 期权

2017年以来，农产品期权市场品种逐步扩容，各农产品期权运行总体平稳，成交持仓持续增长，投资者开户数稳步增加，市场定价基本合理，功能发挥逐步显现，正成为我国衍生品市场服务农业发展和农村经济新的力量。

（1）白糖期权

2018年，郑商所持续完善优化期权合约，加强白糖期权投资者教育，特别是通过期权讲习所、"三业"活动、"点基地"等多种形式，积极支持和引导产业企业学习和掌握期权工具，利用期权来对冲市场价格风险。在上述工作基础上，白糖期权市场运行平稳，参与度明显上升，流动性不断增强，投资者理性参与，定价合理有效，功能发挥逐步显现，在实体经济中的服务作用愈发明显。

据统计，中粮糖业、中轻糖业、云南农垦等30余家涉糖龙头企业已经开展期权套期保值交易业务，并取得了良好保值效果。凯聪投资、谦信投资等机构投资者在资产管理中利用白糖期权对冲期货持仓风险,增强了投资信心,平滑了收益曲线。

（2）豆粕期权

2018年是大商所豆粕期权上市的第二年。整体来看,市场运行平稳有序,投资者理性参与,定价合理有效,市场功能逐步显现,在实体经济中日益发挥重要作用。豆粕期权2018年全年累计成交量1252.2万手,行权11.1万手,行权量仅占总成交量的0.89%；行权履约过程平稳顺畅[1]。大豆产业链参与豆粕期权的产业客户达130家,参与度较2017年明显提高。尤其是从2018年3月份以来,中美两国发生贸易摩擦,豆粕期货价格波动不断加剧,产业客户通过豆粕期权进行风险管理,取得了良好的套保效果,也促进了豆粕期权交易规模上升。此外,场外含权贸易和期权交易也通过场内豆粕期权得到很好的对冲,推动了场外期权市场的发展。总体上,中美贸易摩擦下,大商所豆粕期权的风险管理功能得到了有效发挥[2]。

（3）2019年新上市期权

2019年1月28日,天然橡胶期权、棉花期权和玉米期权"三箭齐发",分别在上期所、郑商所、大商所上市交易。三个品种虽上市时间短,但市场参与度正逐步上升,运行整体平稳,功能发挥正进一步显现。

二、期货期权市场服务农业的实践模式及典型案例

近年来,各交易所在中国证监会指导下,不断探索期货市场服务实体经济和农业发展新举措,推广"保险+期货"、基差贸易、订单农业、仓单串换、银期合作等期现货融合创新模式,各区域产业企业和农户积极通过期货期权市场套期保值、管理风险,成效显著。

---

[1] 行权主要集中在期权到期日。

[2] 中国证券监督管理委员会、中国期货业协会：《中国期货市场年鉴（2018）》,中国财政经济出版社2019年版,第176~182页。

（一）"保险+期货"试点的应用

1. 模式介绍

自 2016 年以来，中央 1 号文件已连续 4 次提出"保险+期货"。可见，"保险+期货"模式已从中央层面得到了充分认可和重视。"保险+期货"试点在金融机构落实产业扶贫、精准扶贫方面开启了新模式。仅 2018 年，"保险+期货"试点地区覆盖由 2016 年的 12 个省份扩大至 23 个省份，涉及 18 个国家级贫困县；支持的项目达到 156 个，支持资金 2.71 亿元，较 2016 年分别增长 7.7 倍和 11.6 倍；试点项目涉及现货规模 437.4 万吨，赔付资金超过 1 亿元[①]。通过"保险+期货"项目，借助期货与保险公司力量承担价格风险，稳定农户收入，显著提高了国家补贴效率。

"保险+期货"具体模式是：一是农户或农产品企业向保险公司投保价格或收入保险，保险合同的保障价格可依据期货市场确定。保险期间内，如果农产品价格低于保障价格，由保险公司将差额部分赔付给农户，保障农户收入。二是保险公司根据农产品价格波动风险判断，提前购买期货风险管理公司的同品种期权，转移价格风险。三是期货风险管理公司通过期货市场对期权进行风险对冲操作，进一步转移农产品价格风险。"保险+期货"是期货和保险两种金融工具有机结合，利用期货市场对传统意义上不可保的价格风险进行风险转移，发挥了农业保险覆盖面广、农户认知度高、基层服务网络下沉的优势。

2. 实践应用

（1）试点基本情况

2018 年，在郑商所的支持下，建信期货有限责任公司（以下简称"建信期货"）联合中国人民财产保险股份有限公司（以下简称"人保财险"）、中国建设银行新疆分行（以下简称"建行新疆分行"）以及新疆生产建设兵团棉麻公司为新疆维吾尔自治区南疆喀什地区兵团三师贫困团场试点"普惠金融贷款+保险+期货"项目，该项目要素如表 7。

---

① 中国期货业协会：《期货服务实体经济案例集》，中国财政经济出版社 2018 年版。

表7　新疆生产建设兵团棉花"保险+期货+银行"试点项目要素介绍

标的名称	郑商所棉花期货合约（CF1905）
保险期限	2018年10月19日至2019年1月18日
试点规模	17924.93亩，1500吨
参保农户	三师各贫困团场406户农户
目标价格	16025元/吨
保费	905010.66元，由郑商所全额补贴
市场价格	赔付采价为保险期内各交易日棉花期货合约CF1905收盘价格的算术平均值
权利金	904000元
理赔方式	如果到期赔付采价低于目标价格，则差额部分由人保财险进行赔付，同时试点项目设置了最低赔付，即差额部分不足10万元，按照10万元进行赔付

（2）各参与方实施与理赔情况

第一，贷款农户和承保规模。该试点项目参保农户为建设银行新疆分行个人支农信用贷款农户。该试点项目参保农户406户，承保棉花种植面积17924.93亩，承保棉花数量1500吨，合同约定保险期为2018年10月19日至2019年1月18日，项目保费为905010.66元，由郑商所全额补贴，保险费率3.77%。赔付采价即结算价为保险期内各交易日棉花期货合约CF1905收盘价格的算术平均值，如果到期赔付采价低于保单目标价格16025元/吨，则差额部分由人保财险进行赔付。同时，试点项目设置了最低赔付，即差额部分不足10万元，按照10万元进行赔付。

第二，保险公司转移风险。保险公司购买期货公司的"场外期权"产品进行风险转移。人保财险与建信商贸有限责任公司（以下简称"建信商贸"）于2018年10月19日签订带最低赔付的亚式看跌期权产品协议，支付904000元期权费用（权利金）转移价格风险。该亚式期权产品约定起止时间为2018年10月19日至2019年1月18日，共计92个自然日，对应现货规模为1500吨棉花，标的合约为郑商所棉花期货CF1905合约，期末价格设定为2018年10月19日（包含）至2019年1月18日（包含）期间所有交易日标的收盘价格的算术平均值。此外，该期权带有最低赔付条款，最低赔付金额为10万元。

第三，期货公司风险管理子公司对冲风险的操作。建信商贸依托建行境内外金融全平台优势和经验,建立了业务流程、对冲交易和风险管理的自动化系统。在收到保险公司支付的权利金后,建信商贸结合项目需求以及市场行情,在郑商所棉花期货市场上对卖出的场外期权进行对冲操作,从而对期权头寸的市场风险进行有效管理。

第四,按照合同约定理赔。按照合同,以郑商所公布的保险期间——2018年10月19日(包含)至2019年1月18日(包含)棉花期货CF1905合约收盘价格平均值15351.25元/吨作为理赔依据,建信商贸按照目标价格16025元/吨计算,每吨理赔673.75元,共兑付理赔资金101.0625万元,赔付率112%。人保财险公司从期货公司得到该理赔款后,再向农户赔付。由于本次试点农户经过建设银行信贷客户和人保财险被保险人双重实名身份核查,最终实现了一人一卡,线上精准赔付到户,户均赔付2489元。

第五,各有关主体损益。通过该项目,参保农户获得理赔款为101.0625万元;保险公司收取保费总额为905010.66元,扣除建信商贸期权费904000元,人保财险运营成本1010.66元;建信商贸收取权利金904000元,项目对冲盈利554000元,行权赔付金额1010625元,期货公司项目运营成本396600元,最终建信期货在行权赔付后获利50775元。

(二)"点价+套期保值"模式的灵活应用

1. 模式介绍

点价交易模式是指以某月的期货价格为计价基础,在期货价格基础上加上或减去双方协商统一的升贴水来确定双方买卖现货商品价格的交易方式。点价交易本质上属于现货贸易方式,交易双方并不参与期货交易。目前,在白糖、大豆、铜等国际大宗商品贸易中,点价交易模式已经得到广泛应用。

企业在点价交易过程中,与期货套期保值同时操作,即交易者在实施点价时,同时开展期货套期保值,可为企业拓展销售渠道和锁定销售利润提供保障。

2. 实践应用

某著名跨国大宗商品贸易公司中国公司(以下称为"A公司")在白糖期货上市以来,多次利用期货市场开展现货采购、销售和风险管理。

自2016年11月29日以来,白糖市场进入了为期两年多的熊市。基于对熊市周期和对后市基本面的判断，A 公司认为 2018 年在没有重大政策变化的情况下，糖价将以下跌为主。面对白糖采购和销售任务，A 公司欲采用点价交易和套期保值。具体操作为：首先，2017 年 11 月，A 公司与内蒙古某甜菜糖厂签订点价交易协议，共涉及 2018/2019 榨季甜菜糖 20000 吨，点价方为该糖厂，同时在期货市场中建立对应数量 SR1901 空头套保头寸。双方约定糖厂在 2018 年 2 月底前以 SR1901 合约为期货基准价格，现货贴水期货价格 80 元/吨。按照合约约定期限，糖厂分别在 2017 年 11 月 27 日、12 月 5 日和 2018 年 1 月 11 日进行了点价，点价数量分别为 5000 吨、10000 吨、5000 吨，对应合约价格分别为 6000 元/吨、6010 元/吨、5800 元/吨，平均价格为 5955 元/吨。2018 年 12 月 15 日前，双方在郑商所营口交割库（升水 90 元/吨）进行交货，最终价格为 5965 元/吨（5955 + 90 − 80）。至此，点价合同完成全部操作，A 公司获得白糖的价格为 5965 元/吨。其次，A 公司在 2018 年 12 月通过点价交易完成白糖采购后，有两种销售方式——直接在期货盘面进行交割、期货平仓在现货市场销售。在 SR1901 合约临近交割期前，其价格跌为 4900 元/吨，现货市场价格为 5050 元/吨；SR1901 合约交割结算价格为 4900 元/吨，营口交割库升水 90 元/吨，最终结算价为 4990 元/吨。A 公司通过对比两种了结方式净收益①，最终选择在期货市场平仓、在现货市场销售的方式了结期货头寸和现货销售。

A 公司通过"点价交易 + 套期保值"的灵活运用，既回避了卖方（糖厂）违约的风险，又提前为将要销售的白糖锁定了售价和拓展了销售渠道，为糖厂获得稳定货源和收入提供了重要保障。

（三）期权的灵活应用

与期货比较，期权买方不存在信用风险，即使套保标的价格朝向不利方向变动，买方也不需要追缴保证金，这使得企业运用期权套保的资金效率高于期货。期权工具为规避价格风险提供了更多选择，企业可以利用期权的灵活性，针对实际需求进行不同的组合，进行更精细化的风险管理。具体而言，企业可以利用期权实现确保订单利润、管理销售价格、创造现金增值等目的。以管理销售价格为例进行说明

---

① 在交割库进行交割时的收益 =（4990 − 5965 + 5955 − 4900）× 20000；期货平仓销售现货时的收益 =（5050 − 5965 + 5955 − 4900）× 20000。

如下。

1. 买入看涨期权，锁定现货成本，规避市场风险

当企业计划未来需购入现货时，会担心未来现货价格上涨而造成采购成本增加。为规避市场风险，企业可通过买入看涨期权的方式，锁定现货采购成本，保障经营利益。购买看涨期权相当于对商品价格买进一个保险，若后市价格上涨，企业可通过行权，按照约定价格采购，或选择平仓，达到保值效果；如果价格下跌则放弃行权（最大损失仅为权利金），以市场较低价格购买现货。

2018 年 9 月初，天气预报显示 23 号台风"百里嘉"和 22 号台风"山竹"将先后登录我国东南沿海。某糖企（以下称为"B 公司"）通过分析，认为台风可能对广东、广西蔗区造成较大影响，计划提前买入行权价为 5000 元/吨的 SR901 看涨期权，以保证未来 2000 吨的采购计划顺利执行，同时对冲天灾带来的市场风险。9 月初，SR901 期货价格在 4900～5000 元/吨震荡。9 月 11 日、12 日，期货价格出现较明显的上涨迹象，B 公司在 100 元/吨和 110 元/吨的价格分别买入 100 手 SR901C5000，均价 105 元/吨，有效期近 4 个月，相当于为 2000 吨的现货采购买了保险。随后白糖期现价格均大幅上涨，9 月中旬 SR901C5000 权利金价格上涨至 160 元/吨（见表8）。此时，B 公司了解到此次台风仅影响到来宾等部分蔗区，灾害影响低于预期，因此决定通过平仓方式了结期权头寸，每吨平均获利 45 元，同时积极落实 2000 吨现货的采购事宜，成功规避了天灾风险。

表8　　　　　　　　某糖企买入看涨期权交易情况

日期	合约	方向	均价（元/吨）	数量（手）	平仓盈亏（万元）
9月11日	SR901C5000	买开	100	100	
9月12日	SR901C5000	买开	110	100	
9月14日	SR901C5000	卖平	140	100	4
9月17日	SR901C5000	卖平	160	100	5

2. 买入看跌期权，为库存保值

当企业持有现货敞口头寸时，会担心未来现货价格下跌而造成销售利润降低。为规避市场风险，企业可通过买入看跌期权的方式，规避价格下跌风险，保障现货市场收益。购买看跌期权相当于为现货敞口买了一个保险。若后市价格下跌，企业可通过行权或平仓，对现货进行保值；如果价格上涨则放弃行权（最大损失仅为权利金），以市场较高价格销售现货。

2018年5月28日，C公司采购了2000吨白糖现货补库，采购价5600元/吨，并与下游用糖企业签订了供货合同，约定7月3日交货，按交货当天的价格结算。此时白糖期货主力合约价格为5451元/吨。C公司通过分析认为短期内白糖价格面临较大压力，决定在盘面买入2000吨（200手）白糖虚值看跌期权SR1809P5300，权利金为34元/吨，以规避价格下跌的风险。6月份，受国际和国内多方面利空因素影响，白糖期货和现货价格均出现较大幅度下跌。7月3日，C公司按照合同约定向用糖企业交付2000吨现货，销售价格为5320元/吨，现货亏损280元/吨。此时，期货盘面价格为5049元/吨，SR1809P5300的权利金价格已上涨至275元/吨。经测算，期权平仓可获得的盘面盈利大于期权行权，因此C公司决定对期权实施平仓，平仓价格为275元/吨，平仓单吨盈利241元。结合现货市场亏损280元/吨，C公司本次套保实际亏损39元/吨，即7.8万元；如果没有进行套保，则现货的直接损失将达到56万元，买入看跌期权的套保操作大幅减少了C公司的亏损。

（四）期货与期权的融合应用

白糖期货和期权市场是糖厂目前可以采用的回避价格风险最有力工具。在糖料种植方面，通过"保险+期货"模式锁定收购价格波动风险。在白糖销售端，通过套期保值来锁定未来的销售价格，规避价格大幅下跌的亏损风险，通过期权和期货融合的方式解决销售压力、库存压力、资金压力。如内蒙古某糖业企业（以下称"D公司"）利用期货锁定销售利润，利用期权保护期货套保头寸，具体如下。

D公司是内蒙古大型甜菜制糖企业之一，自治区扶贫重点龙头企业，专业从事菜制糖生产和销售为一体的高科技食品生产企业。对D公司而言，期货与期权市场融合运用已经成为其生存和发展的重要保障。

以2018/2019榨季为例，D公司在开榨之前就在SR1901合约上进行期货、期权套保和套利交易。D公司预测，印度、巴西等主产国以及国内将保持继续增产势头，需求端压力无缓解迹象，价格下行压力仍在增大。基于此，D公司定于2018年10月初开始综合运用期货与期权，进行联合套保。10月8日，糖价出现反弹机会，为锁定未来销售价格，D公司在5200～5250元/吨附近陆续建仓；同时，为防止后市糖价上涨给期货仓位带来的损失，公司买入执行价格为5300元/吨的虚值看涨期权，相当于给已持仓空头期货头寸上了保险。2018 年 10 月 22 日，期货价格上涨，前期的期货空头套保单出现较大亏损，但由于看涨期权的保护，D 公司在价格反弹期间继续增加空头套保仓位，综合套保的价格和利润空间得到了有效保障。

（五）期现套利的应用

当期现价差大于或小于持仓费时，企业可利用二者不合理价差进行期现套利，获取丰厚利润。当期货价格大于现货价格与持仓费之和时，企业可在期货市场进行空头持仓，同时在现货市场买入现货，在交割期时在期货市场中进行实物交割；反之可进行期现市场相反的操作。

2018 年 5 月，棉花期现货价格连续上涨，同时棉纱现货价格为 23400 元/吨。国内一生产棉纱企业（以下称"E 公司"）经过对市场研判，认为棉纱价格上涨不具有持续性，会在 6 月份出现上升疲软且期现价差偏高。因此，该企业在 5 月份分别以 27985 元/吨和 27270 元/吨的价格开仓卖出 6 手棉纱 1810 合约，合计 30 吨；9 月份，公司跟进加仓 22 手，此时总计 28 手，140 吨棉纱 1810 合约，卖出开仓均价为 26660 元/吨。10 月份，棉纱现货价格为 24500 元/吨，E 公司决定将现货在期货市场以 24555 元/吨的价格进行实物交割，实现期现套利，效果如表 9 所示。

表 9　　　　　　　　　期现套利操作方案及效果

	现货市场	期货市场
2018 年 5 月	23400 元/吨	卖开仓均价 26660 元/吨
2018 年 10 月	24500 元/吨	交割结算价 24555 元/吨
收益	1100 元/吨	平均 2105 元/吨
效果	期货收益 > 现货收益	

此外，企业还可利用期货市场进行跨期套利和跨品种套利，提升企业的盈利能力。

（六）标准仓单融资业务

2018 年 3 月 30 日，郑商所正式推出综合业务平台（以下简称平台），探索期货市场服务实体经济的新途径、新方式，为仓单业务、期现结合业务、衍生品业务提供交易、结算、交收等服务，打造互联互通业务平台，服务多元化风险管理需求，促进业务安全高效,降低交易结算风险。目前已有棉花、白糖等产品开展了该业务。本部分以具有代表性的"浦商银"业务为例进行说明。

1. "浦商银"业务模式

"浦商银"模式的基础是银保监会批准的代客商品衍生品交易资格,浦发银行可以和客户交易商品远期、互换等衍生品。具体来说,浦发银行将仓单融资包装成衍生品业务,客户过户标准仓单给浦发银行,获得资金,同时双方签署远期合约,约定客户在一定期限内回购仓单,回购价格为"本金+利息"。浦发银行通过远期合约控制仓单贬值风险和信用风险。客户需要交纳仓单价值20%的远期合约保证金,用于履约保证。如果仓单价格下跌6%,则客户应当追加保证金或担保品。不能按时追加和到期不能还款的,客户构成违约,银行有权处置仓单,具体流程见图1。

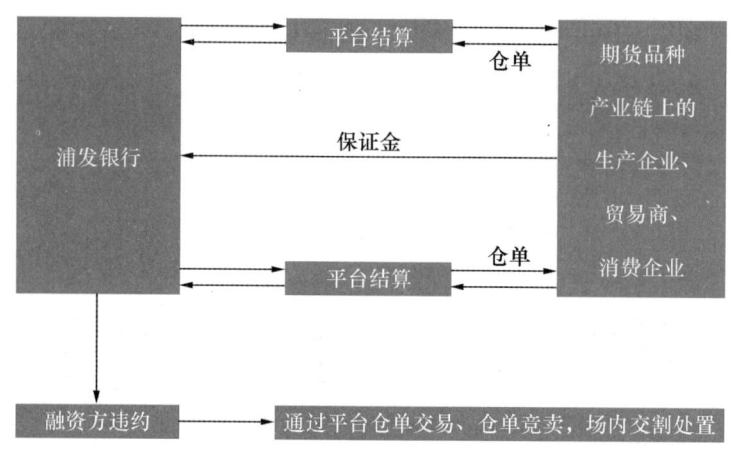

图1 "浦商银"业务图例

2. "浦商银"的优势

"浦商银"产品具有融资效率高、利率低的优势。一方面,"浦商银"不需要传统的贷款审批流程,约一天时间可放款;另一方面,由于银行的资金优势、标准仓单的安全性和银行自主处置仓单的权利,"浦商银"产品利率较低。截至2019年9月底,浦发银行已利用自有资金交易过棉花、白糖等品种仓单,累计购入仓单30亿元(按80%质押率折算,融资额24亿元),共计服务企业23家(包含民营企业3家)。

三、经验总结

(一) 对多个品种的合约规则进行修订工作,逐步深化服务农业发展功能

2018年,中国证监会指导各交易所开展老品种"翻新"改造工作,修改期货合约和业务规则58项,使期货市场更加贴近现货市场,市场运行质量明显提升,进一步完善了粮棉、油脂、油料等重要产业链的价格发现和风险管理功能。各交易所还在豆粕、玉米、白糖、豆粕等11个品种上推出做市商制度,带动豆粕、玉米等主力合约连续活跃,农产品产业运用期货套保效率显著提升。

2018年,郑商所为满足市场需求,结合品种特点,依靠创新解死结、疏浚清淤,解决多个品种的老大难问题,完成了白糖、苹果、强麦和棉纱4个品种的合约规则修订。以苹果期货为例,郑商所采取的举措包括:放宽质量容许度要求,增加替代交割品,使之更加贴近产业,降低交割成本;调整配对原则,避免集中配对和交割;引入厂库交割方式,进一步提升交割的便利性。强麦期货方面,将交割方式改为车船板交割,并引入强制预报机制;结合行业实际情况,在掺混判定方面,大胆引进"专家委员会"检验机制,形成对主动掺混的"威慑",同时提供切实可行的纠纷解决方案。棉纱期货方面,完成棉纱异纤仪器检验课题,并已成为河南省地方标准,推动国内棉纱异纤检验进入新时代。

(二) 以产业客户为投资者教育重点,增强期货市场服务实体经济效果

当前,美国等发达国家的绝大多数大型企业都参与期货市场,机构投资者持仓占比达90%以上。而我国期货市场投资者结构不合理,散户市场特征明显,97%的参与者是个人投资者,仅有2.26万家实体企业参与期货市场套期保值,持仓占比为36%。这一现象的主要原因在于当前国内政府和企业对期货市场的认识仍然存在较大偏差,国内企业运用期货市场套期保值还有许多障碍。这就需要交易所完善市场培育长效机制,加强交易所市场培育工作力度,强化市场舆论引导。

多年来,在中国证监会的指导下,三家商品交易所以产业客户为重点开展了大

量形式多样、内容丰富的投资者教育活动，切实提高增强期货市场服务实体经济的能力和效果。郑商所投资者培育工作包括：一是以"三业"活动为抓手，支持会员开展企业培训、现货市场调研活动。2018年，共开展"三业"活动156场，培训企业7675家次，12598人次；视频讲座43次，培训4500余人次。二是举办了多场品种产业大会，如第三届中国（郑州）国际期货论坛白糖分论坛、第九届棉花（纱）期货高峰论坛、第八届油菜籽产业发展大会等，打造成熟的农产品产业大会品牌，进一步提高交易所的市场影响。三是总结苹果、棉花、白糖等品种的市场运行情况和功能发挥情况，及时向证监会、发改委、商务部等报送，逐步改善市场发展的外部环境。

（三）扎实推进新品种研发

2018年以来，我国期货市场品种上市工作取得了重要成绩。自2019年1月份以来，我国期货市场已上市了红枣、20号胶、粳米3个涉农期货品种和天然橡胶、玉米、白糖等3个涉农期权品种，大大丰富了我国农产品品种体系，拓展了服务农产品领域，为农业产业链企业提供了精细化风险管理工具。

以郑商所为例，2018年以来，郑商所以加大农产品新品种研发力度为抓手，丰富期货与期权品种工具取得了显著成效。如在红枣期货方面，针对交割质量指标设计，开展主产区、集散地4次对标检验、1次农残检验、2次质检机构间的现场比对检验；认真排查和分析检验中出现的问题，形成关于食品安全、对标检验和质检机构间比对检验情况的报告；调整了总糖含量测定方法部分条款，建立了统一的感官检验判定标准并制作了标准样；根据证监会期货部要求，制定摸底检验方案，启动更大范围的对标检验。目前，红枣期货已于2019年4月30日成功上市，并稳健运行。同时，郑商所还启动了咖啡、花生、马铃薯、牛肉、白条鸡、大蒜等相关农产品期货品种的研究工作。将重点品种纳入交易所重点推进上市的期货品种范围，加速分析上市必要性和可行性，完成合约及业务规则设计，评估上市风险，规划市场培训。

（四）总结"保险+期货"试点经验，稳步扩大规模

在中央1号文件精神的指引下，上期所、郑商所、大商所稳步扩大"保险+期货"试点，推动试点由点及面，引导"保险+期货"与脱贫攻坚深度融合。仅2018

年，三家交易所共支持试点项目 156 个，预算支持资金约 4 亿元，覆盖面积 735.6 万亩，惠及农户 25.9 万户[①]。财政部、农业农村部以及陕西、甘肃等地方政府也积极参与进来，期货市场助力脱贫攻坚已获得越来越广泛的支持。

2018 年，郑商所一是及时高效完成 2017 年"保险+期货"项目结项，认真总结试点效果，分析可持续性和存在的问题，并及时向证监会报告。二是组织"保险+期货"系列宣传，增强农业经营主体风险管理意识，树立期货市场正面形象。三是扩大 2018 年试点范围，立项支持 40 个试点项目，增加苹果作为试点品种，首次开展白糖县域全覆盖试点；鼓励保险公司、期货公司降低费用，拓宽资金来源，创新试点方案，试点方案中出现了提前行权、最低赔付等"惠民"条款，涌现了"信贷+保险+期货""订单+保险+期货"等新模式。截至 2018 年底，郑商所支持的 40 个项目中有 11 个到期，并全部发生赔付，平均赔付率达到 106.54%，惠及农户 1.5 万户，取得良好效果。

四、进一步加强期货市场服务"三农"的建议

服务实体经济是金融的天职，是期货市场始终坚持的中心任务。推动期货市场平稳健康发展，提升期货市场服务农业的深度和广度，既要注重提高新品种开发步伐，又要注重做精做细现有品种，还要着力做好市场培育工作，继续推进期货市场对农业发展的深入服务。

（一）有序推进农产品市场客观需要的新品种上市

我国农业产业市场广大，通过期货市场管理农产品价格风险，需要进一步丰富期货、期权市场品种和工具，提高期货市场的深度和广度。一方面，要加快更多农产品品种上市步伐。以农业经济发展需求为导向，持续推进农产品品种创新。另一方面，要加快优化品种上市机制，完善批量审批机制，简化审批程序，提升农产品

[①] 中国证券监督管理委员会、中国期货业协会：《中国期货市场年鉴（2018）》，中国财政经济出版社 2019 年版，第 192 页。

上市效率。另外还需推出更多农产品期权，为农业企业灵活选择衍生品工具进行风险管理奠定基础。

（二）争取各方合力，继续扩大"保险+期货"试点

期货市场服务农业具有特殊的重要性，要继续将"保险+期货"试点列为改革发展重点任务。一是监管机构继续指导各交易所保持扶持资金稳步增长，支持扩大县域全覆盖试点，鼓励试点进一步向贫困地区倾斜。二是引导期货公司、保险公司继续优化相关制度及流程，降低项目成本，提高赔付率和保障程度，提高项目标准化程度，推动形成可复制、可推广模式范本。三是积极争取更好的外部政策环境。加强与其他部委、各地方政府的沟通交流，推动将"保险+期货"纳入完善农业支持保护政策体系，为引入财政资金支持寻求突破，引导更多地方政府出台支持政策。四是注重引入银行等金融机构发挥支农合力，为农户、合作社、龙头企业等主体提供多样化金融支持。

（三）加强市场培育，推动农业产业投资者参与期货市场

当前，我国期货市场投机者占多数，套保者占少数，企业运用期货市场进行套期保值、风险管理还存在不少障碍。推动期货市场服务农业，一是要持续评估优化机构投资者参与政策，推动解除企业运用期货、期权等风险管理工具的限制。二是不断加大对期货市场的正面宣传，增强农业企业和农户的风险管理意识，提升涉农企业等相关经营主体对期货期权工具的认知度和认同感。三是加强与涉农企业、组织、农户的对接，为有意愿、有能力的经营主体利用期货、期权进行风险管理提供必要的支持。四是支持期货公司做优做强，强化风险管理公司创新能力，为农业提供更优质的金融服务。

（四）强化功能发挥，推动将期货市场纳入农业支持保护政策体系

期货市场价格发现和风险管理的基本功能为农产品市场提供了有效的定价依据和风险管理工具。期货市场的交割体系也有助于解决农产品产销对接问题。推动将期货市场纳入农业支持保护政策体系，发挥期货市场支农惠农的重要作用，意义重大。

一是要立足自身，强化功能发挥。在有效管控和防范化解风险的前提下，从增

加品种供给、扩大市场规模、提升市场质量等方面入手,全方位促进期货市场稳定健康发展,丰富期货市场服务农业的手段,增强期货市场服务农业的能力,提高期货市场服务农业的深度和广度。

二是加强顶层设计,将期货、期权等衍生品工具纳入农业政策体系。充分认识和发挥期货市场发现价格和分散风险的作用,在构建乡村振兴战略制度框架和政策体系时,将期货期权纳入财政支持新型农业经营主体、农产品收储制度和价格形成机制改革等农产品相关政策体系中去[①]。

三是加强沟通交流,增强社会对期货的客观认识。加强与各部委、地方政府、实体企业、专家学者以及广大农民的沟通交流,获取智力支持,在交流中凝聚社会共识;借助各部委、地方政府、企业、专家学者、广大农户等社会各界力量,推动将期货市场纳入农业支持保护政策体系。

(五)促进期货市场高水平对外开放,提升我国农产品的国际话语权

一是加快涉农品种开放步伐。在总结原油期货、PTA、铁矿石、20号胶等品种对外开放经验的基础上,扩大特定品种范围,研究涉农期货品种开放路径,形成可复制、可推广的开放方案,拓展对外开放的广度与深度。

二是借鉴发达国家期货监管体系,减少对市场日常运行的干预;同时,与更多境外监管机构加强跨境监管与执法的合作,提升开放环境下的监管能力;建立符合国际化进程的管理体制和法规环境。

三是继续提高交易所国际影响力。一方面要继续举办白糖、棉花等各类涉农产业大会,打造具有影响力的农产品产业大会品牌,进一步提高交易所的市场影响;另一方面交易所需加快推进特定农产品品种对外开放步伐,逐渐引入农产品国际机构投资者,促进规则和制度国际化,改善我国农产品期货市场投资者结构。

四是期货公司及风险管理公司需注重培养自身核心竞争力,不断拓展境外业务,带动国内期货市场加深开放,提升农产品期货流动性,增强国际影响力。

---

① "全国人大代表、证监会首席会计师贾文勤建议将期货工具纳入农产品政策体系",中证网(http://www.cs.com.cn/xwzx/201803/t20180305_5729624.html)。

第14章

农业保险服务乡村振兴创新与发展

2018年，农业保险原保险保费收入为572.65亿元，同比增长19.54%，高于产险增速8个百分点，占产险业务的4.87%，在产险业务中排名由2017年的第2名降到2018年的第4名。2018年，参保农户1.95亿户次，提供风险保障3.46万亿元，为6245万户次农户支付赔款423.15亿元。其中，中央拨付农业保险保费补贴资金199亿元，同比增长11%，中央财政保费补贴资金放大174倍；各级财政合计拨付保费补贴资金428亿元，占保费收入的74.75%，与本年简单赔付率基本持平，带动农业保险实现全球第二的地位。

2019年上半年，农业保险原保险保费收入为446亿元，同比增长21.20%，为1.17亿户次农户提供风险保障约2.57万亿元，为1500.52万户次受灾农户支付赔款203.09亿元。从地区来看，新疆、黑龙江、河南、河北、湖南等省份的农业保险保费收入分别为59.14亿元、41.05亿元、39.55亿元、26.81亿元、26.16亿元，排名前五的省份农业保险保费收入占总保费收入的43.22%。

2018年是中国乡村振兴战略实施的起始之年。作为农业支持保护政策的农业保险，在"产业兴旺、生态宜居、乡风文明、治理有效、生活富裕"中积极探索创新。同时，2019年财政部会同农业农村部、银保监会、林草局联合印发《关于加快农业保险高质量发展的指导意见》，不仅解决了农业保险顶层设计问题，还明确了农业保险政策定位问题、农业保险运行机制问题以及农业保险基础设施建设问题。为此，我们可以预测未来农业保险将在"三农"发展中，担当更多功能和角色，全方位护航"三农"发展。

一、农业保险服务乡村振兴的实践与创新

随着乡村振兴被提到国家战略高度，中央领导越来越重视农业保险在乡村振兴战略中的功能和作用。其中，农业保险通过产品创新、技术创新和模式创新，在防范化解农业生产风险、稳定农民收入、完善农村社会支持保险体系等方面，发挥了积极作用。

（一）产品创新

1. 大灾保险试点

2017年国务院常务会议决定，创新农业救灾机制，在河北、黑龙江、安徽、河南等13个粮食主产省份选择200个县，以水稻、小麦、玉米为标的，推出保障金额覆盖农资、化肥等直接物化成本和地租，面向适度规模经营主体的专属农业大灾保险产品，进一步增强农业抗风险能力。据农共体统计，在200个县中，与传统农险产品相比较，90个县的保额增加50%～100%，62个县的保额增加100%～150%，28个县的保额增加150%～200%，20个县的保额增加200%以上。其中，中西部和东部试点县保障水平由410元/亩提高至780元/亩，增幅达90%。2019年，财政部将继续扩大大灾保险试点范围至500个产粮大县，2022年实现产粮大县全覆盖。在此基础上，进一步总结经验、完善制度，逐步将标的扩大至大豆等其他大宗农产品。

【专栏1】 河南省大灾保险试点情况

根据财金〔2017〕43号文件有关精神，2017～2018年河南省在近年农业保险工作基础好、50亩以上适度规模经营土地占比高、小麦和水稻保险参保率高的地区，选择永城市等20个产粮大县开展大灾保险试点，针对试点县（市）50亩（含）以上适度规模经营农户推出了保险金额覆盖地租成本的专属小麦保险和专属

水稻保险。按照大灾保险试点方案,专属水稻保险每亩保额673元,每亩保费40元;专属小麦保险每亩保额745元,每亩保费45元。

从保障水平来看,农业大灾保险保障水平由覆盖直接物化成本提高到覆盖直接物化成本和地租,专属水稻保险每亩保额由之前传统水稻保险保额的487元增长至673元,提高了38.19%;专属小麦保险每亩保额由之前传统小麦保险的447元增长至745元,提高了66.67%。保障水平的提高,一定程度上满足了适度规模经营农户的农业保险需求,增强了其应对农业大灾风险的能力,对于发展适度规模经营、转变农业生产经营方式起到了推动作用。

从经营结果看,水稻大灾保险承保面积58.53万亩,保费收入2340.56万元,农户亩均赔款231.28元,较传统农业保险亩均赔款提高42.4%;小麦大灾保险承保面积89.08万亩,保费收入4008.6万元,农户亩均赔款250.85元,较传统农业保险亩均赔款提高87.51%,农户受益明显。

2. 完全成本保险试点

如果说大灾保险是"农险2.0",那么完全成本保险就是"农险3.0"。完全成本保险即保险金额覆盖物质与服务费用、人工成本和土地成本等农业生产总成本的农业保险。与现行的物化成本保障保险不同,完全成本保险保障内容隐含了土地、劳动等生产要素的平均价格,体现了农户的物权收益和劳动力收益。

【专栏2】 河南先行先试,农业保险"保物化"向"保完全成本"转变

为贯彻落实《财政部 农业农村部 银保监会关于开展三大粮食作物完全成本保险和收入保险试点工作的通知》(财金〔2018〕93号)有关精神,河南省从2018年开始,用3年时间,在汝州、项城、鄢陵、兰考4个县(市)开展小麦完全成本保险试点。试点对象为试点县所有小麦种植户,包括规模经营农户和小农户。2018~2020年试点期间,在现有小麦直接物化成本保险的基础上,针对全体农户增开的小麦完全成本保险,其保险金额覆盖物质与服务费用、人工成本和土地成本等农业生产总成本。按照自主自愿的原则,试点县全体农户可自行在小麦直接物化成本保险和小麦完全成本保险中择一投保,不得重复。并支持有条件的地区对建档立卡贫困户自缴部分保费给予减免。小麦完全成本保险金额为900元/亩，每亩保费45元；而传统物化成本保险金额为447元/亩，每亩保费27元。新的小麦完全成本保险保额更充分，进一步增强了农业保险产品的吸引力，充分保障农户的物权收益和劳动力收益，促进农民增收，推进农村现代化，助力乡村振兴。

2019年，4个试点县（市）小麦完全成本保险承保面积25.30万亩，保费规模1074.60万元。各级财政共负担保费补贴资金752.2万元，其中，中央财政429.84万元、省级财政32.38万元、农户承担自缴保费322.38万元。在此基础上，河南省财政参照完全成本保险的保障程度，在全省40个优质专用小麦示范县（场）全面开办了优质小麦完全成本保险。

3. 价格和收入保险试点

2014年中央1号文件将价格保险作为农产品价格形成机制改革的重要组成部分，提出"探索粮食、生猪等农产品目标价格保险试点"。《关于加快发展现代保险服务业的若干意见》也要求"开展农产品目标价格保险试点"。2018年财政部印发了《关于开展三大粮食作物完全成本保险和收入保险试点工作的通知》，要求在内蒙古自治区扎鲁特旗、托克托县，辽宁省义县、铁岭市主导开展县域全覆盖玉米收入保险项目，这拉开了我国县域全覆盖的收入保险的序幕。

【专栏3】　　　　　铁岭市玉米收入险成效显著

铁岭市玉米收入保险是保险公司与期货公司、收粮企业、银行共同创新打造的"保险+期货+银行+订单农业"新模式，通过融合多个金融机构形成合力，直击新型农业经营主体发展中的风险大、贷款难和售粮难三大痛点。同时，该项目为大连商品交易所2018年农民扶持保障计划试点项目之一。

该项目中玉米规模达2万吨，覆盖玉米种植面积超过3.3万亩，参保农户共1200户。根据保险合同，约定目标价格为1811元/吨，保险期限为2018年7～11月，理赔价格以玉米期货C1901合约价格为计算基准。最后，通过三方联合测产，6家合作社达到起赔要求，共计理赔135万元。值得注意的是，本次项目创新性地实现保单抵押融资机制，将"保险+期货"拓展至"保险公司+期货公司+银行"，实现了"三农"服务的跨界融合，实现由保单抵押贷款的新融资渠道。

4. 指数保险创新

指数保险包括各类气象指数和产量（区域产量）指数类保险。此类保险的主要的目的是解决农业保险理赔难、理赔成本高的问题，也在一定程度上解决了部分承保难的问题。近年来，指数保险开始在我国的农业保险实践中逐步得到重视。特别是国务院出台《关于加快发展现代保险服务业的若干意见》和《关于加快转变农业发展方式的意见》后，各农业保险机构从落实国家政策和探索农业保险新型发展模式的角度，开展了气象指数、价格指数等农业指数保险创新。

【专栏4】　　　　　　　耕地保险让农民"爱上"养地

2018年，安信农保开发了全国首个耕地地力指数保险，并成功在上海松江区泖港镇胡光村启动。安信开发耕地地力指数保险是为了鼓励农民平时注重养地，并将保险的"逆向赔付"转变为"正向激励"，有利于调动农民的主动性和积极性，将保险作为保障、鼓励措施，辅助政府机构更好地实施耕地保护政策。数据显示，2018年和2019年，松江区粮田投保面积分别达到7.8万亩和7.9万亩，占可投保面积的86%。

实施方案规定，每年每亩耕地保费80元，市财政和区财政分别补贴40%，家庭农场主仅承担16元，理赔标的则按照3年和5年两个阶段的地力评估分别确定。其中，第一阶段是签订保险合同第三年，维持地力不变的，获得每年每亩120元的奖励，每提升一个等级依次为每年每亩216元、312元、408元、480元。第二阶段是签订保险合同第五年，维持地力不变的，获得每年每亩200元奖励，每提升一个等级依次为每年每亩360元、520元、680元、800元。

【专栏5】　　　　　　　　猪饲料成本指数保险

为帮助养殖户规避饲料成本上升的风险，太保产险研发了猪饲料成本指数保险。猪饲料成本指数通过"保险+期货"的模式，保险的标的指数为大商所猪饲料成本指数，由大商所完成指数编制，包含猪饲料的两个主要成分：玉米和豆粕，二者配比为0.68∶0.2。

根据养殖企业规模化程度不同，大商所在产品设计上设置了三档保费，即800元/头、1000元/头、1200元/头。若保险期间猪饲料成本指数平均值高于投保时约定的猪饲料成本指数目标值，根据指数上涨比例进行赔付。该保险为养殖企业对冲生猪饲料价格风险提供了方便：一方面，企业无须自行购买玉米及豆粕期货合约，转由保险公司和风险管理公司代为完成，使得饲料成本风险管理便捷、方便；另一方面，产品设计通俗易解、公平透明，养殖企业投保即相当于锁定了猪饲料成本，当大商所猪饲料成本指数上涨到相应时点即可获得保险赔付。

5. 特色农产品保险

增加农民收入，要加快发展地方特色优势产业。习近平总书记指出，农业农村工作，说一千、道一万，增加农民收入是关键。提高农民的经营性收入，更多要靠发展地方特色优势产业。目前我国按照"中央保大宗、地方保特色"的原则开展农业保险，地方财政积极实行特色优势农产品以奖代补政策。其中，四川省财政根据省内不同区域财力和民族地区分四个档次对市县特色产品保险给予奖补；河南、湖南财政等依据市县特色保险财政补贴保费的50%给予奖补；上海、广东等地的保证保险多采取较大比例的保费补贴。由于财政政策积极支持，各地特色保险呈现快速发展趋势。

【专栏6】 中原农险推进特色农业保险助力乡村振兴

实现产业兴旺，是乡村振兴的核心。近年来，河南省各地加快发展特色优势农业，实现"一亩园胜过十亩田"；然而，特色农业投入高、抗风险能力弱。结合这一实际，中原农险主动对接各市县需求，加强特色农业保险创新，2015年以来累计为103万亩、1625万袋特色种植、1028万头（只）特色养殖承担风险保障52.5亿元，覆盖13万户（次）农户，支付赔款1.1亿元，有力地助推了全省种养业供给侧结构性改革。

推进一县一品，助推现代高效农业发展。目前，中原农险共在河南全省63个县（区）开办特色农险业务，有力推动了西峡县猕猴桃、新县油茶、方城县中药材、内乡县食用菌及养蚕、固始鸡、淡水养殖等一大批种植（养殖）面积大、脱贫带动效果好的特色优势品种发展。商丘市辣椒产业"红火"，2018年因内涝灾害辣椒受损，中原农险为1.2万农户支付赔款1800余万元，赔款基本覆盖农户的种植成本。2019年6月兰考葡萄大棚受暴雨灾害，中原农险出动无人机仅用1天时间完成全县1500余座大棚查勘，支付赔款120余万元。为支持郑州市积极打造现代农业示范区，中原农险连续三年承保"一揽子都市生态农业保险"，提供风险保障7.29亿元。在郑州下辖的5市1县，特色农业险种达到14个，县均覆盖10个特优品种。2018年中原农险承保的林果类保险占全省总保险面积的80%，特色农产品保险成为助力乡村振兴的重要保障。

（二）技术服务创新

随着我国现代化农业的不断推进，传统农业保险的经营模式面临信息不精准、人工成本高等问题，而"3S"技术、物联网技术、移动互联技术和大数据等则可助力农业保险提质增效。当前业内已达成共识，农业保险将全面引入新技术来推动其创新发展，通过建立以"3S"为核心的"空天地"一体化的种植险实务场景，以全量数据采集为特点的养殖业保险创新场景，有助于推动农业保险转型升级。

【专栏7】　　　　　　"牛脸识别"为牛精准上保险

面对养殖险操作效率低、人力成本高、道德风险大、承保理赔管控力度弱等服务"三农"难题，中国人寿财险创新运用生物特征人工智能识别技术。在承保环节，通过面部采集快速为承保标的创建3D特征数据库，建立身份识别管理系统。在理赔环节，通过将死亡标的影像与特征数据库影像进行比对，精准识别标的，防范重复理赔、非标的理赔等道德风险。以安徽阜阳肉牛养殖险为例，在"牛脸识别"之前，必须给牛佩戴耳标，这不仅工序烦琐，还会导致牛身体不适，农户因此而弃保。而现在，直接采集图像视频信息，大大简化了承保验标和理赔审核流程，标的查验仅需一位查勘人员用手机采集图像，一分钟即可完成。此外，生物特征人工智能识别技术还可动态监测牲畜的健康状况，为养殖过程提供增值服务。

【专栏8】　　　　　　　　太保产险"e农险5.0"

太保财险主动思考和聚焦农险经营发展中的痛点解决和农险服务需求发展趋势，顺应"互联网+技术革新趋势"，将移动平台搭建、终端功能开发、前沿新技术应用和业务流程再造等方面工作有机结合，改变传统经营管理与服务模式，联合中国农科院打造了数字农险移动运营体系——太保"e农险"，并通过不断迭代升级，2019年已发布5.0，实现了农险承保服务"精确承保、保真保准"、理赔服务"精准快速、有图有址有真相"，变"农险服务难"为"农险服务易"，助力农业保险高质量发展，实现数字化农业保险经营管理体系的全新时代。

（三）经营模式创新

实施乡村振兴战略，要建立健全城乡融合发展体制机制和政策体系，构建现代农业产业体系、生产体系、经营体系，促进农村一二三产业融合发展。农业保险作为乡村振兴战略的重要保障组成，现代农业融合发展对农业保险经营模式提出更多创新可能。为此，国家和行业都提出了"农业保险+"行动，农业保险越来越被应用到完整农业价值链中，促进了产业融合发展。

【专栏9】　　　中原农险"四体一保"畜牧产业融合发展模式

"四体一保"畜牧产业融合发展模式是围绕乡村振兴和产业发展，以畜牧产业链上下游企业为基础，以重庆农畜产品交易平台为中心，以产业链金融为支撑，以现代物流为依托，以产业链保险为保障，整合政府、企业、金融机构、市场各方资源，线上与线下结合，通力打造畜牧业良性发展的创新模式。"四体一保"项目通过打造产业融合体系、金融服务体系、风险控制体系、信用培育体系和保险精准保障，对畜牧产业尤其是生猪产业具有重要意义：一是振兴生猪产业，利用保险化解生猪产业生产、市场、质量、融资、贸易等风险，改善防疫条件，形成新模式，提供资金等发展动能；二是解决生猪养殖企业融资难题，为企业提供合适利率贷款，提供资金闭环运行的风险控制措施，培育其信用体系，同时拓宽其销售渠道，提升交易价格和企业产能；三是打造生猪产业融合体系，实行线上与线下相结合，产前、产中与产后相衔接；四是形成全国生猪现货价格，卖猪与买猪线上交易，大批量线上交易后形成价格，为生猪期货交易打基础。

"四体一保"项目的启动，既是乡村振兴持续深入的一个剪影，也是畜牧产业良性发展的一个缩影。站在助力畜牧业产业的新起点上，中原农险在落实政府战略、服务产业布局的基础上，实行总公司与省、市、县四级联动，提供覆盖供应链风险的整体保障，以优质的保险服务为政府解忧、为农户谋利，成为畜牧产业融合发展以及高质量转型的"压舱石"和"助推器"。

二、农业保险精准扶贫的创新与探索

我国是一个农业大国，农村人口有6.7亿人，农村中集中了绝大部分贫困人口。根据数据分析，我国因各种自然灾害致贫占到贫困成因的20%。因此，作为可以有效分散和化解农业生产经营中风险灾害补偿的农业保险，自然成为脱贫攻坚的利器之一。

（一）农业保险精准扶贫取得成绩

2018年是全面贯彻落实党的十九大精神的开局之年，是打赢脱贫攻坚战三年行动的起步之年。农业保险作为农业重要支持政策，不仅在传统农业保险领域继续扩大覆盖面积，同时逐步扩大了特色产品扶贫领域。截至2018年底，全国已投保的地方优势特色农产品品种超过200个，保险机构开发的各类保险产品超过800个，有力助推了我国扶贫攻坚战略。数据显示，2018年末，全国农村贫困人口1660万人，比上年末减少1386万人；贫困发生率1.7%，比上年下降1.4个百分点。

（二）农业保险精准扶贫模式创新

2019年中央1号文件指出："从聚力精准施策，决战决胜脱贫攻坚，作为脱贫攻坚重要产业扶贫战场，农业保险以其特有的保险天然属性，可以精准介入灾害处理过程、参与赔偿与救助等社会关系协调，能够架起政府、企业和贫困群众之间的沟通桥梁，有利于帮助各方增进相互了解，有利于促进各方更好了解贫困群众需求，提供更精准、更有针对性的保障服务，提高产业扶贫的效率。"为此，我国农业保险机构结合自身特点，创新了多种农业保险扶贫模式。例如，河南"农业保险＋就业"模式、河北"阜平模式"、甘肃"精准滴灌"扶贫模式、湖南"农业保险＋农业信贷"模式等。

【专栏10】　　　　　　河南"农业保险＋就业"模式

中原农业保险股份有限公司作为河南省第一家保险法人机构，自公司成立以来，积极发挥"功能性"国有企业的作用，找准保险和扶贫的结合点，继2016年1月推出全国首个为整县扶贫上保险的"兰考模式"后，2017年7月14日，河南保险扶贫模式再次取得新突破，推出"协办农险带脱贫"的"保险＋就业"精准扶贫新模式。与以往的保险扶贫模式不同，该模式在发挥保险为扶贫提供风险保障的同时，将解决贫困人口就业增收难与农业保险服务力量薄弱有机结合起来，通过从农村贫困人口中培训吸纳助理协保员和宣传员，建立农险发展急需的协保员队伍，为贫困人口直接提供就业岗位，聘用周期为3年，以就业带动贫困人口稳定脱贫。截至目前，公司在河南省50个县区实施"农业保险＋就业"扶贫模式。2018年在全省共实现就业带贫人数70844人，已累计支付扶贫资金超过1亿元，有力助推贫困人员走上脱贫之路。通过政府与保险、保险与贫困户牵手的扶贫新举措，不但为农业生产撑起了"保护伞"，同时也为贫困户稳定就业、持续增收开辟了一条新路子。

【专栏11】　　　　　　甘肃"精准滴灌"扶贫模式

甘肃省委、省政府高度重视农业保险在脱贫攻坚上的作用，对农业保险提出了实现"所有贫困户、贫困户所有产业、自然灾害和市场价格波动双重风险"三个全覆盖和"贫困户一户不落"的总体要求，积极创新农险承保模式。一是实行以户为单位出具保单,以"一户一保、一户一单、一户一赔"的方式,为贫困户提供一揽子、菜单式的风险保障,使保险简便易行。并且通过划片经营为农户创造便利条件,最大限度实现了"一户一保单"模式和参保农户"最多跑一次"的便民目标。二是探索把合作社作为投保主体。将合作社作为投保组织者,不仅有利于与保险公司统一对接,还有利于统一政策宣导、签订保单、勘损理赔等农业保险操作的具体工作。而合作社统一完成参保以后,把明细投保内容告知到每一位社员,解决了农民不熟悉政策和投保烦琐的问题,提高投保及理赔等工作的便捷性和准确性。

(三)农业保险防止返贫模式创新

打赢脱贫攻坚战是我们党向全国人民做出的庄严承诺,但随着2020年的临近,消除绝对贫困后,相对贫困仍将长期存在。提高脱贫质量,巩固脱贫成果,减少和防止脱贫后返贫任重道远。"精准防贫"是"精准扶贫"的延伸和发展,要从根本上消灭贫困问题,只着眼于解决贫困存量是不够的,还要从源头上解决贫困增量的问题。如何通过保险功能,打好防贫和防止返贫的持久战,多家保险机构都积极进行了"防贫保"模式的探索。

【专栏12】 太平洋产险"防贫保"模式

为不断探索市场化条件下精准扶贫的新路子,近年来太平洋产险公司积极响应和融入国家脱贫攻坚战略,并以河北省邯郸市魏县为试点,创新开发出"防贫保"项目。2018年以来,试点县的防贫成效十分显著。截至2019年9月,"防贫保"已为河北、湖北、内蒙古、甘肃、云南、青海、四川等全国16个省份140个县超过5000万临贫、易贫人群提供防贫托底保障,累计保险金额2.35万亿元,累计赔付金额近6000万元。其显著成效获得国务院扶贫办、地方政府和受助群众的高度认可。

三、当前农业保险高质量发展必须解决的问题

（一）政府引导不足与市场运作不规范问题

一是协同配合有待加强。2012年颁布的《农业保险条例》为我国设计出"横向上多部门协同推进，纵向上多层级政府共同引导"的农业保险管理体系。但在具体实践过程中，从中央到地方缺乏明确的农业保险牵头管理组织，"协同推进"没有形成常态化的工作机制，"铁路警察各管一段"，尽管文件明确规定了成立领导小组，但相关协调机制仍不明晰。另外，农业保险监管力量严重不足，监管队伍无论从数量还是能力，均与我国农业保险规模全球第二的位次不相匹配。二是政策扶持力度仍待加大。从我国特色农业保险业务发展情况看，规模小、持续性差、风险保障功能发挥不充分等问题突出。截至2018年底，全国已投保的地方优势特色农产品品种超过200个，保险机构开发的各类保险产品超过800个，但从保费规模看，整体规模与大宗农产品相比仍然偏小，功能作用发挥不够充分，难以满足农户日益增长的风险保障需求，亟须中央层面出台政策给予支持。三是市场环境维护有待共同发力。农业保险领域"放管服"改革进展缓慢，业务处理流程较为烦琐，宣传教育培训工作尚未规范化，特别是目前基层农业保险业务的开展过度依赖协保员队伍，专业技能差、日常管理少、考核约束弱、违规问责难，相关法律政策的宣讲效果不尽如人意。部分地方政府部门乃至领导个人主观因素对区域市场的影响力都远远大于行业自律效果，保险行业协会往往心有余而力不足。

（二）市场规模巨大与基础建设不强的问题

一是保险条款和费率拟订机制有待完善。种植业保险和养殖业保险都客观存在着保险风险地区性分异问题。以河南为例，河南东西横跨7个经度，南北相距超过500公里，气候受到西部欧亚大陆与太平洋海洋气候共同作用，呈现明显的"北旱南涝"过渡性特征。但目前补贴险种对费率厘定、区域划分等实行"一刀切"，没有从保险标的的自身生长规律出发提出具体的损失计量指标体系，也难以明确不同

地区开展农业保险与实现稳定经营应采取的措施。二是农业保险信息共享平台有待搭建。由于起步晚、底子薄，农业保险在快速发展的同时，也暴露出基础数据管理体系薄弱、风险数据积累不足、信息化程度低、经营管理粗放等问题。一方面，由于数据积累匮乏、技术力量薄弱，保险公司在产品研发上存在短板；另一方面，职能部门之间信息共享机制不完善，气象部门灾害预警、土地确权证明、价格信息共享、损失评估技术等信息尚未形成有效权威的共享平台，也制约了产品和服务的创新发展。三是保险机构布局有待优化。保险公司作为农业保险经办主体，其基层网络建设、队伍建设与农业保险快速发展的形势不相适应，工作的广度和深度不够。虽然地方政府对农业保险的重视程度日益增强，但是地方财政多属于"吃饭财政"，财力不足，尤其是具有地方特色的农业大县，只能选择性或限制性开办农业保险业务，这在一定程度上制约了保险的参与度。保险机构类型不够丰富，农业互助组织等模式的探索、推动力度还有所欠缺。

（三）行业需求高与服务能力不高的问题

一是农业保险覆盖面仍待提高。截至2018年末，我国三大主粮作物平均承保覆盖率超过70%，农业保险保障水平达到23.21%，其中，畜牧业保险保障水平12.88%，10年来首次超过种植业保险保障水平（11.98%），但与美国、加拿大等发达国家相比，总体保障水平仅为美国的1/5、加拿大的1/3，总体保障深度处于较低水平。二是农业保险保障水平依然较低。虽然能繁母猪保险保额短期内提升至1500元/头，但我国目前享受中央财政保费补贴的其他农业保险品种保险金额均只能覆盖其物化成本或饲养成本。以小麦为例，根据国家发展改革委发布的《全国农产品成本收益资料汇编2017》数据，河南省小麦亩产产值1073.88元，而目前该省中央财政小麦保险保额为447元/亩，对应比例仅为41.6%，远无法满足农户特别是新型农业经营主体的风险保障需求。虽已开展小麦完全成本保险和收入保险试点，但试点规模小、经营持续性差。三是农业保险服务领域仍待拓宽。各承办机构长期把业务集中在传统农业保险品种上，与地方特色产业的契合度不够。目前我国农业保险业务中，中央财政给予保费补贴的保险品种占绝对份额，远无法适应现代农业产业结构调整所产生的多元化风险形势。

（四）顶层重视与基层认识不足的问题

国家层面现在已经将农业保险定位为农业支持保护制度。但在实际操作中，部分地方政府仍然对农业保险存在许多误解，对农业保险缺乏基本的常识，甚至存在不信任保险主体的心理；有的则常常把农业保险排斥于农业支持保护政策体系之外，而把关注点放在国家财政救助领域；有的则忽略了商业性原则和可持续发展原则，把农业保险服务乡村振兴与农业保险扶贫混为一谈。

（五）区域风险显著与大灾风险分散机制不完善的问题

农业保险经营机构始终面临农业巨灾风险的威胁，这是全球农业保险经营的普遍难题。例如，加拿大曼尼托巴省在1986年和1988年遭遇两次大旱灾，将之前26年的农业保险利润结余全部耗尽。我国政策性农业保险试办12年来，很多地区和保险公司也都面临过大灾风险的威胁。例如，辽宁省农业保险开办9年中，有3年出现了特大干旱，9年的简单赔付率平均超过100%，没有利润效益，持续亏损使保险公司难以为继。虽然财政部规定农业保险经营企业要按照农险保费收入和农险业务超额利润的一定比例提取农业保险大灾风险准备金，但这仅是保险公司层面的大灾风险基金，国家层面的农业保险大灾风险分散机制还不完备。保险公司仅靠再保险和大灾风险准备金来转移分散风险，力量较为单薄，一旦发生区域性或大面积灾害，只能不足额赔付甚至赖账不赔，使保险合同失去了严肃性，侵害了投保人的合法权益和保险机构的信用声誉，也影响了农业保险的可持续发展。

四、农业保险高质量发展模式创新与探索

乡村振兴战略是决胜全面建成小康社会、全面建设社会主义现代化国家的重大历史任务。作为支持乡村振兴战略的农业保险，距离乡村振兴战略对农业发展提出的各种新要求还有很大差距，仅依靠保险公司的力量远远不够，需要中央、地方、保险经营机构进行制度改革和技术创新，不断提高农业保险服务乡村振兴的能力，以满足消费者保险保障需求，推动保险业回归本源以及有序化解存量风险，严控增

量风险,以防范系统性金融风险,促进行业高质量发展。

(一)对于中央层面的政策建议

第一,在建立农业保险领导小组的基础上,制定农业保险工作领导小组联席会议制度,建立联席会议成员单位定期沟通与轮值机制。建议在中央层面通过农业保险高质量发展契机,建立一个完善农业保险统筹发展机制,明确领导小组职责,专门负责政策性农业保险的顶层设计、协调、推动、监管和研究等事宜。此外,农业保险领导小组还要对国家农业保险再保公司经营进行监督和审核。

第二,完善政策支持体系。一是出台农业保险招投标标准,规范经办机构选择标准和程序,取消县级层面招投标方式,促进经办机构加强基础投入,降低市场运行成本。二是建立市场准入机制,保监会通过中央、省级两级名单制管理,建立起农业保险市场进入机制。三是建立绩效考评政策体系,需要在预算绩效管理体系框架指导下,尽快建立全国农业保险绩效评价政策制度、评价体系及指标框架,通过绩效评价、服务评估、群众评议、违规惩戒等机制,建立优胜劣汰的市场退出机制。

第三,完善风险防范和分散机制,提高保险经营机构的积极性。建议中央层面加大农业保险信息平台数据使用,建立农业信息平台风险提示、防范机制。建议尽快建立"多方参与、风险共担、多层分散"的农业保险大灾风险分散机制,建议加快组建中国农业再保险公司,合理界定保险机构、再保险市场、地方和中央等职责边界,最终建立财政支持的农业保险大灾风险分散机制。

(二)对于地方政府的政策建议

第一,正确理解农业保险在服务乡村振兴中的积极作用。地方政府应该充分认识到,农业保险在乡村振兴是不可或缺的,风险保障功能为保险业所特有,是保险服务乡村珍稀的价值所在,是银行、证券等行业无法替代的。乡村振兴,农业保险不能缺位。

第二,建立多部门的信息共享和联动机制。在建立省级农业保险工作领导小组的基础上,推进省级农业保险管理信息平台建设,实现与各政府部门现有平台的联动、集成和信息共享,逐步集成农业生产、农户信息、气象灾害、农险经营、农险服务机构队伍等基础信息,实现数据汇总、结果生成、实时管理、信息共享、自助查询、动态监测、风险预警等多种功能。同时，建立由工作领导小组成员组成的政策会商制度，商讨农业保险实施过程的政策联动。建立由工作领导小组与其他涉农政府部门组成的政府联席制度，商讨农业保险政策与脱贫攻坚战略、乡村振兴战略、其他涉农规划之间的政策联动、资金联动和信息联动。

第三，健全工作机制，落实扶持政策。政策千好万好，最后还得看落实效果。政策落实问题，虽然老生常谈，但在现实中制约了农业保险服务乡村振兴的发展。以河南省某地区特色农业保证保险为例，政府出台了具体扶持政策，但推动力度一直不大，其中最为关键的是保费补贴政策，存在口惠而实不至的现象，"只发奖状、不给奖金"，各地地方财政状况不同程度地影响了地方政府的积极性。此外，政策的延续性也要得到保障。在实际操作中，出现了"人走政息"的现象：某地党政一把手具有较高的金融素质，十分重视保险扶贫、农业保险工作，在其主导下，上马了若干个行之有效的"政银保"等合作项目；然而当他调到其他地市的时候，项目也戛然而止。这种情况在我国并不罕见，也不必讳言。因此，要健全政府的相关工作机制，把规定的具体扶持政策落到实处。

（三）对于保险监管层面的政策建议

第一，准确把握监管定位，厘清监管与行业的边界。一是保险监管定位要正确。保险监管是根本功能、核心职能、主要职责，其主要目标在于维护保险市场秩序和保护消费者权益，服务农村普惠金融。二是保险监管导向要清晰。一切改革、创新和开放，都要围绕农业保险服务乡村振兴展开，服从服务于经济社会发展。一方面，要放得开。在有限的监管资源制约下，保险监管的范围是市场机制无法充分发挥作用的领域，通过具体的政策、措施可以提升市场公平程度和运行效率、保护消费者权益、防范风险的部分。要将保险企业推向服务乡村振兴的"前台"，激发其管控自身人、财、物等要素资源的活力和能力，凡是市场不需要干预的，绝不越权干预。另一方面，要管得住。重点关注和强调保险公平市场规则的制定、市场行为的规范、消费者权益保护以及市场主体的偿付能力，进一步强化保险公司治理、偿付能力、市场行为三支柱的保险监管制度建设。针对保险市场失灵部分补齐制度短板，并维护规则制度得以有效执行而不被破坏。

第二，加大相关立法力度。完善的法律体系是乡村振兴的前提，鉴于我国农村地区金融体系的一般运行规律和经营特征，加强农村地区保险服务乡村振兴相关法律法规体系建设，迫在眉睫。当前，保险服务乡村振兴相关立法与实务方面主要存在以下问题：某些保险产品，因为一些时代的原因而被监管层冷落；农村保险互助社的地位不明确，导致发展策略模糊，处境尴尬。在实际操作中，存在一些法律尚未界定的"灰色地带"，需要立法予以明确。

第三，实行差别监管政策。我国各地区的经济、金融发展不均衡，尤其在农村地区，发展不均衡的现象尤为突出。需要针对不同的普惠金融机构类型实行差别化监管，因地制宜，科学审慎评价其风险状况，实行差别监管政策。以农村保险互助社为例，现有的农村保险互助社资本弱小、专业化程度低、人员素质参差不齐，因此很难以现有的保险法人机构市场准入办法去要求保险互助社。在防范金融风险的基础上，适当对符合资质的服务农村普惠金融的保险主体给予行政许可上的指导和支持。以小额贷款保证保险为例，大都发生在农村最基层，点多、面广、小额、分散，难以采取集中统一的监管模式，各地方政府及其保险监管机构需要推进基层因地制宜，创新监管方式。

（四）对保险机构的政策建议

第一，持续创新农业保险产品。为填补乡村振兴中农业保险空白区域，保障农民收益稳定，对三大主粮农业保险品种可试办收入保险，建立三大主粮价格收集、发布机制。紧跟"大豆振兴计划"和"奶业振兴行动"等重点战略调整，可开展大豆完全保险、大豆收入保险、牛奶价格指数保险等试点。针对非洲猪瘟等重大疫病伤农问题，可开展重大疫情政府强制扑杀补偿保险、养殖牲畜价格保险等试点，主要保障肉禽市场供给稳定。针对地方特色农产品"品种多、面积小、散"的问题，特色农业的农业保险产品创新可以"损害程度指数化"为方向，以天气指数保险为主。经营机构通过农业保险的产品创新，不仅满足农民扩大承保范围和保险种类的需要，还要降低传统农业保险面临的道德风险、逆向选择问题，从而提升农业保险机构的抗风险能力。

第二，探索农业保险经营模式转型升级。一是推行"基本险+附加险"的经营模式。我国人多地少，小农户与新型农业经营主体的"二元主体"将会长期共存，这是我国的基本国情，"基本险+附加险"模式就是为满足这种现状与需求而产生的。其中，基本险逐步实行财政全负担，保基本，满足国家粮食安全和全体农户基本要求；附加险保提升，满足新型农业经营主体发展需求，政府根据附加险保障程度给予不同程度的补贴支持。二是建立"农业价值链+信贷"的经营模式。建议保险公司以农业生产价值链为核心，将农业保险业务涵盖种养生产、粮食烘干、收储、农业品牌、产品销售、耕地修复与开发、农村金融等，构建从育种、田间生产、餐桌消费等以生产价值链为核心的农业保险服务"生态圈"。同时，保险公司可以作为第三方信息提供者介入农户信用贷款审批流程，构建以农业保险投保及赔付数据为基础的投保人信息数据库，为商业银行等信贷金融机构提供有偿信息服务。在该模式之下，金融机构可以通过较低成本获得更加真实的农户信息，降低与农户的信息不对称，也可以促进保险公司进行投保人数据完善及更新，有利于保险公司的自身发展。三是探索"新型农村经营+直销"模式。该模式以新型农业经营主体为重要的目标客户，基于真实的需求建立农业保险的直销供给，提高对渠道的掌控力。通过建立对新型农业经营主体的直销模式，可规范发展这一具有巨大发展潜力并代表中国农业保险发展方向的新的细分市场。

第三，切实提升农业保险服务质量。全面开展乡村基层服务体系建设工作，将保险公司的业务重心、网络重心、功能重心、人员重心进一步向农村一线下沉。在网点建设方面，第一阶段以重点乡镇农业保险服务站建设为先导，辐射服务带动所辖村和周边农险落后乡镇，第二阶段随着业务量的增加逐步实现所有乡镇农险服务站全覆盖，力争到2020年覆盖率达到50%；在服务功能方面，覆盖农业保险和涉农保险全领域，积极利用移动互联技术打造能够深入农村一线的、"小而全"的承保理赔综合服务平台；在人员方面，以培养造就一支懂农业、爱农村、爱农民的"三农"工作队伍为目标，积极选聘、建设一支能够扎根农村的本土化农险服务专员队伍。

第三篇
重点案例

第15章
农业农村部新型农业经营主体信息直报系统促进金融支农

新型农业经营主体是指家庭农场、专业大户、农民合作社、农业产业化龙头企业等组织，是农业发展向现代化、专业化发展的重要基础。根据农业农村部统计数据，截至2018年底，全国经县级以上农业产业化主管部门认定的龙头企业近9万家；依法登记的农民合作社达到220.7万家，通过国家、省、市、县级示范社四级联创，县级以上示范社18万家，国家示范社近8500家；家庭农场60万个，年销售农产品总值1946亿元；各类返乡创新创业人员累计达780万人。

国家高度重视促进新型农业经营主体发展。2017年中央1号文件强调，要大力培育新型农业经营主体和服务主体。党的十九大围绕乡村振兴，提出要发展多种形式适度规模经营，培育新型农业经营主体。2017年中央中央办公厅、国务院办公厅印发《关于加快构建政策体系培育新型农业经营主体的意见》，提出支持新型农业经营主体发展的政策框架，强调要综合运用税收、奖补等政策鼓励金融机构通过产品和服务创新加强对新型农业经营主体的信贷支持，并扩大保险支持范围，支持农业龙头企业为其带动的农户、家庭农场和农民合作社提供贷款担保；同时，明确提出建立新型农业经营主体生产经营信息直报系统，点对点对接信贷、保险和补贴等服务，并探索建立相应的信用评价体系，对符合条件的经营主体在贷款期限、审批流程等方面实行灵活、简化处理。2017年底修订颁布的《农民专业合作社法》明确了财政扶持、金融支持、税收优惠等政策导向。

为更好促进家庭农场发展，农业农村部于 2019 年颁发《关于实施家庭农场培育计划的指导意见》，通过示范创建，建立健全指导服务机制，完善政策支持体系，加快培育一大批规模适度、生产集约、管理先进、效益明显的家庭农场。其中，强调要鼓励金融机构开发专门信贷产品，拓宽抵质押物范围，促进农业信贷担保覆盖家庭农场，探索特色农产品保险以奖代补政策。

落实《关于加快构建政策体系培育新型农业经营主体的意见》中关于建立新型农业经营主体生产经营信息直报系统的要求，农业农村部针对新型农业经营主体面临的融资难题，于 2017 年启动运行新型农业经营主体信息直报系统（简称直报系统），通过互联网平台整合政府部门管理和金融机构服务功能，通过主体直连、信息直报、服务直通、共享共用推动改善金融服务，取得了明显成效。本章介绍相关思路及做法。

一、建设直报系统的背景和初衷

新型农业经营主体中，除了农业产业化龙头企业，其余三类主体的实际条件均与传统授信要求存在较大差距。例如，缺乏合格抵质押物、征信记录信息有限、财务信息不全等等，这意味着难以通过银行渠道获得信贷支持。即使农业产业化龙头企业，也面临季节性资金紧张，如农产品集中收购需要大量流动资金；若扩大生产，则资金不足的问题会更加突出。在农业生产向现代化、专业化、规模化转型过程中，农业生产经营主体的投资规模逐步增大，涉及农业基础设施、农机设备、储藏运输、产品销售等诸多方面，但新型农业经营主体的这些投资经营从信贷风险管理的传统角度看，风控的难度较大。

以家庭农场为例，其主要通过土地流转实现规模化经营，流转费用一般按年度支付，投入的相关农业设施因投入缺乏产权难以抵押，农机设备因折旧快、流转难度大等因素，也很难作为抵押品由银行处置变现。在农产品仓储运输、加工销售等环节投资也存在类似问题，这意味着缺乏可靠的第二还款来源。

农民合作社面临的融资难度更大。原因在于农民合作社作为特别法人，发起人及社员承担有限责任，合作社的资产是全部偿债来源。合作社只能以自身所有的农机设施等资产作为第二还款来源，但贬值快、处置难意味着作为抵押品的价值有限，再加上财务管理不规范,难以有效获得信贷支持。现实中,银行给合作社的贷款往往落在合作社理事长名下。

新型农业经营主体的融资难格局,实质上受制于信息不对称和第二还款来源不足的双重制约。信用是现代金融体系运行基础。在农业现代化转型发展进程中,金融支农机制需要适应现代化经济体系的发展趋势,即发展基于信用的融资机制。这意味着对客户还款能力和还款意愿的判断主要基于生产经营和诚实守信状况。根据生产经营状况判断还款能力需要有效信息来分析判断现金流风险点,例如,规范的财务报告或生产经营信息台账,需要有效的征信记录来判断还款意愿。

但在现实中除了农业产业化龙头企业,金融机构要获得其他几类主体这些方面的信息难度较大。要有效解决新型农业经营主体的融资难问题,必须从降低信息不对称入手。针对这一问题,相关贷款机构也在探索可行路径。一些农村银行机构从小笔贷款起步,根据农户履约还款情况逐步提高贷款的授信额度;有电商背景的贷款机构根据客户的交易记录授信;还有的机构通过互联网渠道收集客户信息,为信贷决策提供支持。这些对缓解信息不对称问题起到了一定作用,但信贷风险管理要求基于偿还能力进行授信,需要基于客户的生产经营信息评估偿还能力。否则,既可能存在授信不足问题,难以满足客户生产经营的资金需求;也可能存在过度授信问题,超出客户的偿还能力进行授信。为此,基于客户生产经营的准确信息进行决策,既需要提高信息的针对性,也需要提高信息的真实性、准确性、及时性。

二、解决问题的原理和思路

要帮助信贷、保险机构获得客户的生产经营信息,一个可行的思路是为两者搭建一个衔接平台。该平台应具备两方面功能:一是汇集农业经营主体生产经营关键信息,为信贷、保险的金融机构的业务决策提供支持;二是保障信息的真实性和动态更新。根据2017年《关于加快构建政策体系培育新型农业经营主体的意见》,关于建立新型农业经营主体生产经营直报系统,点对点对接信贷、保险和补贴等服务,探索建立新型农业经营主体信用评价体系的要求,农业农村部从政策创新、管理创新角度,通过建立直报系统搭建起与金融机构对接桥梁,动态准确掌握农业主体的身份信息和生产经营状况等必要信息,帮助银行掌握客户生产经营的关键信息。尤其是随着数据积累和其他信用相关涉农信息进一步汇集，有助于帮助银行更好评估客户的还款能力和还款意愿，从而有效改善风控效果。在实施过程中，直报系统同时引入其他配套涉农服务项目，包括技术培训、农产品交易等模块。这些服务有助于通过提高生产经营能力、改善生产经营环境，从而降低生产经营风险，降低信贷的信用风险。

从政府部门的职能定位看，农业农村主管部门具备这方面的组织资源和协调依托。一方面，可以通过各级农业农村主管部门具体落实相关工作；另一方面，各级农业农村主管部门负责发放各类涉农财政补贴，发放对象是各地的农业生产经营主体，因此各类农业生产经营主体具有报送信息责任。同时，农业农村主管部门也需要准确掌握接受财政支持的农业经营主体生产情况。从提高财政补贴资金使用效率角度看，把直接发放给经营主体改为通过贴息等方式激励银行机构放贷、保险机构提供保险，可以显著提高财政资金的使用效率。

从政府管理角度看，建设运营直报系统还有助于改革政府管理方式。借助直报系统，可以提高农业农村部管理的穿透性，直接触及基层新型经营主体，并完善互动机制；同时，有助于政府管理与治理方式从行政推动向主动服务转变、从粗放管理向精准对接转变。一方面，可以点对点获得主体第一手生产经营数据，进而利用大数据分析，为实施宏观指导和决策提供科学依据和参考。另一方面，为新型经营主体提供权威政策发布、财务规范化指导、定制化培训、农业社会化服务、市场营销等综合性服务，通过与互联网机构合作，实现农产品上行、农资下行等服务功能。此外，还可以依托直报系统精准对接实施财政补贴等扶持政策，为改革完善强农惠农富农政策提供依据和支撑。

从改善治理的视角看，可以通过引入各类金融机构、涉农服务机构共同参与服务，实现优势互补，数据交叉验证，可以提高整体效率，实现系统性优化，属于帕累托改进。

三、付诸实践的具体做法

在项目实施过程中，基于市场导向、需求导向、问题导向，创新工作方法，优化系统功能，通过持续完善利益相关方的联结机制，推动提升直报系统影响力、吸引力。

1. 持续推进研发活动，不断优化完善直报系统功能

着眼可持续运营，坚持市场化、专业化导向，依托专业公司，组建运营工作小组，形成合作紧密、运营高效的工作机制。立足于更好为新型经营主体对接金融机构提供服务，提升系统使用友好度和吸引力，结合推广应用过程中的反馈意见，按照"紧贴需求、界面友好、农民易用"理念，先后进行 8 次系统迭代，构建了手机 App 端、政府管理端、银行业务端、保险业务端和社会化服务业务端等较为完善的前后台业务系统，具备"信息直报""记账本""我要贷款""我要保险""我要服务""我要培训""我的补贴""我要买卖"八大功能模块。新型经营主体向农业农村部直报生产经营动态信息，提出信贷、保险、培训等需求，并从系统中选择服务；农业农村部对新型经营主体实行认证管理，并对申请入驻直报系统的金融机构及上线产品进行审核，并向金融机构推送优质新型经营主体的有效需求；金融机构提供相应的信贷和保险产品，对接直报系统筛选推送的新型经营主体需求，线上线下结合提供精准服务。同时，构建数据大盘，对主体数据、直报数据以及服务数据进行统计和挖掘分析，实现重点数据可视化展示。

2. 积极推广信息直报系统，促进新型经营主体注册使用

充分运用传统媒体和新媒体开展线上、线下推广。一是通过各级农业农村主管部门推广直报系统。指导各省制定直报系统推广实施方案，先后在全国开展 65 场培训宣导。二是通过短信直接向农业经营主体推介系统。利用"12316"三农信息服务平台向 52 万家优质新型经营主体点对点发送短信，引导下载使用直报系统。三是建立信息采集的绿色通道。从示范类家庭农场名录系统、示范类合作社白名单以及规模养殖场白名单等渠道直接提取生产经营信息。四是加大重点渠道宣传力度。联合中国家庭农场、中国农民合作社、各地农业农村部门及直报系统公众号，对直报系统进行线上推广。通过这些渠道，让广大主体尽快知晓、熟练运用直报系统。

3. 有效对接政府扶持政策，增强直报系统吸引力

一是对接补贴政策。在 App 上及时发布中央和属地化权威补贴政策，印发《农业部办公厅关于做好新型农业经营主体信息直报系统与相关政策衔接工作的通知》《关于做好 2019 年农业生产发展等项目实施工作的通知》，要求将享受农民合作社、家庭农场、畜禽粪污资源化利用等补助政策的新型农业经营主体纳入直报系统管理。

二是对接培训政策。在新型职业农民培育工作中,优先将新型农业经营主体直报系统中有培训需求的用户列为培育对象。三是开展贷款贴息试点。印发《农业农村部办公厅关于做好新型农业经营主体信息直报系统贷款贴息试点工作的通知》,对在直报系统中成功获贷的主体,按照3%的贴息率给予贴息,加大贷款撮合力度,促进解决新型经营主体融资贵问题。四是开展金融支农创新试点。支持各金融机构开展先导性、创新性试验,探索可复制、易推广、贴近农民需求的金融支农模式,并要求创新产品全部在直报系统中上线,点对点为认证主体提供信贷保险等服务,及时核验反馈所服务的新型农业经营主体的生产经营和金融服务信息。

4. 完善多方合作机制,促进各方力量协同服务

直报系统功能体系复杂、用户类型多样、对接服务机构多、服务覆盖面广,农业农村部发挥牵头抓总作用,调动各方资源和力量共同服务,及时交流情况、答疑解惑、解决问题,形成联动协作、合力推进的工作机制。一是建立政府部门紧密合作协同机制,定期沟通,互通信息,实现相关主体生产经营数据与平台数据实时对接,畅通新主体认证绿色通道。同时创建面向各省市区县农业农村主管部门的微信服务群,建立与地方农业农村部门工作联系机制。二是建立与服务机构业务对接机制。面向已入驻和计划入驻的金融机构开展一对一线上微信服务群,协助相关机构管理并处理系统相关业务。三是建立面向新型经营主体的沟通回访机制。跟踪对象覆盖近12000家新型经营主体,建立定期回访机制,及时了解用户使用情况、需求以及满足情况。

四、政策实施效果

直报系统投入运行以来,得到新型农业经营主体、各地农业农村部门及金融机构的积极响应,拓宽了金融科技的应用范围和创新路径,实现了农业现代化管理服务的模式创新。具体表现为以下几个方面。

1. 优质主体和服务机构入驻

坚持"用户高质量、服务高起点"标准,吸引符合条件的优质主体入驻。目前,直报系统注册用户已达14.80万家,认证主体6.03万家,其中家庭农场3.11

万家,农民合作社2.10万家,国家级、省级、市县级示范类主体占比超过50%。18家银行(包含邮储银行2381家分支行)、25家省级农担公司、11家保险公司入驻,提供量身定制的177款信贷产品、528款保险产品。

2. 金融服务的促进作用显现

通过直报系统将新主体直报生产经营信息不断积累起来,将贷款、保险、培训、补贴等真实数据沉淀下来,同时通过银行尽职调查、保险公司承保理赔、农业补贴发放监督等市场化机制,反向交叉检验主体填报的信息,促使主体更加主动、及时、准确地填报信息,实现良性循环。截至2019年10月31日,入驻银行通过线上预约初审、线下尽调复核,已为1316家新型经营主体发放贷款7.4亿元,覆盖全国28个省份的494个区县,平均每笔贷款56万元。信贷资金60%用于扩大经营规模,15%用于购买农资和农机具,10%用于基础设施建设,8%用于生产流动资金周转,其余主要用于支付地租费用等。此外,与浙江衢州市合作依托新农直报系统实施了"新型农业经营主体专属综合保险",144家新型农业经营主体成功获保,2019年6、7月份因特大暴雨82户受灾,已理赔82家,最多的一户赔付达39万元。

3. 初步搭建了农业生产经营数据分析框架

按主体特征、产业类型、经营规模、金融服务等四个维度,细化23个分析指标,搭建分析模型,依据掌握的数据进行类比分析,探索运用大数据分析来发现新主体的行为模式等阶段性特征。从经营类型看,从事种植业2.45万家(其中,种植三大粮食作物的主体数量为1.42万家)、养殖业1.45万家、种养结合1.05万家、提供社会化服务的4221家;从经营规模看,合作社平均经营土地面积1285.68亩,家庭农场平均经营土地面积500.36亩;从获得补贴情况看,农民合作社获得奖补资金户均24万元,家庭农场获得奖补资金户均4.9万元;从主体主要诉求看,对信贷需求最为强烈,累计1万多家认证主体在系统中申请了贷款服务。通过直报系统,同时也发现不少新型农业经营主体存在的财务管理不规范、征信等级不高等问题。

4. 综合服务、资源共享功能得到发挥

为简化填报流程,让农民"最多填一次",直报系统完成与家庭农场名录系统、国家农民合作社示范社监测系统、规模养殖场直联直报等系统的数据接口对接,实现数据共享、信息互通。同时,建立与全国农业信贷担保体系的信息对接渠道,探索通过互联网手段帮助省级农担公司发现客户、做大业务;建立与新型职业农民培训业务对接渠道，新农直报系统中有培训需求的主体可优先获得培训机会。同时，为部内相关司局以及各级农业农村经管部门开设了新型经营主体管理平台账号，方便其对服务对象进行精准化管理。

五、下一步发展思路

从更好服务新型农业经营主体角度，直报系统还存在一些需要改进的空间，具体包括：一是围绕汇集利用主体特征、生产经营、信贷服务数据，构建完善信用评价体系，为新主体提供增信服务，需要进一步加大创新探索力度；二是围绕推动金融机构创新产品服务、提升质量效率，以及更好地发挥农担体系的作用，需要健全激励和约束机制；三是围绕完善大数据分析机制、支持政府决策和管理，需要进一步创新方式方法。

下一步，农业农村部将按照激活存量、培育增量、提升质量的工作思路，坚持政府搭台、市场主导、精准定位、定制服务、动态跟踪，通过政策引导、市场运作和利益联结，不断增强粘性、提升活跃度，逐步实现直报系统对规范新型农业经营主体全覆盖，成为引导主体规范发展"孵化器"、畅通主体贷款渠道的"润滑剂"、完善农业生产调控的"中间件"，引导新型经营主体主动上线、服务机构竞相入驻，加快建立起政府、农民、机构三方良性互动、互利共赢的生态圈，实现直报系统自我良性发展，真正打造成为"农民的App"，为实施乡村振兴战略发挥积极作用。

1. 深化信贷落地，打造直报系统的核心吸引力

以构建新主体信用评价体系为抓手，建立符合农业生产经营特征、金融机构同步认可的风控模型，强化与全国农担体系、银行机构的对接联动，推进对符合标准的新主体直接发放信用贷款，增强直报系统的吸引力。一是增加信贷有效供给。推进与邮储银行、建设银行等金融机构总对总合作，实现直报系统与金融机构业务系统线上对接。二是全面对接各省农业信贷担保公司。实现与全部省级农担公司实质性业务合作，并争取做到新型经营主体有信贷需求优先得到满足。三是探索构建信用评价体系。基于新型经营主体数据、农业生产经营分析数据，以及征信信息、贷款和保险交易信息及其他外部信息数据等，建立新型经营主体基础数据库，为新型经营主体绘制信用画像，构建以农业生产经营为主要评价因素的分级风控模型，探索对直报系统中正常生产经营的新型经营主体直接发放信用贷款。

2. 拓展功能服务，全面推进直报系统应用实施

一是完善"我要补贴"功能，优先将家庭农场和农民合作社奖补资金纳入管理，探索农业补贴从申请、发放、使用全流程监管。二是推进直报系统开放共享，引入市场化农业服务平台，为新型经营主体提供精准的农业社会化服务。三是拓展"我要买卖"功能，以农业产业示范强镇和绿色循环优质高效特色农业促进项目为载体，推动区域内优质经营主体入驻，在直报系统中宣传打造一批优势品牌。四是结合农业大灾保险、三大粮食作物完全成本和收入保险等重大试点，探索与相关保险公司合作推广运营，实现资源共享和优势互补。

3. 强化数据分析，打造农业管理现代化综合信息平台

以完善生产经营数据分析框架为抓手，细化分析模型，深度挖掘主体生产经营规律，推进与相关信息平台数据的共享共用，为实施"三农"宏观指导和分析决策提供依据，增强直报系统的决策力。具体而言，通过动态准确掌握新型经营主体生产经营信息，构建全方位立体式的大数据分析框架，按时间跨度、区域位置、主体特征、产业类型、补贴发放等进行横向和纵向比较，将直报系统建设成为农业生产经营数据分析平台、家庭农场和农民合作社管理服务平台、农业补贴政策落实监督平台。同时，接入农业农村大数据平台，与其他数据库资源实现有机对接，实现大数据、大联通、大应用。

第16章
供销社系统的农村金融服务创新

开展农村金融服务,是《中共中央 国务院关于深化供销合作社综合改革的决定》(中发〔2015〕11号)对于供销合作社的明确要求,也是供销合作社深化改革,推进生产、供销、信用"三位一体"综合合作,服务乡村振兴战略的现实选择和必由之路。

近年来,各地供销合作社围绕农民生产生活需求,凭借自身的政策体制优势、制度兼容优势、组织体系优势、信息对称优势、传统品牌优势和产业链整合优势,在合作金融以及融资担保、小额贷款、供应链金融、合作发展基金、合作保险等领域进行了有益的探索实践,在打通金融惠农"最后一公里",助推农业农村经济发展、农民增收致富、精准脱贫等方面发挥了积极作用。

一、全国供销合作总社成立金融服务部指导系统金融业务发展

为深化综合改革,推动系统金融服务工作开展,作为全国供销合作社系统的行业指导机构,中华全国供销合作总社于2018年7月在内部成立了金融服务部。其主要职责是:贯彻党和国家农村金融政策,拟定系统合作金融发展规划,指导供销合作社农村合作金融组织建设和制度建设,推进农村资金互助合作;指导系统金融企业设立、业务开展和农村互助合作保险工作;配合国家有关部门做好系统金融风险

防范与处置工作；指导系统合作发展基金的管理和运行，负责总社本级合作发展基金的管理和监督等。

金融服务部成立一年来，中华全国供销合作总社在指导系统金融业务发展方面的工作明显加强，成效显著。

1. 以问题为导向，深入开展调查研究，摸清全系统金融服务工作情况

通过有针对性的专题调研、开展全面调查摸底、召开系统金融服务工作座谈会等方式，在点面结合的基础上，对供销合作社开展金融服务的基本状况、发展优势、面临问题、典型经验做法等进行了全面摸底，形成了《供销合作社金融服务调查情况报告》，为做好工作指导提供依据。

2. 以提升为农服务能力为根本，加强对系统金融服务业务的指导规划

在调查研究的基础上，根据中发〔2015〕11号文件精神以及《中共中央国务院关于实施乡村振兴战略的意见》和全国金融工作会议有关要求，结合供销合作社系统金融服务发展实际起草了《关于规范发展供销合作社金融服务的指导意见》，提出要坚持稳中求进工作总基调，强化风险防控意识，以提升为农服务能力为根本宗旨，以服务农村实体经济为出发点和落脚点，正确处理规范与发展的关系，严守不发生系统性金融风险的底线，努力探索构建适应"三农"发展需要，整体运转协调、风险可控的供销合作社农村金融服务体系。启动制定《供销合作社金融服务发展规划（2020—2025）》，加强系统金融服务工作顶层设计。

3. 以打造综合金融支农平台为目的，加强沟通协调

积极推进全国供销总社与农业银行总行、国家开发银行、中国人保等"总对总"战略协议的落地实施。与国家农信担保联盟公司签订合作协议，将供销合作社基层网点众多、组织体系完备、产业链条健全和全国农担体系信用等级高、对财政及金融资源的协调能力强、农业金融服务专业的优势有机结合，由供销合作社按相关准入标准筛选优质客户，向各省级农担公司及其分支机构推荐，并提供借款人资产负债和经营状况等方面的数据和信息；各省级农担公司为借款人提供担保，协调合作银行提供优惠的贷款服务，推动供销合作社系统和农担系统全面合作，共同促进农村金融要素融合，打通农村金融服务"最后一公里"，做好普惠金融支农惠农、服务乡村振兴战略这篇大文章。

4. 组织编制"两个规范""两本教材",加强对系统信用合作业务指导

组织供销合作社系统《信用合作运营管理规范》和《信用合作风险管理规范》编制工作,编写《信用合作实务知识读本》和《供销合作社农村金融干部读本》,针对信用合作业务的具体操作和管理,进行法律法规、知识技能、管理流程等方面的普及教育和规范引导,促进全国供销系统信用合作业务规范发展。

5. 加强系统合作发展基金工作

为贯彻落实《供销合作社合作发展基金管理办法》组织系统12个省份贯彻落实中发〔2015〕11号文件要求,制定了《供销合作社合作发展基金管理暂行办法》,召开系统合作发展基金工作座谈会,了解各地在开展合作发展基金过程中遇到的问题和建议,在此基础上,研究规划总社本级合作发展基金工作。做好系统综合改革合作发展基金专项试点总结验收工作,在总结试点成效、经验、问题的基础上对下一步工作提出建议。形成《关于系统合作发展基金工作情况的汇报》。

6. 加强培训工作

通过直接组织或委托北京商业管理干部学院、中合联投资公司等方式,先后在浙江、青海、湖南、山东举办了供销合作社金融服务市县社示范培训班、供销合作社合作金融业务培训班等多个分区域、分领域、分层次的培训,提升系统从业人员能力素质,累计培训人数超过800人。

7. 加强政策理论研究

加强对中央金融工作会议精神、《实施乡村振兴战略的意见》、《普惠金融发展规划》等国家农村金融领域重点政策的研究,结合系统实际情况,对相关政策进行解读,为系统提供业务指导。围绕农村金融、普惠金融等领域焦点问题和供销社亟须发展的领域,开展了供销社行业供应链金融发展、支付环境建设、消费合作、农业保险等方面的课题研究,加强对业务的战略规划和前瞻,提升业务指导能力。

二、因地制宜,发展多种农村金融服务模式

截至2019年6月,全系统共有资金互助社或开展股金互助服务的专业合作社共747家,其中资金互助社225家。发放贷款(互助金)98.20亿元,其中信用贷款

27.28亿元，抵押贷款39.45亿元，担保贷款31.46亿元；参股中小银行、参与组建村镇银行28家；小额贷款公司58家，涉农贷款余额72亿元；融资担保公司47家，涉农担保额430.7亿元；各类基金142只，基金管理公司15家，基金认缴总规模184.5亿元，到位资金152.9亿元。此外，还有保险公司1家，租赁公司12家，典当行27家，互联网借贷公司7家。

自中发〔2015〕11号文件发布以来，各地供销合作社深入贯彻落实文件精神，扎实推进供销合作社综合改革，通过开展不同形式的农村金融服务，充分发挥金融的助推功能，切实提高供销合作社为农服务的能力，在打通金融为农服务"最后一公里"方面做出了有益探索。

1. 开展普惠金融服务

湖北省供销社继续加强与建设银行等金融机构的合作，依托村级综合服务社等基层网点，巩固扩大"裕农通"普惠金融业务，让村民足不出户就能享受到小额存取款、缴费等金融服务。截至目前，"裕农通"平台已覆盖全省80%乡镇和50%行政村，服务网点1.2万家，累计发放"裕龙卡"310万张，服务村民约200万户。

安徽省供销社以本级的安徽新力科创集团有限公司（以下简称"新力科创"）为龙头和支撑，积极推进普惠金融发展。截至目前，新力科创通过旗下控股公司，共计为涉农的小微企业、农户融资32117.13万元。2019年新收购深圳手付通科技有限公司，主要从事互联网银行云服务，截至2019年6月底，已为263家农村金融机构提供互联网银行云服务。

2. 参股各类金融机构

各地抢抓机遇，参股各类金融机构，为开展金融服务提供通道。贵州省供销储运公司入股普定农商银行、贵阳市修文县供销集团入股修文农商银行，均成为第一大股东。新疆生产建设兵团供销社系统参股银行类金融机构4家，分别是新疆绿洲国民村镇银行有限责任公司、新疆石河子交银村镇银行股份有限公司、乌苏市农村信用合作联社、库车县农村信用合作联社，持股比例分别为6.5%、8.5%、5.2%、0.47%，其中对库车县农村信用合作联社转让退出工作正在进行中。兵团供销社系统持股新疆华元融资担保有限公司7.8%，持股伊犁宝兴典当有限责任公司13.33%。安徽芜湖杨子农村商业银行股份有限公司由芜湖市供销社所属全资企业联合其他4家法人股东共同发起设立。湖北省供销社出资企业参股湖北天乾资产公司

(23000万元,占股8.54%)、汉口银行(10590万元,占比0.73%)、大冶中银富登村镇银行(800万元,占股8%)等金融机构。

3. 拓展保险业务和范围

山东省通过引导农民参加覆盖完全成本的农业补充商业保险,已有14个市、35个县(市、区)供销社参与试点,投保险种14个,2019年上半年,投保面积超过6万亩。通过探索开展"保险+期货"收入保险和目标价格保险。山东省滨州市供销社开展了1000亩玉米"保险+期货"收入保险试点,烟台招远毕郭供销社开展了1000吨苹果"保险+期货"目标价格保险试点,枣庄山亭子店供销社开展了1000吨红枣"保险+期货"目标价格保险试点。2018年,湖北省武汉市供销社下属汉南区供销联社与中国平安保险公司合作,在全区推广"甜玉米价格指数保险",共有865民农户参与投保,投保甜玉米地面积8500亩,累计保费119万元(其中政策补助95.2万元,农户自费23.8万元),保险金额1360万元。

4. 创新担保方式,增强农村合作金融的生命力

目前,农业经营设施、农畜产品、土地经营权、农机具等对银行无法抵押。为了破除这一难题,内蒙古土右旗助农农民专业合作社联合社与银行充分协商,创新了四种担保方式:一是专业合作社内的社员采取4户联保的方式可发放单户5万元的小额担保贷款;二是合作社成员在信用担保不足的情况下,可将农机具抵押在专业合作社,专业合作社出具证明后折价担保;三是合作社社员在统一饲养、统一管理的养殖小区将自己的牛、羊牲畜由合作社担保贷款;四是合作社或家庭农场可以用土地经营权、设施农业经营权、林权等进行担保。以上四种方式可以综合运用,有效解决了当地农户的资金需求。浙江省充分利用省农信担保公司的平台优势,由浙江省供销社和浙江农业信贷担保公司合作设立农合联基层担保办事处、代办点,为农合联体系内各类会员提供融资担保服务,为系统农信担保机构提供增信分险、争取银担合作准入优惠等服务。截至2019年7月末,共建设基层农业信贷担保服务办事处3个、代办点44个,已累计开展融资担保业务70余笔、担保总额约9500万元。

三、供应链金融在供销合作社系统的探索

供销合作社供应链金融服务是在深化供销合作社综合改革的过程中,依托农业产业链中的生产合作和供销合作来推动信用合作的一种具体形式,供应链金融也成为信用合作的重要模式。供销合作社作为为农服务的生力军,要在乡村振兴战略中发挥作用,必须解决农业产业融资问题,利用供应链管理,协调和整合供销合作社在产业链上的资源,使各主体、各要素的信用在供应链管理中实现转移、捆绑,从而达到提升整体产业链条信用水平,解决农业产业资金需求的目的。

(一) 中合联投资有限公司的实践

供销合作社的供应链金融服务必须依托于供销社的产业资源,必须具有合作融合的特点,同时要具有可操作性、可复制性、可推广性。

中合联投资有限公司(以下简称"中合联")成立于2005年,由中国供销集团有限公司控股并联合11家省级供销合作社共同出资成立,注册资本金为4.03亿元,是供销合作社系统服务的先行者,以供销社网络为依托,致力于打造合作强农、流通活农、服务惠农的控股集团,成为全国性为"三农"领域服务的骨干力量。其中,中合联旗下的中合商业保理(天津)有限公司(以下简称"中合保理")以供应链金融为切入口,以产业协同为核心定位,全面布局产业金融。截至目前,中合保理核心企业业务数据累计3.57亿元。

1. 核心企业信用模式

模式:围绕核心企业,利用上下游中小企业在业务链条中形成的应收和应付账款,单个信用不足的中小企业可以通过借用核心企业信用获得金融服务。这种模式下,金融机构基于上下游的供应商、经销商与核心企业的真实交易情况给这些上下游企业提供融资授信,核心企业为上下游企业提供信用支持,不仅可以帮助核心企业减少资金占用,降低资产负债率,提升整个供应链资金利用效率,还可以缓解上下游企业的资金压力,扩大采购或销售规模,增加核心企业与上下游企业的粘合度。

适用范围:①核心企业为系统内的龙头企业或各级供销社推荐的龙头企业,具

备一定的信用等级；在金融机构信用良好，无不良记录。②核心企业所在产业稳定，主营业务突出，最近三年连续盈利。③公司的生产经营范围合法、合规，并且符合国家的产业政策，公司在最近三年内无重大违法行为，无虚假出资、抽逃出资的情况；④核心企业与上下游企业有真实的贸易，防止资本空转；业务基础是真实的贸易基础，融资款项可以得到有效监督。⑤与上下游企业有稳定、持续的业务往来，形成对上下游中小企业风险和业务的控制力。⑥必要时需要有担保机构或供销社提供增信担保。

风险管理点：①以核心企业和下游经销商的销售收入作为还款来源；②应收账款必须向债务人进行确权；③核心企业为上游的应付账款和下游的应收账款提供信用背书；④业务基础必须基于核心企业的主营业务；⑤核心企业作为融资方的，需监督其融资的用途，专款专用。

背景：供销系统有2500余家农业龙头企业，按照中央和国务院深化供销合作社综合改革的要求，要推进社有企业并购重组，在农资、棉花、粮油、鲜活农产品等重要涉农领域和再生资源行业，培育一批大型企业集团。这些核心企业一方面具有良好的企业信用，同时作为涉农领域的龙头企业，其庞大的上下游关联着数量巨大的中小微企业、农业合作社以及农户，通过产业供应链将核心企业的信用在其上下游企业进行分配和转移，满足其上下游中小微企业的资金需求。

以中华棉花集团有限公司（以下简称"中棉集团"）为例，中棉集团是棉花行业首家国家级农业产业化龙头企业，拥有的棉花资源基地和营销网络覆盖国内棉花主产区和主销区，国际业务发展到全球各主要产棉国，目前已成为国内集棉花收购、加工、销售、物流及进出口贸易为一体的最大的棉花产业化企业，经营规模已跨入全球同行业前列。

针对其上游企业希望缩短账期、尽快实现债权的诉求，中合联探索出的模式是：上游企业通过转让对中棉集团的应收账款的形式，缩短了账期，提前实现债权；具体方案如下：针对上游企业，①上游供应商向中棉集团销售货物形成应收账款。②上游供应商向金融机构申请保理融资；③金融机构向中棉集团核实应收账款是否真实，中棉集团为应收账款确权；④金融机构向上游供应商发放保理融资款，上游供应商承担到期回购义务；⑤应收账款到期后，中棉集团支付货款偿还保理融资。

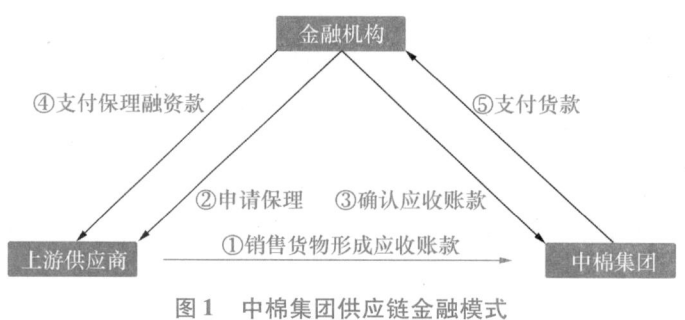

图 1 中棉集团供应链金融模式

2. 产业链服务模式

供销合作社在综合改革过程中，积极推动农业产业的规模化服务。在农业产业规模经营稳步发展的大背景下，农业产业逐渐形成了从生产、加工、仓储、运输、销售等完整有效、风险可控的产业链条。通过对农业产业链上各要素、各信息进行整合和管理，设计出农业产业链金融服务方案，实现提升产业链竞争力和服务"三农"的目的。现代农业的规模化发展一般通过土地托管实现，所以土地流转和托管已经成为现代农业产业社会化服务的重要形式。土地托管作为供销合作社综合改革的主要内容和成功经验，目前供销合作社体系土地托管面积1.78亿亩，存在巨大的市场潜力。未来深化以土地托管为主要内容的农业社会化服务就是加强与金融机构的合作，通过各级供销社参与到以土地托管为基础场景的供应链金融服务，推动金融服务向农村延伸。

产业链金融模式是从整个产业链视角，以业务为纽带，把产业链条中的各参与方串联起来作为一个整体，借助产业链对商流、物流、信息流及资金流的控制，通过综合授信方式，把资金灵活有效地嵌入产业链条中，从而把产业链条中的企业紧紧团结在一起，形成战略协同关系，从而提升产业链整体竞争能力的一种金融模式。通过整合和优化供应链中的信息流、物流、资金流，提高生产产业、零售产业、服务产业等的业务效率，提高产业整体的竞争优势。除了利用产业链条对生产要素的有效控制外，产业链上各参与方长期稳定的合作形成的信任也是开展供应链金融的基础，依托于各参与者的协同合作成为生产、供销和信用合作的重要形式。在产业链金融模式中，中小企业的信用基础不一定来源于所谓的核心企业，业务闭合化、收入自偿化、管理垂直化、交易信息化和风险结构化成为企业信用的真正来源。

以昊鑫农业种植大户融资购买农资为例，介绍产业链金融模式的具体应用。宁夏昊鑫现代农业开发有限公司（以下简称"昊鑫农业"）位于宁夏回族自治区银川市，主营稻谷收购及销售，是中国供销惠农公司投资企业。昊鑫农业每年与周边100公里以内的水稻种植合作社及大户签订稻谷采购协议，以获得稳定的优质稻谷。为了满足合作社及农户采购化肥、种子、农药等农资面临的融资需求，中合联探索了"农资采购专项借款+农产品定向收购还款"的供应链融资方案。具体方案如下：①合作社及农户向昊鑫农业提出农资采购数量及金额；②对于通过昊鑫农业初步筛选的合作社及农户，昊鑫农业按照金融机构要求收集信息；③金融机构对合作社及农户进行筛查，符合条件的合作社及农户与昊鑫农业和金融机构签订三方协议，由合作社及农户作为融资主体向金融机构申请融资；④金融机构将资金发放至昊鑫农业账户（金融机构对账户进行监管，资金只能用于向指定农资公司集中采购农资）；⑤合作社及农户从昊鑫农业处获得约定数量的农资；⑥当季农产品收获后，合作社及农户向昊鑫农业销售稻谷，存放到指定仓库；⑦昊鑫农业将收购的稻谷质押给金融机构，申请融资；⑧金融机构查验稻谷，办理质押手续，向昊鑫农业发放资金；⑨昊鑫农业获得资金专项用于稻谷收购，并代替合作社及农户向金融机构偿还购买农资的融资本息；⑩昊鑫农业根据经营需要，逐步向金融机构偿还融资，从监管库提取稻谷加工成大米对外销售。具体如图2所示。

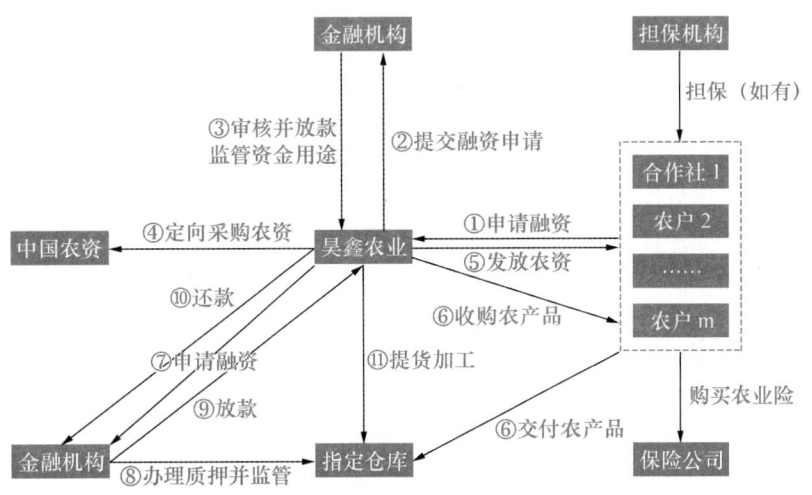

图2 昊鑫农业供应链金融服务模式

该模式下，风控措施为：①合作社及农户的准入条件为种植面积200亩以上，并且购买农业保险。②合作社及农户融资金额占其农资需求总金额的比例不高于

70%。③专款专用，昊鑫农业将稻谷作为融资质押物，融资款专项用于稻谷收购；昊鑫农业收购稻谷时，直接向金融机构代合作社或农户偿还借款。④产业链条的企业、合作社形成担保增信或引入农业担保公司、股东单位等提供增信担保。

适用场景：①已实施土地托管或土地流转，由公司、合作社或农业大户经营土地，实现了土地规模化经营、集约化生产；②有龙头企业组织带动形成稳定的产、供、销合作关系，包括"公司+农户""公司+农村合作组织+农户""公司+基地+农户"等，形成闭环经营；③龙头企业在行业或区域内影响力较大，产、供、销渠道稳定，经营稳健；④龙头企业对上下游企业有一定的把控能力，协调效率高，对货物有较强的把控和处置能力，能快速将货物变现；⑤合作社、农户等经营主体已购买农业保险；⑥融资主体要产业稳定，主业突出，产业聚焦；⑦主体及实控人在金融机构信用良好，融资主体无不良记录。

3. 物流监管模式

供销合作系统拥有庞大的现代物流仓储配送体系，目前全国物流配送点已达近百万个。未来供销合作社还要打造农产品大宗交易平台，将全系统1000多家产品批发市场整合成全国统一的农产品大宗交易平台；同时，未来全系统4300个仓库和物流园有望整合成统一的供销物流大平台，重点发展冷链仓储和物流。无论是仓储还是物流，都是对货物有效控制的基础，是开展物流监管融资的基本条件。供销合作社完全可以有效整合系统的交易平台、仓储物流资源，对农产品流通流域的物流、信息流和商流进行有效的把控，进而开展存货质押、预付款融资、代采融资等供应链金融服务。

物流监管模式以对物权的有效控制为基础开展供应链金融服务，通过对交易标的有效控制达到风险控制的目的。目前物流监管模式主要有存货质押融资、代为采购融资、预付款融资等，其中以存货质押融资为主。存货质押融资是指需要融资的企业将其拥有处置权的存货做质物，向资金方出质，同时将质物转交给具有合格存货资格的物流企业进行保管，以获得资金的业务活动。其主要特点是：①有实际的货物为债权提供担保；②有第三方中介即物流企业对货物实施监管；③相关方对货物的真实性、安全性承担责任；④对质押标的有较强的处置能力。

以北京全国棉花交易市场集团有限公司（以下简称"全国棉花交易市场"）为例，全国棉花交易市场2018年仓单质押量108.83万吨，年末存量21.65万吨，交易量 500 多万吨，融资额 120 亿元，融资企业近 5000 家。全国棉花交易市场借助在库监管、交易监管与履约保障和运输配送的优势，通过银行为企业办理存货质押融资。具体方案如下：①皮棉加工商向纺织企业销售棉花，签订《购销合同》，形成应收账款；②纺织企业向加工商支付 20% 货款；③纺织企业向保理公司、银行等金融机构申请融资，并申请棉花质押；④交易市场审核在库棉花是否符合标准等信息，代办棉花质押手续，将棉花质押给保理公司、银行等金融机构；⑤保理公司、银行等金融机构对于交易市场审核通过并办理棉花质押手续的融资企业支付融资款；⑥融资到期，纺织企业偿还保理公司、银行等金融机构融资款；⑦交易市场代办解质押手续后，纺织企业提货。具体如图 3 所示。

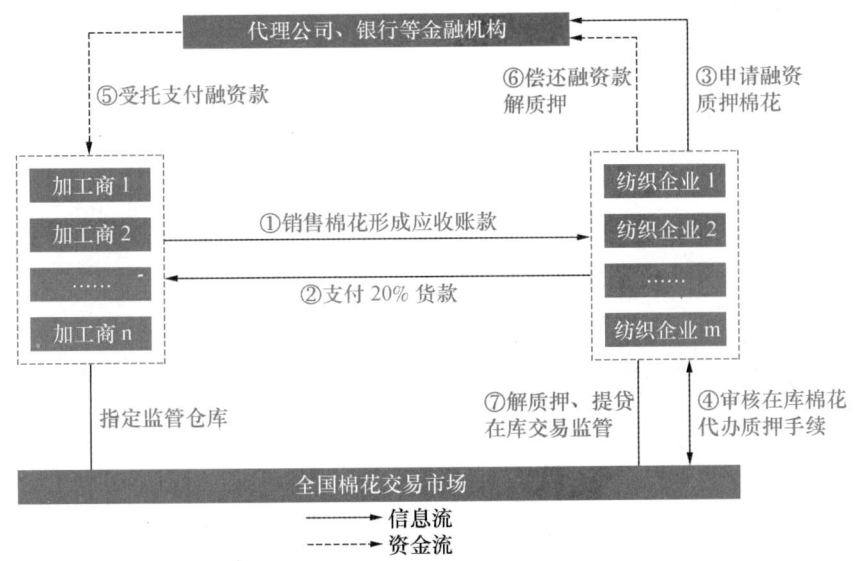

图 3　全国棉花交易市场供应链金融服务模式

该模式下，风控措施如下：①棉花交易商成为棉花交易市场会员，并提出融资申请，同时将交易的棉花存入棉花交易市场的监管仓库；②棉花交易市场对交易商质押的棉花实行在库监管、交易监管与履约保障和运输配送，所有监管数据均在系统中体现；③融资额约占棉花交易市场对质押棉评估值的 80%，评估金额通常低于贸易金额，实际融资率低于交易额 80%；④棉花质押期间，产品价格向下波动超过棉花交易市场警戒线，棉花交易市场通知买方追加保证金，未及时追加的，金融机构委托棉花交易市场处理质押棉花，回笼资金。

适用场景：①产业平台具有一定仓储监管能力，对监管仓库能够实现有效监控；②产品入监管库前均要进行抽样检验，符合标准方可入库；③质押标的物易流通、易存储，不易变质，监管仓库数量多，形成规模化；④质押标的标准化产品优先，其他品种满足可变现能力强，便于市场处置；⑤产品仓储、物流运输需要购买相关保险；⑥产业平台对入库产品的物流、资金流、信息流具有较强的控制力。

4. 电商平台模式

在供销合作社综合改革中，供销合作社由传统农产品流通服务向农业产业综合化社会服务转型的过程中，加速发展农产品电商网路，逐步形成以农产品为主导，线上与线下模式融合互动的电商模式。供销系统建立了覆盖全国的电子商务平台网络体系，全系统发展电商企业1571家。农村电子商务企业龙头的"供销e家"，在全国22个省级行政区拥有省级子公司，建设县级运营中心300多个，在20多个地区建立了仓储物流基地，形成了农村电商发展的新格局。供销合作社基层电商服务社带动1000多个县，10万多种特色农产品实现线上销售，电子商务平台业务遍布全国的日用消费品、农业生产资料供销、农副产品、再生资源收购销售等领域，推动了供销合作社现代化流通体系建设和线上线下融合发展。

电商平台开展供应链金融业务，主要依托电商平台的大数据优势，通过积累交易数据及销售者和供应商的信用数据，建立一套信用风控模型，并与信贷额度、信贷利率关联开展供应链金融服务。电商平台模式下，电商对消费者销售产品采用赊销、分期等方式开展金融服务，对上游供货方则利用应付款账期提供保理融资、订单融资以及存货质押融资等金融服务。交易大数据和物流信息以及供货方与电商平台的合作粘合度是电商模式开展供应链金融的基础。

以"供销e家"电子商务平台为例，"供销e家"利用供销社扎根农村的网点优势，自上而下贯穿系统服务，为一乡一品、一县一业战略提供敦实有效的线上与线下相结合的电子商务B2B/B2C交易服务，与县级供销合作社合作，推进县级电子商务运营中心建设；分区域打造大宗农产品交易中心；建立了供销云仓，实现仓储、运输、配送为一体的综合供应链服务平台和信息化体系等。形成了平台线上闭环交易（各地电商公司的B2B交易）、产业闭环交易（农业生产资料的生产、加工、销售等产业交易）和线下闭环交易（大宗农副产品交易中心）等资产体系，同时拥有了大量交易数据、服务数据、集成数据等，掌握"交易流"和"物流"信息数据，同时三方支付公司的运营也将掌握"资金流"信息，此"三流"合一，供应链金融将基于此发挥积极且有效的金融服务，穿透交易闭环的各个环节，实现供销互联、农业互联。为此，中合联针对"供销e家"电商平台上的B2B商户推出结算前的借款融资的供应链金融产品。

具体方案为：①根据采购商户在"供销e家"平台上过往订单等资料给予对应授信额度；②采购商户向"供销e家"平台申请订单代采融资业务；③金融机构审核通过后，拨付资金支持；④融资款定向支付在"供销e家"平台上的其他供货商户处采购商品的货款；⑤供货商户在收到"供销e家"平台上的销售订单与结算款后组织供货；⑥供销云仓负责平台上所有商品的物流配送业务，把控物流信息及控制货权；⑦采购商户在收到采购的商品后进行偿还，也可通过在"供销e家"平台上进行的销售回款进行偿还。此方案可延伸至与平台商户有直接供销关系的终端农户、合作社及企业。将终端涉农组织加入电商平台的信息网络之中，完善健全整个农村产业链的布局，建立以信息化、数据化的农村产业生态圈。具体如图4所示。

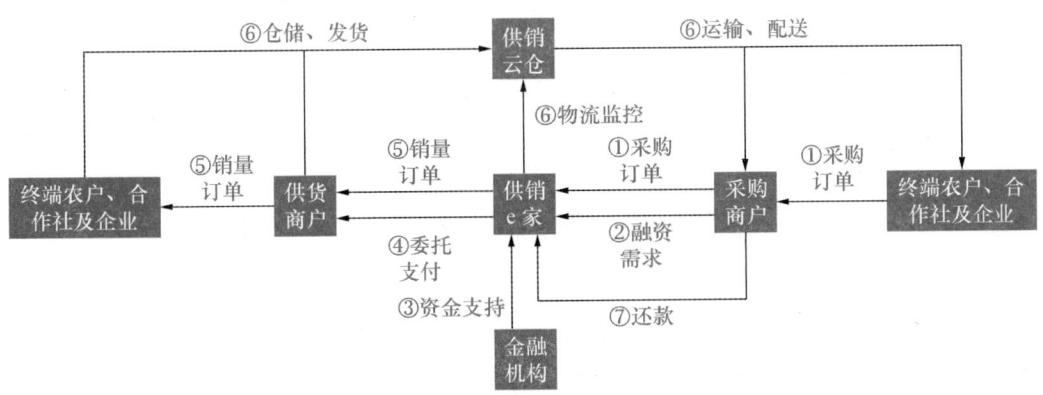

图4 "供销e家"供应链金融服务模式

5. 无追索+信用险模式

模式：信用保险是针对信用销售业务（赊销），由卖方以买方的履约信用作为保险标的进行投保，在买方未能如约履行债务清偿而使卖方遭受损失时，由保险公司按照承保比例对卖方在保险责任限额内给予赔偿。

通过增加买方信用险，卖方赊销产生的应收账款可以通过无追索保理的方式转让给保理公司或金融机构，提前收回应收账款，加快周转。

意义：①对于卖方，可以利用信用险控制风险的方式进行赊销，扩大市场份额和销售利润；②由于信用险的存在，赊销形成的应收账款具有较强信用，可以通过保理方式转让出去，提前收回，提高周转率；③通过保理转让出去的应收账款由贸易应收款转变为具有金融借款性质的债权，由于应收账款在中国人民银行系统转让登记及未来保理融资纳入银行征信，这些对于买方将具有更强的约束力。

案例：中棉集团廊坊储运有限公司（以下简称"中棉廊坊"）位于京津走廊上的明珠城市廊坊，公司宗旨为客户提供好的产品和技术支持、健全的售后服务。公司主要经营棉花及其他物资的储存以及皮棉、麻类、棉短绒等副产品的销售。为进一步加强产业协同和拓宽公司下游市场粘性、融资渠道，盘活存量资产、提升权益规模、降低资产负债率，具体方案如下：①中棉廊坊向保险公司申请下游渠道商信用额度；②保险公司对下游渠道商进行调查评估；③保险公司出具信用限额审批单；④中棉廊坊向下游渠道商赊销形成应收账款；⑤中棉廊坊将应收账款权益转让给保理公司，收回应收账款；⑥应收账款到期，下游渠道商向保理公司付款；⑦当发生下游渠道商违约时，保险公司赔付至保理公司指定账户，剩余部分继续追偿。具体见图5。

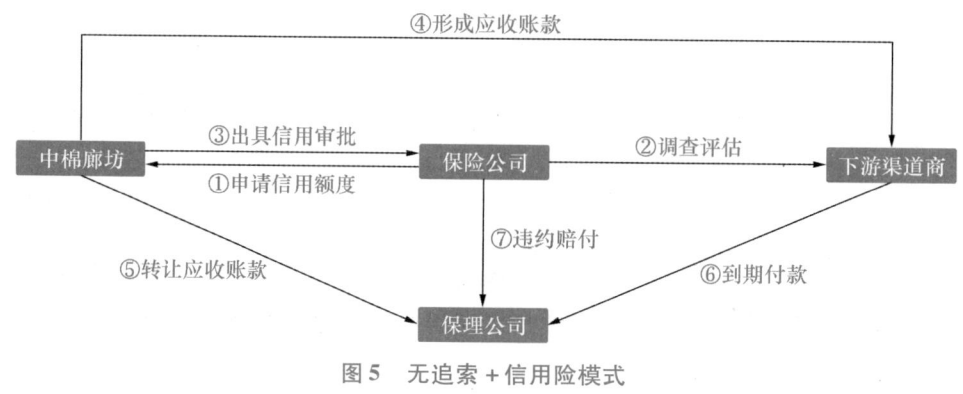

图5　无追索+信用险模式

（二）浙农控股模式

模式一：用传统小贷的供应链金融产品升级传统行业的赊销账款，进一步完善传统赊销业务风控模型

该模式主要由浙农控股集团有限公司（以下简称"浙农控股"）内部的浙农传统小贷公司向主业板块某公司的贸易产业链的下游采购客户发放小额贷款。由板块所属公司提供客户历史交易数据、公司产品及价格信息，浙农小贷根据上述数据，

结合线下信息采集，建立采购客户信用评价体系，确定客户信用贷款额度，采用整体授信、分笔订单融资放款、利随本清结算方式开展供应链金融服务。

2018年浙农小贷供应链金融业务存量余额2080万元，累计发放贷款1257笔、4.7亿元。日常用信客户81家，户均用信金额25.68万元，平均贷款期限约为14天，平均年利率维持在10%左右，做到了小额、短期、高频。

模式二：用互联网信息技术力量加强供应链"三流"把控，搭建线上与线下相结合的智能风控模型，从而提升上下游资源的联动性和掌控力

浙农控股在2015年8月成立了浙农互联网金融服务有限公司（以下简称"浙农金服"）。浙农金服从成立之初就致力于小额、分散、批量、具备互联网基因的供应链金融业务的探索，主要对外探索领域有汽车、通讯、物流、餐饮、农业五大方向。2018年浙农金服服务小企业法人329家，平均借款金额44.74万元；自然人借款394人，平均借款金额11.7万元，累计放款15.4亿元。

浙农金服主要依据互联网信息技术对核心企业上下游的资金流、物流、信息流进行全流程管控，结合大数据分析技术，建立自定义参数的风控模型，精准计量锁定供应链上中小企业的融资规模、期限、用途，为其提供精准资金服务。该业务模式呈现出小额、分散、批量的特征。优点主要是跳出了单个企业授信模式，把单个企业的不可控风险转变为供应链上下游整体可控的风险，操作流程线上化、移动化、批量化，时效性、便捷性强。局限主要是前期投入较大，对核心企业所在行业的线上与线下信息流程管控要求较高。但随着目前互联网信息技术的不断普及和工具化，5G以及物联网、区块链技术的不断商用化，这种模式是未来发展趋势。

2018年，浙农金服通过对省内绍兴、湖州、衢州地区农合联专业合作社进行实地调研，开展涉农产品设计尝试，逐步搭建起以农产品生产、采购、消费于一体的农业产业链平台，设计农业产业链金融服务应用场景和产品，探索主业板块农业生产资料产业链服务的衍生。

模式三：主业贸易板块与银行合作下的平台化供应链金融模式探索

浙农控股下属的农资公司主营化肥、农药等农业生产资料，以银行现有金融服务平台为依托，由银行设立一个专门的供应链金融信贷业务"E农贷"，以6%~7%的相对优惠利率为供应链上下游的优质赊购经销商或农民专业合作社、家庭农场、种植大户等提供定向定量的经营性贷款，有效解决农业生产经营主体的"融资

难、融资贵"问题。出险损失在前期分别由银行和公司各承担50%，现在引入省农业信贷担保公司担保后，出险损失变为银行承担16%、企业承担20%、担保公司承担64%，担保费率为0.96%。农资公司对开展"E农贷"的客户给予50%贴息支持。

四、重庆市供销合作总社推进"三社"融合发展案例

2018年初，重庆市委书记陈敏尔在全市实施乡村振兴战略动员大会上指出，要推进供销社、农民专业合作社、信用社"三社"完善功能、互相支持、融合发展，以"三社"促"三农"，实现"三社"融合、"三农"振兴。

重庆市供销合作总社（以下简称"重庆市供销社"）坚持把推进"三社"融合发展与深化供销合作社综合改革有机结合，以融合促改革，围绕提高农民组织化程度，不断夯实为农服务基层组织；围绕提高农民生产生活质量，不断加强农村流通服务体系建设；围绕推进农业现代化，不断创新为农服务方式和手段；围绕缓解农村融资难题，不断探索创新农村合作金融服务方式。

在金融服务层面，重庆市供销社稳妥开展农村合作金融服务，增强"三社"融合发展金融保障能力。

一是加强与重庆农村商业银行、中国建设银行、银联等金融机构共建合作，在区县设立金融服务站点，借助农民合作社服务中心为各类经营主体提供财务代理的优势，为金融机构推荐贷款主体、提供生产经营精准信息，确保信贷和贷后安全。例如，重庆市荣昌区供销社与重庆农商银行荣昌支行共同推广"兴农贷""助农贷"，简化信贷流程，增加信贷规模，仅用4天时间为重庆绿景麻竹专业合作社提供贷款500万元。

二是支持涉农银行、保险、担保等金融机构，利用供销社的经营网点布设信息化金融设备，为农民提供普惠金融服务。

三是探索开展农村合作金融服务方式，以重庆市供销社直属企业重庆市农信投资集团有限公司为龙头，打造集小额贷款、担保、基金、典当、拍卖、供应链金融等综合性金融服务平台，依托基层组织，推广农民专业合作社小额贷款、"供销易贷"等业务。

四是鼓励和允许符合条件的区县供销社和基层社，严格按照"社员制、封闭性、不对外吸储放贷、不支付固定回报"的原则，坚持"小额、分散、短期"和风险可控的原则，稳妥开展内部资金互助合作。例如，重庆市大足区供销社依托农合联开展内部资金互助合作，42家发起会员设立5000万元的互助资金，累计为成员提供互助资金1.2亿元。重庆市江津区丰之聚基层社在内部设立资金互助服务部，为18个成员提供互助金230万元。

（一）重庆市农信投资集团在推进"三社"融合发展中的做法与成效

重庆市农信投资集团有限公司（以下简称"农信集团"）作为重庆市供销社的社有企业，借助供销系统独有的禀赋优势，在"三社"融合发展工作中与银行机构密切合作，大力发挥"三社"融合发展中的"信用合作"职能，进一步强化为农金融服务支撑，全面推动产业兴旺、助力乡村振兴。

1. 主要工作做法

（1）统筹资源，协调布局，发挥多渠道资金优势，服务"三社"融合

农信集团整合供销系统资源，积极构建信贷、担保、基金等多元化、多层次、多渠道的类金融服务体系，大力发挥多牌照优势，投身乡村振兴、助力"三社"融合。一是筹建供销小贷公司，打通供销社服务"三农"的信贷渠道，专注于为农民专业合作社的种植、养殖、生产加工项目等提供短期、小额、灵活、高效的金融服务。二是设立融资担保公司，联合农发行、重庆银行、重庆农村商业银行等银行业金融机构，利用融资担保的增信功能和杠杆效应，积极引导金融服务聚焦供销产业和"三农"领域，引流"金融活水"。三是设立基金管理公司，管理运营5亿元供销基金，发挥基金扶强扶优作用，围绕现代农业、供销体系项目，积极推动"三农"产业与资本市场连接。

（2）下沉服务，创新模式，聚焦产业特点，深耕"三农"金融服务

一是先后在重庆江津、大足、奉节等区县建立农村金融服务工作站，通过"一站式""一条龙"金融服务，打通涉农金融服务"最后一公里"。二是针对农业生产资金需求季节性强、周期短等特征，建立"村级综合服务社推荐—乡镇基层社初筛—区（县）供销社初审—公司审查"的"四级"标准化工作流程，信贷服务办结只需5~10个工作日。三是项目尽调采取"公司+供销社"双线并轨运行，降低准

入条件，简化贷款手续，资料收集"只填一表"，真正实现"快审、快签、快贷"。四是创新产品设计，面向农业经营主体，创新设计"惠业贷"产品；与供销电商合作，为基层综合服务社提供"旺业贷"产品；依托供销体系，开发面向供销产业链企业、小微企业的融资担保产品；发挥基金管理作用，助推优质企业挂牌、上市。

（3）紧盯风险，联防联控，破除服务瓶颈，实现健康可持续发展

农信集团与重庆市各区县供销社组成为农金融服务联结体，建立"供销社+公司"联防联控机制，有效降低信贷风险，进一步提升"三农"融资可得性，实现惠农资金用得及时、用得到位、用得安全。一是区县供销社借助"熟地熟人"优势，开展农民专业合作社小额贷款项目、融资担保项目的前期营销、筛选推荐；农信集团实地尽调后，通过数据分析和专业研判，评估项目风险概率，决定信贷规模和期限，提供相应的信贷服务，有效缓解重庆农村地域"吊、散、远、边"造成的信息不对称、人力服务成本高等问题。二是通过区县供销社资产公司提供连带责任担保，抓实项目的贷中控制和贷后监管，有效解决农信集团服务半径大造成的资金使用监管难、回收难等问题。三是在部分区县探索建立财政风险补偿机制，有效整合并激发各方共同开展"三农"金融服务的优势和动力，实现资源共享、风险共担、优势互补，进一步降低业务风险，推动为农金融服务健康可持续，为"三社"融合发展保驾护航。

2. 取得的成效

截至目前，农信集团已向重庆市18个区县供销社平台授信15.8亿元，累计发放农民专业合作社小额贷款4.13亿元；储备、落地涉农融资担保项目上亿元；管理的供销基金投入供销体系、农业产业上下游3.42亿元，占管理基金规模的68%；服务各类大、中、小、微型实体企业超过230家，投资融资服务总额达20.42亿元，间接带动5412户建档立卡贫困户、4万余户农户实现增收。

（二）奉节县供销合作社联合社在推进"三社"融合发展中的做法与成效

1. 主要做法

"三社"融合发展是重庆市委、市政府推进脱贫攻坚和乡村振兴、促进"三农"工作的重要抓手，重庆市供销社根据市委、市政府总体工作安排，将奉节县列为8个试点区（县）之一。奉节县委、县政府通过采取"133"工作法，促进奉节县供销合作社联合社（以下简称"奉节县供销社"）在引领"三社"融合发展中取得了

较好效果。

(1)"1"就是"一把手"负总责

"三社"能否行程合理、能否融合发展,领导重视是关键。奉节县委、县政府主要领导多次深入"三社"、村组和农户家中调研,亲自拟定方案、动员部署、检查督促;县委、县政府先后出台了《奉节县"三社"融合发展试点实施方案》《奉节县"三社"融合试点奖扶实施方案》《奉节县委、县政府关于推进"三社"融合发展的实施意见》三个文件;多次召开全县"三社"融合发展工作推进会,进一步压实工作责任,将推进"三社"融合纳入部门、乡镇年度目标考核;积极整合资源,从农业项目资金中"切块"650万元,作为支持"三社"融合发展专项资金,同时对1.13亿元合作社小额贷款进行全额贴息(按银行基准利率)。

(2)第一个"3"就是"三社"各尽其责

供销社作为"三社"融合发展的纽带,积极从"销、贷、调"下功夫。"销",即在农产品销售上做文章。奉节县供销社发挥传统优势,在产前,先后到四川郫县豆瓣酱厂、武汉蔬菜批发市场、贵州国际辣椒城、"老干妈"等企业和市场了解行情,签合同、拿订单,以实现红辣椒卖得出、卖得好、卖得远。"贷",即解决合作社贷款难、贷款贵,信用社收贷难、不敢贷等问题。为破解难题,奉节县供销社向信用社推荐需贷的优质合作社127家,并为其提供贷款担保。"调",即调节合作社和农户之间的利益联结和利益分配,充分保障农户增收。奉节县供销社督促合作社按要求带动一定数量农户跟着干,并为被带动农户利益提供保底。

信用社,包括重庆农村商业银行和重庆市供销社社有企业重庆市农信投资集团有限公司在内,通过"低、简、快"在房贷上降门槛、抓融合。"低",即降低放贷门槛,保证合作社能够贷、小贷户也能贷。贷款担保可根据农户和合作社人、财、物状况适当放宽条件,保证担保能兑现即可。"简",即简化贷款手续,保证贷款人只签字或盖章后即可领贷。"快",即放贷要快,原则上保证15天之内能够拿得到款。

合作社从"范、带、保"促融合。"范",就是合作社要建基地并发挥好基地示范作用。2019年参与"三社"融合的52个合作社自建基地均在50亩以上,且实现标准化、规范化生产,充分发挥了示范引领作用。"带",即要带动农户跟着干。合作社至少要带动农户30户以上,否则,不享受政府扶持。"保",即合作社要保护被带动农户的利益。

(3) 第二个"3"就是把住"三关"方向不偏

选好示范社、选好项目、保障农民增收，这"三关"是"三社"融合发展的关键。

为确保合作社优质高效，重庆市供销社在 2018 年用三个月的时间率先在全市对 2991 家农民合作社进行了大清理，全面掌握了合作社的运营情况，为融合发展奠定了坚实基础。通过排查清理，奉节县共有农民专业合作社 2991 家，其中优质合作社 696 家，占全县合作社总数的 23.7%。同时对"空壳社""僵尸社"进行了规范化管理。对此，通过优中选优，奉节县供销社于 2018 年精选了 2 个优秀社作为示范社在一个乡试点，2019 年又精选了 52 个优秀社作为示范社，在全县实施大融合。通过清理、规范管理，为夯实"三社"融合发展奠定了基础。

好项目必须有市场前景，实现订单式产销。2018 年，奉节县选择了红辣椒项目，并发展了 800 亩融合试点，2019 年又融合发展 2 万亩。项目实施前，奉节县供销社均提前半年到湖北、四川等省对接市场、签订单。

保障农民增收，就是要切实抓住农民增收这个根本。为促进融合发展、带动农户增收，在红辣椒项目上，合作社必须给椒农种植的辣椒按每斤 0.8 元的最低保护价，并与农户签订合同实行兜底收购，同时，为他们赊销种子、肥料等生产资料，提供全程技术服务。

2. 取得的效果

(1) "两户"增收效果显著

"两户"，即贫困户和一般农户。2018 年，供销社、信用社（农信集团）通过 2 个示范社在平安乡（全市 18 个深度贫困乡镇之一）开展融合试点，共带动农户 242 户、930 人，其中贫困户 34 户、145 人，融合发展红辣椒 800 余亩，实现户均增收 8677 元，人均增收 2258 元，合作社增收 54 万元，并带动当地群众 118 名就近就业。

2019 年，奉节县供销社在 2018 年基础上，由点及面通过 52 个示范社实施大融合、深融合。以红辣椒产业为载体，在全县 33 个乡镇（街道）融合发展红辣椒 2 万亩，带动农户 2120 户、7598 人融合发展红辣椒 8051 亩，包括带动贫困户 1160 户、4425 人发展红辣椒 3700 亩。实现带动农户增收 2100 万元，户均增收 9500 元，人均增收 2750 元，52 个合作社增收 1100 万元，并带动当地群众 2031 人包括贫困户 995 人就近就业。截至 2019 年 9 月末，融合发展已"开花结果"，全县累计销售青椒、红椒4.5万余吨，销售总额达到1.1亿余元。

（2）破解合作社"融资难、融资贵"

2017年10月以来，奉节县已累计为127家农民专业合作社贷款1.13亿元。其中，为103家农民专业合作社提供政府贴息贷款8520万元，农信集团提供"供销合作贷"7650万元，重庆农村商业银行提供贷款870万元。小额信贷服务涉及25个乡镇68个村，累计助农增收2.46亿元，撬动了近7.3亿元规模的农业产业，带动相关产业约6122户农户从中受益，有效化解了农民专业合作社的融资难、融资贵、融资成本高问题，为农村产业健康有序发展提供了"续航力"。

（3）"三社"受益显著

在"三社"融合发展中，"三社"既发展产业带动农户增了收，又让自己受了益。一是信用社受益。自2017年10月以来，信用社已累计为127家农民专业合作社贷款1.13亿元，且至今未发生一起不良贷款。二是合作社受益。供销社为合作社生产提供了动力，保证合作社的产品卖得好、卖得快、卖得远。以2019年52个示范社种植红辣椒为例，52个合作社累计增收达1100余万元，社均增收达20余万元。三是供销社受益。供销社回归主业，充分发挥传统优势，在"销"字上做文章，为农产品销售难找到了"出口"，为合作社无法创大市场、对接大市场找到了"接口"，解决了合作社销售难、增收难，信用社放贷难、收贷难难题，起到了融合"开关"作用。

（4）融来了"四方"商贾

以融合发展的红辣椒为例，2019年因奉节融合发展2万亩红辣椒，在媒体宣传的作用下，加之奉节县供销社主动对接市场，四川、湖北、贵州、重庆等厂商纷纷要求批量供货、持续发货，青椒、红椒供不应求，客商争相抢购、高价竞购，供销社应接不暇。

（5）融出了大产业、特色产业、扶贫产业

通过两年融合、两年试种，奉节县红辣椒产业初见成效，得到了椒农、合作社、县委和县政府的充分肯定。为此，奉节县政府将其纳入2020年扶贫产业、特色产业予以扶持发展，并计划在2020年全县选100个示范社融合发展5万亩，再力争通过2~3年时间融合发展到20万~50万亩，成为奉节的第二大骨干产业，让辣椒像奉节脐橙一样，响遍重庆，成为"奉节红"。

第17章
贵州农业保险综合信息服务平台的创新与实践

一、贵州农业保险综合信息平台设立背景

为打赢脱贫攻坚战,助力乡村振兴,促进普惠金融体系建设,国家出台了一系列财政政策和金融政策。贵州省也出台了推动普惠金融体系建设的相关政策,特别是制定和实施了财政金融联动政策和措施,包括财政资金引导加大信贷投放政策、政策性担保业务、政策性农业保险政策和政府与社会资本合作(PPP)政策等。本案例主要介绍贵州省财政厅为有效推进政策性农业保险业务而建立的贵州省农业保险综合信息服务平台。

(一)贵州省政策性农业保险有关政策

2016年以来,贵州省紧紧围绕脱贫攻坚稳步推进政策性农业保险业务,省财政厅先后出台了一系列政策,探索财政保险信贷联动机制,推进农业保险支持脱贫攻坚和"三农"发展。有关政策文件如下。

2016年印发《省政府办公厅关于进一步做好我省政策性农业保险工作的通知》。文件明确了中央财政保费补贴险种和地方特色农产品保险试点险种,还明确了不同险种保费补贴在中央、省、市、县各级的承担比例,以及农户承担比例。例如,种植业的水稻、玉米、小麦等作物保费补贴按中央40%、省级30%、市级4.5%、县级10.5%、农户15%确定。规定对于自愿参保的建档立卡贫困户,个人自缴15%的

保费从"切块"到县财政扶贫专项资金中统筹安排。建立农业补贴、涉农信贷、农产品期货与农业保险联动机制,通过升级农业保险发展专项资金和争取中央以奖代补等方式予以支持。

连续印发《贵州省2016年政策性农业保险工作实施方案》和《贵州省2017年政策性农业保险工作实施方案》。取消水稻和茶叶"基本保险+补充保险"模式,将农户承担比例从20%调减到15%,下调部分由省级财政承担。还调减了奶牛保险、公益林和商品林等保险的保额和费率。持续加大对地方特色农产品保险支持力度,通过省级农业保险发展专项资金和争取中央以奖代补等方式予以支持,在市县级财政至少补贴30%的基础上,省级财政奖补不超过实缴保费的50%。鼓励各地结合实际和财力状况,对符合农业产业政策、适应当地"三农"发展需求的农业保险给予一定的保费补贴,可通过设立地方特色农产品保险发展专项资金,扩大当地特色农产品保险的品种和范围。

2017年制定印发了《贵州省政策性家禽养殖保险工作实施方案(试行)》和《关于认真开展政策性蔬菜保险工作的通知》。首次在全省全面推行家禽养殖和蔬菜种植地方政策性农业保险险种。

2017年印发《关于进一步做好我省政策性担保工作的通知》,提出探索"政融保"模式,拓宽融资渠道,即保险公司通过贷款保证保险代替担保公司为借款人增信,发生代偿时,由"政融保"按"631"比例分担,即保险公司承担60%,省财政风险补偿金承担30%,所在地财政补偿金承担10%。

2018年印发《关于做好贵州省保险助推扶贫攻坚农业发展的通知》,要求强化资金保障,加大技术支撑,强化责任追究,加强宣传发动。

上述政策切实推动了贵州省农业保险发展,保费规模由2007年的7045万元增加到2018年的11.88亿元。2018年保费收入增长迅速,全省农业保险保费收入11.88亿元,同比增长43.82%,为全省738.15万户次农户提供风险保障1595.45亿元,累计支付赔款6.16亿元,同比增长87.86%,赔款占保费收入达51.85%。其中,政策性家禽、蔬菜保险实现保费收入6771.34万元,较上年增长576.39%,赔款4249.11万元,较上年增长4709%,提供风险保障14.72亿元。截至2019年10月底,全省农业保险保费收入12.44亿元,同比增长11.13%,为全省629.17万户次农户提供1219.09亿元的风险保障,累计向31.77万户次农户支付赔款8.07亿元，同比增长1.33%。

(二) 贵州财政部门开展政策性农业保险工作存在的困难和问题

一是各保险经办机构保险产品种类繁多，保险数据统计口径不同，给统计工作造成很大困难。

二是各级政府负责政策性保险的人力资源短缺，手工统计费时费力，核对过程复杂，保险业务统计数据严重滞后，无法为财政部门及时提供了解、监督和决策所需的信息，也无法为保险公司及时提供政府补贴到位情况。

三是保险业务信息由人工逐级上报，上级难以及时了解保险业务真实情况，存在县级政府和保险经办机构通过造假套取上级保费补贴的现象。

这些困难和问题妨碍了政策性保险业务的有效实施，影响了保险经办机构开展保险的积极性，也存在风险隐患。

二、农业保险综合信息平台建设及运营情况

(一) 信息平台建设和运营

鉴于政策性农业保险业务开展过程中存在的上述问题，贵州省财政厅经调查研究提出了建立一个综合信息服务平台系统辅助开展有关业务的设想，希望通过平台统一全省农业保险承保、理赔、保费补贴清算等数据口径和标准，及时、准确掌握贵州省农业保险工作开展的相关数据，提高财政资金使用效益，打通农业保险扶贫资金项目管理"最先一公里"和"最后一公里"。2017年，由贵州省财政厅建议，经贵州省农业保险工作联席会议决策批准，并委托贵州省担保有限责任公司开发建设了贵州省农业农险综合信息平台。

信息平台于2017年5月启动建设，担保公司通过招标，将平台开发任务外包给科技公司。2017年12月完成平台开发工作，2018年初通过专家验收正式上线运行。2019年1月，对平台使用情况进行了调研评估，根据评估结果对平台进行了优化升级。贵州省财政厅自始至终参与了平台的建设和评估工作，提供了具体和详细的指

导，协调解决了平台建设过程中遇到的各种问题，保证了平台的顺利开发和上线运行。

保险平台开发过程中最重要也是最艰难的基础性工作是统一保险产品的分类标准和统计口径。为此，贵州省财政厅和担保公司与各保险经办机构进行了大量的研究和讨论，制定了保险产品分类标准，编制了贵州政策性农业保险产品五级目录和产品代码。第一级是中央和省级财政补贴以及特色农产品补贴的保险产品目录；第二级是种植业、养殖业和林业分类；第三级是项目分类，如蔬菜、药材等；第四级是品种分类，如白菜、土豆等；第五级是保险产品性质分类，如指数保险、价格保险等。共有上千个细分品种。在此基础上，通过反复沟通和一定的行政手段，最终按照统一的分类标准和产品目录，实现了保险信息平台与各保险经办机构业务系统的对接。据了解，贵州农业保险信息平台开展的这项工作是全国政策性农业保险领域的首创。

信息平台运营费用由省级农业保险专项工作经费支出，由参与政策性保险业务的保险经办机构按保费收入的1%缴纳，以覆盖运营管理成本。所收经费的开支预算要由贵州省农业保险工作联席会议决定。担保公司将平台在线维护技术工作外包给科技公司。省财政厅和担保公司派人参与平台的线下管理工作，包括信息发布、协调联络、数据分析、监督指导、问题处置等。

贵州省农业保险工作联席会议协调动员各级政府和各部门共同参与信息平台的运行工作。为保证能及时收集农户投保的真实情况，要求各地选派保险工作驻村协保员，并由保险办理机构按照保费收入的8%提取专项工作经费，支付协保机构人员和驻村协保员的补贴。协调通过公安部门和各地派出所协助开展农户身份信息收集和验证工作。依靠各部门配合，提供平台发布的政策和新闻内容。

（二）信息平台功能

根据设计，保险信息平台具有信息发布、联席会议监管、保险公司管理、保险业务查询、后台管理等功能。

信息发布功能：包括新闻、政策法规、保险产品、业务案例、在线查询、在线答疑等。

联席会议监管功能：省农业保险工作联席会议成员单位可以在平台上查询和监

督各地和各保险经办机构信息、财政补贴使用情况、保险公司业务情况等，可以查询和打印各种综合统计报表。信息平台系统可以根据记录逐级认定责任，以便有关部门采取措施加以追究。

政策性保险业务在线管理：财政部门可以实现在线管理政策性保险保费补贴的申请、审核、预算管理、资金拨付和资金清算等工作。保险经办公司通过平台上传保单信息，每天夜里零时上传当天承保理赔信息，作为申请财政保费补贴的依据。信息平台可以辅助预算管理，录入上级拨付资金后，系统可以自动跨年结账。平台可将保险公司、财政部门和扶贫部门等不同系统收集上传的信息进行比对，对保单的真实性进行核验。扶贫系统也须将收集到的建档立卡贫困户的投保和理赔信息上传到平台。地方政府须在平台上传支付财政保费补贴原始凭证的电子文件，作为考核保费落实情况的依据。

公共查询功能：农户只要在平台输入身份证号码并进行身份验证，就可以查到投保信息和理赔信息；村民可在线查询村里有关政策性保险补贴的公示信息。

后台管理功能：主要是平台用户的权限管理等运行管理功能。

（三）信息平台运营效果

贵州省农业保险综合信息平台的运行，打通了农业保险扶贫资金管理中承包的"最先一公里"和补贴的"最后一公里"。2019年，贵州省通过信息平台完成了6.27亿元的中央、省级财政农业保险保费补贴的资金拨付工作，提高了政策性农业保险业务的效率、效益和可靠性，促进了农业保险高质量发展。

一是提高了政府推动和管理政策性农业保险业务的工作效率。2018年平台上线后，省财政厅通过信息平台迅速完成了当年农业保险补贴资金申报、拨付及2018年度各级财政补贴资金清算工作。

二是提高了农业保险业务的信息管理效率。在平台运行以前，省财政部门只能通过线下渠道和手工方式联络、收集、汇总保险业务的有关信息，每个月的信息一般要延迟2周才能汇总和上报。平台运行后，财政部门可以实时掌握全省农业保险承保、理赔等相关情况，同时掌握各级财政保费补贴拨付情况，满足了各级政府部门及相关机构对政策性农业保险的查询、统计、分析等监管需要。

三是提高了农户加入农业保险的参与度和便利性。信息平台满足了农户或涉农组织通过网络查询政策条款、投保农业保险和查询参保、理赔情况的需求。

四是提高了政策性农业保险工作的安全性。信息平台可以自动核验逻辑关系，从保单录入开始就要求规范化。通过在线收集、存储、比对来自财政部门、扶贫部门和保险公司的保险业务信息，杜绝了保险公司与县级政府骗取保费补贴的风险。

五是提高了保险办理机构的工作效率。虽然保险公司在最初对强制执行统一的保险产品分类标准和目录有抵触，但平台运行使用后，保险公司也及时从平台获得了其开展业务所需的信息，为其业务提供了便利，最终认可了信息平台的价值和作用。

三、贵州省农业保险综合信息服务平台面临的问题及建议

（一）信息平台面临问题

农业保险综合信息服务平台虽然有效提高了管理效率、资金使用效益和安全可靠性，促进了政策性农业保险工作开展，但作为一个为农业保险提供辅助服务的信息平台，很难解决政策性农业保险工作中存在的体制和机制问题。

一是农户投保意识仍然不强。根据 2017 年统计数据，贵州省纳入中央财政保费补贴的 11 个保险品种中，财政全额补贴的公益林投保率较高，近 60%，其余险种投保率低于 15%；在保费收入中，公益林保费收入占全省保费收入的 78.62%，其余险种保费收入占比均低于 7%。到 2019 年 10 月底，保费收入排列第二的水稻保险的保费收入中，农户自缴保费只占保费收入的 4.31%。信息平台在增强群众投保意识方面没有发挥更大作用。

二是财政保费补贴到位不足、不及时。贵州全省县级财政支付的保费补贴总体不足，特别是落后地区和贫困县的保费补贴更不足。以水稻保险为例，根据农业保险信息平台 2019 年 10 月底的统计数据，全省县级财政补贴支付额只占水稻保费收入的 9.77%，毕节市为 5.56%，而六盘水市只有 1.75%。另外，一些贫困县因财政紧张，会发生暂时挪用上级保费补贴的现象，致使保费补贴到达保险经办机构不及时。据黔东南某县一家保险公司反映，该公司 2018 年底应收财政补贴只有 1/10 到

位。信息平台虽然可以监测保费补贴到位情况,但当资金到位不足或出现挪用情况时,还需要靠行政手段加以解决。

三是保险信息平台的可持续性。信息平台运行的最关键环节是制定和实施统一的保险产品分类标准和产品目录,并由各保险业务办理机构按照标准上传数据。在开发和建设初期,各保险公司考虑到成本等因素,参与积极性不高,甚至有抵触情绪。但省财政部门要求各保险办理机构须通过平台进行保费补贴的清算和拨付,从而得到了保险经办机构的支持和配合。而且,平台运营费用也是靠政府通过行政手段从保险经办机构征收的保险工作经费中支付的。虽然信息平台运行后获得了保险经办机构的认可,但其服务是否足以让保险公司愿意长期认缴工作经费还有待进一步观察和努力。

(二) 建议

一是为进一步促进全国政策性农业保险的持续健康发展,进一步提升农业保险信息平台的功能和可持续性,建议财政部将贵州省农业保险综合信息管理平台作为国家级项目加以打造,并在全国进行推广。贵州省财政厅提议和指导开发的贵州省农业保险综合信息服务平台是财政工作的管理创新,也是普惠金融体系建设的创新之举。经过近两年的运行,平台已经取得了显著的成效,起到了提升治理能力、加强财政资金管理,提高政策性农业保险业务效率、可靠性和安全性的作用;实践证明其模式和功能设计是合理和可行的,得到了政府、保险经办机构、投保企业和农户的认可。

建议在贵州省农业保险信息平台经验基础上,由财政部提供政策和资金,支持各省建立农业保险信息平台,或牵头打造全国农业保险综合信息服务平台;推广贵州省首创的农业保险统一分类标准和统一产品目录的做法,规范农业保险的产品分类和统计口径;调动各保险经办机构总部参与平台运行,便于地方政府协调管理;中央财政保费补贴可通过信息平台直接发放到基层保险经办机构,避免层层下拨时被挪用。

二是在信息安全和保护金融消费者隐私的前提下,建议允许和鼓励贵州农业保险信息平台利用其收集的数据,辅助保险、信贷等金融机构开发和提供更多针对农村小微企业、合作社、农户和贫困人口的普惠金融产品。

贵州省正在探索财政、信贷、保险合作的"631"模式，通过引入保险支农资金，发挥保险资金比银行资金投放灵活、更能远期避险等优势，帮助农业企业和农户拓宽融资渠道，缓解融资难问题。一些保险公司也在积极探索"保险+支农融资"的商业模式，通过优势互补管理风险、降低成本、增加收益和商业可持续性，让服务延伸到以前难以覆盖的群体。这些与保险相关的普惠金融创新离不开数字金融工具和数据的支持，而贵州省农保平台的金融科技优势和其采集及存储的海量综合数据，正好可以为普惠金融创新提供服务。

三是建议贵州省农业保险信息平台利用区块链技术对现有平台进行改造和升级，提升平台的智能化水平，充分实现保险信息的实时、可追溯、不可篡改、数据加密、信息共享，进一步提高政策性农业保险业务管理的效率、数据的可靠性和资金的安全性。习近平总书记指出："要抓住区块链技术融合、功能拓展、产业细分的契机，发挥区块链在促进数据共享、优化业务流程、降低运营成本、提升协同效率、建设可信体系等方面的作用。要推动区块链和实体经济深度融合，解决中小企业贷款融资难、银行风控难、部门监管难等问题。"贵州省农业保险信息平台已经初步实现了政策性金融业务数字化管理，如果能运用区块链技术进一步提升信息平台的运行效率和数据的可靠性以及业务的安全性，将进一步促进政策性农业保险业务的有效开展，并为商业化保险业务的拓展和其他普惠金融业务的发展提供有力的支持。

第18章

蚂蚁金服农村金融最新实践：抓住县域经济数据化"牛鼻子"有效扩大农村金融供给

2019年2月，中国人民银行、银保监会、证监会、财政部、农业农村部等国家五部委联合发布《关于金融服务乡村振兴的指导意见》（以下简称《意见》）。在安排2020年农村金融服务目标时，该意见将数字普惠金融与传统金融并列提及——"基本实现乡镇金融机构网点全覆盖，数字普惠金融在农村得到有效普及"。

近年来，我国农村金融业务发展较为迅速，金融业对农村的支持力度持续增加。但相比对城市实体经济的支持力度而言，金融业对农村支持明显不足，不利于合理、高效地配置县域市场资源。

蚂蚁金服发起设立的网商银行升级了农村数字普惠金融服务模式，在服务长尾"三农"用户方面取得一定成绩。截至2019年9月底，蚂蚁金服利用数字普惠金融方式累计服务涉农用户超过700万户，累计发放贷款超过5100亿元。其中，2018年6月启动的"县域普惠金融"模式，目前已落地24个省份，签约接近400个县域，开始向全国超过1/5的县域提供金融服务。因服务包括"三农"生产者、经营者在内的小微企业（包括小微经营者）表现较为优秀，2019年10月8日，世界银行集团和二十国集团（G20）向网商银行颁发了"全球中小微企业银行奖"。

一、关键数据断裂是当前农村金融开展中的突出问题

（一）关键数据断裂导致农村经营主体、县域非农商家的信用水平难以衡量，成为其难获金融支持的主因

近年来，传统农村金融的承担主体农信社、村镇银行服务了农村超过20%的"头部"用户，如涉农企业经营者、部分资信良好农户。这些主体要么有抵押品，要么有央行有效征信记录，也有一部分获得机构或村民担保的优质用户。然而，农村中还有超过70%的用户，其生产、经营性金融需求仍未被满足，亲友拆借、民间高利贷等是其主要融资方式。

这些长尾"三农"用户的金融需求之所以难被满足，在于关键数据断裂导致的信用水平难被评估。他们大多没有房产、土地（承包土地不能作为抵押品）等合格抵押品，无从形成金融意义上的"物的信用"；也没有银行信贷记录，难以形成商业银行线下模式要求的"人的信用"，因此金融机构对其难以完成信贷供给。即使部分金融机构愿意利用线下模式去更多采集其生产、经营数据进而提供部分贷款，也面临成本高、风险大的问题。

此外，县域非农小微企业的金融可得性也面临相同的供给难题。

（二）进一步看，现有数据水平下县域农业、非农产业数据化归集不足，以及金融业风控模式创新不足，是农村金融供给不足的具体原因

近年来，我国"三农"数据化程度已大幅提高，但数据归集和利用水平不足。我国农村集体土地已基本完成确权工作，农民最重要的财产和生产资料——承包土地已实现精准数据化。在此基础上，我国农业补贴、农村合作医疗、农民户籍信息、农业保险等已有持续多年的精准数据。上述数据如果进行有效归集，且通过数据安全技术提供给有科技能力的金融企业使用，可以在一定程度上提高"三农"的金融可得性。

金融企业风控模式创新不足。我国商业银行目前基本采取线下模式进行风控，对"物的信用"倚重程度远大于"人的信用"，即便可以整合上述多维度"三农"大数据，也面临与线下风控体系不适应，数据真实性、有效性核实成本过高等问题。

二、蚂蚁金服的农村数字普惠金融实践

（一）蚂蚁金服三种农村数字普惠金融模式

1. 基础型数字信贷服务模式——利用蚂蚁金服和阿里体系相关业务在县域拓展中自然积累的大数据开展

基础型数字信贷服务模式是蚂蚁金服农村数字普惠金融的初级阶段，主要服务全国各个县域数据条件相对较好的支付宝用户。支付宝和淘宝等阿里系互联网平台，目前在县域以下覆盖了40%以上的用户，对其中的符合相关准入条件的用户，蚂蚁金服给予其与一、二、三线城市居民平等的普惠型信贷权利。但基础型的数字金融服务由于所掌握的信息维度不多、信用信息强度较弱，一般情况下其授信比率和授信额度不高。

对于县域非农小微企业和小微经营者，蚂蚁金服也利用数据化的方式进行了大量的普惠型信贷支持。可以被蚂蚁金服服务的小微企业和小微经营者分为两类，一类是阿里系电商，一类是使用支付宝二维码收款的"码商"。阿里系电商由于在线上沉淀了较丰富的数据，蚂蚁金服旗下网商银行已有较成熟模式对其提供信贷服务。"码商"通过电子收款实际上等于拿到了数字化收款的门票，他们的数据积累到一定阶段并通过大数据风控即可获得蚂蚁金服提供的信贷支持。

2. 县域普惠金融模式——与县级政府展开智慧县域合作，通过丰富县域用户数据进行展业

县域普惠金融模式是蚂蚁金服农村数字普惠金融的升级阶段，更是重要的金融创新。在该模式下，网商银行与县政府签约后，会将"互联网+城市服务"能力下沉到县域，在提供智慧政务、民生服务的同时，也在线上开通针对当地农户的普惠金融申贷入口。县级政府则将政府在行政行为和公共服务过程中产生的数据，例如土地确权、新农合、农业保险等，统一输入网商银行协同当地政府建立的"专属授信风控模型"（数据权属仍属于当地政府和居民，蚂蚁金服相关风控模型严格遵守数据使用法规），网商银行据此为当地农户提供更广泛、更精准的数字

信贷服务。

2018 年 6 月，网商银行启动该项金融创新业务，目前已落地 24 个省份，覆盖超过 300 个县域，开始向全国超过 1/6 的县域提供服务。

3. 农村产融数字化模式——将卫星遥感、光谱识别等先进科技应用于农村金融信贷模型，推进精准授信

农村产融数字化模式是蚂蚁金服农村数字普惠金融的高阶阶段，创新性地将太空摄像、农业科技等域的科技引入金融业，对农业大户进行更精准的大数据风控和预授信。蚂蚁金服农村产业金融模式从 2016 年开始探索，初期以农业龙头企业合作的上游种植、养殖户为主要服务对象。考虑到该模式仅能服务农村中的较有限用户，2018 年起该模式通过科技方式扩容，进入 2.0 阶段，有潜力更精准匹配智慧县域中占比较高的种植、养殖大户金融需求。

新产融模式还推出了玉米、高粱、小麦、水稻等主粮风控模型和棉花、大豆等大田风控模式。当种粮大户发起预授信申请时，上述科技模型可以快速地对人、地、作物进行关联，做出智能预授信判断。具体来说，智慧县域数据可确认其身份和准确的实种土地信息；卫星遥感数据可以即时定位到其土地图片；光谱识别技术可以确定土地上作物种类、生长状况；风控模型最终依据以上情况进行经济收益分析，给出预授信额度。目前，新产融模式在种植业方面正在开发水果、蔬菜、茶叶等风控模型；在养殖业方面已初步建立肉鸡、肉鸭、生猪、奶牛等多个行业化风控模型。

（二）金融科技机构与其他金融机构合作服务"三农"

1. 与地方商业银行合作服务"三农"

蚂蚁金服的上述三种农村金融服务模式，均以平台合作形式对地方商业银行开放。截至 2019 年 8 月，蚂蚁金服农村金融业务的合作机构已超过 50 家，涉及的城商行、农商行超过 20 家，村镇银行近 30 家。目前，已有超过 20 家合作机构正式上线展业。

广西桂林银行从 2017 年起开始与蚂蚁金服合作，蚂蚁金服在账户体系、风控能力、数据处理等方面对桂林银行进行科技赋能，桂林银行发挥社区金融的优势，帮助农户实现在线数据积累，完善用户画像，得到更合理的授信、贷款服务。桂林银行董事长王能表示："是数据化的技术突破了以往成本、效率和风控的障碍，使农村金融的规模和效益得以提升,为桂林银行带来新的发展空间。"据了解,截至 2019 年 8 月,桂林银行和蚂蚁金服合作的"旺农贷"产品,已经累计放款超过 30 亿元,服务农户超过 10 万户。

2. 与小贷公司合作服务"三农"

除与地方商业银行合作之外,蚂蚁金服还通过科技赋能、资金支持等方式在全国范围内支持部分小贷公司服务"三农"。中和农信是国内起步早、发展较为成熟的农村金融业务型小贷公司,蚂蚁金服采取大额出资、科技支撑等方式放大其服务"三农"的能力。此外,蚂蚁金服还采取科技平台搭建、风控模型搭建、智能风控能力建设等科技赋能方式,支持多家合作小贷公司服务农村客户或县域小微企业。

三、网商银行农村数字普惠金融实践的社会价值

(一)增加"三农"融资可得性,并在县域层面增加移动支付便民服务,为县域经济发展带来新的金融"活水"

网商银行县域普惠金融模式与农村产融数字化模式提高长尾"三农"用户的金融服务可得性,助力地方政府缓解"三农"融资难。根据大数据结果,县域普惠金融模式上线时间超过 10 个月的县域,相比上线前,其历史放款人数、历史放款金额、余额客户数、贷款余额等,均有 100% 以上的增长率。河南省内乡县在一份政府材料中总结称:"通过网商银行的'310'信贷服务,让内乡县居民享受到真正意义上的普惠金融,破解了农户'融资难''融资贵''融资慢'难题。"

此外,县域普惠金融模式进入我国近 400 个县域后,也将智慧政务、手机缴纳水电气煤费用等数字便民服务下沉至县域,实现了"让百姓少跑腿,数据多跑路"。

(二)为金融业服务"三农"探索了新路径

网商银行利用多维度大数据风控模式,更精准地为"三农"授信、贷款。该方式将传统农村金融的"劳动密集型"转变为"数据密集型"和"智力密集型",从

而使运营成本大幅下降,商业模式更可持续。目前网商银行每笔农村金融信用贷款的运营成本仅为2元左右。

此外,网商银行线上信贷模式还在部分地区形成普惠金融带动效应。仍以河南内乡县为例,本地农商行在网商银行深化服务后,同样通过县域居民数据归集和利用的方式,开发出"内乡快贷"产品,针对县域内企事业单位公职人员、个体工商户和农户推出无担保、无抵押的小额信用贷款。

(三)创新农村经营主体的信用评价模式,加快农村信用体系建设

五部委在《意见》中专门提出,"加快推进农村信用体系建设",要求"加强涉农信贷数据的积累和共享,通过客户信息整合和筛选,创新农村经营主体信用评价模式"。网商银行的相关实践响应了该指导意见的号召,创新了农村经营主体的信用评价模式。

四、对蚂蚁金服农村数字普惠金融模式的研究结论

(一)农村数字普惠金融相较线下普惠金融模式,效率呈现几何级提高,覆盖面更广

"普惠金融"一词因孟加拉国格莱珉银行模式被全球金融界命名。尤努斯在孟加拉国利用传统普惠金融的方式在数十年内帮助了超过800万农村妇女获得贷款;而蚂蚁金服在中国利用数字普惠金融方式在最近5年时间里让数亿没有银行信贷记录的人获得贷款。具体到我国农村金融领域,近3年蚂蚁金服累计服务涉农用户超过700万户,累放贷款超过5100亿元。

(二)在农村数字普惠金融具体业务中,数据化的深度和精准度与信贷效率呈现明显正相关关系

根据蚂蚁金服提供的9个签约智慧县域信贷指标变化数据可以发现,在基础型数字信贷服务模式基础上,数据化程度更高的县域普惠金融模式实施半年至一年后,该县主要信贷指标上升明显(见表1)。其中,智慧县域上线时间超过10个月的县

域，其累计放款人数、累计放款金额、存量客户数、贷款余额等相比上线前均有100%以上的增长率。

表1　蚂蚁金服9个合作县签约前后数字信贷变化情况

序号	省区	县	上线时间	上线后截至2019年8月31日相对上线前各指标增长率			
				累计放款人数	累计放款金额	存量客户数	贷款余额
1	陕西	洛川县	2018年10月	166.8%	177.6%	107.6%	108.2%
2	山东	曹县	2018年11月	92.2%	115.3%	88.4%	96.0%
3	山东	五莲县	2018年8月	276.4%	168.4%	252.0%	172.0%
4	山东	成武县	2018年8月	217.8%	141.9%	177.7%	139.3%
5	河南	内乡县	2018年5月	139.5%	225.0%	58.5%	65.2%
6	河南	兰考县	2018年5月	529.1%	284.5%	454.7%	267.2%
7	安徽	全椒县	2018年9月	213.0%	166.4%	161.9%	140.4%
8	安徽	金寨县	2019年1月	69.8%	54.7%	49.5%	47.4%
9	广西	全州县	2018年9月	193.3%	116.6%	151.3%	82.7%

（三）与传统农村金融相比，农村数字普惠金融方式触达、风控、贷款、贷后管理等供给侧成本更低，商业模式更可持续

根据中国人民大学小微金融研究中心（2015年）的调研，以中和农信为样本的传统农村金融机构相比非农业务银行机构的劳动密集程度更高，信贷员人均管理客户数仅为240户，而商业银行人均可管理523.5户；与此对应，前者人均管理贷款余额仅540万元，后者人均管理贷款余额高达4803.5万元。由于人工成本高昂，2015年中和农信在客户触达、风控、贷款、贷后管理等方面投入的运营成本远高于主营城市业务的商业银行。

与传统农村金融相比，蚂蚁金服主导的农村数字普惠金融业务成本优势十分明显。由于利用移动互联方式完成客户触达，利用大数据风控代替线下风控，利用线上贷款、线上贷后管理代替线下人工模式，蚂蚁金服将传统农村金融的"劳动密集型"转变为"数据密集型"和"智力密集型"，从而使运营成本大幅下降。虽然IT系统模型搭建和科技投入需要较大的前期成本，但随着业务量的大量开展，其边际运营成本趋向于零。根据蚂蚁金服提供的数据，其每笔农村金融贷款的运营成本仅为2元左右。

（四）与传统农村金融业务相比，农村数字普惠金融不良率相对更低，风险可控

目前，包括农村金融业务在内的蚂蚁金服网商银行小微企业信贷不良率为1%左右，处于风险安全区域，低于行业不良率；并且，随着数据化程度的加深，农村金融业务不良率呈现稳步降低趋势。

五、对发展农村数字普惠金融的相关建议

（一）在实施乡村振兴战略过程中，应同步加快"三农"数字化，深入发掘农村数据资源在金融、农产品质量、农业升级等方面作用

我国金融科技企业在农村金融领域的实践表明，"三农"数字化水平的高低，对农村普惠金融能否深入发展起着关键基础作用。数字经济时代已经来临，各行各业的大数据已成为宝贵资源，"三农"数字化目前是各领域进展最慢的一环，该形势对我国建设智慧县域，发展农村普惠金融，以及农产品质量追溯、农业结构调整等，都较为不利。

综上，一是建议我国在实施乡村振兴战略过程中，应同步对"三农"数字化提出规划，补上"三农"数字化相对落后的短板。二是从短期看，建议各级政府尽快推出合适机制对农村土地流转信息进行登记，并保持实时更新。土地流转信息是农村极为关键的生产要素变动，是"三农"数字化的最基础信息。在现实中，我国农村土地流转利用较为普遍，土地确权信息与土地实际使用人不同是大概率事件，这对农村金融实践过程中的大数据风控准确性和能否充足授信造成较大困扰，是一个突出问题。安徽省近几年在全省推动家庭农场建设，对土地实种人信息进行动态更新，成效显著。

（二）鼓励金融业利用大数据风控等创新的信用评价模式，在农村逐步提升无抵押、无担保信用贷款比重

2019年2月，中国人民银行、农业农村部等五部委联合发布的《意见》第十四

条指出:"加强涉农信贷数据的积累和共享,通过客户信息整合和筛选,创新农村经营主体信用评价模式,在有效做好风险防范的前提下,逐步提升发放信用贷款的比重。"建议鼓励金融业开展大数据风控等创新,持续深耕农村金融市场。

(三)鼓励金融机构与金融科技机构更深入开展联合放贷,增加农村金融的有效供给

近年,我国金融科技企业虽然初步探索出了农村数字普惠金融服务模式,但其有限供给还无法满足农村金融市场的巨大需求。该种形势既与农村数字普惠金融还处于发展早期有关,更与金融科技企业供给能力有限相关。

建议继续支持金融科技企业联合各地商业银行开展联合放贷。联合放贷是金融科技企业与商业银行进行优势互补、共同服务"三农"客户的市场选择行为,更是商业银行尤其是基层商业银行获取金融科技能力、参与服务长尾"三农"用户的良好机会。

第19章
桂林国民村镇银行践行普惠金融模式探索

一、村镇银行概述

(一) 村镇银行的发展历程

2006年12月22日,中国银监会公布了《关于调整放宽农村地区银行业金融机构准入政策更好支持社会主义新农村建设的若干意见》,提出鼓励银行业金融机构到农村地区新设村镇银行,主要为当地农户提供金融服务,决定在甘肃、四川、吉林、青海、内蒙古、湖北6省区开展村镇银行的首批试点,以解决农村地区银行业金融机构网点覆盖率低,金融供给不足,竞争不充分等问题,在这一背景下,村镇银行应运而生。

2007年3月,全国第一家村镇银行——四川仪陇惠民村镇银行正式开始营业,村镇银行作为一个新生事物出现在我国农村金融历史舞台。2008年,农行在内蒙、湖北地区发起设立了两家村镇银行,拉开了商业银行作为主发起行设立村镇银行的序幕。2009年,银监会开始准许小额贷款公司在规定的条件下转化为村镇银行,使村镇银行原先的设立核准规则更加灵活。2010年,国务院在文件中明确指出要大力引导并支持民间资本投资或参与设立村镇银行,放宽持股比例限制,引导村镇银行股本结构向多元化发展。2010—2014年为村镇银行的高速发展期,期间共增设村镇银行1085家,资产规模也随着设立数量的增加迅速扩大。2014年–2019年是村镇银行快速成长的5年。① 截止到2019年6月末，全国已组建1631家村镇银行，村镇银行在"支农支小"上发挥着越来越大的作用。

截至2019年6月末，全国已组建的1631家村镇银行，中西部占比65.7%，覆盖全国31个省份的1296个县（市、旗），县域覆盖率70.6%，完善了我国多层次、广覆盖、有差异的金融组织体系，有效激活了农村金融市场。村镇银行各项贷款10060.8亿元，存贷比长期保持在70%以上，农户及小微企业贷款占各项贷款余额90.8%，户均贷款33.6万元，已连续六年保持下降。② 村镇银行信贷投放坚持小额分散原则，支农支小力度不断加大，并通过创新金融产品和服务模式，有效提升金融服务质效，进一步深化金融供给侧结构性改革。

（二）桂林国民村镇银行的发展历程

"守正出新、敦行致远"是桂林国民村镇银行的核心价值观。在这样的价值观指引下，桂林国民村镇银行利用所处"地市"的地理中心优势，不断发挥对周边县域、村镇的辐射作用，为农业生产链包括产、供、销等多个环节提供全程金融服务，获得了社会各界好评，先后被授予"全国村镇银行资产总额前50强""广西银行业金融机构服务'三农'及小微企业优秀单位""银行业金融机构支持桂林经济发展突出贡献奖"等称号。2012年，桂林国民村镇银行临桂支行荣获全国级"送金融知识下乡"宣传服务站荣誉称号。概括起来，桂林国民村镇银行分为三个成长阶段。

1. 立足桂林，重点发展县域金融

桂林国民村镇银行于2010年12月27日举行揭牌仪式，2011年5月26日正式对外营业，是经中国银监会批准成立的全国首批、广西首家地市级村镇银行，是践行普惠金融、专业服务小微企业、个人客户和"三农"为主的银行。

开业筹备期间，桂林国民村镇银行坚持实现部分县域与总行同步开业的原则，积极筹备选定灌阳、永福、平乐、恭城、全州、荔浦、兴安等7个县域办公营业地址并先后开业。2011~2012年，桂林市其他5个县域支行相继开业，初步形成金融

---

① http://market.chinabaogao.com/gonggongfuwu/05S350c2018.html，中国报告网，2018年5月8日。
② 资料来源于中国银行业协会。

服务覆盖桂林市 11 个县，辖内县域覆盖率 100%，弥补当地县域金融服务不足的现状。桂林国民村镇银行县域网点布局初步完成。

在稳步推进机构网点建设的同时，桂林国民村镇银行实施县支行优先发展战略，做实、做细县域业务，将人力资源、信贷资源、财务资源、渠道资源等更多地向县支行倾斜，积极推进金融支农示范点、信用组村镇创建等活动。

2. 深耕县域，做好支农主力军

作为广西首家地市级村镇银行，开业以来，桂林国民村镇银行牢记宗旨，不忘"三农"本性，坚持"支农支小"。在县域支行奠定基础之后，桂林国民村镇银行积极向乡镇延伸网点，2013～2016 年，桂林国民村镇银行相继在全州绍水镇、荔浦马岭镇、恭城莲花镇等乡镇开设网点。乡镇支行的开业，标志着桂林国民村镇银行机构体系框架初步形成，金融服务覆盖面延伸至乡镇，金融服务能力进一步增强。为提高农村金融的服务能力，桂林国民村镇银行还购进了流动银行服务车和流动银行宣传车，以改善农村金融服务环境，用流动银行服务车将传统银行柜台业务办理延伸到田间地头、街道村坡，使农户足不出村、足不出户就能享受到便捷的金融服务。

3. 下沉乡镇，延伸金融服务半径

截至 2019 年 6 月末，桂林国民村镇银行新建灵川九屋、阳朔兴坪、灌阳黄关 3 家乡镇物理网点，进一步下沉乡镇，拓宽乡镇地区金融服务覆盖面。目前，桂林国民村镇银行营业网点共计 32 家，完整覆盖了桂林市的 11 个县及重点乡镇。在发展期间，桂林国民村镇银行坚持"支农支小"的定位，以提供农村金融服务为使命，服务乡村振兴、助力普惠金融。

桂林国民村镇银行找准定位，下沉到社区和农村基层，与同业错位竞争，找到自己的发展方向。开业之初，桂林国民村镇银行就要求各支行要以支农支小为己任，开展小额、分散的信贷业务。结合农村的经济发展情况，桂林国民村镇银行的员工下沉到社区和农村基层，进一步强化服务工作，突出村镇银行的优势。业务发展策略上，避开同业主推产品，用优势产品来吸引客户，同时做到熟悉客户、熟悉市场、熟悉业务，了解客户的需求及各县域、各乡镇的优势产业特点，与同业展开错位竞争，积极探索支农支小新途径。

二、桂林国民村镇银行践行普惠金融，打造支农支小精品银行

作为践行普惠金融、"支农支小"的主力军，桂林国民村镇银行充分发挥地市级法人机构的优势，通过灵活调整新的业务布局和结构，构建起以农村市场为主体、以城区市场为辅的支农新格局。总行通过产品创新、服务创新、流程创新、管理创新不断提高市场竞争力，各支行在各自的市场范围内瞄准业务制高点，打破"等、靠、要"思想，不断利用"短、平、快"的优势主动出击，积极拓宽业务内容和范围，业务得到了迅速发展。截至2019年6月30日，桂林国民村镇银行存款余额42亿元，贷款余额31亿元，户均21万元，涉农贷款占比67%。桂林国民村镇银行用行动努力成为支农支小的精品银行。

（一）产品精致：产品做减法，专注打造服务农业金融的拳头产品

桂林国民村镇银行自开业以来一直在产品上做减法，用最简单的产品、最简化的流程、最简单的材料提供最优质的服务。不管是产品研发还是市场营销，桂林国民村镇银行坚持的做法是：简单的事情重复做，重复的事情坚持做。桂林国民村镇银行现有的六大信贷产品、三大存款产品基本能覆盖桂林老百姓的金融需求，并且每个产品不定期会根据市场的变化进行调整和优化，最大化地贴近客户的需求。桂林国民村镇银行最具有特色的支农支小产品主要有以下三个。

1. 便民特色贷："方便 dai"

自建行以来，桂林国民村镇银行一直努力打造成为"三农"、小微企业、个体工商户和个人服务的现代零售银行，一直坚持农村金融市场定位和支农支小宗旨。农民有的是乡土社会里的良好口碑，勤劳肯干；个体工商户有的是消费者的认可，讲信誉肯付出，但是现有的经济环境满足不了他们生活急需小额资金的需求。正是在这样的背景下，2017年桂林国民村镇银行结合桂林当地的金融特色和市场需求，研发了适用于桂林老百姓的普惠金融产品——"方便 dai"。这款产品结合了借记卡和信用卡的特点，集存款、贷款、电子银行和汇兑等用途于一体，为客户提供更全面的金融服务。客户在桂林国民村镇银行办理了银行卡后，如想使用透支额度可以

提出申请，桂林国民村镇银行进行充分的调查后对客户的银行卡开通授信额度，授信额度有效期为3年。不透支额度时，这张卡就是一张普通的储蓄卡；需要透支额度时，这张卡又是一张可透支的银行卡。在授信期限内可循环使用，授信的额度可以全额取现，随借随还，而且额度支取后实行按月还息、到期还本的还款模式，更贴合客户的消费需求。这款产品门槛低、放款快、手续简单、使用方便、利率优惠、授信时间长，刚推出就赢得了桂林老百姓的喜爱。截至2019年6月末，桂林国民村镇银行"方便 dai"共计授信9327户，授信金额5亿元，授信户均5万元，用信余额3亿元。

2. 助农特色贷："支农贷"

桂林国民村镇银行充分发挥"地市级村镇银行"的优势，结合各县域农业特色经济，打造"一县一品"的特色产品，专注桂林特色农业的金融服务。特别是在旅游名县阳朔县和龙胜县推出的"农家乐特色贷"，在柿子主产区恭城县、平乐县二塘镇推出的"柿子贷"，在砂糖橘主产区荔浦县、永福县推出的"砂糖橘贷"，深受当地农民的喜爱。产品推出后，桂林国民村镇银行围绕区域特色优势产业，以农业龙头企业和核心企业为重要依托，加大对其产业链上下游客户的信贷支持力度，提升供应链整体竞争力。桂林国民村镇银行充分发挥网点的地域优势，通过逐级授权审批等形式，对不同支行给予利率、额度和期限不同的授权方案，有效地提高放贷效率，用高效赢得市场的认可。特别值得一提的是，桂林国民村镇银行大胆地探索农村信用市场，不断提高"支农贷"信用类贷款的授权。普通支行的信用类贷款授权由30万元逐渐提高到50万元，试点支行的信用类贷款授权逐步提高到300万元。随着客户的发展，支行"支农贷"的权限不断增加。截至2019年6月末，桂林国民村镇银行共计发展900余个特色贷款项目，涉农贷款累计投放88亿元，其中砂糖橘产业贷款余额3亿元，柿子产业贷款余额2亿元，农家乐贷款余额1亿元。涉农贷款余额实现持续增长，赢得了地方老百姓的高度赞扬。

3. 富企特色贷：小企业贷款

在深化小微企业金融服务方面，桂林国民村镇银行坚持做深、做细、做透本地市场，创新支持手段和服务模式，不断研发适用于本地市场的小微企业产品，重点扶持政府支持的创新性企业、重点企业、产业链中的龙头企业，持续不断地优化资金资源配置，提升资金使用效率。在产品设计上，桂林国民村镇银行根据企业的生产、经营特点为其量身定制授信期限、担保方式和还款方式。除此之外，桂林国民村镇银行还对本地的中小微企业融资给予多项优惠，通过减少各项费用，积极拓宽中小微企业的融资渠道，有效降低了中小微企业融资成本。对于暂时经营困难的企业和个人，桂林国民村镇银行主动降息，帮助客户渡过困难时期，勇于承担社会责任。截至6月末，桂林国民村镇银行小微企业贷款余额12亿元，贷款户数519户。

（二）模式精准：差别化授权管理，动态推动支行业务发展

1. 差别化授权、动态管理

在对支行的管理上，桂林国民村镇银行发挥地市级村镇银行法人机构的优势，组织架构进行扁平化管理。在组织架构上，总行下设9个部门，分别设立零售条线、信贷条线和综合条线，通过条线对支行的业务进行专业化的指导。桂林国民村镇银行根据城区和县域地方经济特点和支行的管理水平不同划分不同等级，根据不同的等级给予不同的管理和授权。总行对支行的授权基本实行"一行一策"。通过差别化地授权对支行的业务开展进行推动，帮助支行做适合自己的特色和亮点。总行再根据支行的业务管理能力、业绩完成情况和风险控制情况等不定期地对授权进行动态调整，充分利用地市级村镇银行灵活高效的政策优势，精准地找到客户群体，快速地抢占市场先机，有效地防范信贷风险。

2. 成立试点支行松绑放权，进一步探索新的业务发展模式

桂林国民村镇银行解放思想，积极围绕做精品银行不断进行尝试。2018年选取桂林辖区内具有特殊地理位置或有良好客户资源的5个支行作为试点行。在人事、绩效分配、贷款利率定价、信贷授权等方面给予松绑放权。以试点支行的推行来探索桂林国民村镇银行新的业务发展模式，在乡镇银行、直销银行、供应链金融等方向积极寻找全行转型的突破口，带动全行业务的发展。

3. 产业扶贫，打造助农爱心银行

桂林国民村镇银行一直秉承"爱心银行"的普惠金融理念，经常性开展关爱老人、捐助贫困学生和帮助贫困户活动，积极履行社会责任，彰显"爱心银行"的服务特色。

在关爱老人方面，桂林国民村镇银行在灵川支行营业网点专门设立老年俱乐部，让老年朋友们经常聚在一起喝茶聊天；设立书法绘画室，让他们尽情展示自己的才

艺；免费测血压，免费提供按摩椅按摩；同时，开展金融知识和养生知识讲座。每年桂林国民村镇银行在各个县举行老年朋友喜爱的门球、广场舞比赛，还邀请他们到营业网点一起包饺子、打油茶，让他们老有所为、老有所乐。

村镇银行的客户大部分是农村客户，为进一步拉近与客户的距离，桂林国民村镇银行通过放电影、送饮品、送农业技术、送金融知识进家门等新颖的形式深入全市各社区、村、屯开展金融知识宣传，让农户朋友足不出村就可以享受文化娱乐大餐和各种种植养殖技术服务。

扶贫帮困一直是桂林国民村镇银行多年践行的工作。除了在脱贫攻坚工作中各县支行有扶贫对子户外，桂林国民村镇银行还先后在恭城县、资源县捐助多名贫困学生，解决他们上学的问题。2017年，兴安县华江瑶族乡水埠贫困村进村的唯一公路被洪水冲毁，桂林国民村镇银行立即开展帮扶活动，捐助资金修复被毁公路，解决了村民的出行问题。为了让部分贫困户甩掉贫困的帽子，桂林国民村镇银行积极帮助各县贫困户销售黑老虎、吊瓜子、南丰蜜桔等农产品，帮助贫困户打开销售渠道，打造助农爱心银行。截至2019年6月，桂林国民村镇扶贫贷款余额4849万元。

（三）风控精细：强化风险管理，建设专业化审批队伍

1. "三熟"原则，收集客户基本信息

桂林国民村镇银行在客户经理培养上注重业务精、进村勤、服务专和效率快。通过精、勤、专、快，达到对服务半径内的各村做到人熟、地熟和业务熟，实现"软信息"的交叉验证，最终实现对农村客户的信息全方位掌握。特别是在乡镇支行服务区域内的特色村，客户经理通过勤走访和与村民成为朋友，根据收集的信息分类建立微信群。这些方式能及时加强客户各类"软信息"的收集和细分，不断了解客户的变化情况，快速掌握客户的金融需求，提高金融服务的效率，减轻部分贷后管理的压力。

2. 支农支小，控制额度和业务方向

时间和经验证实，支农支小是村镇银行持续发展的主要方向。桂林国民村镇银行在实践中发现，小而分散的业务是村镇银行的优势业务，支农支小业务风险可控，市场拥有可发展的空间，且客户对利率敏感性不高。多年来，桂林国民村镇银行通过自下而上的考核激励，明确和引导支行做支农支小的小散业务。截至2019年6月

末,桂林国民村镇银行50万元以下的贷款余额14亿元,占比总贷款余额的44%,户数占总户数的95%,不良率仅为2.6%。

3. 简化流程,缩短贷款审批链条,加强内控管理

一是桂林的老百姓对桂林国民村镇银行两大优势的总结是额度高、放款快。桂林国民村镇银行对支行小散业务的信用类贷款授权最大化地满足市场需求,逐年放开。截至2019年6月末,桂林国民村镇银行一般支行信用贷款的授权控制在50万元,试点支行的授权放宽至300万元以内。这样大胆的尝试帮助桂林国民村镇银行市场份额和竞争力逐步提高。桂林国民村镇银行在提高贷款额度的同时,利用OA系统实现无纸化贷款审批,提高贷款的审批效率,并不断对办理贷款的资料和流程进行优化和简化。如特色产品"方便dai"仅需提供身份证、户口本和收入证明即可办理,且能实现2天内放款。据统计,桂林国民村镇银行信用贷款余额17亿元,占贷款总余额的54%,但不良率仅为0.9%。

二是专业的信贷业务队伍是做好风控的前提。桂林国民村镇银行客户经理和审查岗均实行持证上岗制度,客户经理和审查岗上岗前须通过总行统一组织的培训和岗位资格考试。同时,总行信贷管理部对信贷队伍实行动态管理,建立能上能下、以绩定级的考核机制。建立客户经理和审查岗绩效考核体系,从规模、质量、效益、风控、日常表现五个方面进行考核,充分衡量队伍成员的工作能力和业务素质。

三是贷款风控前移。桂林国民村镇银行通过建立贷款审查中心和放款审核中心将信贷风险关口前移。贷款审查中心对支行超授权的贷款进行严格把关,有力地确保了贷款发放的严谨性、合规性,从源头上有效控制风险的产生。放款审核中心主要对支行每笔贷款进行电子化、高标准、严要求的放款审核。除此之外,还会不定期针对性地从各支行中选拔专业能力强、管理水平高、责任感强的人员充实到审查队伍中,实现审查队伍的专业性和独立性。

4. 定期总结,梳理各产业风控要点

桂林国民村镇银行每个月都会组织部门负责人和支行行长召开月度经营分析会,对近期业务进行研究和总结,及时发现业务的亮点,合力找到业务的难点,做到政策制定和业务落地的"知行合一"。每月月度经营分析会结束后,各条线也会相继组织条线人员对条线业务、投放的产品进行总结,梳理和分析各产品的风控情况和业务开展情况,自上而下地确定业务投放的方向。定期总结帮助桂林国民村镇银行

快速响应市场的变化，做出战略和政策的调整，实现灵活、高效的决策。

5. 研究产业，培养本行产业专家

金融机构要分层级、差异化和个性化经营。特别是村镇银行更要主动培育和引进行业和产业，改变传统的业务考核模式，围绕产业链的特点提供综合服务，培养全方位的金融服务经理甚至是行业专家。2017年开始，桂林国民村镇银行整合内部资源，开始探索组建专业的服务团队，开展产业链金融业务探索，实现对产业链上的农户、企业进行专项服务。通过加大对各产业各环节的支持力度，创新科技手段，建设产业交流平台，共享产业信息，挖掘各产业链上的金融需求，打造风险可控、效益可观的闭环产业链金融。截至目前，桂林国民村镇银行已经成立3个专业团队。车贷团队于2017年8月成立，主要为汽车相关产业提供金融服务。截至2019年6月，车贷团队贷款余额4500万元，累计投放1.2亿元。2019年4月桂林国民村镇银行成立的2个小微团队，进一步提升了小微贷款业务的专业化管理水平，提高了小微业务的办贷效率。截至2019年6月，小微团队已新增贷款共计6000余万元。

（四）典型案例——二塘模式

1. 桂林国民村镇银行二塘支行取得的业绩

（1）二塘产业现状

平乐县二塘镇位于平乐县东北部，面积226.13平方公里，辖内18个村委1个街委会，全镇人口约6.8万人。二塘镇地处323国道与省道305交汇处，国家高速G65经过境内，交通十分便捷，是桂北重要的交通枢纽。当地属亚热带季风区，有利于发展特色农业和亚热带经济作物。当地种植业发达，盛产水稻、月柿、桃李、葡萄、番茄、莲藕、马蹄、茨菇、豆角、茄子等果蔬，其中柿饼加工是当地重要的农业支柱产业。

通过当地老百姓多年的经营，二塘镇成为平乐、恭城两县柿饼主要集散地。据不完全统计，两县85%以上柿饼由二塘加工储存并销售，是国内最大的柿饼交易中心。每年9~12月是当地柿饼产业主要加工及销售时期，二塘镇年销售柿饼在20万吨以上，产值约18亿元，并且带动了当地相关产业增加就业人数2万余人。

（2）桂林国民村镇银行二塘支行对柿饼产业的影响

桂林国民村镇银行二塘支行成立于2012年。建行初期，二塘镇柿饼产业已经营多年且有一定规模，但因受资金影响，发展速度缓慢。主要原因为本地购销商资金不足，当地原有银行对农业支持力度不大，信用贷款额度普遍较低，不能满足柿饼产业发展的实际需求。受经营资金局限，对柿饼产业的主要影响如下：

①无资金扩大经营场地，导致柿饼加工量受限；

②无资金增加生产设备，无烘房支撑，柿子制成柿饼完全靠自然风干，天气对柿饼质量影响较大，品质参差不齐；

③无冷库对柿饼进行保鲜存放，柿饼保存期不长，只能在两三个月内集中调运，导致高峰期柿饼集中上市，价格便宜，后期市场有行情但又缺少货源，易形成供求峰谷，对柿饼价格影响较大。

（3）桂林国民村镇银行二塘支行对柿饼产业链的扶持

2015年后，桂林国民村镇银行二塘支行经过3年的时间，通过调查、走访、摸索本地购销商，对本地柿饼市场进行充分了解熟悉，看好柿饼市场的前景。随后，二塘支行针对柿饼产业做出了一份调研报告，向桂林国民村镇银行总行申请加大对桂林国民村镇银行二塘支行的贷款审批权限，以促进对柿饼产业的支持力度。

总行针对桂林国民村镇银行二塘支行的调研报告，通过走访调研后，决定对二塘支行进行贷款审批授权试点，支农信用贷款的授权额度由原来的30万元，提高至300万元。放开信贷授权后，桂林国民村镇银行二塘支行在业务推进及风险防控上，通过对存量客户的深入了解，从存量客户中加大信贷投放力度，在投放的同时及时做好风险防控工作，让本地柿饼购销商有了充足的经营资金，当年经营利润得到迅速增加。

桂林国民村镇银行二塘支行对二塘镇柿饼产业的发展，在本地经营柿饼的老板心中有目共睹。"想发展，要贷款，找国民"已成为本地柿饼产业经营者的口头禅。目前二塘镇经营柿饼行业最大的几家公司及个体，年经营规模达3000吨以上，这些客户都是通过桂林国民村镇银行的贷款支持，才逐步扩大生产规模。随着经营者规模的扩大，对柿饼工人、装运工人的需求量也逐步增加，还带动了晾晒柿饼户及代收柿饼小老板的发展，解决了当地剩余劳动力闲置问题，增加了当地百姓的整体收入。

截至2019年6月30日，桂林国民村镇银行二塘支行存款余额1.5亿元，占二塘镇金融业存款的10.4%；贷款余额1.4亿元，占二塘镇金融业贷款的25.8%。预计在 2019 年底，桂林国民村镇银行二塘支行柿饼产业链贷款余额将突破 2 亿元。

2. 桂林国民村镇银行二塘支行采取的措施

（1）业务推广及风险防控

对经营柿饼的存量客户加大授信后，桂林国民村镇银行支持农产品发展的消息迅速传开，由老客户介绍新客户，柿饼行业的贷款户进一步扩大，桂林国民村镇银行二塘支行的贷款规模也逐渐扩大。在增加贷款投放前，桂林国民村镇银行二塘支行客户经理及时对借款人进行侧面调查，通过询问村委及附近存量客户，调查了解借款人经营情况及人品，至少侧面询问 3~5 个客户，口碑都得到认可的就及时投放贷款。贷款发放后，通过客户的资金回款、晾晒柿饼户及代收柿饼小老板供货的情况，对客户当年的销售情况进行分析，对不同客户转贷时给予不同的政策。得到大额信用贷款的客户，因经营利润增加，立即扩大经营场所，自有场地不够，就购买及租赁公路边的土地，扩大经营场地，增加基础设备。通过桂林国民村镇银行的支持，经过三四年的发展，经营柿饼产业的客户，积累了经营资金，每年逐渐扩大生产规模，扩大经营场地，增加设备，建设烤房、增添冷库、更换冻库。

（2）帮助打造柿饼产业链

近两年来，一两千平方米的场地、烘房、冷冻库已经成为经营柿饼行业的标准配置。据不完全统计，现二塘镇已有烘烤房 900 个，冻库 500 个，其中 80% 都是桂林国民村镇银行二塘支行支持建成的。烘房的发展，提高了二塘柿饼产出的质量，逐渐弱化天气因素对柿饼质量的影响；冷冻库的建成，拉长了柿饼的销售时间，可以避开柿饼集中上市高峰期，避免造成柿饼单价的波峰波谷，全年均可以销售柿饼，形成了一套供需完整的柿饼产业链。质量和价格的稳定帮助柿饼产业链减轻了市场的冲击，对桂林国民村镇银行二塘支行来说是最好的风险把控。

三、桂林国民村镇银行践行普惠金融面临的困难和挑战

经过近 10 年发展，村镇银行已经成为服务"三农"和小微企业的中坚力量之一。但随着经济下行压力不断增大，村镇银行的经营发展正面临挑战。企业和个人贷款需求较往年出现紧缩，而还款能力呈下降趋势，给成本高、抗风险能力弱的村

镇银行带来严峻挑战。这主要体现在以下几个方面。

（一）成本压力

村镇银行知名度不高，桂林老百姓对桂林国民村镇银行的信任度远远低于其他金融机构，导致村镇银行吸储成本较高。人，是桂林国民村镇银行"成长的烦恼"。截至2019年6月，桂林国民村镇银行共有100名主办客户经理，人均管户已达148户，且50万元以下贷款的户数占总户数的95%，较小的管户金额和较大的管户压力无形中增加了运营成本，直接影响了业务的发展。

（二）风险压力

作为地市级的村镇银行，桂林国民村镇银行贷款处置的渠道有限，抗风险能力较弱。村镇银行处于金融机构链条的末位，较难获得优质客户，整体业务风险要高于其他金融机构。但村镇银行自带的较弱体制无法像其他银行般多渠道、多形式地处置不良资产，自然抗风险的能力较弱。

（三）政策压力

村镇银行的目标市场是农村，主要从事小散业务，在风险控制和不良资产处置上面临更大压力。在银行监管上对村镇银行的考核并无政策倾斜，也无差别化对待，如"两增两控"的考核。村镇银行盈利能力较差，在风险处置上需要更长时间进行消化。

（四）竞争压力

各大行贷款普遍降息，村镇银行信贷投放压力增大。村镇银行业务量总体偏小，但各项运营成本却较高，特别是吸储成本远高于其他银行金融机构，在各大行普遍降息后，村镇银行面临严峻的生存问题。

（五）科技压力

科技投入是金融业务投入的"重点"。村镇银行作为中小金融机构，受收入影响，对科技的投入自然较少。要想在目前激烈的竞争中获得一席之地，科技的支撑非常重要。受限于投入的成本，村镇银行的科技多为外包或挂靠发起行，使得村镇银行无法对产品、业务进行适时的调整，从而错失了业务新增的机遇。科技不自主、技术落后是村镇银行共同面临的挑战。

四、桂林国民村镇银行对未来的展望

一是进一步坚守支农支小的定位，强化支农支小金融服务，打造"爱心银行"。接下来，桂林国民村镇银行将积极探索整村授信、土地承包经营权等渠道的支农业务尝试，提高支农支小服务能力。

二是机构网点坚持做当地特色，努力打造一两个网红店。桂林国民村镇银行将继续深抓企业文化，创新工作思路，挖掘区域特色和网点特色，打造村镇银行品牌形象新特色。

三是在全行范围内组建专业化团队。下一步，桂林国民村镇银行将逐步建立柿饼产业链团队、民宿产业链团队、油茶产业链团队、农贸市场团队和乡村振兴团队，拓宽信贷业务渠道。通过专业团队的建立，打造一支熟悉政策、精通业务、善于服务的高素质专业化人才，努力成为产业链金融服务特色突出的精品银行。

四是积极加强科技的支撑，实现小散业务的线上审批。小散业务实现全线上、全流程管理是提高办贷效率、降低人力成本的有效途径。接下来，桂林国民村镇银行将加大科技投入，实现业务快速发展。

第 20 章

践行普惠金融　服务实体经济
——狮桥集团打造商用车全生命周期，专注普惠服务小微

近年来，党中央和国务院高度重视"三农"、民营企业和小微企业的发展。习近平总书记指出：做好金融工作要把握好"回归本源，服从服务于经济社会发展"的重大原则，金融要把为实体经济服务作为出发点和落脚点。2013 年党的十八届三中全会通过《中共中央关于全面深化改革若干重大问题的决定》，正式提出"发展普惠金融。鼓励金融创新，丰富金融市场层次和产品"。2016 年，国务院办公厅印发的《关于加快融资租赁业发展的指导意见》中明确指出，要加快发展中小微企业融资租赁服务，鼓励融资租赁公司发挥融资便利、期限灵活、财务优化等优势，提供适合中小微企业特点的产品和服务。同年，国务院印发《推进普惠金融发展规划（2016—2020 年）》指出："大力发展普惠金融，是我国全面建成小康社会的必然要求。"明确提出小微企业、农民、城镇低收入人群和贫困人群等特殊群体是当前我国普惠金融的重点服务对象。2019 年初中国人民银行、银保监会等部门联合发布《关于金融服务乡村振兴的指导意见》，中共中央办公厅、国务院办公厅印发《关于加强金融服务民营企业的若干意见》，对普惠金融的发展提出了一系列指导意见。

狮桥融资租赁（中国）有限公司成立于 2012 年 4 月，天津狮桥国际物流有限公司成立于 2014 年 1 月（以下合称"狮桥集团"或"狮桥"）。狮桥成立之初就把"专注普惠、服务小微"作为公司经营发展的根本遵循加以贯彻执行，经过几年的

努力开拓，狮桥集团现已发展成为中国商用车行业最大的以普惠金融方式支持民营实体经济的金融机构。同时，狮桥物流业务单元已建设成为行业领先、全国最大的公路干线物流平台公司，以协同支持卡车司机群体提高盈利水平、更好地实现普惠金融的目的。截至 2019 年 11 月，狮桥已累计提供各类融资 501 亿元，已为 20 万名卡车司机车主提供金融产品服务，户均融资 18 万元。狮桥物流单元依托自有运营的 4600 多辆卡车和外协近 15 万辆卡车，联结数万名司机，为 14000 家运输公司、货主提供干线运输服务，成为国内一线电商、快递、快运公司和广泛的第三方物流公司、大宗贸易商的合作伙伴。

一、行业发展背景

近些年我国物流业保持了持续快速发展的良好势头，从业人数、行业规模、服务能力都显著提升，物流业已成为国民经济发展的支柱产业。据国务院《物流业发展中长期规划（2014—2020 年）》，到 2020 年，物流业增加值年均增长 8% 左右，物流业增加值占国内生产总值的比重达到 7.5% 左右。2017 年，贝恩公司和智慧物联网公司 G7 联合发布的《中国公路货运市场研究》报告指出，中国公路货运市场规模超过 5 万亿元，已成为世界第一大公路运输市场。按照中国物流与采购联合会的统计数据，截至 2016 年末我国物流岗位从业人员数为 5012 万人，随着电商行业发展和现代物流运输技术的应用，年增长 0.6%，已成为人员增长最快的行业之一和吸纳新增就业的一个主要行业。

物流业的迅猛发展，带动中国商用车行业的发展进入"快车道"，商用车销量、保有量和从业人数快速增长。根据中国汽车流通协会和公安部发布的数据，2005~2017 年我国商用车销量约 3900 万辆，2018 年我国商用车销量突破 437.1 万辆，截至 2018 年底，全国载货汽车保有量达 2570 万辆。2018 年清华大学发布《中国卡车司机调查报告》，我国卡车司机群体已达到 3000 万人。基于此，中国商用车行业市场发展前景广阔、未来可期，据预计商用车金融市场规模已近万亿元，后服务市场整体规模则已超 2 万亿元。

但由于国有企业改制的历史以及行业进入门槛低等特性，物流行业绝大部分的经营主体为小微民营经济或个体。《运输人》在2018年10月发布《运输人从业现状调查》，显示我国运输人目前有近56.15%属于个体运输户。同时，根据《中国卡车司机调查报告》的数据，卡车司机群体中，受教育程度为"初中"的占58.1%，受教育程度为"高中"及"职高或技校"的占34.5%（"高中"占25.2%、"职高或技校"占9.3%），总体学历水平较低；就户口类型来看，农村户口占82%，城镇户口占18%，农村户口占据了绝大多数。基于上述客观因素，在商用车行业实际购车过程中和购车后存在不少问题，给物流司机带来烦恼，也影响了行业发展。

一是融资风控难。根据罗兰贝格与建元资本发布的《2017中国汽车金融报告》，2014~2016年中国汽车消费金融渗透率分别为20%、35%、38.6%。而同期国外主要发达国家汽车消费金融的渗透率平均在70%以上，其中英、美、德汽车金融渗透率更分别高达90%、86%、75%。同时因为个体司机车主群体主要为农民背景，受教育程度较低且缺乏历史征信记录，没有稳定的收入来源，也无法提供正规银行机构需要的抵押和担保，因此银行缺少有效的风控管理手段和措施，个体司机很难从银行等金融机构直接获取资金支持。目前，市场也缺乏专门针对物流和商用车细分行业需求的金融和服务产品。

二是稳定运营难。一方面，司机在运营时，因为受到传统行业观念、文化程度及对互联网认知等方面的影响，首要的挑战是货运订单不稳定，需要经常在物流市场等待数日以获得货运订单。此外，因为货主强势、付款账期等问题，很多司机饱受流动资金紧张之苦。另一方面，随着互联网的飞速发展，各种货运平台"接踵而至"，很多车货匹配平台虽然集聚了大量的货源信息，但是因为缺乏有效管理，线上信息来自全国各地，交易双方不再有面对面的机会，真实身份难以确认，虚假货源、骗局等现象不断出现，损害货车司机利益。

三是退出置换难。如果运营不利，司机想出售旧卡车，也面临缺乏销售渠道的困境。有些司机无力购买新车，希望以购买二手车起步运营，但市场缺乏正规的车源供应公司。同时商用车同乘用车一样，也面临升级换代的需求，但对于二手商用车的检测评估交易，并没有专业的机构提供服务。另外，伴随全国环保政策的趋严和行业监管政策的调整，对商用车领域的退出置换升级也造成一定的影响。

二、狮桥发展思路及举措

狮桥集团坚持做基于设备的真租赁，把融物与融资结合起来，有效地解决了卡车司机融资难、运营难等几个核心问题：针对传统银行对商用车销售体系理解不深入且触达不到基层市场的痛点，狮桥通过融资租赁模式结合经销商销售卡车的场景，及时满足需求；针对银行机构不敢给农民和低收入群体融资的问题，狮桥基于对商用车价值和市场的深入理解以及二手车再流通体系的建设，用卡车作为担保物融资；针对卡车司机运营难的问题，狮桥打造行业领军的智慧物流平台，打通线上与线下，连接货主司机。

7年来，狮桥集团深耕商用车领域，打造了商用车购车融资、后市场运营资金服务、货运订单服务、二手车交易服务等商用车全生命周期服务。其中，购车融资为个体司机车主提供购买新车和二手车的融资租赁产品支持，同时推出了商用车回租融资等业务品种，帮助司机在运营中遇到短期资金困难时，用拥有的车辆抵押回租融资，金额从2万元到15万元不等；车后服务为个体司机车主提供1~3个月收入的日常周转资金，以支持购买保险、油品、ETC等；物流干线运力平台从一线快递快运公司获得订单，为司机提供物流货运机会，累计合作司机134822名，其中活跃司机数124329名；二手车业务依托业内领先的商用车车型库，通过线上与线下结合的评估和检测，为交易双方提供线上展示、线下带看，辅之以拍卖平台、库存融资、交易担保等工具，确保交易快捷安全。

1. 搭建高度下沉的业务服务团队以及基于移动互联技术的 IT 体系

狮桥现有员工4200余人，业务范围辐射全国除西藏自治区和台湾地区以外的30个省份的700余个县市。狮桥一线超过2500名业务销售及服务团队可在第一时间及时响应三、四线城市及广大中西部农村地区个体司机车主的需求。同时，通过签约的全国范围内的19300余家商用车经销商，狮桥可以在第一时间触达市场，为广大卡车司机和小微客户提供专业的业务咨询和服务。

狮桥为支持在全国范围内为小微客户及个体司机提供更加方便快捷的普惠金融服务，建立了超过300名的IT研发团队，每年投入巨额资金研发迭代，搭建了行业领先的移动互联 IT 体系。狮桥的主要业务——从客户提交申请、销售人员调查和放款、贷后管理、货运订单到车后金融服务和二手车交易及服务等，全部在移动终端 App 中完成。狮桥的 IT 体系同时嵌入了人脸识别、图像识别等 AI 技术、CFCA 认证电子签约以及第三方支付等技术，极大地方便了司机群体和个体经营者，同时也保障了他们的合法权益。

2. 打造以大数据为基础的信用风险模型管理体系

狮桥集团基于中国人民银行征信数据、第三方征信数据、GPS 等多方数据，坚持不断迭代升级大数据风控模型。狮桥已经建设投产申请评分卡、行为评分卡和催收评分卡，覆盖贷前、贷后和清收环节，对优质客户做到条件优惠、放款时间压缩到 1 天以内。2017 年，基于狮桥的零售业务模式、较好的内控体系和 IT 能力，试点公司获批接入中国人民银行征信数据库，除了实时查询及上传个人征信信息，狮桥风控数据也对中国人民银行的征信数据提供了有益补充。为了支持狮桥普惠金融模式，IFC（国际金融公司）向狮桥提供了为期 3 年的风险管理和模型建设咨询项目。2018 年，IFC 专家组入场对狮桥的信用评级模型进行了评估，对评级模型的方法论和模型效果给予了高度评价。2019 年，狮桥与百度完成联合建模，新模型基于百度集团 10 多万维的数据基础，包含了客户信用背景信息、设备信息、网络行为社交等数据，利用百度大数据平台和机器学习 Xgboost 等成熟技术，从用户行为偏好、身份特质、消费习惯、履约能力等维度，进一步夯实狮桥现有模型，升级"狮桥分"到 3.0 版本，优化在线征信审批流程，提高了操作效率和对客户风险的排查及把控能力。同时，狮桥集团部署上线了关联图谱以控制授信集中度和欺诈风险；在贷后催收方面，上线了 AI 机器人智能催收等工具。

3. 坚持合法多元化融资，形成了高效的融资租赁投融资体系

基于对狮桥业务模式的认可和未来发展的看好，2014 年，狮桥引入控股股东美国知名私募基金贝恩资本；2018 年，百度和阳光融汇资本向狮桥联合投资；2019 年，狮桥先后获得招商局集团直属企业——招商租赁股权投资，以及中国建设银行控股公司建信信托战略投资。强大的股东背景，为狮桥普惠金融业务的开展奠定了基础。同时，狮桥依托良好的资产质量和风控技术，近年来向邮储银行、IFC、浦发银行、平安银行、兴业金租、长城金租等 53 家机构借款和通过应收融资租赁款融资超过 180 亿元。2019 年 4 月，基于市场对狮桥资产拖欠率和违约率较低、行业分散性较好、信用风险低的认可,狮桥获得深圳证券交易所批复 30 亿元的储架 ABS 额度,是交易所市场首单 AA 级主体的储架 ABS 批复。截至目前,共发行 21 单资产证券化产品(包括 19 单 ABS 和 2 单 ABN),累计发行规模 209.37 亿元。投资者包括高盛、中金公司、中信资管、华夏基金、广发基金、工商银行、交银施罗德基金等 72 家金融机构。这壮大了狮桥专注普惠服务小微的实力。

4. 建设行业领先的物流平台,协同支持司机群体稳定业务来源、提高盈利能力

狮桥物流单元为司机客户提供整合式、一体化和长链条的物流产业综合解决方案。一是通过无车承运人业务平台建设,狮桥将上游货主和广大司机群体连接在一起,消除信息不对称、改变车辆空驶现状、提高司机服务水平和运营能力,为广大司机群体解决收入和生存问题。在无车承运人模式下,狮桥通过集采燃油、燃气、轮胎、保险代理、"三包"服务、维修服务等实现降本增效的目的。通过集中的成本优势,把差价让利给司机群体,提高司机群体竞争力。二是建设数据驱动的现代化运输管理体系,实现了车辆的硬件、软件、平台、司机实时信息化监控。车辆发动机、刹车、油耗等各方面的数据都可以通过网络传输到信息平台,供车辆调度员实时查看,从而对成本和运营进行管控。通过管理软件,从项目开启到结束,全程可视、透明、精确掌控。同时基于海量的超级车队运营数据和经验,建立大数据仓库,通过机器学习深度挖掘建立车货匹配模型,进一步优化车辆在途、线路优化、人员和位置管理等调度逻辑,为实现智能运输、降本增效提供大数据决策支持。

三、发展成绩

经过 7 年发展,截至目前,狮桥已为 20 万名个体司机车主提供购买新车和二手车资金支持,帮助他们购买重卡等商用车设备近 27 万台,累积融资 501 亿元,成为行业内支持实体经济、践行普惠金融的表率。未来,狮桥将继续每年为超过 6 万名司机车主提供金融支持。狮桥提供的融资平均金额为 18 万元。其中,中西部贫困地区占比 68%,农户占比 87%,少数民族占比 6%。具体见表 1。

表1　　　　　　　　　　狮桥提供金融支持情况

	投放金额	提供设备	服务客户/占比	签约客户/占比
总量	501亿元	26.6万台	18.8万人	20.7万人
中西部	333亿元	18.2万台	68%	68%
农民	432亿元	23.1万台	87%	87%
少数民族	32亿元	1.6万台	6%	6%

资料来源：河南省原保监局。

狮桥专注普惠、支持小微主要有以下三个特点。

一是高度分散、支持小微。狮桥专注于商用车金融市场和物流领域，将服务对象下沉至司机车主群体。同时狮桥有着自己的风险偏好，将商用车市场进行了深度细分，在重型卡车、城市配送、专用车、客车等领域均形成了成熟的风控体系，有着严格的风控标准，对高值项目有着绝对严苛的评审标准，狮桥不做大单，集团前十名大客户应收融资租赁余额占比在10%以下并持续降低。

二是精准定位、服务农民和低收入群体。国内公路货运市场中存在着3000万名司机，加上家属约1亿人，大多为农村居民和低收入群体。狮桥定位商用车这一市场，天然地将资金支持投向了低收入群体。狮桥并未因为他们收入低且不稳定而转投向城镇人群，反而有效利用技术工具最大限度地支持这部分群体。

三是倾斜中西部，关注少数民族。狮桥在中西部累计投放333亿元，占68%，而西部地区也达到了35%左右，契合党中央、国务院聚焦深度贫困地区，精准扶贫的精神要求。其中少数民族占比6%。

四、政策建议

近年来国家为规范行业秩序、防范风险，出台了一系列措施，严监管和防风险并举。对于融资租赁行业而言，2017年全国金融工作会议召开，中共中央、国务院发布《关于服务实体经济防控金融风险深化金融改革的若干意见》。2019年银保监会将《融资租赁企业监督管理办法》列入立法计划。以上政策对推动融资租赁行业向着规范化、透明化、高质量方向发展发挥了积极作用。但也要看到，做零售性普惠金融模式的绝大部分租赁企业在融资渠道、融资方式等方面与央企或大型银行附属融资租赁公司有着巨大的差距，因此我们建议在充分考量当前防风险和严监管举措的前提下，从推动普惠金融发展的角度，在政策制定中：对于融资租赁企业，通过发行债权、资产证券化、境外借款、公开发行上市等方式融资，明确为企业资格审批，而非业务逐项审批；对于通过资产管理机构融资的方式，明确资产管理机构的定义，允许融资租赁企业通过证券公司的资产管理子公司和信托公司融资；对于融资租赁公司在国家批准的交易场所发行资产证券化产品进行融资的方式，放宽限额管理。

狮桥通过7年的发展，已经成功地建立起为数十万重卡车司机提供普惠金融的业务模式。未来，狮桥将一如既往专注普惠金融、服务小微，顺应产业升级趋势，以提高质量和效率为目标，以合规经营为根本，加快企业转型升级，并从以下三点完成改革创新：一是全面提升普惠金融服务小微的广度和深度，以"覆盖率、可得性和满意度"三方面为评价标准，不断增强服务实体经济的能力。二是积极响应国家对物流行业"降本增效，促进实体经济发展"的指导意见，主动抓住数字经济发展机遇，以"信息化、标准化、智能化"为目标，加快推进智慧物流发展。三是坚定不移贯彻"创新、协调、绿色、开放、共享"的新发展理念，以效率变革、动力变革和质量变革为重点，以绿色环保为使命，全面提升物流综合服务能力，推进商用车和物流行业高质量发展。

[1] 蔡四平,李莉.农村普惠金融发展空间差异与集聚效应.财经理论与实践,2018,39(3)

[2] 傅鹏,张鹏.农村金融发展减贫的门槛效应与区域差异——来自中国的经验数据.当代财经,2016(6)

[3] 傅鹏,张鹏,周颖.多维贫困的空间集聚与金融减贫的空间溢出——来自中国的经验证据.财经研究,2018,44(2)

[4] 郭碧港,贺翔,熊德平.互联网金融背景下的农村金融机构转型发展——基于交易成本理论视角.特区经济,2016(1)

[5] 郝云平,雷汉云.数字普惠金融推动经济增长了吗?——基于空间面板的实证.当代金融研究,2018(3)

[6] 何学松,孔荣.普惠金融减缓农村贫困的机理分析与实证检验.西北农林科技大学学报(社会科学版),2017,17(3)

[7] 贾立,汤敏.农村互联网金融:模式与发展形态.西南金融,2016(9)

[8] 梁双陆,刘培培.数字普惠金融、教育约束与城乡收入收敛效应.产经评论,2018,9(2)

[9] 粟芳,方蕾.中国农村金融排斥的区域差异:供给不足还是需求不足?——银行、保险和互联网金融的比较分析.管理世界,2016(9)

[10] 孙同全.信用贷款与金融扶贫.中国金融,2017(7)

[11] 孙同全.全面小康后的金融扶贫.中国金融,2019(5)

[12] 孙英杰,林春.中国普惠金融发展的影响因素及其收敛性——基于中国省级面板数据检验.广东财经大学学报,2018,33(2)

[13] 谭燕芝,李维扬.中国农村金融排斥困境的成因与破解路径.系统工程,2016,34(5)

[14] 王刚贞,江光辉."农业价值链+互联网金融"的创新模式研究——以农富贷和京农贷为例.农村经济,2017(4)

[15] 王曙光,杨北京.农村金融与互联网金融的"联姻":影响、创新、挑战与趋势.农村金融研究,2017(8)

[16] 王伟,朱一鸣.普惠金融与县域资金外流:减贫还是致贫——基于中国592个国家级贫困县的研究.经济理论与经济管理,2018(1)

[17] 吴国宝等.中国减贫与发展:1978~2018.北京:社会科学文献出版社,2018

[18] 武丽娟,徐璋勇.我国农村普惠金融的减贫增收效应研究——基于4023户农户微观数据的断点回归.南方经济,2018(5)

[19] 杨蕾,杨兆廷,刘静怡.基于区块链的金融支农模式创新研究.农村金融研究,2018(1)

[20] 杨小玲，杨建荣，尹倩文. 互联网金融的信息比较优势与农村金融改革探讨. 农村金融研究，2017（1）

[21] 张栋浩，尹志超. 金融普惠、风险应对与农村家庭贫困脆弱性. 中国农村经济，2018（4）

[22] 张珩，罗剑朝，郝一帆. 农村普惠金融发展水平及影响因素分析——基于陕西省 107 家农村信用社全机构数据的经验考察. 中国农村经济，2017（1）

[23] 张宇，赵敏. 农村普惠金融发展水平与影响因素研究——基于西部六省的实证分析. 华东经济管理，2017，31（3）

[24] 张子豪，谭燕芝. 数字普惠金融与中国城乡收入差距——基于空间计量模型的实证分析. 金融理论与实践，2018（6）

[25] 朱烨辰，汤健，付永贵. 普惠金融下居民金融服务参与度及满足感的影响因素. 当代经济研究，2018（3）

[26] Conway, Alex, 2016. Presentation of Macro-regional conference on EAFRD financial instruments for agriculture and rural development in 2014–2020. Fi-compass, EAFRD

[27] Cope, Graham, 2016. Macro-regional conference on EAFRD financial instruments for agriculture and rural development in 2014–2020. Fi-compass, EAFRD

[28] Fi-compass, 2019. Using financial instruments to reduce the impact of price volatility in agriculture. European Commission and European Investment Bank

[29] Kulawik, hab. Jacek, Barbara Wieliczko, Michał Soliwoda, 2018. Is there room for financial instruments in the Common Agricultural Policy? Casus of Poland. In Wigier, Marek & dr hab. Andrzej Kowalski, 2018. The Common Agricultural Policy of the European Union-the present and the future. Proceedings of the 22th edition of the International Scientific Conference, the Institute of Agricultural and Food Economics-National Research Institute.

[30] Landgrebe, Ruta, 2011. Agricultural and Rural Development policy in the EU and Germany: Recent developments and perspectives. Ecologic Institute

[31] Motamed, Mesbah, Ashley Hungerford, Stephanie Rosch, Erik O'Donoghue, Matthew MacLachlan, Gregory Astill, Jerry Cessna, and Joseph Cooper., 2018, Federal Risk Management Tools for Agricultural Producers: An Overview. U. S. Department of Agriculture, Economic Research Service, ERR–250.

[32] O'Donoghue, Erik J., Ashley E. Hungerford, Joseph C. Cooper, Thomas Worth, and Mark Ash., 2016. The 2014 Farm Act Agriculture Risk Coverage, Price Loss Coverage, and Supplemental Coverage Option Programs' Effects on Crop Revenue. U. S. Department of Agriculture, Economic Research Service, ERR–204.

[33] Reimer, Bill, 2018. 30 years of CRRF: What we have learned. www.billreimer.net/wp-content/uploads/2018/10/Reimer30YearsOfCRRF02.pdf

[34] 柏先红，刘思扬. "乡村振兴之路"调研报告. 调研世界，2019（6）

[35] 马九杰，崔恒瑜. 农村自然资源价值实现和乡村振兴投融资创新，2018（12）

[36] 赵将，张蕙杰，段志煌. 美国农业风险管理政策体系构建及其应用效果——兼对2018年美国新农业法案动向的观察. 农业经济问题，2019（7）